Zweckrationales Denken in der islamischen Literatur

Reihe für Osnabrücker Islamstudien

Herausgegeben von
Bülent Ucar und Rauf Ceylan

Band 11

PETER LANG
EDITION

Lahbib El Mallouki

Zweckrationales Denken in der islamischen Literatur

Al-maqāṣid als systemhermeneutisches Denkparadigma

PETER LANG
EDITION

Bibliografische Information der Deutschen Nationalbibliothek
Die Deutsche Nationalbibliothek verzeichnet diese Publikation in der Deutschen Nationalbibliografie; detaillierte bibliografische Daten sind im Internet über http://dnb.d-nb.de abrufbar.

Zugl.: Bonn, Univ., Diss., 2012

Umschlaggestaltung:
© Olaf Gloeckler, Atelier Platen, Friedberg

Umschlagabbildung:
Das Relief zeigt das islamische Glaubensbekenntnis
und einen Teil aus dem „Thronvers" (Vers 2/255).
© Lahbib El Mallouki

D 5
ISSN 2190-3395
ISBN 978-3-631-64453-9 (Print)
E-ISBN: 978-3-653-03170-6 (E-Book)
DOI: 10.3726/978-3-653-03170-6

Peter Lang Edition ist ein Imprint der Peter Lang GmbH.

Peter Lang – Frankfurt am Main · Bern · Bruxelles · New York · Oxford · Warszawa · Wien

www.peterlang.de

Danksagung

An dieser Stelle möchte ich denjenigen danken, ohne deren Hilfe und Unterstützung diese Arbeit nicht in der vorliegenden Form erscheinen konnte. Mein Dank gilt den Freunden und Kollegen, die akribisch Kapitel für Kapitel Korrektur gelesen und den Fortgang dieses Buches durch kritische wie inspirierende Diskussionen bereichert haben.

Mein großer Dank gilt meinen Eltern für ihre Liebe und Barmherzigkeit sowie für ihre Geduld und Unterstützung während meiner gesamten Ausbildung.

Nicht zuletzt danke ich in besonderer Weise meiner Frau für die stetige Unterstützung und die Kraft, die sie mir gegeben hat, und für all das, was mit Worten nicht zu erfassen ist. Ich danke auch meinen Kindern für ihre Geduld und für ihr Verständnis, dass ich für sie in den letzten Jahren nur wenig Zeit aufbringen konnte.

Duisburg, den 18.12.2012
Lahbib El Mallouki

„O Menschen! Siehe, Wir haben euch alle aus einem Männlichen und einem Weiblichen erschaffen, und haben euch zu Völkern und Stämmen gemacht, auf dass ihr einander kennenlernen möget. Wahrlich, der Edelste von euch in der Sicht Gottes ist der, der sich Seiner am tiefsten bewusst ist.“

Sure al- Ḥuǧurāt, Vers 13.

„Im Grunde sind es doch die Verbindungen mit Menschen, die dem Leben seinen Wert geben.“

Wilhelm von Humboldt

Inhaltsverzeichnis

1 Einleitung

Die Schöpfungskraft der Natur und des menschlichen Lebens manifestiert sich in den permanenten Wandlungsprozessen, denen die Lebensumstände unterliegen. Mit diesem Evolutionscharakter der Existenz ist der Mensch ständig konfrontiert, alles verändert sich und nichts bleibt, wie es ist. Dieser Wandel als Grundkonstante des menschlichen Lebens hat zu allen Zeiten Menschen inspiriert. Heraklit formulierte diesen Gedanken in einem Aphorismus: „Man kann nicht zweimal in denselben Fluss steigen, denn es fließt anderes und wieder anderes Wasser zu“[1] und Goethe nahm dieses Bild in seinem Gedicht „Dauer im Wechsel“ wieder auf, als er schrieb: „Diese fangen an zu reifen/ und die anderen keimen schon;/ gleich mit jedem Regengusse/ ändert sich dein holdes Tal,/ Ach, und in demselben Flusse/ schwimmst du nicht zum Zweitenmal.“[2] Die gleiche Vorstellung kommentiert der Koran an mehreren Stellen, so auch in der Sure al-Ḥaǧ, in der es über Prozesshaftigkeit des Daseins heißt: „Und du siehst die Erde trocken und leblos, doch wenn wir Wasser auf sie herab senden, dann regt sie sich und schwillt und lässt alle Arten von entzückenden Paaren hervorsprießen“.[3]

Der Wandel ist also ein Prozess der Erneuerung und eine erlebte Realität und ständige Welterfahrung.[4] Man sieht, wie die menschliche Gesellschaft sich stets verändert und entwickelt. Während der Prozess der Transformation von der feudalen Agrargesellschaft zur Industriegesellschaft mehrere Jahr-

---

1 Thomas, Zoglauer: Einführung in die formale Logik für Philosophen. Göttingen 2008, S. 27.

2 Johann, Wolfgang von Goethe: Goethe Gedichte – kommentiert von Erich Trunz. München 1981, S. 247.

3 Sure *al-Ḥaǧ* (22), Vers 5.

4 Der Korandiskurs spricht vom Wandel als Gesetz Gottes (*Sunnat Allah*), das jede Verbesserung und weitere entwicklung von der Einstellung und Anpassungsfähigkeit der Menschen abhängig macht: „Wahrlich, Gott ändert die Lage der Menschen nicht, bis sie ihr inneres Selbst ändern“ (Sure ar-Raʿd (13), Vers 11).

hunderte dauerte, vollzog sich der Übergang zur heutigen postmodernen Industriegesellschaft vergleichsweise blitzschnell.

Die ständige Bewegung in der Struktur der menschlichen Lebensumwelt verändert nicht nur die materiellen Gegebenheiten, sondern mit ihnen auch die Mentalitäten, sie evoziert neue Gedanken, Lebensmodelle und Wertvorstellungen.[5]

In der Theologie muss dieser Tatsache Rechnung getragen werden, so heißt dies, dass der religiöse Text nicht nur nach lexikalischer Bedeutung und stilistischen Parametern interpretiert werden kann, sondern auch stets der Bezug auf seine reale Umgebung zu berücksichtigen ist. Hiermit ist sowohl die Entstehungsumgebung als Ursprungs- sowie die Gegenwartsumgebung als Wirkungsraum des Textes gemeint. Eine zweckrationale und menschenorientierte Theologie, die stets auf der Höhe der Zeit bleibt, entsteht aus der Begegnung von Text und Kontext. Nur in der konstruktiven Dialektik des Textes mit seiner Umwelt, kann eine Theologie Gestalt gewinnen, ihr Verständnis als relevanten Beitrag in den zeitgenössischen Diskurs einfließen lassen.[6]

Daher stellt die Kontextualisierung bei der Auslegung der normativen Texte einen wichtigen Grundsatz im islamischen Denken dar. Denn der Islam zählt al-ʿurf (Habitus oder Brauchtum) zu den wichtigen Rechtsquellen in seiner Rechtsphilosophie.[7] Zudem verknüpfen die Gelehrten jede Norm mit ihrem Kontext und Wirkungsraum. Diesen Vorgang nennen sie al-manāṭ.[8] So muss jede Norm entsprechend ihrem Kontext interpretiert und ausgelegt werden. Auf dieser Weise hält der sich stets wandelnde Kontext die islamische Theologie in Bewegung und sie bleibt somit „theologia viatorum“[9] als ein kontinuierliches iteratives Geschehen.[10]

Die geographische Ausbreitung des Islam und seine historisch ungebrochene Kontinuität sind faktische Beweise für die Wandlungsfähigkeit und -notwendigkeit der islamischen Theologie. Diese Eigenschaft ist das Lebens-

5 Vgl. Björn, Rohloff: Medien im Kontext der religiös orientierten Bildungsarbeit – eine Untersuchung zur Medienbildungsentwicklung seit 1945 unter besonderer Berücksichtigung der audiovisuellen Medien. Berlin 2009, S. 208.

6 Vgl. Meireis, Torsten: Theologiestudium im Kontext. Berlin 1997, S. 33.

7 Vgl. Subḥī, Ṣāliḥ: Maʿālim aš-šarīʿa al-islāmīya. Beirut 1975, S. 71.

8 Vgl. ʿAdnān, Muḥammad Umāma: At-taǧdīd fīl-fikr al-islāmī. Damaskus 2001, S. 326.

9 Vgl. Nützel, Gerda Ursula: Die Kontextualität der Theologinnenarbeit- dargestellt am Beispiel der Entwicklung in den lutherischen Kirchen Bayerns, Mecklenburgs und Brasiliens. Dissertation, Berlin 1996, S. 5.

10 Vgl. ʿAdnān, Muḥammad Umāma: At-taǧdīd fīl-fikr al-islāmī. Damaskus 2001, S. 329.

elixier der Religion und besonders der islamischen Jurisprudenz, die im Zuge der Reaktion der islamischen Ethik auf den Fortschritt der Geschichte und die Evolution der Gesellschaft entstanden ist. Denn die immer größer werdende Komplexität und die starke Dynamik der Veränderungen des menschlichen Lebensraums erzeugen stets unzählige Sachverhalte und neue Konfliktmuster, deren Interpretation und Subsumtion unmöglich auf das einzuschränken sind, was im islamischen Kanon enthalten ist.[11] Der Mensch verändert sich, weil er sich entwickelt und in neuen Zusammenhängen lebt. Daher unterstreichen die islamischen Quellen die Notwendigkeit der Erneuerung und des Wandels als Bedingung der Kontinuität und als Voraussetzung der Regeneration. In diesem Sinne äußerte sich auch der Prophet Muḥammad: „Wahrlich, Gott sendet für die Umma zu Beginn jedes Jahrhunderts einen[12], der ihre Religion erneuert".[13] Darin sah auch der Prophet Šuʿaib, wie der Koran berichtet, seine Aufgabe: „(...) Ich will nur Besserung, soweit ich (es erreichen) kann".[14] Auch die überlieferte Geschichte des Gefährten[15] Muʿāḏ Ibn Ǧabal betont die Notwendigkeit der ständigen Erneuerung und Anpassung des islamischen Denkens. Als der Prophet Muḥammad ihn als Richter in den Jemen entsenden wollte, fragte er ihn, wie er in Angelegenheiten entscheiden werde, die ihm vorgetragen würden. „Ich werde nach dem Buche Gottes urteilen", sagte Muʿāḏ. „Aber wenn das Buch Gottes nichts enthält, was dich leiten könnte?" – „Dann werde ich mich nach dem Vorbild des Gesandten Gottes richten." – „Aber wenn es zu dieser Angelegenheit keinen Präzedenzfall gibt?" – „Dann werde ich mich anstrengen (aǧtahidu), mir ein eigenes Urteil zu bilden". Daraufhin billigte der Prophet diese Vorgehensweise aus-

11 Abūlmaʿālī, al-Ǧuwainī: al-Burhān fī uṣūl al-fiqh. Band 2. Kairo 1980, S. 1117.

12 Das im Original gebrauchte arabische Wort „*man*" kann ein Individuum bedeuten oder auch eine Gruppe. (Vgl. Aḥmad, As-Sūsī: Qawāʿid al-bayān fī luġat al-ʿarab. Rabat 1997, S. 123.)

13 Abū Dāwūd, Kitab Al-Malaḥim (4291); al-Ḥākim 4/ 522 (Nr. 8657). Siehe hierzu auch Tariq, Ramadan: Radikale Reform – die Botschaft des Islam für die moderne Gesellschaft. München 2009. S. 20.

14 Sure ar-Raʿd, Vers 88.

15 Der Gefährte (arab. *Assaḥabi*) ist jeder Mensch, der dem Propheten *Muḥammad* persönlich begegnete, sich zum Glauben an ihn bekehrte und als Muslim starb. (Vgl. Maǧduddīn, Ibn al-Aṯīr al-Ǧazarī: Ǧāmiʿu l-uṣūl fī aḥādīṯ ar-rasūl. Band 1. Damaskus 1969, S. 134; Tilman, Nagel: Mohammed – Leben und Legende. München 2008, S. 975).

drücklich, indem er sagte: „Gelobt sei Gott, der den Gesandten seines Propheten so geleitet hat, dass es seinen Propheten wohlgefällt".[16]

Es ist allerdings nicht zu leugnen, dass der Islam in seiner Glaubens- und Morallehre ahistorische Normen und allgemeingültige Werte besitzt, die seinen festen Kern bilden und als Elemente der Beständigkeit gelten, die uns Orientierung und kollektiven Halt in der Welt des steten Wandels geben.[17] Mit diesem ahistorischen Teil wendet sich der Islam als Offenbarungsreligion an alle Menschen sämtlicher Kulturen und Zeiten.[18] Hingegen öffnet sich der Islam in seinem Rechtssystem inhaltlich und konzeptionell der Vielfalt des Lebens, dem Wandel der Geschichte und der Wirkung des Zeitgeistes.[19]

Demnach sind die islamischen Rechtskonzepte keine metaphysischen Konstruktionen, sondern menschliche Werke, um neu entstehende Sachverhalte unter die Voraussetzungen der islamischen Rechtsnormen zu subsumieren und Antworten auf neue Fragen und Bedürfnisse der sozialen Umgebung zu finden. Nach diesem Verständnis müssen die islamischen Rechtkonzepte ihrem Wesen nach offene und dynamische Konzepte sein, die durch die Zeit entwickelt, evaluiert und gegebenenfalls neu bearbeitet werden. Denn eine humane Theologie muss sich immer wieder neu positionieren, die Sehnsüchte der Menschen aufnehmen, sich ihren Sorgen und Fragen öffnen, damit sie nicht den Kontakt zur Realität und mit ihr auch ihre Wirkungsrelevanz verliert. Sie muss also ihren Bezug zu den menschlichen Bedürfnissen und ihre Treue zum Quellentext in jedem gegebenen Kontext demonstrieren.

In diesem Rahmen gibt es keinen Platz für endgültige Systeme und absolutistische Ansätze, da jede mangelnde Flexibilität die Reaktion auf die sich rasch verändernde Realität erschwert. Mit anderen Worten, die ewigen Systeme, „wenn man sie so versteht, dass sie alle Möglichkeiten des Wandels aus-

---

16 Berichtet von Abū Dāwūd, Kitāb al-aqdiya, Bāb iǧtihād ar-Ra'y fī al-qaḍā'(Ḥadīṯ-Nr.: 3594); vgl. hierzu auch Mohammad, Iqbal: Die Wiederbelebung des religiösen Denkens im Islam. Übers. von Axel Monte und Thomas Stemmer. Berlin 2006, S. 176; siehe auch Tarik, Ramadan: Radikale Reform – die Botschaft des Islam für die moderne Gesellschaft. München 2009. S. 37.

17 Im Koran steht: „Wahrlich, wir selbst sind es, die diese Ermahnung von droben erteilt haben, und wir sind es, die sie hüten werden." Sure al-Ḥiǧr (15), Vers 9; und „das ist Gottes Weise, die immer in der Vergangenheit in Geltung war – und niemals wirst du irgendeine Veränderung in Gottes Weise finden." Sure al-Fatḥ (48), Vers 22.

18 Im Vers 28 der Sure Saba' (34) heißt es: „Und Wir haben dich für die Menschen allesamt nur als Frohboten und Warner gesandt. Aber die meisten Menschen wissen nicht."

19 Vgl. 'Adnān, Muḥammad Umāma: At-taǧdīd fīl-fikr al-islāmī. Kairo 2002, S. 40.

schließen, neigen dazu, das zu lähmen, was in seinem Wesen zutiefst beweglich ist."[20]

Angesichts dieser Tatsache und des Zustandes der islamischen Welt beherrschen die Themen Erneuerung und Wiederbelebung des islamischen Denkens den zeitgenössischen islamischen Diskurs.[21] Auch hier in Europa haben diese Themen Konjunktur angesichts der neuen historischen Erfahrung, denen sich die Muslime als Minderheit in den westlichen säkularen Gesellschaften heutzutage ausgesetzt sehen. In den Diskussionen wird sehr oft der Ansatz der „maqāṣid der Scharia" als systemhermeneutisches Denkparadigma und als Reformkonzept hervorgehoben, das zum wissenschaftlich-hermeneutischen Diskurs in der islamischen Theologie und Religionspädagogik einen konstruktiven Beitrag leisten könnte.[22]

„Maqāṣid der Scharia" ist die Lehre davon, dass die Rechtsnormen und die Handlungen im Sinne der Teleologie generell zweckorientiert ausgerichtet sind. Es ist somit ein zweckrationales Denkparadigma, nach dem jede Normbestimmung ihre Berechtigung und Legitimitätsbegründung aus dem in ihr ruhenden Zweck ableitet.[23] Dementsprechend ist es neben der Identifizierung der Bestimmungen und ihrer praktischen Anwendungsfelder mindestens genauso wichtig zu wissen, welche Zwecke und Absichten hinter einer bestimmten Norm liegen. Daher ist die maqāṣid-Theorie eine wichtige Interpretationsphilosophie für ein angemessenes Verständnis des Islam, aber auch ein guter Ansatz, theologisch auf die Bedürfnisse einer immer mobiler werdenden Gesellschaft einzugehen bzw. sich auf die damit verbundenen ökonomischen, sozialen, kulturellen, und nicht zuletzt religiösen Herausforderungen und Probleme einstellen zu können.[24]

Die aus dem Geist der maqāṣid hervorgehende Rechtsphilosophie formuliert eine Umsetzung, die sich dem Zeitwandel anpasst und zugleich die Treue zum Ursprung und zu den islamischen allgemeingültigen Zielen und universellen Werten bewahrt. Es ist eine multidimensionale Methodologie, die in einem dialektischen Kontext sowohl die Schrift als auch die mensch-

---

20 Mohammad, Iqbal: Die Wiederbelebung des religiösen Denkens im Islam. Übers. von Axel Monte und Thomas Stemmer. Berlin 2006, S. 176.

21 Vgl. 'Abdurraḥmān, Ṭaha: al-'Amal ad-dīnī wa-taǧdīd al-'aql. Casablanca 1997, S.11.

22 Vgl. 'Abdulmaǧīd, an-Naǧār: Maqāṣid aš-šarī'a bi-ab'ādin ǧadīda. Beirut 2006, S. 18 f.

23 Vgl. Ibid., S. 16 f.

24 Vgl. Aḥmad, ar-Rifāy'a: Ahammīyat maqāṣid aš-šarī'a fī l-iǧtihād. Amman 1992, S. 23.

liche Vernunft zum Ausdruck kommen lässt und somit die Regeln und Normen der islamischen Religionslehre neu beleuchtet.[25]

1.1 Maqāṣid der Scharia: wichtige Literaturquellen einer neuen Renaissance

Die Fachkenner der islamwissenschaftlichen Materie wissen, dass die neue Renaissance der Theorie der maqāṣid dem Schaffen und Vermächtnis von Abū Isḥāq aš-Šāṭibī (gest. 1388)[26] zu verdanken ist. Seine Werke stellen die intellektuelle Grundlage dar, die die neue maqāṣid-Epoche entfaltet hat.[27] In diesem Zusammenhang wird insbesondere sein renommiertes vierbändiges Werk al-Muwāfaqāt fi uṣūl aš-šarī'a[28] hervorgehoben, dessen Entdeckung und Publizierung[29] nach der einhelligen Meinung der islami-

25 Vgl. Yūsuf, al-Qaraḍāwī: Dirāsa fī fiqh maqāṣid aš-šarī'a. Kairo 2006, S. 15.

26 Šamsuddīn, Muḥammad Ibn Aḥmad Ibn 'Uṯmān aḏ-Ḏahabī: Tahḏīb sīyar a'lām an-nubalā'. Band 2. Beirut 1991, S. 557.

27 Es sei hier angemerkt, dass *aš-Šāṭibīs* Anstrengungen, die Islamlehre in ihrem Ursprung – verkörpert in der Ära des Propheten und der Gefährten – aufleben zu lassen und den Geist des Islam zu erneuern, zunächst im Bereich der Glaubenslehre (arab. *'Aqīda*) ihren Anfang nahmen, bevor sie auf die Methodologie der islamischen Rechtswissenschaft ausgeweitet werden konnten. Sein berühmtes Werk „*al-I'tiṣām*" (Abū-Isḥāq , aš-Šāṭibī: al-I'tiṣām (896 Seiten in 2 Bändern). Hrsg. vom Verlag „Dār 'Uṯmān Ibn 'Affān". Riad 1992) war eine Klageschrift und starke Tirade gegen alle Deviationen, die in seiner Zeit im Bereich der religiösen Praktiken aufgekommen waren. Aus dieser kritischen Haltung heraus hat er, diesmal in seinem Werk *al-Muwāfaqāt*, eine „vollständige, autonome Methodologie entwickelt, welche die Modalitäten der Interpretation und Umsetzung der Schriftquellen im Laufe der Geschichte und in unterschiedlichen menschlichen Kontexten gründlich erneuerte." (Siehe: Tarik, Ramadan: Radikale Reform – die Botschaft des Islam für die moderne Gesellschaft. München 2009, S. 91.)

28 Abū-Isḥāq, aš-Šāṭibī: al-Muwāfaqāt fi uṣūl aš-šarī'a (4 Bände). Beirut 1995.

29 *Muḥammad 'Abduh* (gest. 1905) hat stets seine Studenten auf die Bedeutung der *maqāṣid* als Denkparadigma für die islamische Jurisprudenz hingewiesen. Sein Schüler *'Abdullāh Darrāz* (gest. 1958) war derjenige, der am Anfang des zwanzigsten Jahrhunderts *al-Muwāfaqāt* von *aš-Šāṭibī* herausgegeben hat. Seitdem erlebt die Theorie der Maqasid eine Renaissance. (Vgl. Ḥammādī, al-'Abidī: aš-Šāṭibī wa maqāṣid aš-

schen Gelehrtenschaft den historischen Anfang der modernen maqāṣid-Bewegung markiert.[30]

1.1.1 *Al-Muwāfaqāt*: das Standardwerk der *maqāṣid*-Wissenschaft

Al-Muwāfaqāt gilt in den Fachkreisen der islamischen Jurisprudenz als Standardkanon der maqāṣid.[31] Nach dem großen Gelehrten Rašīd Riḍā (gest. 1935)[32] sei al-Muwāfaqāt in seiner Kategorie einzigartig und unvergleichlich. Dessen Verfasser, Abū Isḥāq aš-Šāṭibī (gest. 1388), bezeichnet er als Koryphäe der maqāṣid und als einen der großen Erneuerer des Islam.[33] Muṣṭafā az-Zarqā, syrischer Gelehrte, lobt al-Muwāfaqāt als das beste Buch, das er jemals in der Methodologie der islamischen Rechtslehre und im Bereich der maqāṣid der Scharia gelesen habe.[34] In der Erstellung dieses Werkes zeigt aš-Šāṭibī tatsächlich einen originellen Stil wie auch bewundernswerte und solide Gedanken und wirft nachhaltige Einblicke auf den Sinn und Zweck der islamischen Gesetzgebung.[35] Dies zeigt sich zum Beispiel in seinem bezeichnenden Umgang mit der Kategorie des Erlaubten (al-mubāḥ)[36]. Während ein Großteil der Gelehrtenschaft vor der Ausschöpfung des Erlaubten warnt und zur Beschränkung dessen Bandbreite anmahnt, um dem Verbotenen nicht anheimzufallen, sieht aš-Šāṭibī in der Kategorie des Erlaubten eine Betonung der menschlichen Freiheit und eine Absicht, das menschliche Leben dadurch zu erleichtern, dass dem verantwortlichen Menschen ermöglicht wird, seiner Natur und Gewohnheiten entsprechend

---

šarī'a. Damaskus 1992, S. 50f; Siehe hierzu auch 'Umar, Ḥasan al-Qīyām: Adabīyat an-naṣ al-Qur'ānī – baḥṯ fī Naẓarīyat at-tafsīr. Beirut 2011, S. 34.

30 Vgl. Ḥammādī, al-'Abidī: aš-Šāṭibī wa maqāṣid aš-šarī'a. Damaskus 1992, S. 111

31 Vgl. Aḥmad, ar-Rīsūnī: Naẓarīyat al-maqāṣid 'indal-imām aš-Šāṭibī, S. 324f.

32 Vgl. Ḫairuddīn, Azzirkilī: al-A'lām- Qāmūs tarāğim li'ašhari ar-riğāl wan-nisā' min al-'arabi wal-musta'rabīna wal-mustašriqīn. Band 6. Beirut 1980, S. 126.

33 Aus dem Vorwort des Werkes al-I'tiṣām von Abū-Isḥāq, aš-Šāṭibī. Band 1. Riad 1992, S. 4.

34 Muṣṭafā, az-Zarqā: al-Madḫal al-fiqhī al-'ām. Band 1, Damaskus 2004, S. 119.

35 Ibid., S. 119f

36 Siehe hierzu Seite 41.

zu leben, solange das Gemeinwohl der Gemeinschaft nicht beeinträchtigt wird.[37] Von diesem Standpunkt heraus „will aš-Šāṭibī unbedingt das weite Feld des moralisch unbestimmten (al-mubāḥ) schützen und hält dessen Beschränkung für ungerechtfertigt."[38]

Ein charakteristisches Merkmal des Werkes al-Muwāfaqāt ist die ausführliche Behandlung der Thematik der maqāṣid der Scharia.[39] Während die Beschäftigung mit den maqāṣid bei den Gelehrten vor aš-Šāṭibī (gest. 1388) meistens in zerstreuten Bemerkungen oder, im besten Fall, in Aufsätzen vorkam, war das Sujet der maqāṣid mit al-Muwāfaqāt zum ersten Mal Gegenstand einer monographischen Untersuchung.[40] Neben den kreativen Aspekten und rechtsmethodologischen Novellen des Werkes war allein diese quantitative Expansion in der Publizistik und schriftlichen Komposition im Bereich der maqāṣid von großer Bedeutung. Ein ganzes Buch mit Hunderten von Seiten, das sich dem Thema der maqāṣid aus verschiedenen Perspektiven mit dem Gepräge eines genialen Geistes annähert, konnte die Thematik der maqāṣid aus der Nische der islamischen Rechtwissenschaft herausführen und ihr die nötige Aufmerksamkeit bescheren.[41]

1.1.2 Die Werke der *maqāṣid*-Theorie im zwanzigsten Jahrhundert

Die durch al-Muwāfaqāt angeregte wissenschaftliche Neugierde hat, wenn auch Jahrhunderte danach, ihren Niederschlag in der Entfaltung einer maqāṣid-Renaissance sowie in der Publikation zahlreicher Schriften und Werke gefunden, die das maqāṣid-Paradigma als holistischen Ansatz und autonome Methodologie hervorheben, wenn es darum geht, die Rationalität

---

37 Abū-Isḥāq, aš-Šāṭibī: al-Muwāfaqāt. Band 1. Beirut 1995, S.110ff.

38 Tarik, Ramadan: Radikale Reform – die Botschaft des Islam für die moderne Gesellschaft. München 2009, S. 101

39 Vgl. Aḥmad, ar-Rīsūnī: Naẓarīyat al-maqāṣid ʿindal-imām aš-Šāṭibī. Casablanca 1990, S. 313.

40 Vgl. Ibid, S. 315.

41 Vgl. Ibid., S. 314.

und die innere Kohärenz des islamischen Rechtssystems sowie dessen Vitalität und Wandlungsfähigkeit zu gewährleisten.[42]

Besonders hervorzuheben sind hier vier Werke, die das theoretische Fundament der gegenwärtigen islamrechtlichen Debatten im Bereich der maqāṣid bilden und somit eine breite Aufmerksamkeit als Referenz und intellektuelle Grundlage in zahlreichen Arbeiten und Publikationen gefunden haben.[43]

1.1.2.1 *Maqāṣid aš-šarīʿa al-islāmīya von Ṭāhir Ibn ʿĀšūr*

Das erste Werk ist Maqāṣid aš-šarīʿa al-islāmīya[44] des tunesischen Gelehrten und Exegeten Muḥammad Ṭāhir Ibn ʿĀšūr (gest. 1973)[45], das einen Vorläufer der Erneuerungsversuche im zeitgenössischen Islam und die nennenswerte Weiterentwicklung der Theorie der maqāṣid nach der Ära des Imām aš-Šāṭibī (gest. 1388) darstellt.[46] Ibn ʿĀšūr stellt die Theorie der maqāṣid als Reformkonzept und unerlässliche Methodologie für die Entwicklung und

---

42 Vgl. Muḥammad, Ṭāhir Ibn'Āšūr: Maqāṣid aš-šarīʿa al-islāmīya. Amman 2001, S. 174.

43 Vgl. ʿAlī, Ǧumʿa: Vorwort zu: ʿAṭīya, Ǧamāluddīn: Naḥwa tafʿīl maqāṣid aš-šarīʿa. Damaskus 2001, S. 8.

44 Erste Ausgabe im 1946 vom Verlag „Maktabat Al-Istiqama" in Tunis herausgegeben. (Siehe Anmerkung von Muḥammad aṭ-Ṭāhir al-Mīsāwī (Hrsg.) in: Muḥammad, Ṭāhir Ibn'Āšūr: Maqāṣid aš-šarīʿa al-islāmīya. Amman 2001, S. 7 und S. 242)

45 Sheikh *Muḥammad Ṭāhir Ibn ʿĀšūr* (1879–1973) ist in einer Familie der Wissenschaft geboren. Seine Vorfahren flohen aus Andalusien (Spanien) nach Sala in Marokko, bevor sie sich nach einer Weile in Tunis in Tunesien niederließen. *Ṭāhir Ibn ʿĀšūr* hat in der Großen Moschee von Zaitouna in Tunis gelernt und gelehrt und gilt als einer der großen Reformer und Maqasid-Gelehrten im zwanzigsten Jahrhundert. Er hat zahlreiche bedeutende Werke verfasst, von denen neben dem hier diskutierten Werk „*Maqāṣid aš-šarīʿa al-islāmīya*" noch zwei hervorzuheben sind: Als erstes ist seine voluminöse Exegese „*at-Taḥrīr wat-tanwīr*" (30 Bände) zu nennen, in der *Ibn ʿĀšūr* sich mit der Interpretationsvielfalt des Korantextes und der Rhetorik der arabischen Sprache beschäftigt. Das zweite Werk ist „*Uṣūl an-niẓām al-iǧtimāʿī fī l-islām*", in dem sich *Ibn ʿĀšūr* mit den Grundsätzen und Prinzipien der sozialen Gerechtigkeit im Islam auseinandersetzt. (Vgl. Ḫairuddīn, Azzirkilī: al-Aʿlām- Qāmūs tarāǧim liʾaʿšhari ar-riǧāl wan-nisāʾ min al-ʿarabi wal-mustaʿrabīna wal-mustašriqīn. Band 6. Beirut 1980, S. 174.)

46 Vgl. Muḥammad, aṭ-Ṭāhir al-Mīsāwī (Hrsg.) in: Muḥammad, Ṭāhir Ibn'Āšūr: Maqāṣid aš-šarīʿa al-islāmīya. Amman 2001, S. 8.

Rationalisierung des islamischen Rechtsystems vor. Diesbezüglich merkt er an: „Wir sind sicher, dass alle Bestimmungen des islamischen Rechts Zwecke intendieren. Mithin sind unsere Gelehrten verpflichtet, den Grund und Zweck der Gesetzgebung zu erkennen und bekannt zu machen.“[47] Dabei nimmt er eine Mittlerposition zwischen zwei Extremen ein, nämlich zwischen dem „Neo-Literalismus“, der die rationalen Aspekte der islamischen Rechtslehre ignoriert und auf bloße Tradierung der historisch-kanonischen Kenntnisse setzt; und dem futuristischen „Neo-Rationalismus“, der in seinem Streben nach Erneuerung und Modernisierung den völligen Bruch mit der Tradition fordert und die religiöse und kulturelle Identität der Muslime konterkariert.[48] Zudem bringt Ibn ʿĀšūr einen neuen wichtigen Aspekt in die Diskussion hinein, nämlich die soziale Dimension der maqāṣid. Für ihn ist die Forschung in der Thematik der maqāṣid sehr stark verwoben mit der Forschung auf dem Gebiet der islamischen Sozialordnung. Dabei versucht er, aus den Zentralzwecken der islamischen Rechtslehre (maqāṣid) ein ethisch-epistemologisches Fundament für ein umfassendes Regelwerk in der Sozialforschung zu etablieren und Grundsätze für eine, aus islamischer Sicht, gerechte Gesellschaftsordnung festzulegen.[49]

1.1.2.2 *Maqāṣid aš-šarīʿa al-islāmīya wa-makārimuhā* von *ʿAllal al-Fāsī*

Das zweite Werk Maqāṣid aš-šarīʿa al-islāmīya wa-makārimuhā[50] des marokkanischen Gelehrten ʿAllal al-Fāsī (gest. 1974)[51] zählt zu den bedeu-

47 Ibid., S.48.

48 Vgl. Muḥammad, aṭ-Ṭāhir al-Mīsāwī (Hrsg.) in: Muḥammad, Ṭāhir IbnʿĀšūr: Maqāṣid aš-šarīʿa al-islāmīya, S. 110 ff.

49 Vgl. Muḥammad, Ṭāhir, IbnʿĀšūr: Uṣūl an-niẓām al-iǧtimāʿī fī l-islām. Damaskus 1983, S. 21.

50 ʿAllāl al-Fāsī: Maqāṣid aš-šarīʿa al-islāmīya wa-makārimuhā. Casablanca 1991.

51 *ʿAllal al-Fāsī* (1910–1974), marokkanischer Gelehrter und Politiker, gilt als einer der wichtigsten Vertreter der Maqasid-Schule im zwanzigsten Jahrhundert. Seine Ideen und Ansichten in seinem Buch „*Maqāṣid aš-šarīʿa al-islāmīya wa-makārimuhā*“ haben in islamrechtlichen Debatten eine breite Rezeption erfahren. (Vgl. The Oxford Encyclopedia of the Modern Islamic World. Band 2. Oxford 1995, S. 4; vgl. hierzu auch Ḫaīruddīn, Azzirkilī: al-Aʿlām- Qāmūs tarāǧim liʾašhari ar-riǧāl wan-nisāʾ min al-ʿarabi wal-mustaʿrabīna wal-mustašriqīn. Band 4. Beirut 1980, S. 246 f.)

tendsten Schriften auf dem Gebiet der islamischen Jurisprudenz und maqāṣid der Scharia. Als führender Politiker, Pädagoge und bekannter Rechtsgelehrter war al-Fāsī in verschiedenen Wissenschaftsfeldern bewandert.[52] So nahm er aus diversen Fachbereichen Aspekte heraus, durch die er seinen Standpunkt aufbaute und konnte so einen multidimensionalen Blick auf den Sinn und Zweck der islamischen Gesetzgebung werfen. Kritiker sehen darin eine Schwäche, die den inhaltlichen Schwerpunkt und die thematische Einheit des Werkes schmälert. Andere heben gerade diese Eigenschaft als Stärke hervor, denn aus seinem Universalwissen heraus konnte al-Fāsī verschiedene Wissenszweige in seine rechtswissenschaftliche Arbeit integrieren und somit die Theorie der maqāṣid aus mehreren Perspektiven beleuchten. Auch al-Fāsī selbst bezieht sich darauf, indem er sagt: „Dieses Buch Maqāṣid aš-šarīʿa al-islāmīya wa-makārimuhā lege ich in die Hände meiner verehrten Leser, in der Hoffnung, dass es eine Lücke in der arabischen Literatur füllen wird (...). Nur Gott weiß, wie ich mich angestrengt habe, um die Abschnitte dieses Buches zusammenzustellen und dessen Inhalt dem zeitgenössischen Leser verständlich zu formulieren, gestützt auf die wichtigen islamischen Quellen und diversen wissenschaftlichen Werke, die eine mehrperspektivische Herangehensweise ermöglichen und ein frisches Licht auf die Theorie der maqāṣid werfen."[53]

Um den islamischen Geist wiederzubeleben und eine humanistische und soziale moderne Wissenschaft aus islamischer Sicht aufzubauen, unterstreicht al-Fāsī (gest. 1974) die Notwendigkeit zur Reform der Methoden und Denkweisen der Muslime. Bei diesem Kurs sei der Rückgriff, wie al-Fāsī betont, auf die maqāṣid der Scharia als pädagogisches und juristisches Reformkonzept unerlässlich. In diesem Sinne sagt er: „Wenn wir das islamische Denken in seiner Authentizität wiederaufbauen möchten, dann müssen wir bei der islamischen Jurisprudenz (fiqh) anfangen und sie auf den Geist der maqāṣid gründen."[54] Die Konzentration auf die islamische Jurisprudenz (fiqh) ist bezeichnend für ʿAllal al-Fāsī. Für ihn impliziere jede wahre Erneuerung auch eine Versöhnung mit dem Ursprung, daher vertritt er vehement die Meinung, dass jeder Erneuerungsprozess aus dem

52 Vgl. Ḫaīruddīn, Azzirkilī: al-Aʿlām- Qāmūs tarāǧim liʾašhari ar-riǧāl wan-nisāʾ min al-ʿarabi wal-mustaʿrabīna wal-mustašriqīn. Band 4. Beirut 1980, S. 246.

53 ʿAllāl al-Fāsī: Maqāṣid aš-šarīʿa al-islāmīya wa-makārimuhā. Casablanca 1991, S. 6.

54 Ibid., S. 165 f.

fiqh hervorkommen müsse, eben weil der fiqh, im Gegensatz zu anderen islamischen Wissenschaften, wie Philosophie, Scholastik, Mystik usw., eine originäre und authentische islamische Wissenschaft jenseits jeglicher Einflüsse von außen geblieben sei.[55]

1.1.2.3 *Naẓarīyat al-maqāṣid ʿindal-imām aš-Šāṭibī* von *Aḥmad ar-Rīsūnī*

Das dritte bedeutende Werk bei der Neubetrachtung der maqāṣid ist Naẓarīyat al-maqāṣid ʿindal-imām aš-Šāṭibī[56] von Aḥmad ar-Rīsūnī (geb. 1953)[57]. Er stammt aus Marokko und ist einer der bekanntesten zeitgenössischen Gelehrten und Vertreter der maqāṣid in der islamischen Welt. Mit diesem Buch präsentierte ar-Rīsūnī ein bedeutendes Referenzwerk in der Methodologie der islamischen Rechtslehre und eine umfassende Studie der Theorie der maqāṣid in ihren methodologischen und rechtswissenschaftlichen Aspekten. Zudem leistete er einen herausragenden Beitrag in der Erforschung und Vorstellung der Charakteristiken und Mechanismen des zweckorientierten Denkens bei Imām Abū Isḥāq aš-Šāṭibī (gest. 1388), „dem Stern und Pionier der Theorie der maqāṣid“[58] und konnte außerdem mit einer wichtigen biographischen Studie aufwarten, die eine Fülle von neuen nützlichen Informationen über das Leben und Schaffen dieses ehrwürdigen Imām bietet.[59] Darüber hinaus hat er die Instrumente und Mittel ausgelotet, mit denen die maqāṣid und Ziele des islamischen Rechts ermittelt werden können.[60] Wobei er die größte Aufmerksamkeit der logischen Methode der Induktion (arab. istiqrāʾ), dem Charakteristikum der Methodologie aš-Šāṭibīs, gewidmet hat.[61] Anschließend stellte er eine Reihe von Grundsätzen und Normen auf, die er aus den Werken al-Muwāfaqāt und

55 Vgl. Ibid., S. 85 ff.

56 Aḥmad, ar-Rīsūnī: Naẓarīyat al-maqāṣid ʿindal-imām aš-Šāṭibī. Casablanca 1990.

57 Muḥammad, Amin Zaidūn: Qiraʾa fi Kitab Naẓarīyat al-maqāṣid ʿindal-imām aš-Šāṭibī Li Aḥmad ar-Rīsūnī. In Al-Furqan Heft 78/ 2004, S. 44- 66.

58 Muṣṭafā, az-Zarqā: al-Madḫal al-fiqhī al-ʿām. Band 1, Damaskus 2004, S. 127.

59 Vgl. Aḥmad, ar-Rīsūnī: Naẓarīyat al-maqāṣid ʿindal-imām aš-Šāṭibī. Casablanca 1990, S. 89- 122.

60 Vgl. Ibid., S. 271–289.

61 Vgl. Ibid., S. 282–289.

„al-I'tiṣām" von aš-Šāṭibī extrapolierte und welche die maqāṣid zu einer autonomen Auslegungstheorie systematisieren.[62]

1.1.2.4 *Naḥwa taf'īl maqāṣid aš-šarī'a* von *Ǧamāluddīn 'Aṭīya*

Das vierte zu betrachtende Werk trägt den Titel Naḥwa taf'īl maqāṣid aš-šarī'a[63], verfasst vom zeitgenössischen ägyptischen Gelehrten Ǧamāluddīn 'Aṭīya (geb. 1928)[64]. Dieses Werk stellt einen wichtigen Schritt auf dem Weg der Verwirklichung und Umsetzung der Zwecke und Ziele der islamischen Rechtslehre dar. Als Jurist und Absolvent der Universität Lausanne spricht 'Aṭīya in diesem Werk eine zeitgenössische juristische Sprache und öffnet modernen Werten – wie Gerechtigkeit, Freiheit, Frieden usw. -, die das Fundament einer gemeinsamen humanistischen Weltanschauung bilden, die Tür zur Integration in die maqāṣid-Terminologie.[65] Dies erfolgt über die Diskussion der Rolle der menschlichen Vernunft und Erfahrung zur Identifizierung der maqāṣid. Außerdem gibt das Buch Antwort auf theoretisch komplexe Fragen über den Beitrag der maqāṣid im Prozess des juristischen iǧtihād und der islamischen Rechtsfindung. Anschließend unterstreicht der Autor die Bedeutung der Theorie der maqāṣid zur Vergegenwärtigung der Methodologie der islamischen Rechtslehre (uṣūl al-fiqh) und betont die Notwendigkeit einer zweckrationalen und maqāṣid-orientierten Mentalität auf der individuellen und gesellschaftlichen Ebene für die Verwirklichung der islamischen Werte und Zwecke in der Gesellschaft und Wissenschaft.[66]

Diese sind meines Erachtens die wichtigsten Werke, die als Referenz und wissenschaftliche Grundlage in den meisten Veröffentlichungen im Bereich der maqāṣid herangezogen werden; und die für die Erstellung dieser Arbeit besonders hilfreich und richtungsweisend gewesen sind. Natürlich gibt es auch andere Quellen, die wichtige Aspekte der maqāṣid behandeln und die einen Teil der hier verwerteten Literaturquellen darstellen. Um den Rahmen

---

62 Vgl. Ibid., S. 319–323

63 'Aṭīya, Ǧamāluddīn: Naḥwa taf'īl maqāṣid aš-šarī'a. Damaskus 2001.

64 Vgl. Waṣfī, 'Āšūr Abūzaīd: Ǧamāluddīn 'Aṭīya – Riḥlat al-'aṭā' wat-taǧdīd. Kairo 2009, S. 4.

65 Vgl. Ibid., S. 48.

66 Vgl. 'Aṭīya, Ǧamāluddīn: Naḥwa taf'īl maqāṣid aš-šarī'a. Damaskus 2001, S. 185–234.

dieser Einleitung nicht zu sprengen, werden diese weiterführenden Literaturquellen im Laufe der Arbeit an Ort und Stelle vorgestellt und diskutiert.

1.2 Der Forschungstand der westlichen Islamwissenschaft

Der Islam ist besonders seit Beginn des 21. Jahrhunderts zu einem der zentralen Themen in den westlichen Forschungsarbeiten geworden. Allerdings dominiert hier die politikwissenschaftliche Perspektive.[67] Die Gründe dafür liegen auf der Hand: Einerseits „ist der Islam zu einem der bestimmenden Faktoren in der politischen, gesellschaftlichen und wirtschaftlichen Entwicklung sowie in der Diskussion um die Ordnungsvorstellungen in dem von ihm geprägten Raum geworden“[68]; andererseits werden Muslime und islamische Themen mit einer Reihe von politischen und gesellschaftlichen Ereignissen verbunden, die gegenwärtig die öffentliche Meinung beschäftigen.[69]

Wegen historischer und kultureller Faktoren nimmt die Auseinandersetzung mit dem Islam im Westen verschiedene Manifestationen ein: Im frankophonen Raum wird aufgrund der kolonialen Vergangenheit und besonders nach den dramatischen Ereignissen der Parlamentswahl in Algerien[70] im Jahr 1992 (der Wahlsieg der FIS-Partei – Front Islamique du Salut -, Putsch

---

67 Vgl. Bülent, Ucar: Recht als Mittel zur Reform von Religion und Gesellschaft – Die türkische Debatte um die Scharia und die Rechtsschulen im 20. Jahrhundert. Würzburg 2005, S. 25.

68 Werner, Ende / Udo, Steinbach: Der Islam in der Gegenwart – Entwicklung und Ausbreitung; Kultur und Religion; Staat und Politik und Recht. München 2005, S. 15.

69 Hierbei sind weitere Faktoren, wie die islamische Revolution in Iran 1979, der israelisch-palästinensische Konflikt, der Golfkrieg und die dramatischen Ereignisse in Bosnien in den neunziger Jahren des letzten Jahrhunderts, bei der Erzeugung eines neues Feinbildes Islam, besonders nach dem Wegfall des Kommunismus, von Bedeutung und dementsprechend Forschungsgegenstand der westlichen Islamwissenschaft.

70 Die herausragende Stellung Algeriens und seine besondere Verbindung zu Frankreich sind nicht nur auf die Größe und natürlichen Ressourcen des Landes zurückzuführen, sondern auch auf die sehr lange Kolonialgeschichte des Landes (1830–1962). In dieser langen Zeit konnte der französische Kolonialismus tiefreichende Verbindlichkeiten schmieden und nachhaltige Spuren hinterlassen. (Vgl. Sonja, Klinker: Maghrebiner

des Militärs und Proklamation der Ausnahmezustand, Volksaufstand)[71] die größte Aufmerksamkeit dem politisch organisierten Islam gewidmet.[72] Aufgrund der besonderen historischen Beziehungen zu den ehemaligen Kolonien im Orient und in Südasien (Irak, Afghanistan, Pakistan usw.), wo der „clash of civilizations“ nach den traumatischen Geschehnissen des 11. September 2001 besonders zum Tragen kam, werden im anglo-amerikanischen Raum die islamwissenschaftlichen Themen häufig im Kontext des islamischen Fundamentalismus, internationalen Terrorismus und der Bedrohung der nationalen Sicherheit diskutiert.[73]

Indessen beschäftigt sich die Islamwissenschaft im deutschsprachigen Raum vornehmlich mit der Frage der Integration und der Existenzfähigkeit des Islam und der Muslime in einer kommunitaristisch-liberalen Gesellschaft und pluralistisch demokratischen Sozialordnung.[74] Schon 1981 verfasste Hanns Thomä-Venske zur Bedeutung des Islam im Prozess der Integration türkischer Arbeiterfamilien in die Gesellschaft der Bundesrepublik sein Buch „Islam und Integration“.[75] In der Vorstellung des Buches „Der Islam in der Gegenwart“ wird hervorgehoben: „Demgegenüber verfolgen die Herausgeber des vorliegenden Bandes eine bescheidenere, zugleich aber auch weiterreichende Zielsetzung. Es soll nicht eine weitere Lesart des „islamischen Diskurses“ vorgelegt werden. Angestrebt wird vielmehr eine umfassendere Information über die Rolle des Islams in der Gegenwart. Stärker als in früheren Auflagen fand zugleich die Stellung muslimischer Migranten in nichtmuslimischen europäischen Mehrheitsgesellschaften Beachtung.“[76] Ähnlich schreibt Gerhard Wahlers, der stellvertretende Generalsekretär der Konrad-

---

in Frankreich, Türken in Deutschland: eine vergleichende Untersuchung zu Identität. Wiesbaden 2001, S. 95 ff.)

71 Vgl. Khadija, Katja Wöhler-Khalfallah: Der islamische Fundamentalismus – der Islam und die Demokratie . Wiesbaden 2004, S. 187 ff.

72 Siehe das Buch des französischen Schriftstellers François Burgat: L´islamisme en face. Paris 1996.

73 Vgl. Hendrik, Meyer / Klaus, Schubert: Politik und Islam. Wiesbaden 2011. S. 16.

74 Vgl. Richard, Potz / Bernhard, Stillfried: Smail Balić – Vordenker eines europäischen Islam. Wien 2009, S. 90

75 Hanns, Thomä-Venske: Islam und Integration – zur Bedeutung des Islam im Prozess der Integration türkischer Arbeiterfamilien in die Gesellschaft der Bundesrepublik. Hamburg 1981.

76 Werner, Ende / Udo, Steinbach: Der Islam in der Gegenwart – Entwicklung und Ausbreitung; Kultur und Religion; Staat und Politik und Recht. München 2005, S. 15 f.

Adenauer-Stiftung, zum Ziel der Konferenz „Islam und Rechtstaat – zwischen Scharia und Säkularisierung", welche die Konrad-Adenauer-Stiftung zusammen mit dem Zentrum moderner Orient (ZMO) 2007 organisiert hat: „Zwar liegt unser Fokus in dieser Publikation primär auf der internationalen Zusammenarbeit; ich glaube aber, dass diese Diskussion auch in Deutschland wichtig und von großem Interesse ist. Die zahlreichen Unterschiede innerhalb der islamischen Welt, die hier zur Sprache kommen, werfen ein neues Licht auf die Probleme, welche die Diskussion in Deutschland bestimmen. Wahrscheinlich werden aber auch Gemeinsamkeiten deutlich, die dazu beitragen, die Anliegen der Muslime in Deutschland besser zu verstehen."[77]

In der überwiegenden Zahl der Publikationen wird jedoch der Islam als Herausforderung für die Integration dargestellt. In ihrer Untersuchung zu Islam und Politik machen Hendrik Meyer und Klaus Schubert folgende Entwicklung der Fragestellungen aus: „Die Positionierung des Islam gegenüber und in der Moderne hat sich [...] angesichts der Fundamentalismusproblematik in eine Perspektive verschoben, in der nicht mehr die Frage im Zentrum steht, ob der Islam modern oder nicht modern ist, sondern auf welche Art und Weise der Islam mit der modernen Kultur und Gesellschaft verbunden ist. (...) Die Politische und akademische Debatte über den Islam in Europa lässt sich daher unter die Frage subsumieren, ob Muslime integrierbar sind bzw. inwieweit der Islam mit unserer modernen Lebensweise zu vereinbaren ist."[78]

In diesem Diskussionskontext beziehen sich westliche Islamwissenschaftler auf die maqāṣid der Scharia, die einen neuen Blick auf die islamischen Quellen und ihre Auslegung eröffnen sollen. So sagt beispielsweise Gudrun Krämer, dass die Scharia einen festen Bestand an allgemeinen Normen und Werten enthalte, „die im Einklang mit den sich stets wandelnden Verhältnissen verwirklicht werden müssen.(...) Es gehe hier, technisch gesprochen, um die „Intentionen" der Scharia (maqāṣid aš-šarīʿa), ihre „Finalität", mit der sich schon klassische Juristen und Theologen auseinandergesetzt hätten."[79] Birgit Krawietz vollzieht die Entwicklung der Rechtsinterpretation nach und kommt zu dem Schluss, dass sich die jüngeren Veröffentlichungen zuneh-

77 Gerhard, Wahlers: Vorwort zu: Birgit, Krawietz / Helmut, Reifeld (Hrsg.): Islam und Rechtstaat – Zwischen Scharia und Säkularisierung (Publikation der Konrad-Adenauer-Stiftung). Berlin 2008, S. 6.

78 Hendrik, Meyer / Klaus, Schubert: Politik und Islam. Wiesbaden 2011. S. 17.

79 Gudrun, Krämer: Gute Regierungsführung – Neue Stimmen aus der islamischen Welt. In: Verfassung und Recht in Übersee, Heft 38 / 2005, S. 258 – 275.

mend dem Geist der Scharia widmeten als einer konsequenten Buchstäblichkeit zu folgen. Sie weist aber auch darauf hin, dass diese Sicht in der Tradition derjenigen vormodernen Gelehrten stehe, die sowohl die buchstabengetreue Auslegung als auch die Kunst der Rechtskniffe (ḥiyāl) verurteilt hatten. Als Vertreter dieser Denkschule nennt Krawietz sowohl al-Ġazālī (gest. 1111)[80] als auch aš-Šāṭibī (gest. 1388), die in ihren Werken die maqāṣid der Scharia als Grundgütern der Rechtsordnung die angemessene Bedeutung verliehen hätten. Diese Traditionslinie sei dann seit dem Ende des 19. Jahrhunderts in einen modernen islamischen Diskurs überführt worden, in dem das Paradigma der maqāṣid mit den progressiven Ideen von Freiheit, Menschenrechten und Geschlechtergerechtigkeit u. a. verknüpft werde und rekurriere damit auf eine „dem islamischen Recht inhärenten Entelechie".[81]

Tarik Ramadan hebt hervor, dass die höheren, allgemeingültigen Ziele (maqāṣid) die Schriftquellen in eine positive Dialektik mit der menschlichen Lebensumgebung brächten.[82] Aus der Perspektive der maqāṣid sei es unmöglich, Texte getrennt von deren Beziehung zum Kontext der praktischen Umsetzung zu betrachten. „Dies ist so wichtig, dass aš-Šāṭibī (gest. 1388) sogar deutlicher als frühere Gelehrte darauf hinweist, dass auch wenn eine Handlung an sich als erlaubt (mubāḥ), empfohlen (mustaḥab), rechtmäßig (ḥalāl), verwerflich (makrūh) oder gar verboten (ḥarām) gilt, ihr Status sich je nach dem Kontext, in dem sie beurteilt wird, ändern kann."[83]

Trotz dieser Hervorhebungen stellt die wissenschaftliche Beschäftigung mit den maqāṣid immer noch eine Marginalie in den Schriften der westlichen Islamwissenschaftler dar.[84] Zudem werden maqāṣid meistens nur als „normative Orientierungspunkte" für die Auslegung der islamischen Normen oder als Interpretationshilfen behandelt, aus denen sich kein Recht ohne eine klare

80 Zu einer Darstellung von Leben und Werk des Gelehrten al-Ġazālī siehe Šamsuddīn, Muḥammad Ibn Aḥmad Ibn 'Uṯmān aḏ-Ḏahabī: Tahḏīb sīyar a'lām an-nubalā'. Band 2. Beirut 1991, S. 491f; vgl. hierzu auch Carl, Brockelmann: Geschichte der arabischen Literatur. Leipzig 1909, S. 173.

81 Birgit, Krawietz: Gerechtigkeit als Leitidee islamischen Rechts. In Birgit, Krawietz / Helmut, Reifeld (Hrsg.): Islam und Rechtstaat – Zwischen Scharia und Säkularisierung (Publikation der Konrad-Adenauer-Stiftung). Berlin 2008, S. 50.

82 Vgl. Tarik, Ramadan: Radikale Reform – die Botschaft des Islam für die moderne Gesellschaft. München 2009. S. 98.

83 Ibid.

84 Vgl. Ḥasan, al-Manṣūri: al-Maqāṣid fi ktābāt al-ġarbiyīn. In: al-Maḥağğa Heft 3/ 2006, S. 16–35.

Bezugnahme auf eine konkrete Textstelle schöpfen lasse.[85] Ferner werden die maqāṣid in manchen Schriften sogar als „skeptizistischer Ansatz“[86] diskreditiert, da der Mensch ja nur solche Zielsetzungen zu erkennen in der Lage sei, deren „Sinn und Nutzen“ er auch erfassen könne. Von anderen Zielen könne der Mensch keinen Begriff haben.[87] Wenn also der Mensch mit einem konkreten Rechtsfall konfrontiert wird, kann er zwar vermuten, „dass Gottes Wille in der Umsetzung einer der (erkennbaren) übergeordneten Zielsetzungen des Rechts liegt, doch bleibt dies eben zunächst eine bloße Spekulation, die für sich genommen keine ausreichende Grundlage für ein rechtliches Urteil darstellt.“[88] Nach diesem Verständnis werden die maqāṣid der Scharia als „außerordentliche hermeneutische Wagnisse“[89] bezeichnet, die im Rechtfindungsprozess nur dann als Interpretationshilfen herangezogen werden, „wenn offenbarungstextlich verbriefte Rechtsansprüche miteinander kollidieren.“[90] Doch damit ist die Bedeutung der maqāṣid als Denkschule und Interpretationsphilosophie bei weitem nicht erfasst.

Es sei an dieser Stelle darauf hingewiesen, dass der Begriff der maqāṣid der Scharia im arabo-islamischen Diskurs seit den achtziger Jahren des zwanzigsten Jahrhunderts Konjunktur hat.[91] Dank insbesondere der Unterstützung und Förderung durch das International Institute of IslamicThought (IIIT)[92] entwickelte sich die Thematik der maqāṣid zunächst insbesondere in reformistischen Kreisen „zu einem Topos der rechtsmethodologischen Diskussion

85 Vgl. Birgit, Krawietz: Hierarchie der Rechtsquellen im tradierten sunnitischen Islam. Berlin 2002, S. 223.

86 Vgl. Norbert, Oberauer: Gottes Recht und menschliche Sinnvermutung: istiṣlāḥ, munāsaba und maqāṣid aš-šar‘ im rechtstheoretischen Denken Ġazzālīs (st. 1111). In Asiatische Studien / Études Asiatiques, 64(3)/2010, S. 653 f.

87 Vgl. Ibid., S. 653.

88 Vgl. Ibid., S. 654.

89 Vgl. Ibid.

90 Ibid.

91 Vgl. ‘Abdulmaǧīd, an-Naǧār: Maqāṣid aš-šarī‘a bi-ab‘ādin ǧadīda. Beirut 2006, S. 7 f.

92 The International Institute ofIslamicThought (IIIT) ist eine kulturelle Stiftung. Das Institut wurde im 1981 in den USA gegründet und besitzt eine Anzahl weltweiter Büros und akademischer Berater, um die verschiedenen Aktivitäten des Instituts zu koordinieren und zu fördern. Es hat außerdem akademische Übereinkommen mit mehreren Universitäten und Forschungszentren in verschiedenen Teilen der Welt getroffen. (Mehr Informationen auf der offiziellen Seite des Insituts: http://www.iiit.org/AboutUs/AboutIIIT /tabid/66/Default.aspx)

und gewann im Weiteren durch die Einbeziehung ethischer und sozialphilosophischer Aspekte den Charakter eines Paradigmas, das als authentische islamische Grundlage für eine universale Rechtsmoral dienen und neue, moderne normative Orientierungen unter Wahrung einer spezifischen islamischen rechtskulturellen Identität ermöglichen soll."[93] Diese Entwicklung ist meines Wissens noch nicht oder bestenfalls nur partiell hier im Westen erfasst worden.

Daher betont Hashim Kamali (geb. 1944)[94] in seinem Werk „An Introduktion to Shari'ah" das Bedürfnis nach Erneuerung und nach einem kreativen Umgang mit der Thematik der maqāṣid.[95] In seinem Werk „Freedom of Expression in Islam" versucht er, sich der Thematik der maqāṣid von einem anderen Standpunkt aus zu nähern. Zunächst kritisiert er die Disposition der Gelehrten gegen jegliche Rechte und Freiheiten und ihre Neigung zu Pflichten und Verboten und zeigt dann eine interessante Perspektive auf: Er leitet einen Paradigmenwechsel ein, indem er primär zu ermitteln versucht, welche Rechte durch die maqāṣid der Scharia geschützt werden und welche Freiheiten sich daraus ergeben.[96] Tariq Ramadan schlägt einen ähnlichen Ton an. Er stellt fest, dass die Liste der maqāṣid (Zwecke) überdacht werden solle.[97] Dabei hebt er hervor, dass Gelehrte, wie Ibn Taimīya (gest. 1328)[98], „sehr früh nahegelegt haben, dass die fünf oder sechs Ziele nicht ausreichten, um die von den Texten gebotene Orientierung bezüglich menschlicher Kontexte zu erklären,

93 Lutz, Rogler: Vorstellung des Projekts: Normativität, Ethik, Sozialphilosophie: das Paradigma der maqasid al-scharia als Grundlegung einer „universalen" Rechtsmoral. Zentrum Moderner Orient (ZMO), URL: http://www.zmo.de/forschung/projekte_2006/ scharia.html. Stand 13. 08. 2011.

94 Vgl. Christoph, Marcinkowski (Hrsg.): The Islamic world and the West – Managing Religious and Cultural Identities in the Age of Globalisation. Berlin 2009, S. 274.

95 Vgl. Muhammad, Hashim Kamali: An Introduktion to Shari'ah. Kuala Lumpur 2006, S. 118.

96 Vgl. Muhammad, Hashim Kamali: Fredom of Expression in Islam. Cambridge 1997, S. 15ff.

97 Tarik, Ramadan: Radikale Reform – die Botschaft des Islam für die moderne Gesellschaft. München 2009. S. 176.

98 Zur einer Darstellung von Leben und Werk des Gelehrten Ibn Taimīya siehe Šamsuddīn, Muḥammad Ibn Aḥmad Ibn ʿUṯmān aḏ-Ḏahabī: Tahḏīb sīyar aʿlām an-nubalāʾ. Band 3. Beirut 1991, S. 299f.

(...) noch nicht einmal im Bereich des Glaubens."[99] Auch die Erweiterung der maqāṣid um andere Ziele reiche nicht aus, daher müsse deren Ursprung sowie deren Kategorisierung und Formulierung überdacht werden.[100] „Das parallele Lesen und Verstehen der zwei Bücher[101], basierend auf einem von Grund auf neu geschaffenen Gleichgewicht und einer Neuordnung, sollte uns in die Lage versetzen, höhere Ziele in einer originellen – und stets offenen – Weise zu präsentieren, die in allererster Linie in einer neuen, spezialisierten und pragmatischen Beziehung zur Realität steht."[102] Diese Aufgabe möchte sich diese Arbeit als Ziel stellen.

1.3 Aufbau und Zielsetzung

Die vorliegende Arbeit möchte durch die wissenschaftliche Erforschung und systematische Darlegung der Theorie der maqāṣid sowie durch die Herausstellung ihrer Bedeutung als Wandlungskonzept geistig und pädagogisch einen Beitrag in der islamischen Theologie leisten:

1. Die Rechtsphilosophie der Theorie der maqāṣid forciert die theologische Wahrnehmung, die islamischen Rechtsnormen als zweckrational begründet zu sehen. Sie sind erlassen, um den Menschen Nutzen zu bringen, und Schaden von ihnen abzuwenden. Es handelt sich also um eine andere theologische Perspektive, bei der die Wichtigkeit der Normen und Gebote aus ihrer funktionalen Bedeutung herrührt und sie als Mittel (wasā'il) zur Erlangung angestrebter Ziele und vordefinierter Zwecke begriffen werden.[103] Diese Vorstellung verleiht dem islamischen Rechtskorpus Rationalität, Nachvollziehbarkeit und Sinnhaftigkeit und leistet demnach einen wichtigen Flexibilisierung- und Rationalisierungsbeitrag innerhalb der islamischen Theologie.

99 Tarik, Ramadan: Radikale Reform – die Botschaft des Islam für die moderne Gesellschaft. S. 175.

100 Vgl. Ibid. S. 176.

101 Gemeint ist hier die Schrift als offenbartes Buch und das Universum als Buch der Natur. Siehe: Ramadan: Radikale Reform – die Botschaft des Islam für die moderne Gesellschaft. S. 168.

102 Ibid.

103 Vgl. Nūruddīn, al-Ḫādimī: ʿIlm maqāṣid aš-šarīʿa. Riad 2001, S. 92.

2. Aus dieser Perzeption ergibt sich die Erkenntnis, dass nur die tatsächliche finale Wirkung einer Bestimmung oder Handlung ihr Wert vermittelt und Sinn verleiht. Erst in einem sozialen Kontext hat eine Norm folglich einen Sinn, und durch diesen wird sie erst legitimiert.[104] Dies führt zur Aufwertung des historischen und sozialen Kontextes und somit zur Begünstigung des historisch-kritischen Ansatzes bei dem Verständnis und der Auslegung der islamischen Quellen.
3. Die Implikation des soziokulturellen Kontextes bei der Auslegung der religiösen Normen hat wiederum zur Folge, dass jeder Wandlungsprozess innerhalb des gesellschaftlichen Umfelds zu neuen Interpretationen führen muss. Dies wird dazu beitragen, dass die Methoden der Nachahmung und der bloßen Tradierung des Wissens an Bedeutung verlieren, zugunsten einer offenen, lebendigen, kritischen und diskursiven Theologie, die die Tauglichkeit eines Normsystems, das den Anspruch erhebt, eine universal gültige Lebensorientierung zu bieten, im Lichte der immer neu entstehenden Herausforderungen zu hinterfragen.[105] So gesehen impliziert die maqāṣid-orientierte Anschauung reformistische Impulse und regulative Elemente und ist daher für die progressive Weiterentwicklung der islamischen Theologie und Religionspädagogik in Deutschland von großer Bedeutung.
4. Schließlich verleiht der maqāṣid-Ansatz der islamischen Theologie eine humanistische Prägung. Denn damit entfernt sie sich von einer geistig literalistischen Vorstellung, die ein autoritäres Verständnis der Gebote und Normen jenseits der menschlichen Vernunft und Würde begründet, hin zu einer humanen Theologie, die den Menschen mit seinen Bedürfnissen, Interessen und seiner Würde in das Zentrum der religiösen Sinn- und Gesetzgebung rückt. Dies inspiriert zum Entwurf eines fortschrittlichen Gottesbildes, eines gütigen Gottes, der Gebote und Verbote aus Liebe und Barmherzigkeit erlassen hat, um den Menschen Nutzen zu bringen und Schaden von ihnen abzuwenden.[106]

---

104 Vgl. Muḥammad, Ṭāhir Ibn'Āšūr: Maqāṣid aš-šarī'a al-islāmīya. Amman 2001, S. 278ff; vgl. hierzu auch 'Aṭīya, Ǧamāluddīn: Naḥwa taf'īl maqāṣid aš-šarī'a. Damaskus 2001, S. 76.

105 Vgl. 'Aṭīya, Ǧamāluddīn: Naḥwa taf'īl maqāṣid aš-šarī'a. Damaskus 2001, S.79 ff.

106 Vgl. Aḥmad, ar-Rīsūnī: Naẓarīyat al-maqāṣid 'indal-imām aš-Šāṭibī. Casablanca 1990, S. 124, 186f und 205 ff.

Die grundlegende Aufgabe dieser Arbeit besteht darin, die verschiedenen islamischen Rechtschulen und deren Denkmuster in der islamischen Geistesgeschichte darzulegen, um in Abgrenzung dazu die maqāṣid-Schule mit ihren Variationen und verschiedenen Strömungen genauer zu charakterisieren. Die Diversität der Ansätze und das Meinungskonglomerat innerhalb der maqāṣid-Schule werden dazu veranlassen, nicht nur deskriptiv zu analysieren, sondern Position zu beziehen und sich in einem systematischen Diskurs verschiedenen Standpunkten kritisch anzunähern. Diese wissenschaftlich-theologische Auseinandersetzung mit den Hauptthesen der islamischen Denkschulen und die anschließende Diskussion der Grundsätze und Streitpunkte der maqāṣid-Schule wird der Gegenstand des vierten Kapitels sein.

Im Anschluss daran möchte ich im Kapitel fünf, auf der Grundlage der kritischen Anmerkungen und der sich daraus ergebenden theologischen Erkenntnisse, Lösungsansätze für eine moderne islamische Theologie in einer neuen maqāṣid-Konzeption formulieren. Dabei werde ich epistemologisch den Ansatz der Kontextualisierung und methodologisch eine systembezogene Annäherungsweise verfolgen, die die islamische Normativität in eine dynamisch-pragmatische Beziehung zur menschlichen Realität setzen und die maqāṣid als System begreifen. Dadurch wird eine Lesart des Quellentextes begünstigt, die seine Intentionalität und Kommunikationsfunktion herausstellt und seinem transzendentalen und regenerativen Charakter Rechnung trägt.

Zunächst erfolgt aber im Kapitel zwei eine theoretische Einführung in die maqāṣid der Scharia. Um dem gerecht zu werden, müssen die Begriffe maqāṣid und Scharia definiert werden. Eingegangen wird zunächst auf verschiedene Begriffskonzepte und die Rechtsphilosophie der Scharia sowie auf die Kategorisierung der Rechtsnormen, die sich aus der Evidenz der Verbürgtheit (ṯubūt) der Quellen und ihrer Bedeutung (dalāla) ergibt. In der Folge wird der Begriff maqāṣid sprachlich wie auch islamwissenschaftlich definiert. Hierbei werden Fachbegriffe und Termini behandelt, die sich in der islamischen Fachliteratur inhaltlich mit dem Begriff der maqāṣid decken. Im Anschluss daran wird im Kapitel drei die Evolutionsgeschichte der Theorie der maqāṣid in einem historischen Rückblick beleuchtet. Dies geschieht nicht nur in einer chronologisch-historischen Darlegung, sondern es werden dabei auch die theologischen Beiträge der jeweiligen Gelehrten diskutiert und die fachlichen Aspekte der Theorie der maqāṣid dargestellt, um die Perspektive auf das Thema zu schärfen.

2 *Maqāṣid* der Scharia: Einführung und Definitionen

Die Theorie der maqāṣid der Scharia ist das arabische Pendant der teleologischen Auslegungsmethode, welche die Bedeutung der sprachlichen Zeichen auf den Zweck der Rechtsbestimmung bezieht. Im Kontext dieses interpretativen Paradigmas sind die der Rechtsbestimmung zugrunde liegenden Wert- und Zweckprinzipien zu ergründen, um mit ihrer Hilfe den Sinngehalt der Vorschrift festzulegen.[107]

Hierbei ist zu bemerken, dass jede Rechtsnorm ein Teil einer größeren Einheit ist, „die gleichfalls einem bestimmten Zweck dient, und dieser ist wieder ein Teil einer noch größeren Einheit, die ebenfalls zweckbestimmt ist. So geht das weiter bis zum Rechtssystem als Ganzem",[108] das an die Gesamtethik und an das darin enthaltene Wertesystem gebunden ist. Diese Tatsache schließt auch mit ein, dass jede Norm ihren eigenen Sinngehalt hat, der für die Zielerreichung des Rechtssystems notwendig ist. Daher muss, nach der Theorie der maqāṣid, jede Rechtsnorm im Zusammenhang mit den Zwecken und dem Gesamtziel des islamischen Rechts ausgelegt werden. Nur aus diesem Zusammenhang ergeben sich der Sinn und die Bedeutung einer Rechtsbestimmung.[109]

Für die maqāṣid-orientierte Annäherung ist das Gesetz zudem ein Teil des kulturgeschichtlichen Ganzen, innerhalb dessen auch die Auslegung stattfindet: der Sinn, der im Gesetz erkannt wird, ist nicht nur der Sinn des Gesetzes als solches, sondern auch der Sinn des Rechtssystems (ratio iuris) und der Epoche, in der der Text ausgelegt wird.[110] In diesem Interpretationskontext wird der Sinngehalt einer Norm nicht als ewig gleichbleibend, sondern als sich inhaltlich wandelnd betrachtet. Eine Norm kann danach nur zum Zeitpunkt der Rechtsanwendung sinnvoll begriffen und definitiv festgelegt wer-

107 Vgl. Alfred, Katz: Staatsrecht: Grundkurs im öffentlichen Recht. Hamburg 2010, S. 49.
108 Vgl. Marijan, Pavcnik: Juristisches Verstehen und Entscheiden. Wien 1993, S. 53.
109 Vgl. Muḥammad, Ṭāhir Ibn'Āšūr: Maqāṣid aš-šarī'a al-islāmīya. Amman 2001, S. 184.
110 Vgl. Marijan, Pavcnik: Juristisches Verstehen und Entscheiden, S. 50f.

den.[111] Dies führt zur ständigen Regulation und Aktualisierung der islamischen Theologie und zur Anpassung der dazugehörigen Rechtslehre an die ständig wechselnden und wachsenden Anforderungen des Lebensgeschehens.

So hält der maqāṣid-orientierte Ansatz die islamische Theologie in Bewegung und leistet einen wichtigen Beitrag zur Erneuerung und Rationalisierung des islamischen Denkens. Diese Bedeutung regt zu einer theoretischen Auseinandersetzung mit der Theorie der maqāṣid an, um sie als Denkparadigma systematisch wissenschaftlich zu erschließen und daraus Lösungsansätze für eine moderne islamische Theologie zu konzipieren.

2.1 Maqāṣid aš-šarī'a: Begriffserklärung

„Maqāṣid aš-šarī'a" ist ein Kompositum zweier selbstständig vorkommender Begriffe (maqāṣid und aš-šarī'a), die im Folgenden beide gesondert definiert werden, um den Gesamtbegriff wissenschaftlich präzise zu fassen.

2.1.1 Scharia (arab. *aš-šarī'a*)

Wahrscheinlich aus utilitaristisch-dogmatischen Gründen wird Scharia, vor allem im Bereich der Rechtsprechung, gerne mit der Offenbarung (arab. Waḥī) verwechselt. Zwar ist es richtig, dass die Offenbarung für die Scharia eine Basisquelle bildet, doch die Gleichsetzung von Scharia und Offenbarung erzeugte historisch zwei große Unklarheiten:

1. Das Medium der Offenbarung ist das Wort, das von all denen empfangen wird, die in einer Offenbarungskorrelation stehen.[112] Als Ausdrucksmedium hat die Offenbarung also eine Vermittlungsaufgabe und somit eine Artikulations- und keine Interpretationsfunktion. Schon Imām 'Ali, der vierte Kalif, stellte fest, dass der Koran Tinte und Papier sei und dass es der Mensch sei, der ihn interpretiere.[113] Es ist zudem ein Gemeinkonsens zwischen den muslimischen Gelehrten, dass die Scha-

111 Vgl. Alfred, Katz: Staatsrecht: Grundkurs im öffentlichen Recht, S. 49.

112 Vgl. Paul, Tillich: Systematische Theologie. Bände 1–2. Berlin 1987, S. 188.

113 Vgl. 'Afīf, 'Abdulfattāḥ Ṭabbāra: Rūḥ ad-dīn al-islāmī. Beirut 1980, S. 371.

ria der menschlichen Interpretation unterliegt und dass die Offenbarung hingegen als Statut gilt, dessen Gültigkeit nicht durch Übereinstimmung mit irgendeiner moralischen Vernunft bedingt ist, sondern allein durch das Faktum der Offenbarung selbst.[114] Die Gleichsetzung der Scharia mit der Offenbarung (Waḥī) negiert diesen fundamentalen Unterschied und führt sowohl zur Verabsolutierung der menschlichen Ansichten als auch zu einem statischen Verständnis des Wesens der Scharia.[115]

2. Die religiösen und zivilrechtlichen Normen unterscheiden sich häufig im Anknüpfungspunkt ihres Geltungsanspruchs. Während nämlich die profanen Rechtsordnungen für alle sich in ihrem Geltungsbereich befindlichen Menschen gelten (territorial), sind die religiösen Normen an die Person und ihr religiöses Verständnis und Handeln gebunden (personal).[116] Daher hat das enge Verständnis von Scharia, das nur ihren rechtlichen Charakter erfasst, dem islamischen Diskurs eine erhebliche Komplexität zugefügt.

Es ist kein Wunder, dass der Begriff Scharia eines der meistgebrauchten Schlagwörter ist, wenn der Islam zu Diskussionsthema wird, daher ist die berechtigte Frage nach Wesen und Bedeutung der Scharia, eine Frage, die seit Jahren in zahlreichen Schriften und Diskussionsforen Konjunktur hat.

Ursprünglich meint der arabische Begriff Šarī'a „einen Pfad in der Wüste, der zur Wasserquelle führt."[117] Im Laufe der Zeit durchlief er dann eine Bedeutungserweiterung bis hin zum Oberbegriff für die Werte und Normen, die die Menschen in spiritueller Hinsicht zur Erfüllung und in lebenspraktischen Belangen zu einem idealen Leben anleiten.[118]

Im Koran kommt der Begriff Šarī'a als solcher nur einmal vor: „Und schließlich (o Muḥammad,) haben wir dich auf einen Weg (arab. Šarī'a) gebracht, durch den der Zweck (des Glaubens) erfüllt werden mag. So folge du diesem (Weg) und folge nicht den Vorlieben und Abneigungen jener, welche (die Wahrheit) nicht wissen."[119] In der Sure al-Mā'ida, Vers 48 wird

---

114 Vgl. Ibid., S. 384.

115 Vgl. Ṣubhī, Ṣāliḥ: Ma'ālim ṣid aš-šarī'a al-islāmīya. Beirut 1975, S. 11 ff.

116 Vgl. Mathias, Rohe: Das islamische Recht – Geschichte und Gegenwart. München 2009, S. 10.

117 'Alī , Ibn Muḥammad al-Ǧurǧānī: Kitāb al-ta'rīfāt. Beirut 1988, S. 127.

118 Vgl. Leopold, Weiss: Die Botschaft des Koran. Düsseldorf 2009, S. 948.

119 Sure al- Ǧāṯiya (45), Vers 18.

für den Begriff Šarī'a den Ausdruck minhāğ verwendet, der wörtlich eine „offene Straße" und im abstrakten Sinn eine Methode und Lebensweise bezeichnet.[120] Ebenso kommen an zwei weiteren Stellen im Koran (Sure 42, Vers 13 und 21) die von derselben Wurzel stammenden Verben vor und auch in den Ḥadīṯwerken finden sich an einigen Stellen der Begriff Šarī'a und die entsprechenden Verbformen. Sie weisen hier ebenfalls auf die islamische Norm- und Werteordnung hin.[121]

Islamterminologisch bezeichnet Šarī'a in einer allgemeinen Begriffsverwendung die Gesamtheit der kultischen, moralischen, rechtlichen und sozialen Normen und Bestimmungen, welche primär aus dem Koran und der Sunna[122] abgeleitet sind und die zum gesellschaftlichen und spirituellen Wohlergehen der Individuen und der Gemeinschaft führen.[123] Ibn al-Qaiyim (gest. 1350)[124] definiert Scharia im Ganzen als „reine Gerechtigkeit, reine Barmherzigkeit, reinen Nutzen und reine Weisheit. Daher ist alles, was vom Recht zum Unrecht, von der Barmherzigkeit zur Qual, vom Nutzen zum Schaden und von der Weisheit zur Torheit verleitet, nicht Teil der Scharia, selbst wenn es sich um Erkenntnisse handelt, die direkt aus dem Text interpretiert worden sind."[125] Ibn Ḫaldūn (gest. 1406)[126] bezieht den Begriff Scharia auf „die Bestimmungen (aḥkām) Gottes des Erhabe-

---

120 Vgl. Leopold, Weiss: Die Botschaft des Koran, S. 212.

121 Vgl. Aḥmad, 'Arabi: Muṣṭalaḥ aš-šarī'a bayna al-Qur'an wa as-Sunna. In Manbar al-Ḥiwar Heft 35/ 1995, S. 61–89.

122 Sunna ist im islamischen Schrifttum der Inbegriff dessen, was der Prophet Muḥammad gesagt, gemacht oder stillschweigend geduldet hat. Neben dem Koran ist die Sunna des Propheten nach allen Rechtschulen die zweitwichtigste Quelle des islamischen Rechts. Aš-Šāfi'ī (gest. 820) hat in seiner Systematisierung der islamischen Jurisprudenz den Stellenwert der Sunna als Rechtsquelle genauer definiert; es sind Ḥadīṯe, also Überlieferungen dessen, was der Prophet gesagt, gemacht und geduldet hat, die mit einer ununterbrochenen Kette (Isnad) der Überlieferer auf den Propheten zurückgehen. (Vgl. Aḥmad, 'Arabi: Muṣṭalaḥ aš-šarī'a bayna al-Qur'an wa as-Sunna. In: Manbar al-Ḥiwar, Heft 35/ 1995, S. 61–89)

123 Vgl. Aḥmad, 'Arabi: Muṣṭalaḥ aš-šarī'a bayna al-Qur'an wa as-Sunna. In: Manbar al-Ḥiwar, Heft 35/ 1995, S. 61–89.

124 Vgl. Ḫaīruddīn, Azzirkilī: al-A'lām- Qāmūs tarāğim li'ašhari ar-riğāl wan-nisā' min al-'arabi wal-musta'rabīna wal-mustašriqīn. Band 6. Beirut 1980, S. 56.

125 Ibn al-Qaiyim, Šamsuddīn Abū 'Abdillāh: I'lāmu l-muwaqqi'īn. Band 3. Kairo 1994, S. 3.

126 Vgl. The Oxford Encyclopedia of the Modern Islamic World. Band 2. Oxford 1995, S. 164; vgl. hierzu auch Ḫaīruddīn, Azzirkilī: al-A'lām- Qāmūs tarāğim li'ašhari ar-

nen zur Einordnung der Handlungen derjenigen, die diesen Bestimmungen jeweils unterworfen sind (al-mukallafūn), als geboten, verboten, empfohlen, missbilligt und schlicht erlaubt, die aus dem Koran, der Sunna und dem, was der Gesetzgeber (Gott) als weitere Quellen und Instrumente (adilla) zu ihrer Erkenntnis bereitgestellt hat, entnommen werden."[127] Tariq Ramadan sieht, besonders im Blick auf die Muslime in Europa, die Scharia nicht als Strafgesetzbuch, sondern als ein Normsystem und Konzept zum Weltverständnis, dessen Befolgung für Muslime allein aus ihrer Religiosität heraus begründet sein solle.[128] In dieser Hinsicht sei eine staatliche Regelung, z. B. hier in Europa, unnötig, wenn nicht sogar kontraproduktiv, da sie davon ablenken könnte, die moralischen Werte als zu internalisierende zu begreifen.[129] Eine sehr umfassende Definition des Begriffes der Scharia mit einer rechtlichen Konnotation vertritt hingegen u. a. Mathias Rohe, der in ihr sowohl die Menge aller religiösen Bestimmungen und rechtlichen Regelungen sieht als auch deren Methoden zur Herleitung.[130]

Anders als die häufig geäußerte Meinung – meistens unter nicht-muslimischen Intellektuellen -, dass Rechte und Ansprüche der Menschen in der Scharia grundsätzlich nur als Reflexe religiöser Pflichten erfolgen, und dass im Islam alles verboten sei, was nicht explizit erlaubt ist, unterscheidet sich die Rechtsphilosophie der Scharia nicht von der des Rechts in den demokratischen Ländern. Dies bedeutet, dass alles erlaubt ist (arab. mubāḥ), was nicht gesetzlich eindeutig verboten ist.[131] Eben deshalb sind die Gelehrten aller islamischen Rechtschulen darin einig, dass dann eine Handlung als ḥarām (Verbot) erklärt werden darf, wenn hierfür ein absolut richtiger und eindeutiger Beweis gefunden werden kann.[132] Andernfalls bleibt diese Handlung ethisch neutral und somit freigestellt (mubāḥ).

In diesem Zusammenhang warnt der Koran ausdrücklich vor Verbotserklärungen bei mangelnder Beweislage und bezeichnet solches Verhalten als Lüge

---

riǧāl wan-nisā' min al-'arabi wal-musta'rabīna wal-mustašriqīn. Band 3. Beirut 1980, S. 330

127 'Abdurraḥmān, Ibn Ḫaldūn: Muqaddimat Ibn Ḫaldūn. Beirut 1995, S. 416; siehe auch Mathias, Rohe: Das islamische Recht – Geschichte und Gegenwart. München 2009, S. 12.

128 Vgl. Nina, Wiedl: Da'wa- Der Ruf zum Islam in Europa. Berlin 2008, S. 186.

129 Vgl. Ibid.

130 Vgl. Mathias Rohe: Das islamische Recht – Geschichte und Gegenwart, S. 9.

131 Vgl. hierzu Abūbakr, Ibn al-'Arabī: Aḥkām al-Qur'ān. Band 3. Beirut 2003, S. 213.

132 Vgl. Yūsuf, al-Qaraḍāwī: al-Ḥalāl wal-ḥarām fī l-islām. Beirut 1985, S.23.

gegen Gott und Verantwortungslosigkeit gegenüber den Menschen: „Und sagt nicht aufgrund der Falschheit eurer Zungen: »Dies ist erlaubt, und das ist verboten«, so dass ihr eine Lüge gegen Allah erdichtet. Wahrlich, diejenigen, die eine Lüge gegen Allah erdichten, haben keinen Erfolg."[133] Außerdem richtet die Methodologie der islamischen Rechtslehre (uṣūl al-fiqh) die Ableitung der Normen aus den Quellentexten am eindeutigen Beweis aus gemäß dem Koranvers: „Bringt euren Beweis her, wenn ihr wahrhaftig seid!"[134] und gemäß dem geflügelten Wort der muslimischen Gelehrten „wenn du zitierst, dann [achte auf] die Richtigkeit, oder du behauptest, dann [bring] den Beweis."[135]

Grundlegend ist hierbei die Frage, auf welcher Basis die autoritative Normativität der Scharia und ihrer Normen beruht. Die Gelehrten des Islam optierten dafür, dass die Werte und Normensätze der Scharia auf autoritative Texte gestützt werden müssten, die primär aus dem Koran und der Sunna abgeleitet würden, wenn auch deren Authentizität nicht in allen Fällen gesichert war.[136] Aufgrund der Beweislage, die sich aus der Evidenz der Verbürgtheit (ṯubūt) der Quellen und ihrer Bedeutung (dalāla) ergibt, artikuliert sich die Normativität der Scharia allgemein in fünf Kategorien:

1. Obligatorisch bzw. verpflichtend (wāǧib, farḍ): Diese Kategorie umfasst Handlungen, die islamisch vorgeschrieben sind. Das Unterlassen solcher Handlungen hat eine Bestrafung zur Folge und deren Ausführung wird hingegen belohnt. Unterschieden wird noch zwischen individuellen Pflichten (farḍ al-ʿain), denen jeder Muslim nachkommen muss (z. B. Gebet, Fasten, Almosen usw.), und Pflichten des Kollektivs (farḍ al-kifāya „Pflicht des Genügeleistens"), bei denen gewährleistet sein muss, dass eine ausreichende Anzahl der Muslime daran teilnimmt (z. B. Trauergebet für die Verstorbenen, Lernen von nötigem Wissen wie Medizin usw.).[137]

---

133 Sure *an-Naḥl* (16), Vers 116.

134 Sure al-Baqara (2), Vers 111.

135 Abū Muḥammad, Ibn Ḥazm: al-Iḥkām fī uṣūl al-aḥkām. Band 1. Beirut 1983, S. 76.

136 Vgl. Yūsuf, al-Qaraḍāwī: Madḫal lidirāsat aš-šarīʿa al-islāmīya. Beirut 1993, S. 35–48.

137 Vgl. Aḥmad, ʿArabi: Muṣṭalaḥ aš-šarīʿa bayna al-Qurʾan wa as-Sunna. In: Manbar al-Ḥiwar, Heft 35/ 1995, S. 61–89.

2. Empfehlenswert (mandūb, mustaḥab) ist eine Handlung, die im Jenseits belohnt und deren Unterlassung nicht bestraft wird.[138] „Die einzige negative Folge, wenn man eine solche Handlung nicht begeht, ist, dass man eine Gelegenheit verpasst, seine eigene Frömmigkeit zu steigern. Also ein Mangel an positiven Effekten, aber keine negative Sanktion."[139]
3. Erlaubt, indifferent (mubāḥ): Diese Kategorie umfasst alle Handlungen, die nach der islamischen Ethik neutral und damit freigestellt sind.[140]
4. Ablehnenswert, missbilligt (makrūh) ist eine Handlung, die zwar nicht bestraft wird, deren Unterlassung jedoch eine besondere Frömmigkeit erkennen lässt und im Jenseits belohnt wird.[141]
5. Verboten (ḥarām) ist eine Handlung, die schariarechtlich eindeutig verboten ist und deren Begehen eine Bestrafung nach sich zieht.[142]

Von rechtlichem Interesse im engeren, nicht-transzendenten Sinn sind vor allem die Grenzen zwischen den Kategorien, besonders die Unterscheidungen zwischen wāǧib (verpflichtend) und mandūb (empfehlenswert) sowie makrūh (missbilligt) und ḥarām (verboten), da an sie auch eine Hierarchie der Rechtsfolgen geknüpft ist. Während etwa missbilligte Handlungen nicht geahndet werden müssen, ziehen verbotene rechtliche Sanktionen nach sich.[143] Daher können wir die Kategorien „verpflichtend" und „verboten" im Bereich der muʿāmalāt[144], also zwischenmenschlichen Regelungen bzw.

---

138 Vgl. Aḥmad, ar-Rīsūnī: al-Fikr al-maqāṣidī qawāʿiduhu wa-fawāʾiduhu. Beirut 2003, S. 13.

139 Rüdiger, Lohlker: Islam. Eine Ideengeschichte, S. 67.

140 Vgl. Aḥmad, ar-Rīsūnī: al-Fikr al-maqāṣidī qawāʿiduhu wa-fawāʾiduhu. Beirut 2003, S. 13.

141 Vgl. Ibid.

142 Vgl. Ibid.; siehe hierzu auch Rüdiger, Lohlker: Islam. Eine Ideengeschichte, S. 67.

143 Vgl. Mathias, Rohe: Das islamische Recht – Geschichte und Gegenwart, S. 10.

144 Die muslimischen Gelehrten pflegen die Tradition, die Bestimmungen der Scharia in zwei Kategorien zu teilen. Die erste Kategorie besteht aus Bestimmungen, die das Handeln eines Menschen und die Sachverhalte regeln. Diese Handlungsbestimmungen werden „*aḥkām al-muʿāmalāt*" benannt. Die zweite Kategorie besteht aus Bestimmungen, die das Handeln zwischen dem Menschen und seinem Schöpfer regeln, also die sog. gottesdienstlichen Bestimmungen wie z. B. das rituelle Gebet. Diese Kategorie ist in der islamischen Pflichtenlehre unter dem arabischen Begriff „*aḥkām al-ʿibādāt*" (gottesdienstliche Bestimmungen) bekannt. (Vgl. Yūsuf, al-Qaraḍāwī: Madḫal lidirāsat aš-šarīʿa al-islāmīya. Beirut 1993, S. 53 f.)

Handlungsbestimmungen, ohne weiteres unter dem Oberbegriff „Recht“ zusammenfassen, dessen Funktion in Vorschriften und Verboten besteht.[145] Hingegen hat die Kategorisierung von Handlungen als mubāḥ (erlaubt), mandūb (empfehlenswert) und makrūh (missbilligt) keine Sanktion irgendwelcher Art zur Folge. Diese Kategorisierungen sind somit eindeutig nicht rechtliche im obengenannten Sinne. Rüdiger Lohlker folgert daraus, dass die Scharia demnach einerseits aus „rechtlich relevanten“ und andererseits aus „rechtlich nicht relevanten“ Bereichen bestehe, die jedoch beide gleichermaßen Bestandteil der Gesamtkonzeption seien.[146]

2.1.2 *Al-maqāṣid*

Durchforstet man die Schriften der alten islamischen Hermeneutiker, Gelehrten der uṣūl al-fiqh[147], so finden sich nur wenige Texte, die eine eindeutige Definition für maqāṣid darbieten, obwohl es sich hier um einen integralen Bestandteil der uṣūl al-fiqh handelt.[148] Selbst Abū Isḥāq aš-Šāṭibī (gest. 1388), dessen Name wie kein anderer als Synonym für maqāṣid gilt, lässt in seinem sehr berühmten vierbändigen Buch al-Muwāfaqāt keinen klaren Versuch erkennen, eine eindeutige Definition für maqāṣid zu etablieren.[149] Offensichtlich setzte er voraus, dass die Bedeutung der maqāṣid bekannt sei, da er zum einen eine bedeutende Sparte der Methodologie der islamischen Rechtslehre, uṣūl al-fiqh, behandelte, auch wenn er zur Entwicklung dieser Thematik nachhaltig beitrug; und zum anderen, weil er sein Buch offenkundig an die islamische Intelligenz – ʿulamāʾu aš-šarīʿa – rich-

145 Vgl. Rüdiger, Lohlker: Islam. Eine Ideengeschichte, S. 66.

146 Vgl. Ibid., S. 67.

147 Der Begriff „*uṣūl al-fiqh*“ beschreibt die Quellen des islamischen Rechts und die Prinzipien, die den Prozess der Normderivation regulieren. In diesem Sinne bezieht sich „*uṣūl al-fiqh*“ auf die Methodologie der islamischen Rechtslehre. (Vgl. ʿAlī , Ibn Muḥammad al-Ǧurǧānī: Kitāb al-taʿrīfāt. Beirut 1988, S. 28. / Vgl. hierzu auch Jörg Schlabach: Scharia im Westen: Muslime unter nicht-islamischer Herrschaft und die Entwicklung eines muslimischen Minderheitsrecht für Europa. Berlin 2009, S. 23).

148 Vgl. Aḥmad, ar-Rīsūnī: Naẓarīyat al-maqāṣid ʿindal-imām aš-Šāṭibī. Casablanca 1990, S. 5.

149 Vgl. Ibid.

tete.[150] In seinem Buch al-Muwāfaqāt wies er ausdrücklich darauf hin, dass es nicht erlaubt sein solle, diesen Text zu ergänzen oder aus ihm etwas abzuleiten, wenn man in den Fundamenten und Zweigen, in den Grundlagen und Methoden sowie in der Logik und Vernunft der Scharia nicht bewandert sei.[151]

Wortwörtlich bedeutet der arabische Begriff maqāṣid: „Zwecke und Ziele" sowie „Absichten und Intentionen". Islamologisch wird der Ausdruck maqāṣid auf eine theologische Betrachtungsperspektive bezogen, bei der das Augenmerk weniger auf den Wortlaut einzelner Normbestimmungen aus dem Offenbarungstext gelenkt wird, sondern eher auf ihre intendierten Zwecke, die den Rechtstheologen als normative Orientierungspunkte beim Rechtssetzungsprozess leiten müssen.[152] Es handelt sich also um ein teleologisches bzw. zweckrationales Denkparadigma, das, um das Fundament für die Rechtfertigung normativer Aussagen zu legen, sich am Wert der Folge der Normen und Bestimmungen orientiert.[153] Nach dieser Ethik soll eine Handlung dann ausgeführt werden, wenn dadurch (voraussichtlich) ein guter Zweck erreicht wird, beziehungsweise eine Handlung deshalb unterlassen werden, weil ihr (erwartetes) Ergebnis schlecht ist.[154]

In der islamischen Fachliteratur werden verschiedene Begriffe und Termini gebraucht, die sich inhaltlich auf die Zwecke der islamischen Rechts- und Normordnung beziehen und daher als begriffliche Synonyme für den Ausdruck „maqāṣid aš-šarī'a" gelten.

2.1.2.1 Der Begriff *al-ma'ānī* als Synonym für *maqāṣid*

Der Begriff al-ma'ānī (Sinne) bzw. sein Singular al-ma'na (Sinn) ist ein Ausdruck, der häufig – besonders seitens der Rechtsgelehrten – verwendet wird, um sich auf die Ziele und Zwecke (maqāṣid) des islamischen Rechts zu

150 Vgl. Abū-Isḥāq, aš-Šāṭibī: al-Muwāfaqāt. Band 1. Beirut 1995, S.87. Vgl: hierzu auch Aḥmad, ar-Rīsūnī: Naẓarīyat al-maqāṣid 'indal-imām aš-Šāṭibī, S. 5.

151 Vgl. Ibid.

152 Vgl. Yūsuf, al-Qaraḍāwī: Dirāsa fī fiqh maqāṣid aš-šarī'a. Kairo 2006, S. 14 f.

153 Vgl. Muḥammad, Aḥmad al-Qiātī Muḥammad: maqāṣid aš-šarī'a 'indal-imām Mālik bayna an-naẓariya wa at-taṭbīq. Kairo 2009, S. 73 ff.

154 Vgl. Ibid., S. 74.

beziehen.[155] So definiert der tunesische Rechtsgelehrte und Exeget Muḥammad Ṭāhir Ibn ʿĀšūr (gest. 1973) maqāṣid der Scharia wie folgt: „die allgemeinen Zwecke (al-maqāṣid al-ʿāmma) der islamischen Gesetzgebung sind die Sinne und Weisheiten des Gesetzgebers, die aus allen islamischen Normen und Bestimmungen zu erkennen sind und nicht nur auf einen Bereich oder eine Rechtsbestimmungsart der Scharia beschränkt sind."[156] Ähnlich formuliert auch der marokkanische Gelehrte ʿAllal al-Fāsī (gest. 1974) die Bedeutung der maqāṣid als Zweck und Sinn der Regeln der Scharia.[157]

Dieser Gebrauch des Begriffs Sinn als Synonym für maqāṣid ist nicht neu in der islamischen Theologie, sondern ein Brauch, der oft in den Schriften der alten Gelehrten zu finden ist. Aš-Šāṭibī (gest. 1388), wie, ar-Rīsūnī schreibt, verwendet oft das Wort „Sinn", wenn er über maqāṣid spricht.[158] Im Zug der Vorstellung seines Konzepts über maqāṣid macht er deutlich, dass die rechtlichen Handlungen kein Selbstzweck seien, sondern immer an die „Sinne und Interessen" gebunden, die ihnen zugrunde liegen würden.[159]

Al-Ġazālī (gest. 1111) stellt seinerseits fest, dass „die Befolgung der Sinne im Allgemeinen das verkörpert, was von den Gefährten des Propheten zu verstehen ist. Sie orientierten sich bei ihrer Wahrnehmung solcher Sinne an der allgemein gebräuchlichen und mehrheitlichen Meinung, ohne hierfür eine absolute Gewissheit vorauszusetzen."[160]

Auch vor der Zeit von al-Ġazālī hatte diese Begriffsverwendung im Denken und in den Schriften der Gelehrten Tradition. Sein Lehrer Abūlmaʿālī ʿAbdulmalik Ibn ʿAbdullāh al-Ǧuwainī (gest. 1085)[161], Imām der beiden heiligen Stätten, hat den Begriff Sinn regelmäßig gebraucht, um sich auf die Zwecke des islamischen Rechts zu beziehen, insbesondere im Abschnitt al-istidlāl

155 Vgl. Ibid., S. 82.

156 Muḥammad, Ṭāhir Ibn'Āšūr: Maqāṣid aš-šarīʿa al-islāmīya. Amman 2001, S. 50.

157 Vgl. ʿAllāl al-Fāsī: Maqāṣid aš-šarīʿa al-islāmīya wa-makārimuhā. Casablanca 1991, S. 3.

158 Vgl. Aḥmad, ar-Rīsūnī: Naẓarīyat al-maqāṣid ʿindal-imām aš-Šātibī. Casablanca 1990, S. 13.

159 Vgl. Ibid.

160 Zitiert bei Muḥammad, Aḥmad al-Qiātī Muḥammad: maqāṣid aš-šarīʿa ʿindal-imām Mālik bayna an-naẓariya wa at-taṭbīq. Kairo 2009, S. 83.

161 Šamsuddīn, Muḥammad Ibn Aḥmad Ibn ʿUṯmān aḏ-Ḏahabī: Tahḏīb sīyar aʿlām annubalāʾ. Band 2. Beirut 1991, S. 412.

(Beweisführung) in seinem bekannten Werk „al-Burhān" (der Beweis).[162] Hier ist allerdings anzumerken, dass al-Ǧuwaīnī den Begriff Sinn in einem breiteren Verständnis verwendet hat, sodass Begriffe wie Prinzip, Wert, Nutzen und auch Interesse dadurch erfasst wurden.[163] Auch aṭ-Ṭabarī (gest. 923)[164] verwies im Zusammenhang mit der maqāṣid auf den Begriff Sinn. So z. B. in seinen Ausführungen zur zakāt (dem islamischen Almosen). Hier unterscheidet er zwischen dem Sinn Bedürftigen zu helfen auf der einen Seite und dem durch die Gabe den Islam selbst zu befördern.[165]

Aus diesen Beispielen lässt sich erkennen, dass die Begriffsverwendung des Wortes Sinn als Synonym für maqāṣid unter den frühen Gelehrten recht weitverbreitet war, bis diese Verwendung durch andere Begriffe wie ḥikma (Weisheit), ʿilla (Grund) und maṣlaḥa (Interesse) verdrängt und allmählich ersetzt wurde.[166]

2.1.2.2 Der Begriff *ḥikma* als Synonym für *maqāṣid*

Ḥikma (Weisheit) ist im Arabischen ein äquivoker Begriff, der in verschiedenen Fachgebieten verschiedene Bedeutungen einnehmen kann. Jedoch innerhalb der islamischen Jurisprudenz wird das Wort ḥikma, also Weisheit, auf die Zwecke der islamischen Gesetzgebung bezogen und meint die Herbeiführung von Nutzen und Vorteilen sowie das Abwehren von Schäden und Nachteilen.[167] Die „Weisheit" wird manchmal auf einen partiellen Zweck – einer einzelnen Rechtbestimmung – bezogen: Wie zum Beispiel die Weisheit der Vermeidung des Schadens durch das Meiden des Beischlafs während der Menstruation, die Weisheit der Unterbindung jeglicher Täuschung durch das Verkaufsverbot einer fehlenden Ware, die Weisheit der

162 Vgl. Aḥmad, ar-Rīsūnī: Naẓarīyat al-maqāṣid ʿindal-imām aš-Šātibī. Casablanca 1990, S. 14.

163 Vgl. Abūlmaʿālī, al-Ǧuwainī: al-Burhān fī uṣūl al-fiqh. Band2. Kairo 1980, S. 1058; vgl. Hierzu auch Aḥmad, ar-Rīsūnī: Naẓarīyat al-maqāṣid ʿindal-imām aš-Šāṭibī. Casablanca 1990, S. 14.

164 Vgl. Šamsuddīn, Muḥammad Ibn Aḥmad Ibn ʿUṯmān aḏ-Ḏahabī: Tahḏīb sīyar aʿlām an-nubalāʾ. Band 2. Beirut 1991, S. 28.

165 Vgl. Aḥmad, ar-Rīsūnī: Naẓarīyat al-maqāṣid ʿindal-imām aš-Šāṭibī. Casablanca 1990, S. 14.

166 Vgl. Ibid.

167 Vgl. Nūruddīn, al-Ḫādimī: ʿIlm maqāṣid aš-šarīʿa. Riad 2001, S. 20.

Verständigung, Eintracht und des richtigen Kennenlernens zwischen Mann und Frau hinter der Erlassung der Verlobungszeit etc.[168]

So impliziert der Gebrauch des Begriffs ḥikma in der islamischen Jurisprudenz einen Bezug auf die partiellen oder allgemeinen Absichten und Zwecke des Gesetzgebers. Dementsprechend führt etwa al-Wanšarīsī (gest. 1508)[169] aus, dass mit ḥikma die dem Erlass zugrundeliegende Absicht der religiösen Bestimmungen gemeint sei und erläutert dies am Beispiel der Erlaubnis zum verkürzten Gebet oder zum Fastenbrechen im Falle von Krankheit und auch auf Reisen. Die als ḥikma benannte Intention liege darin, den Gläubigen das Leben und die religiöse Praxis zu erleichtern.[170]

Ebenfalls bestätigt der Rechtsgelehrte Badrān Abūl'ainain Badrān (gest. 1984)[171] diese Parallele zwischen dem Zweck einer Normbestimmung und deren Weisheit in der Nomenklatur der islamischen Rechtslehre. Er sagt: „die Mehrheit der fiqh-Gelehrten glauben bei ihrer Interpretation der Quellentexte, dass die Reglungen und Gesetze der Scharia nur im Interesse der Verwirklichung der menschlichen Nutzen und des Schutzes vor den Schäden erlassen worden sind. Folglich sind die wahren menschlichen Interessen der Zweck, den die Gesetzgebung verfolgt, und dies wird auch „Weisheit" genannt."[172]

Nach der Erforschung der Begriffsverwendung im terminologischen Fachwerk der Rechtsgelehrten, stellt 'Abdal'azīz ar-Rabai'a fest, dass sie den Begriff in zweierlei Bedeutungen gebrauchen. Zunächst rekurriert er, wie oben dargestellt, auf die Absicht und den Zweck einer Normbestimmung. Mit anderen Worten: ḥikma (Weisheit) bezeichne den Nutzen, den der Gesetzgeber erreichen oder maximieren möchte, oder den Schaden, der dadurch verhindert oder minimiert werden solle. Desweiteren, so führt er aus, ließe sich ḥikma jedoch auch auf das Motiv und Sinn für die Veranlassung einer Rechtsbestimmung beziehen.[173]

---

168 Vgl. Ibid., S. 21.

169 Vgl. Ḫaīruddīn, Azzirkilī: al-A'lām- Qāmūs tarāğim li'ašhari ar-riğāl wan-nisā' min al-'arabi wal-musta'rabīna wal-mustašriqīn. Band 1. Beirut 1980, S. 269–270.

170 Vgl. Abūl'abbās, al-Wanšarīsī: al-Mi'yār al-mu'arrab wal-ğāmi' al-muġrib 'an fatāwā ahli Ifrīqīya wal-Andalus wa l-Maġrib. Band 1. Rabat 1981, S. 349.

171 Vgl. 'Adnān, Muḥammad Umāma: At-tağdīd fīl-fikr al-islāmī. Kairo 2002, S. 166.

172 Badrān Abūl'ainain Badrān: Adillat at-tašrī' al-muta'āriḍa wa-wuğūh at-tarğīḥi bainahumā. Alexandria 1997, S. 242 f. Siehe hierzu auch ar-Rīsūnī: Naẓarīyat al-maqāṣid 'indal-imām aš-Šāṭibī, S. 9.

173 Vgl. Ar-Rīsūnī: Naẓarīyat al-maqāṣid 'indal-imām aš-Šāṭibī, S. 9; siehe auch 'Abdal'azīz ar-Rabī'a: as-Sababu 'inda al-uṣūlīyīn. Riad 1980. Band 2, S. 16 ff.

Der Begriff ḥikma verweist also in vielen Verwendungen in der islamischen Jurisprudenz auf die Ziele und Zwecke der islamischen Rechtsbestimmungen, wie die Bewahrung der Freiheit und des menschlichen Selbst, das Achten der menschlichen Würde, die Erleichterung und Vermeidung jeglicher Härte, die Erhaltung der Schöpfung. Demzufolge korrespondiert das Wort ḥikma inhaltlich sehr stark mit dem Begriff maqāṣid der Scharia.[174]

2.1.2.3 Der Begriff *ʿilla* als Synonym für *maqāṣid*

Der arabische Begriff ʿilla (Grund) ist vieldeutig und war inhaltlich Gegenstand zahlreicher philosophischer Debatten und theologischer Diskussionen. Der Terminus wird in verschiedenen Fachbereichen gebraucht: In der Sprachwissenschaft, in der Philosophie, in der Scholastik, in der Theologie und anderen Wissenschaftszweigen. In jedem dieser Fachgebiete kommt ihm eine andere Bedeutung zu.[175] Was uns hier jedoch interessiert, ist die Begriffsverwendung des Wortes ʿilla in der islamischen Rechtslehre und fiqh-Hermeneutik. Auch der Begriff ʿilla wird hier auf die Absicht und den Zweck des Gesetzgebers bezogen, und gilt in seinem ursprünglichen Gebrauch als Synonym für den bereits diskutierten Begriff ḥikma.[176] Mit dem Verlauf der Zeit wurde ʿilla hauptsächlich auf die ratio legis einer Rechtsnorm bzw. auf das erkennbare und konsistente charakteristische Merkmal beschränkt, das eine Normbestimmung begründen und veranlassen kann.[177]

Infolgedessen wird die Weisheit, die in Wirklichkeit das Motiv und die Absicht der Gesetzgebung verkörpert, meistens mit einer solchen Eigenschaft, also „ʿilla", assoziiert, auf welche die Aufmerksamkeit der Menschen bei der Rechtsfindung leicht gelenkt werden kann.[178]

Zum Beispiel ist die charakteristische Eigenschaft „berauschend" explizit und klar erkennbar und deshalb der Grund (ʿilla) für das Verbot aller Rausch-

174 Vgl. Nūruddīn, al-Ḫādimī: ʿIlm maqāṣid aš-šarīʿa. Riad 2001, S. 21.

175 Vgl. Muḥammad, Aḥmad al-Qiātī Muḥammad: maqāṣid aš-šarīʿa ʿindal-imām Mālik bayna an-naẓariya wa at-taṭbīq. Kairo 2009, S. 80.

176 Vgl. Aḥmad, ar-Rīsūnī: Naẓarīyat al-maqāṣid ʿindal-imām aš-Šāṭibī. Casablanca 1990, S. 10.

177 Vgl. Ibid.

178 Vgl. Ibid.

mittel. Die eigentliche Weisheit bzw. der Zweck dieser Normbestimmung ist die Bewahrung der Vernunft und des Besitztums.[179] Ein weiteres Beispiel für ʿilla ist die Reise, die als Handlung oder Attribut (reisend) aufgefasst werden kann. Die Eigenschaft „auf einer Reise zu sein" ist explizit, d. h. für alle Beobachter klar erkennbar, erfassbar und eindeutig, es lässt sich also eine personen-, zeit-, und ortsunabhängige Feststellung treffen.[180] Daher fungiert sie als ʿilla (Grund) für die so genannten Erleichterungsnormen (arab. ar-ruḫaṣ).[181] Zum Beispiel muss ein Reisender im Ramadan nicht fasten: „Darum, wer immer von euch diesen Monat erlebt, soll ihn durchweg fasten; aber wer krank ist oder auf einer Reise, (soll stattdessen die gleiche) Anzahl von anderen Tagen (fasten). Gott will, dass ihr Erleichterung habt, und will nicht dass ihr Härte erleidet".[182] Er darf außerdem die fünf Gebete nach einem bekannten Muster kürzen und zusammenverrichten, um jegliche Überanstrengung zu vermeiden. Denn einer der zentralen Zwecke des Islam ist, Härte und Beschwerlichkeit zu vermeiden und Erleichterung zu gewähren.[183] Der Koran sagt: „Gott will euch keinerlei Härte auferlegen, sondern will euch nur reinigen und euch das volle Maß Seiner Segnungen erteilen, auf dass ihr Grund haben möget, dankbar zu sein".[184]

Es sei an dieser Stelle darauf hingewiesen, dass Zweck (maqṣid) und Grund (ʿilla) in den Schriften nicht immer klar getrennt werden. Am folgenden Beispiel lässt sich die Grenze zwischen den beiden Begriffen illustrieren: Die Teilnahme an der Vorlesung ist eine Bedingung, um an der Prüfung teilzunehmen. Daher wird einem Student, welcher der Vorlesung fernbleibt, die Teilnahme an der Prüfung verweigert.

So ist das Fernbleiben von der Vorlesung der Grund ʿilla für die Verweigerung der Teilnahme an der Prüfung, obwohl der „wahre Grund" für diese Maßnahme ist, dass das optimale Lernen und somit ein erfolgreiches Studium

---

179 Vgl. Nūruddīn, al-Ḫādimī: ʿIlm maqāṣid aš-šarīʿa. Riad 2001, S. 19.

180 Vgl. Ibid.

181 *Ar-ruḫaṣ* oder Erleichterungsnormen sind Abweichungen vom Normalfall, um einer erwarteten Härte auszuweichen oder eine Not zu lindern. Zum Beispiel darf ein Reisender im Ramadan nicht fasten und die fünf Gebete nach einem bekannten Muster kürzen und zusammenverrichten, um jegliche Überanstrengungsgefahr zu vermeiden. (Vgl. ʿAbdallāh, Ibn ʿAbdurraḥmān al-Bassām: Tawdiḥ al-aḥkām min buluġ al-marām. Band 2. Mekka 2003, S. 537)

182 Sure al-Bakara (2), Vers 183.

183 Vgl. Nūruddīn, al-Ḫādimī: ʿIlm maqāṣid aš-šarīʿa. Riad 2001, S. 19.

184 Sure al-Māʾida (5), Vers 6.

durch die Abwesenheit nicht gewährleistet sind. Allerdings kann „das optimale Lernen“ nicht Grund im Sinne von ʿilla sein, da es im Gegensatz zum „Fernbleiben von der Vorlesung“ objektiv schwerer zu erfassen und daher inkonsistent ist.

Um die Nachvollziehbarkeit und Neutralität eines Rechtsystems gegenüber allen Menschen zu gewährleisten, müssen nach der islamischen Rechtsphilosophie die Gründe (’Ilal), welche die Rechtsbestimmungen auslösen und veranlassen, eindeutig sein, d. h. sie müssen feststellbar, erfassbar und messbar sein. Auf Arabisch wird hierfür das Wort „munḍabiṭ“ (konsistent) verwendet.[185]

Zusammenfassend bleibt also festzuhalten, dass der Begriff ʿilla ursprünglich auf die Absicht und den Zweck der Gesetzgebung bezogen und somit als Synonym für maqāṣid gebraucht wurde und dass er mit der Zeit eine begriffliche Verschiebung erlebt hat, die ihm, gerade im Bereich der Jurisprudenz, die Bedeutung der ratio legis verleiht, die eine Rechtsnorm begründen und veranlassen kann.

2.1.2.4 *Maṣlaḥa* und *maqāṣid* der Scharia

Der theologische Ansatz der maqāṣid der Scharia orientiert sich am Allgemeinwohl der Menschen als oberstem Zweck, der seinerseits menschlicher Verstandserkenntnis zugänglich ist.[186] Nach dieser Bestimmung können die maqāṣid der Scharia in der „Herbeiführung von Nutzen und Abwendung von Schäden“ zusammengefasst werden.[187] Argumentative Unterstützung findet ein solcher Ansatz im Rekurs auf das Konzept der Nützlichkeit, das im islamischen Schrifttum maṣlaḥa (Interesse oder auch Nutzen) genannt wird.[188] In der Definition der maṣlaḥa schreibt der als herausragend geltende Gelehrte al-Ġazālī (gest. 1111): „Mit maṣlaḥa meinen wir die Bewahrung der Intention der Scharia. Die Intention der Scharia besteht aus fünf

---

185 Vgl. Nūruddīn, al-Ḫādimī: ʿIlm maqāṣid aš-šarīʿa. Riad 2001, S. 19.

186 Vgl. Mathias, Rohe: Das islamische Recht: Geschichte und Gegenwart. München 2009, S. 196.

187 Vgl. Abū-Isḥāq, aš-Šāṭibī: al-Muwāfaqāt. Band 2. Beirut 1995, S. 6; vgl. hierzu auch Aḥmad, ar-Rīsūnī: Naẓarīyat al-maqāṣid ʿindal-imām aš-Šāṭibī. Casablanca 1990, S. 233.

188 Vgl. Nūruddīn, al-Ḫādimī: ʿIlm maqāṣid aš-šarīʿa. Riad 2001, S. 21.

Prinzipien: Die Bewahrung des Glaubens, des menschlichen Selbst, des Geistes, der Nachkommenschaft und des Besitztums. Alles was diesen fünf Prinzipien dient, ist maṣlaḥa und alles, was diesen Prinzipien widerspricht, ist Verdorbenheit (mafsada) und seine Abwehr ist maṣlaḥa."[189] Al-Ġazālī unterscheidet zudem drei Kategorien von maṣlaḥa: notwendige (ḍarūriyāt), erforderliche (ḥāǧiyāt) und ergänzende (taḥsīnāt) und zählt die Bewahrung der fünf obigen Prinzipien zu der Kategorie der Notwendigkeiten, die als höchste Stufe der maṣlaḥa gilt.[190]

Der bekannte Rechtsgelehrte al-'Izz Ibn 'Abdissalām (gest. 1261)[191] betont das Prinzip der Orientierung an der maṣlaḥa bei der Auslegung der Normen und Formulierung der Rechtsbestimmungen. In diesem Zusammenhang merkt er an, dass die eingehende Untersuchung der Zwecke und Grundsätze der Scharia die Überzeugung forciere, dass es der maṣlaḥa in der Auslegung der Scharia auch dann zu folgen sei, wenn dies nicht unmittelbar aus dem Text hervorginge.[192] Aus den Worten des Rechtsgelehrten aṭ-Ṭūfī (gest. 1316)[193] lesen wir sogar, dass das Konzept der maṣlaḥa höher bewertet wird als das des iǧmā'[194]. Während maṣlaḥa stets den Konsensus der Gelehrsamkeit darstelle, habe das Konzept des iǧmā' schon immer Uneinigkeit hervorgerufen.[195]

In einer weiteren Erklärung unterscheidet Ibn 'Abdissalām (gest. 1261) in der Kategorie der maṣlaḥa (Nutzen) zwischen Genuss und Freude sowie deren Ursachen und in der Kategorie der mafsada (Schaden) zwischen Schmerz und Kummer bzw. seelischer Not und wiederum deren Ursachen. Dabei lenkt er

---

189 Abūḥāmid, al-Ġazālī: al-Mustaṣfā min 'ilm al-uṣūl. Band 1. Damaskus 1993, S. 186. Siehe auch Muḥammad, Aḥmad al-Qiātī Muḥammad: maqāṣid aš-šarī'a 'indal-imām Mālik bayna an-naẓariya wa at-taṭbīq. Kairo 2009, S. 157.

190 Ibid., S. 175 ff.

191 Vgl. Šamsuddīn, Muḥammad Ibn Aḥmad Ibn 'Uṯmān aḏ-Ḏahabī: Tahḏīb sīyar a'lām an-nubalā'. Band 3. Beirut 1991, S. 280 f.

192 Vgl. Said, Ramadan: Das islamische Recht – Theorie und Praxis. Wiesbaden 1980, S. 89.

193 Vgl. Ḫaīruddīn, Azzirkilī: al-A'lām- Qāmūs tarāǧim li'ašhari ar-riǧāl wan-nisā' min al-'arabi wal-musta'rabīna wal-mustašriqīn. Band 3. Beirut 1980, S. 127–128.

194 *Iǧmā'* bedeutet das Konzept der Übereinstimmung der Gelehrten als Grundlage für die Deutung der islamischen Texte und Auslegung der Normen. (Vgl. 'Alī , Ibn Muḥammad al-Ǧurǧānī: Kitāb at-ta'rīfāt. Beirut 1988, S. 10.)

195 Vgl. Naǧmuddīn, aṭ-Ṭūfi: Risāla fi Ri'āyat al-Maṣlaḥa. Kairo 1993, S. 19ff; vgl. hierzu auch Said, Ramadan: Das islamische Recht – Theorie und Praxis. S. 89.

die Aufmerksamkeit auf das Faktum, dass Nutzen und Schaden materieller (weltlicher) wie auch immaterieller (jenseitiger) Art sein können.[196]

Auch aš-Šāṭibī (gest. 1388) versucht in seiner Definition der weltlichen Interessen, die Aufmerksamkeit auf den immateriellen Aspekt von Nutzen und Schaden zu lenken, indem er die emotionale Bedingtheit des Wohlbefindens hervorhebt.[197] Er sagt: „Was mit maṣlaḥa gemeint wird, ist eben alles, was das menschliche Leben erleichtert und sein Wohlbefinden verstärkt und was dafür sorgt, seine psychische, körperliche, materielle und emotionale Bedürfnisse zu befriedigen, um Glück, Seligkeit und Freude empfinden zu können."[198] Basierend auf den bereits erwähnten Definitionen impliziert der maṣlaḥa- und mafsadabegriff:[199]

- Die weltlichen Interessen und Nutzen sowie deren Ursachen und die Mittel, mit denen sie erreicht werden.
- Die weltlichen Schäden sowie deren Ursachen und die Mittel, mit denen sie erreicht werden.
- Die jenseitigen Interessen und Nutzen sowie deren Ursachen und die Mittel, mit denen sie erreicht werden.
- Die jenseitigen Schäden sowie deren Ursachen und die Mittel, mit denen sie erreicht werden.

So sind also das Wesen der maṣlaḥa (Nutzen) und das Wesen der mafsada (Schaden) in physischer, psychischer, emotionaler, mentaler oder spiritueller Hinsicht Freude und Genuss einerseits, und Schmerz und Kummer andererseits.

---

196 Vgl. Yūsuf, Ḥāmid Al-ʿĀlim: al-Maqāṣid al-ʿāma līš-šarīʿa al-islāmīya .Riad 1994, S. 136. Ibn ʿAbdissalām sagt in diesem Zusammenhang wörtlich: „*maṣlaḥa* ist nichts anderes als Genuss und Freude oder das, was als Mittel dazu dient, während *mafsada* nichts anderes als Schmerz und Kummer bedeutet oder was auch immer als Mittel dazu führt." Weiterhin schreibt er: „*Maṣaliḥ* (Pl. von *maṣlaḥa*) sind vier Arten: Genuss und seine Ursachen sowie Freude und ihre Ursachen. Ebenso sind *mafasid* (Pl. von *mafsada*) vier Arten: Schmerz und seine Ursachen sowie Kummer und seine Ursachen. Darüber hinaus sind diese Nutzen und Schäden in Weltliche und Jenseitige eingeteilt." (Qawāʿid al-aḥkām fī maṣāliḥ al-anām. Band 1. S. 11f)

197 Vgl. Aḥmad, ar-Rīsūnī: Naẓarīyat al-maqāṣid ʿindal-imām aš-Šātibī. Casablanca 1990, S. 234.

198 Abū-Isḥāq, aš-Šāṭibī: al-Muwāfaqāt. Band 2. Beirut 1995, S.25.

199 Vgl. Ar-Rīsūnī: Naẓarīyat al-maqāṣid ʿindal-imām aš-Šātibī, S. 235.

Die Formulierung der maṣlaḥa in Termini wie Genuss und Freude meint jedoch keinesfalls eine Beschränkung auf die Befriedigung der Lüste und unlauterer körperlicher Triebe. Um jegliche Verwirrung in Bezug auf den Begriff maṣlaḥa zu vermeiden, betont aš-Šāṭibī (gest. 1388), dass die wahren Interessen (arab. al-maṣāliḥ al-ḥaqīqīya) diejenigen sind, die diesseits zur Entwicklung und Entfaltung des Lebens führen, und jenseits dazu beitragen, den Segen und die Verheißung Gottes zu erreichen. Er exemplifiziert (an der Sure al-mu'minūn (23), Vers 71)[200], dass das Streben des religiösen Menschen unbedingt auf die Überwindung des Wunsches nach sofortiger Bedürfnisbefriedigung gerichtet sein müsse. Da der Mensch in seiner Ichbezogenheit der Wechselhaftigkeit unterliege, bedürfe er der Scharia um langfristig Erfüllung im Diesseits wie im Jenseits zu erreichen.[201]

Daher versucht die Offenbarung den Menschen Orientierung zu geben, da sie, wenn sie in ihrem Leben kurzfristigen Zielen folgen, nicht in der Lage sind Nutzen von Schaden zu unterscheiden, auch da sich hinter manchem kurzfristigen Nutzen großer Schaden verbergen könne, wie auch vice versa.[202] Al-'Izz Ibn 'Abdissalām (gest. 1261) formulierte daher warnend: „das Vergnügen manch eines Moments kann unsäglichen Kummer und tiefe Betrübnis mitbringen"[203] und auch die Sure al-Baqara (2), Vers 216 thematisiert dieses Problem: „(...) doch es mag sein, dass euch etwas widerwärtig ist, was gut für euch ist,

---

200 „Aber wenn die Wahrheit ihren eigenen Vorlieben und Abneigungen folgt, würden die Himmel und die Erde, und was in ihnen lebt sicherlich ins Verderben gestürzt" Sure *al-Mu'minūn* (23), Vers 71.

201 Vgl. Vgl. Aḥmad, ar-Rīsūnī: Naẓarīyat al-maqāṣid 'indal-imām aš-Šātibī. Casablanca 1990, S. 235 f. Aš-Šāṭibī sagt ausdrücklich: „Die herbeizuführenden Interessen, und die abzuwehrenden Schäden sind nicht nach launenhaften Wünschen zu beurteilten, sondern danach, wie sie durch die Entfaltung eines ausgefüllten weltlichen Lebens auch den Weg zu einem glücklichen jenseitigen Leben bereiten (...). Denn die Scharia ist eigentlich gekommen, um die Menschen aus der Tyrannei ihrer selbstsüchtigen Wünsche und egoistischen Launen zu befreien, damit sie Gottesdiener werden. Dieses unbestreitbare Verständnis steht allerdings im Kontrast zu der Hypothese, dass das islamische Recht im Einklang mit den utilitaristischen Ambitionen und dem Streben nach unmittelbarer Bedürfnisbefriedigung ist. So berücksichtigt die Scharia das, was von größerer Bedeutung ist, nämlich die Verwirklichung der besten und wahren Interessen als Säule unserer materiellen und geistigen Existenz." Abū-Isḥāq, aš-Šāṭibī: al-Muwāfaqāt. Band 2. Beirut 1995, S.37 f.

202 Vgl. Yūsuf, Aḥmad Muḥammad al-Badawī: maqāṣid aš-šarī'a'inda Ibn Taīmīya. Riad 2009, S. 137.

203 Zitiert bei: Nūruddīn, al-Ḫādimī: 'Ilm maqāṣid aš-šarī'a. Riad 2001, S. 23.

und es mag sein, dass euch etwas lieb ist, was übel für euch ist. Und Allah weiß es, doch ihr wisset es nicht".

In diesem Zusammenhang lehrt der Korandiskurs, dass es nichts gibt, was als „reiner Nutzen" oder „reiner Schaden" gelten kann. Eine bestimmte Maßnahme kann in sich Nutzen und Schaden beinhalten. Eine Handlung kann auf einer Seite eine Quelle des Nutzens und auf der anderen eine Quelle des Schadens sein bzw. kurzfristig einen vermeintlichen Nutzen bringen, der sich aber langfristig zum Schaden wendet; oder sie kann dem einen Vorteile und dem anderen Nachteile bringen, genau im Sinne des alten Sprichwort: „Des einen Freud ist des anderen Leid."[204] Demnach kann eine Handlung bzw. eine Sache als „gut" beurteilt werden, wenn ihre Vorteile ihre Schäden überwiegen und als „schlecht", wenn die Schäden überwiegen.[205] So begründet der Koran etwa das Verbot von Rauschmitteln und Glücksspiel damit, dass deren „Übel größer sei als ihr Nutzen". Der Koran sagt: „Sie befragen dich über Berauschendes und Glücksspiel. Sprich: In beiden liegt großes Übel wie auch einiger Nutzen für den Menschen. Doch ihr Übel ist größer als ihr Nutzen".[206]

Angesichts dieses Phänomens, dass es in der Realität des täglichen Lebens derartige Konflikte zwischen den Quellen des Nutzens und denen des Schadens gibt, biete die Offenbarung eine Art göttliche Anleitung, die dem Menschen neben Vernunft und Instinkt dazu verhelfen könne schützenswerte Interessen zu erkennen.[207]

Es ist an dieser Stelle hervorzuheben, dass die Scharia die Erhaltung der Interessen aller Art verordnet. Sie fordert und fördert die Bewahrung der notwendigen (arab. maṣāliḥ ḍarūrīya), der erforderlichen (arab. maṣāliḥ ḥāǧīya) und der ergänzenden Interessen (arab. maṣāliḥ taḥsīnīya), gleichwie unbedeutend sie auch erscheinen mögen. Was nicht in den spezifischen Texten explizit und eindeutig formuliert ist, kann aus den allgemeinen Textstellen abgeleitet werden.[208]

Dies können manche im Kontrast der Tatsache sehen, dass die Scharia drei Kategorien menschlicher Interessen (maṣāliḥ) unterscheidet: Anerkanntes

---

204 Vgl. Aḥmad, ar-Rīsūnī: Naẓarīyat al-maqāṣid 'indal-imām aš-Šāṭibī. Casablanca 1990, S. 236.

205 Vgl. Ibid., S. 236f.

206 Sure al-Baqara (2), Vers 219.

207 Vgl. Nūruddīn, al-Ḫādimī: 'Ilm maqāṣid aš-šarī'a. Riad 2001, S. 22.

208 Vgl. Aḥmad, ar-Rīsūnī: Naẓarīyat al-maqāṣid 'indal-imām aš-Šāṭibī. Casablanca 1990, S. 238.

und zu berücksichtigendes Interesse (maṣlaḥa muʿtabara), nicht anerkanntes und abgelehntes Interesse (maṣlaḥa mulġāt) und rechtlich nicht ausdrücklich geschütztes Interesse bzw. Interesse ohne Grundlage eines Klartextes (maṣlaḥa mursala).[209] Nach dieser Kategorisierung, die allgemeinhin unter den uṣūl-Gelehrten anerkannt ist, impliziere die Scharia lediglich den Schutz der ersten Kategorie, also der anerkannten Interessen, und schweige über die letzte Kategorie. Hingegen werde die zweite Kategorie missbilligt und gänzlich ausgeklammert. Demnach solle die Scharia nur einen Typ der menschlichen Interessen in Schutz genommen und die anderen Typen vernachlässigt haben.[210]

Fakt ist aber, dass die von der Scharia nicht anerkannten Interessen nachrangig sind. Sie werden deshalb relegiert, weil sie im Widerspruch zu Interessen stehen, die von größerer Wichtigkeit oder Dringlichkeit sind. Denn die Erhaltung der Interessen, denen größere Bedeutung zugeschrieben wird, wird denen gegenüber vorrangig behandelt, die nur einen subsidiären Charakter haben, falls es schwierig oder unmöglich ist, beide gleichzeitig zu bewahren.[211] Jedoch bedeutet dies keine Abkehr vom Wesen der maṣlaḥa. Der Vers[212], der bereits im Zusammenhang mit dem Verbot der Rauschmittel herangeführt wurde, gibt bezüglich dieser Thematik ein eindeutiges und aufklärendes Beispiel. Er stellt fest, dass Rauschmittel und Glücksspiele sowohl Schaden als auch Nutzen beinhalten, jedoch sind die schädlichen Aspekte dieser Mittel zahlreich und sie betreffen zudem die ganze Gesellschaft. Im Vergleich dazu sind ihre Vorteile unwesentlich und nur partiell. Infolgedessen hat der Gesetzgeber den ohnehin geringen und partiellen Nutzen, der mit den Rauschmitteln und Glücksspielen erzielt werden könnte, vernachlässigt und den damit einhergehenden großen und allgemeinen Schaden durch das Verbot der Rauschmittel und Glückspiele abzuwehren versucht.[213]

---

209 Vgl. Yūsuf, Ḥāmid Al-ʿĀlim: al-Maqāṣid al-ʿāma līš-šarīʿa al-islāmīya. Riad 1994, S. 153–154; vgl. hierzu auch Ar-Rīsūnī: Naẓarīyat al-maqāṣid ʿindal-imām aš-Šāṭibī, S. 238.

210 Vgl. Ibid.

211 Diesen Aspekt hat Yūsuf al-Qaraḍāwī in seinem Buch *Awlawiyāt al-ḥaraka al-islāmiya fī al-marhalati al-qādima* (Amman 1992, S. 30–39) ausführlich thematisiert.

212 „Sie befragen dich über Berauschendes und Glücksspiel. Sprich: In beiden liegt großes Übel wie auch einiger Nutzen für den Menschen. Doch ihr Übel ist größer als ihr Nutzen" Sure al-Baqara (2), Vers 219.

213 Vgl. Yūsuf, al-Qaraḍāwī: Awlawiyāt al-ḥaraka al-islāmiya fi al-marhalati al-qādima. Amman 1992, S. 34 f.

Es sei in diesem Zusammenhang noch angemerkt, dass der in diesem Fall relegierte Nutzen nicht für immer verloren gegangen ist. Wenn wir also annehmen, dass die Scharia durch das Verbot der Rauschmittel und Glücksspiele möglicherweise auch Vorteile und glückliche Momente, etwa aufgrund des finanziellen Gewinns und das Glücksgefühl infolge des Trinkens, verhindert hat, dann hat sie andere unzählige Mittel erlaubt, durch die solche Vorteile, Genüsse und Freuden erfahren und erlebt werden können. Es sind zudem Mittel, die weder vergleichbare Schäden verursachen noch dazu führen, auf Interessen zu verzichten, die vergleichsweise von größerer Bedeutung und Wichtigkeit sind.[214]

So ist die Nullifikation bestimmter vermeintlicher Interessen in der Tat nichts anderes als reine Bewahrung der wahren menschlichen Interessen. Diese Tatsache gilt bei allen nicht anerkannten Interessen, die nur in spezifischen Fällen nullifiziert worden sind. In anderen zahlreichen Fällen werden sie jedoch anerkannt und bewahrt. Dies betont die Erkenntnis, dass die Bewahrung des menschlichen Interesses im islamischen Recht ein Grundprinzip ist, während das Verneinen bestimmter Interessen eine Ausnahme ist, die in beschränkten Fällen begründet erfolgt. Gleichzeitig ist zu bedenken, dass die Interessen, die in solchen Situationen für ungültig erklärt werden, nicht endgültig verfallen, sondern, wie bereits angesprochen, gibt es zahlreiche legitime Wege, mittels derer sie verwirklicht werden können.[215] Zum Verhältnis von Erlaubtem und Verbotenem erklärte al-Qādi Abū Bakr Ibn al-ʿArabī (gest. 1148), dass es grundsätzlich nur Dinge der Schöpfung gebe, die den Menschen erlaubt seien, dass jedoch einige einer situationsbedingten Beschränkung unterlägen oder dass deren Verwendung nur eingeschränkt erlaubt sei. Etwas unter allen Umständen Verbotenes habe der Schöpfer, nach seiner Erkenntnis, jedoch nicht erschaffen.[216]

Was maṣāliḥ mursala angeht – das Gemeinwohl oder Interessen ohne Grundlage eines Klartextes -, so sind sie ebenso keine vernachlässigten Interessen oder Interessen, über welche die Scharia schweigt. Mit anderen Worten: Diese Interessen sind, bei genauer Betrachtung, nicht maṣāliḥ mursala in einem absoluten Sinne, sondern nur dahingehend, dass sie in den spezifischen Quellen-

---

214 Vgl. Aḥmad, ar-Rīsūnī: Naẓarīyat al-maqāṣid ʿindal-imām aš-Šāṭibī, S. 239.

215 Vgl. Ibid., S. 239 f.

216 Vgl. Abūbakr, Ibn al-ʿArabī: ʿĀrīḍat al-Ahudī fī šarḥ ṣaḥīḥ at-Tirmiḏī. Band 5, Beirut 1994, S. 199 ; siehe auch Yūsuf, Ḥāmid Al-ʿĀlim: al-Maqāṣid al-ʿāma līš-šarīʿa al-islāmīya. Riad 1994, S. 156.

texten der Scharia nicht eindeutig genug ausdrücklich erwähnt worden sind.[217] Insofern sie jedoch tatsächliche Interessen sind und zu denen gehören, die gut und nützlich sind, sind sie sehr wohl in den Texten der Scharia enthalten,[218] wie folgende Beispiele belegen: So heißt es etwa in der Sure al-Ḥaǧ (22): „und tut Gutes, so dass ihr vielleicht zu einem glücklichen Zustand gelangt!"[219]; ein Vers in der Sure an-Naḥl (16) lautet: „Gott gebietet Gerechtigkeit und das Tun des Guten"[220]. Und auch aus der Sure al-Aʿrāf, in der die Aufgabe des Gesandten beschrieben wird, geht dies deutlich hervor: „Er gebietet ihnen das Tun dessen, was recht ist, und verbietet ihnen das Tun dessen, was unrecht ist, und er erlaubt ihnen die guten Dinge des Lebens und verwehrt ihnen die schlechten, und er nimmt ihnen ihre Last hinweg und die Fesseln, die (vordem) auf ihnen lagen."[221]

Verse wie diese, durch die das Herz des Menschen veredelt und zur Tugend angespornt werden soll, finden sich im Koran an zahlreichen Stellen, denn das Wohlergehen der Menschen im Diesseits und im Jenseits wird durch ihre Tugendhaftigkeit bestimmt. So sagt zum Beispiel der Koran: „Die Menschen sind wahrlich im Verlust; außer denjenigen, die glauben und gute Werke tun und sich gegenseitig die Wahrheit ans Herz legen und sich gegenseitig zur Geduld anhalten".[222]

So bestätigen all diese Ausführungen und Koranverse den Grundsatz, dass die Bewahrung des menschlichen Interesses ein Grundprinzip der islamischen Gesetzgebung ist. Zudem gibt es Konsens zwischen den moslemischen Gelehrten, so verschieden ihre Fachgebiete, Denkschulen und ihre Lebenszeiten sind, dass die Scharia die Bewahrung der notwendigen (ḍarūrāt), der erforderlichen (ḥaǧat) und der ergänzenden Interessen (taḥsīnāt) vorschreibt, und dass maṣlaḥa die fundamentale Intention der Offenbarung und eine unerlässliche Quelle des Rechts ist, die in das islamische Rechtssystem integriert werden muss,[223] um den Anforderungen einer schnelllebigen Zeit gerecht zu werden. Denn derjenige, so ein pro-

---

217 Vgl. Muḥammad, Aḥmad al-Qiātī Muḥammad: maqāṣid aš-šarīʿa ʿindal-imām Mālik bayna an-naẓariya wa at-taṭbīq. Kairo 2009, S. 147; vgl. auch Aḥmad, ar-Rīsūnī: Naẓarīyat al-maqāṣid ʿindal-imām aš-Šātibī. Casablanca 1990, S. 239 f.

218 Vgl. Ar-Rīsūnī: Naẓarīyat al-maqāṣid ʿindal-imām aš-Šātibī, S. 240.

219 Sure *al-Ḥaǧ* (22), Vers 77.

220 Sure an-Naḥl (16), Vers 99.

221 Sure al-Aʿraf (7), Vers 157.

222 Sure al-ʿAṣr (103), Vers 2–3.

223 Vgl. Ar-Rīsūnī: Naẓarīyat al-maqāṣid ʿindal-imām aš-Šātibī. Casablanca 1990, S. 241.

grammatischer Ausspruch von Ibn al-Qaiyim (gest. 1350), der nur anhand des Überlieferten in den Büchern Rechtsentscheidungen für die Menschen treffe, trotz ihrer Unterschiede in ihren Bräuchen, Gewohnheiten, Zeiten, Örtlichkeiten, Zuständen und Zusammenhängen dieser Zustände, irre sich und führe andere in die Irre.[224]

224 Vgl. Ibn al-Qaiyim, Šamsuddīn Abū'Abdillāh: I'lāmu l-muwaqqi'īn. Band 3. Kairo 1994, S. 134; vgl. hierzu auch Christian, Augustin: Religiöser Pluralismus und Toleranz in Europa. Wiesbaden 2006, S. 172. Was das Nützlichkeitsprinzip bzw. den Ansatz der „*maṣlaḥa*" im Zusammenhang mit den gottesdienstlichen Bestimmungen angeht, so siehe den Abschnitt 4.3.1 in dieser Arbeit.

3 Evolutionsgeschichte der Theorie der *maqāṣid*

Vor einer weiteren fachlichen Vertiefung in die Themen und Inhaltsfelder der Theorie der maqāṣid (Zwecke der Scharia) soll an dieser Stelle ein kurzer historischer Überblick über die Evolutionsgeschichte dieses theologischen Ansatzes gegeben werden. Ein historischer Rückblick kann wichtige Aspekte der Theorie der maqāṣid beleuchten und dazu verhelfen, sich dem Thema aus der richtigen Perspektive anzunähern. Dabei liegt das Hauptaugenmerk auf den Gelehrten der uṣūl al-fiqh (Methodologie der Rechtslehre), da durch sie das Paradigma der maqāṣid zu einer eigenständigen Wissenschaftsdisziplin ausgearbeitet wurde. Während die fiqh-Gelehrten damit beschäftigt waren, das Gerüst der islamischen Jurisprudenz (Rechtslehre) zu errichten und dabei die maqāṣid als Elemente und Einzelheiten auf die partiellen Begebenheiten des Alltagslebens anzuwenden, widmeten sich die uṣūl-Gelehrten der maqāṣid als Einheit und als Auslegungstheorie. Sie charakterisierten deren Fundamente und Eckpfeiler und beschrieben ihre Eigenschaften und Merkmale.[225]

In der Darstellung zeichnen wir die historische Abfolge der uṣūl-Gelehrten, beginnend mit al-Ǧuwaīnī (gest. 1085) und seinem Schüler al-Ġazālī (gest. 1111), nach, werden jedoch im Vorfeld die wissenschaftlichen Stationen von denen großer Einfluss auf die Betrachtung der maqāṣid-Thematik ausging, genauer betrachten.[226]

---

225 Vgl. Sa'd Ibn Aḥmad Ibn Mas'ūd al-Yūbī: maqāṣid aš-šarī'a al-islāmīya wa 'alāqatuhā bi al-adilla aš-šar'iya. Riad 1998, S. 47; vgl. hierzu auch Nūruddīn, al-Ḫādimī: 'Ilm maqāṣid aš-šarī'a. Riad 2001, S. 55.

226 Die Präsentationsreihenfolge der Gelehrten, die maßgeblich zur Entwicklung der Theorie der Maqasid beigetragen haben, basiert zum Teil auf der Arbeit von Aḥmad ar-Rīsūnī in seinem Buch „Naẓarīyat al-maqāṣid 'indal-imām aš-Šāṭibī. Casablanca 1990".

3.1 At-Tirmiḏī al-Ḥakīm (der Weise)

Abū'Abdullāh Muḥammad Ibn 'Alī at-Tirmiḏī al-Ḥakīm war als Mystiker und Philosoph bekannt und erhielt daher den Beinamen ‚der Weise' (al-Ḥakīm). Als gesichert gilt, dass er im neunten Jahrhundert lebte, ob auch sein Todesdatum noch im neunten oder bereits im zehnten Jahrhundert liegt, ist nicht bekannt.[227]

Zwar ist at-Tirmiḏī kein fiqh- oder uṣūl-Gelehrter im strengen Sinne, aber er zählt zu den ersten und bedeutendsten Gelehrten, die sich mit den Zwecken der Scharia beschäftigt haben, wenn auch auf eine besondere Art und Weise. Er gehört zur Gruppe derer, die sich der Rationalität und Begründbarkeit der normativen Bestimmungen der Scharia gewidmet haben und ist daher für die Diskussion der maqāṣid von Bedeutung.[228]

Al-ḥakīm at-Tirmiḏī ist einer der ältesten Gelehrten, die den Begriff maqāṣid in ihren Schriften gebrauchten, und zudem wahrscheinlich der erste, der ein Buch verfasste, das den Begriff maqāṣid im Titel trägt. Gemeint ist hier sein Buch „aṣ-Ṣalatu wa maqāṣiduhā" (das Gebet und seine Zwecke), das den Kern der maqāṣid thematisiert, auch wenn al-ḥakīm at-Tirmiḏī in seinen Ausführungen eher einer selbst-erfahrerischen und mystischen Neigung als einer rationalen wissenschaftlichen Betrachtung folgt.[229] In seiner Diskussion der Zwecke der verbalen Inhalte und des körperlichen Ritus des Gebets vergleicht er das menschliche Herz mit einem Baum. Während der Gedanke an Gott das Herz erfrische wie das Wasser den Baum, werde es durch Begierden und Niederträchtigkeiten hart und trockne aus. Und wie ein Baum, dessen Wurzeln vertrocknet seien, nicht mehr zum Leben erweckt werden könne, so müsse auch das Herz gottgefällig bleiben, um sich nach Gottes Wegen richten zu können.[230]

---

227 Vgl. Muḥammad, Ibn al-Ḥusain Sulamī: Ṭabaqāt aṣ-ṣūfīya. Beirut 2003, S. 175–178; siehe hierzu auch Aḥmad, ar-Rīsūnī: Naẓarīyat al-maqāṣid 'indal-imām aš-Šāṭibī. Casablanca 1990, S. 26.

228 Vgl. Ar-Rīsūnī: Naẓarīyat al-maqāṣid 'indal-imām aš-Šāṭibī, S. 26.

229 Vgl. Ibid.

230 Vgl. Ibid. In seinem Buch *Aṣ-Ṣalātu wa-maqāṣiduhā* schreibt at-Tirmiḏī Al-ḥakīm: „Mit dem Gedenken Gottes erfrischt sich das Herz, es wird weich. Mit den Leidenschaften und Begierden wird es hingegen hart und trocken. Das Herz kann mit einem Baum verglichen werden, der seine Feuchtigkeit und Geschmeidigkeit von Wasser ableitet. Ist ein Herz, anstatt Gottes zu gedenken, nur mit seinen Begierden und nieder-

Diese stete Urbarmachung des Herzens sieht er im Gebet, bereits in der Zeit zwischen den Gebeten beginne die Entfremdung von Gott und der Mensch gerate in die Reichweite Satans. So ist jedes Gebet eine erneute Annäherung an den Schöpfer, deren Stufen er in der Gebetspraxis verkörpert sieht: „Durch das Stehen (in der Vorbereitung auf das Gebet) verlässt der Mensch die Flucht,[...] zieht er die Zügel an und stellt sich wieder in der Position des Dieners auf; bei der Hinwendung zur „qibla“ (Richtung von Mekka) kehrt er zu Gott zurück; durch das Aussprechen von „Allāhu akbar“ (Gott ist groß) verlässt er seinen Übermut; durch Gotteslob verlässt er die Unachtsamkeit; mit der Koranrezitation erneuert er seine Hingabe und Gottes Gelöbnis; durch den Akt der Verbeugung (rukūʿ) verlässt er die Entfremdung; durch den Akt der Niederwerfung (suǧūd) verlässt er die Schuld; mit der Bekenntnis des Glaubens bei der Sitzung des Grußes (ǧalsat as-salām) verlässt er das Verderben und mit dem schließenden Grußwort (Friede sei mit euch und Barmherzigkeit Gottes) entkommt er der großen Gefahr.“[231]

Al-ḥakīm at-Tirmiḏī beschäftigt sich auch in seiner Abhandlung über die Zwecke und Weisheiten der Pilgerfahrt „al-Ḥaǧ wa-asrāruh“[232] (Die Pilgerfahrt und ihre Geheimnisse) mit der maqāṣid. Als wichtigstes Buch in diesem Zusammenhang dürfte jedoch seine Studie „ʿilal aš-šarīʿa“ (Gründe der Scharia) gelten, in der er bei der Begründung der Normen der Scharia einen rationalen Weg einschlug.[233] Allerdings ist dieses Buch bedauer-

---

trächtigen Trieben beschäftigt, wird es hart und trocken. Es ist genauso wie ein Baum: Wenn ihm Wasser entzogen wird, vertrocknen seine Wurzeln und verwelken seine Blätter. Wenn der Baum weiterhin nicht gewässert wird, werden seine Äste durch die Hitze trocken und spröde. Wenn du dann einen Zweig zu dir ziehst, bricht er. Solch ein Baum taugt dann für nichts, außer als Brennstoff für Feuer. So auch das Herz, es wird trocken und spröde, wenn es ihm an Gedenken Gottes mangelt, wenn es durch die Hitze des Egos und der leidenschaftlichen Triebe gequält wird, wenn die Körperteile, wie die Zweige, zu spröde und trocken werden, um sich dem Willen Gottes zu biegen und seinem aufgezeigten Weg zu folgen. Wenn du sie dennoch dahin ziehst, brechen sie und taugen für nichts, außer als Brennstoff für das große Feuer.“ Abū ʿAbdillāh at-Tirmiḏī Al-ḥakīm: Aṣ-Ṣalātu wa-maqāṣiduhā. Kairo 1985, S. 9f.

231 Ibid., S. 12.

232 Abū ʿAbdillāh at-Tirmiḏī al-ḥakīm: al-Ḥaǧ wa-asrāruh (158 Setien). Erschien 1969 beim Verlag „Dar as-Saʿada“ in Kairo.

233 Muḥammad, Ibn ʿUṯmān al- Ḫišt: al-Manhīyat li at-Tirmiḏī al-Ḥakīm. Kairo 1986, S. 13f. Vgl. hierzu auch Ar-Rīsūnī: Naẓarīyat al-maqāṣid ʿindal-imām aš-Šāṭibī, S. 27.

licherweise offenbar verschollen.[234] Auch sein Buch „al-Furūq wa-man' at-tarāduf"[235] zählt zu den Werken, die allgemein seine Bedeutung und seine Stellung unter den Gelehrten belegen.[236] Es gilt noch 500 Jahre später dem Gelehrten Ibn as-Subkī (gest. 1369)[237] als unvergleichlich.[238]

3.2 Abūmanṣūr al-Māturīdī

Die durch Imām al-Māturīdī (gest. 944)[239] begründete maḏhab (Theologieschule) ist bis heute Referenzpunkt vieler muslimischer Gelehrter und Laien. Nahezu alle Hanafiten, aber auch andere Muslime, beziehen sich theologisch auf seinen Ansatz.[240]

Angesichts seines Stellenwerts und seiner religiösen Führungsrolle, sind seine Werke, insbesondere im Bereich der Methodologie der Rechtslehre (uṣūl al-fiqh), von höchster Bedeutung und werden auch in Anbetracht der frühen Zeit, in der sie verfasst wurden, gewertschätzt.[241] Allerdings gelten die meisten seiner Werke als verschollen. Fatḥullah Ḫālif, Kenner der Schriften al-Māturīdīs, weist darauf hin, dass lediglich die Exegese mit dem Titel „Tā'wīlāt ahl as-sunna"[242] sowie sein Buch „Kitāb

234 Ibid.

235 Abū 'Abdillāh at-Tirmiḏī Al-ḥakīm: al-Furūq wa-man' at-tarāduf (310 Seiten). Erschien 2005 beim Veralg „Dār al-Iman Li at-Tab'" in Alexandria.

236 Vgl. Ar-Rīsūnī: Naẓarīyat al-maqāṣid 'indal-imām aš-Šāṭibī, S. 28.

237 Šamsuddīn, Muḥammad Ibn Aḥmad Ibn 'Uṯmān aḏ-Ḏahabī: Ḏuyūl al-'ibar fi ḫabar man ġabar. Aus-kommentiert von Muḥammad as-Sa'id Ben Basiūni Zaġlūl. Band 4. Beirut 1985, S. 168.

238 „In diesem Fachgebiet gibt es nichts Vergleichbares wie „*al-Furūq*" von At-Tirmiḏī." Tāğuddīn, Ibn 'Alī as-Subkī: Ṭabaqāt aš-Šāfi'īya al-kubrā. Band 2, S. 20. Vgl. hierzu auch Ar-Rīsūnī: Naẓarīyat al-maqāṣid 'indal-imām aš-Šāṭibī, S. 28.

239 Vgl. Ḫaīruddīn, Azzirkilī: al-A'lām- Qāmūs tarāğim li'ašhari ar-riğāl wan-nisā' min al-'arabi wal-musta'rabīna wal-mustašriqīn. Band 7. Beirut 1980, S. 19.

240 Vgl. Ar-Rīsūnī: Naẓarīyat al-maqāṣid 'indal-imām aš-Šāṭibī, S. 28.

241 Vgl. Ibid., S. 29.

242 Muḥammad, Abūmanṣūr al-Māturīdī: Tā'wīlāt ahl as-sunna. Beirut 2005.

at-Tawḥīd"[243] erhalten seien.[244] In seinem Kommentar zum Vers 2/177 offenbart sich al-Māturīdīs maqāṣid-orientierte Gesinnung. Er knüpft die wahre Frömmigkeit nicht an die scheinbaren „guten Akte" oder bloße Befolgung der äußerlichen Formen, sondern an die dahinterstehende Absicht und an den Zweck, den eine Handlung intendiert. Als Beleg führt er etwa Vers 9/19 an, in dem es heißt: „Betrachtet ihr etwa die bloße Tränkung der Pilger und das Hüten des unverletzlichen Hauses der Anbetung als (den Werken von) dem gleich, der an Gott und den letzten Tag glaubt und sich hart anstrengt für Gottes Sache? Diese (Dinge) sind nicht gleich in der Sicht Gottes."[245]

3.3 Abūbakr al-Qaffāl aš-Šāšī

Aš-Šāšī (gest. 975)[246] ist ein früher prominenter Gelehrter der Methodologie der Rechtslehre. Unter den Schafiiten war er die unbestrittene religiöse Autorität seiner Zeit und einer der Interpreten von aš-Šāfiʿīs Werk Ar-risāla.[247] Zu seinen Schriften zählen u. a. „uṣūl aš-šāšī"[248] (aš-Šāšīs Methodologie) und „Maḥāsin aš-šarīʿa fi-furūʿ aš-Šāfiʿīya"[249] (Die schönen Eigenschaften der Scharia in den Zweigen der Schafiiten). Letzteres hat einen klaren Zusammenhang mit der Thematik der maqāṣid, da sich die sog. schönen Eigenschaften der Scharia (Maḥāsin aš-šarīʿa) dann hervor-

243 Muḥammad, Abūmanṣūr al-Māturīdī: *Kitāb at-Tawḥīd* (535 Seiten). Erschien 2002 bei „Dar Sadir" in Beirut und „Maktabat al-Iršād" in Istanbul.

244 Zitiert bei: Aḥmad, ar-Rīsūnī: Naẓarīyat al-maqāṣid ʿindal-imām aš-Šāṭibī. Casablanca 1990, S. 29.

245 Vgl. Muḥammad, Abūmanṣūr al-Māturīdī: Tāʾwīlāt ahl as-sunna. Band 2. Beirut 2005, S. 4.

246 Vgl. Šamsuddīn, Muḥammad Ibn Aḥmad Ibn ʿUṯmān aḏ-Ḏahabī: Tahḏīb sīyar aʿlām an-nubalāʾ. Band 2. Beirut 1991, S. 419.

247 Vgl. Aḥmad, ar-Rīsūnī: Naẓarīyat al-maqāṣid ʿindal-imām aš-Šātibī. Casablanca 1990, S. 29.

248 Abūbakr, aš-Šāšī: uṣūl aš-Šāšī (256 Seiten). Erschien 2003 beim Verlag „Dār al-Kotub al-ʿIlmīya" in Beirut.

249 Abūbakr, aš-Šāšī: Maḥāsin aš-šarīʿa fi-furūʿ aš-Šāfiʿīya (616 Seiten). Erschien 2007 beim Verlag „Dār al-Kutub al-ʿIlmīya" in Beirut.

heben lassen, wenn ihre Sinne und Zwecke thematisiert werden.[250] Darin merkt er beispielsweise an, dass in der Entsendung der Propheten und Erteilung der göttlichen Botschaften Weisheiten und Nutzen für die Menschen seien. Diese seien im Koran selbst exemplifiziert, etwa in der Sure al-Ḥadīd (57), in der es heißt: „Wahrlich, wir schickten unsere Gesandten mit klaren Beweisen und sandten mit ihnen das Buch und die Waagewerte herab, auf dass die Menschen Gerechtigkeit üben mögen.“[251]

So seien also die Herstellung der Gerechtigkeit und die Bekämpfung des Unrechts sowie die Befriedung der zwischenmenschlichen Beziehungen das Lebensziel der besonnenen Menschen und die Intention der offenbarten Rechtsleitung.[252]

3.4 Al-Bāqillānī

Al-Bāqillānī (gest. 1012)[253] hat verschiedene Titel, die seine Stellung und Bedeutung hervorheben. Er wurde u. a. genannt „šaiḫ as-sunna“ (Lehrer der Sunniten) und „lisān al-umma“ (Zunge der muslimischen Gemeinschaft).[254] Er war der religiöse Führer und das Oberhaupt der Gelehrsamkeit seiner Zeit. Die nachfolgenden Gelehrten bezeichneten ihn als Erneuerer (arab. muǧaddid) und Reformer des zehnten Jahrhunderts. Seine wissenschaftlichen Leistungen und sein Einfluss in verschiedensten Feldern der islamischen Theologie sind enorm.[255]

Zudem sehen viele Gelehrte al-Bāqillānī als denjenigen, der den zweiten Wendepunkt in der Geschichte der Methodologie der Rechtslehre (uṣūl al-fiqh) eingeleitet hat.[256] Der erste Wendepunkt in uṣūl al-fiqh wird dem großen

250 Vgl. Ar-Rīsūnī: Naẓarīyat al-maqāṣid ʿindal-imām aš-Šātibī, S. 29.

251 Sure al-Ḥadīd (57), Vers 57.

252 Vgl. Abūbakr, aš-Šāšī: Maḥāsin aš-šarīʿa fi-furūʿ aš-Šāfiʿīya. Beirut 2007, S. 34.

253 Vgl. Šamsuddīn, Muḥammad Ibn Aḥmad Ibn ʿUṯmān aḏ-Ḏahabī: Tahḏīb sīyar aʿlām an-nubalāʾ. Band 2. Beirut 1991, S. 345.

254 Vgl. Aḥmad, ar-Rīsūnī: Naẓarīyat al-maqāṣid ʿindal-imām aš-Šātibī. Casablanca 1990, S. 30.

255 Vgl. ʿAiyād, al-Qāḍī: Tartīb al-madārik wa-taqrīb al-masālik. Band 7. Rabat 1992, S. 44.

256 Vgl. ARīsūnī: Naẓarīyat al-maqāṣid ʿindal-imām aš-Šātibī, S. 31.

Gelehrten Imām aš-Šāfi'ī (gest. 820)[257] zugeschrieben. Während aš-Šāfi'ī uṣūl al-fiqh in die Phase der schriftlichen Kompilation hineinführte, führte al-Bāqillānī diese Disziplin noch einen Schritt weiter, nämlich in die Phase der umfassenden Expansion und in die Ebene der Interaktion mit der islamischen Scholastik ('ilm al-kalām).[258]

Als maßgeblich für den Wandel innerhalb der uṣūl al-fiqh, der durch al-Bāqillānī angestoßen wurde, gilt sein Werk „at-Taqrīb wa l-iršād fi tartīb turuqi l-iǧtihād", das ursprünglich aus zwölf Bänden bestanden haben muss und vom Autor selbst auf vier Bände gekürzt wurde.[259] Ibn as-Subkī (gest. 1369) bezeichnet das Werk als „das bedeutsamste Buch, das jemals in der Methodologie der islamischen Rechtslehre geschrieben wurde".[260]

Diese beachtliche Produktivität markiert eine starke quantitative Steigerung der methodologischen Texte und Ansätze der islamischen Rechtslehre.[261] Zu den Texten al-Bāqillānīs, die die nachfolgende Forschung über die maqāṣid und die uṣūl al-fiqh in einem hohen Maße beeinflusst haben, gehören u. a. auch: „al-Muqni' fī uṣūl al-fiqh", „al-Aḥkām wal-'ilal" und „Kitāb al-Bayān 'an farā'iḍ ad-dīn wa šarā'i' al-islām".[262]

Die Werke von al-Bāqillānī und seine hermeneutischen Ansichten haben die uṣūl-Gelehrten beschäftigt und sich in ihren Schriften und Gedanken fortgesetzt. So fasste al-Ǧuwaīnī (gest. 1085), Imām der beiden heiligen Stätten, das Buch „at-Taqrīb wa l'iršād fi tartīb turuqi l-iǧtihād" in einem neuen Text mit dem programmatischen Titel „at-talḫīṣ" (die Zusammenfassung) zusammen.[263] Auch sein berühmtes Werk „al-Burhān" weist auf die ideengebende

---

257 Einer der vier großen Rechtsgelehrten in der islamischen Geschichte und der Gründer der nach ihm benannten Rechtschule „al-maḏhab aš-Šāfi'ī ". (Vgl. Šamsuddīn, Muḥammad Ibn Aḥmad Ibn 'Uṯmān aḏ-Ḏahabī: Tahḏīb sīyar a'lām an-nubalā'. Band 1. Beirut 1991, S. 353f; vgl. hierzu auch 'Abdurraḥmān, Ibn Ḫaldūn: Muqaddimat Ibn Ḫaldūn. Beirut 1995, S. 412)

258 Vgl. Ar-Rīsūnī: Naẓarīyat al-maqāṣid 'indal-imām aš-Šātibī. Casablanca 1990, S. 32.

259 Die erste Kürzung erschein unter dem Titel *„al-Iršād al-mutawassit"*, die zweite, die ja auch vorhanden ist, erhielt die Intitulation *„al-Iršād aṣ-ṣaġīr"*. Sie wurde von Abdulḥamīd Zaid auskommentiert und vom Verlag Arrisala in Damaskus 1993 herausgegeben.

260 Tāǧuddīn, Ibn as-Subkī: Ǧam' al-ǧawāmi'. Band 2. Beirut 1987, S. 261.

261 Vgl. 'Aiyād, al-Qāḍī: Tartīb al-madārik wa-taqrīb al-masālik. Band 7, S. 69 f.

262 Vgl. Aḥmad, ar-Rīsūnī: Naẓarīyat al-maqāṣid 'indal-imām aš-Šāṭibī. Casablanca 1990, S. 31.

263 Vgl. Aḥmad, ar-Rīsūnī: Naẓarīyat al-maqāṣid 'indal-imām aš-Šāṭibī, S. 31.

Präsenz von al-Bāqillānī zurück. Zudem lässt sich der Einfluss al-Bāqillānīs auch in Werken anderer prominenter Gelehrten wie etwa bei aš-Šīrāzī (gest. 1083)[264] und al-Ġazālī (gest. 1111).[265]

Abschließend lässt sich sagen, dass die Konzepte und Ansichten al-Bāqillānīs die Diskussionen und Schriften des zehnten Jahrhunderts aber auch der Zeit danach bestimmt und geprägt haben.

Auf diese herausragende Rolle weist, laut Muṣṭafā Abderrazzāq, etwa az-Zarkašī (gest. 1392)[266] in seinem Werk „al-Baḥr al-Muḥīt" hin. Er nennt ihn neben Mu'taziliten 'Abdalǧabbār (gest. 1025) als wichtigsten Gelehrten nach aš-Šāfi'ī.[267] Der Verdienst der beiden Theologen, al-Bāqillānī und 'Abdalǧabbār, bestehe darin, dass sie „die Terminologie erweiterten, die Symbole entschlüsselten, die Verallgemeinerung detaillierten und die Unklarheit aufhoben."[268] Darin seien sie den ihnen Nachfolgenden Vorbild gewesen. Eingedenk aber der Produktivität und der expliziten methodologischen Ansätze al-Bāqillānīs sowie der Tatsache, dass er 'Abdalǧabbār historisch vorausging, müssen diese Verdienste jedoch wohl vor allem al-Bāqillānī zugeschrieben werden.[269]

Damit ist die Basis beschrieben, auf der die uṣūl-Gelehrten ihre Theorien entwickeln konnten. Die prominentesten Vertreter der Kette der uṣūl--Gelehrten, die sich in ihren Werken mit dem theologischen Ansatz der maqāṣid befasst haben, werden im Folgenden präsentiert und ihre bedeutendsten Beiträge werden diskutiert.

3.5 Imām al-Ǧuwainī

Abūlma'ālī 'Abdulmalik Ibn 'Abdullāh al-Ǧuwainī (gest.1085), bekannt als Imām der beiden heiligen Stätten, stellt eine wichtige Station im

264 Vgl. Šamsuddīn, Muḥammad Ibn Aḥmad Ibn 'Uṯmān aḏ-Ḏahabī: Tahḏīb sīyar a'lām an-nubalā'. Band 2. Beirut 1991, S. 410 f.

265 Vgl. Aḥmad, ar-Rīsūnī: Naẓarīyat al-maqāṣid 'indal-imām aš-Šāṭibī, S. 31.

266 Vgl. Šihābuddīn, Ibn al-'Imād al-Ḥanbalī ad-Dimašqī: Šaḏarāt aḏ-ḏahab fī aḫbār man ḏahab. Band 6. Damaskus 1986, S. 335–336.

267 Vgl. Aḥmad, ar-Rīsūnī: Naẓarīyat al-maqāṣid 'indal-imām aš-Šāṭibī. Casablanca 1990, S. 32.

268 Muṣṭafā, 'Abdarrazāq: Tamhīd li-tārīḫ al-falsafa al-islāmīya. Kairo 1986, S. 249.

269 Ibid.

Geschichtsverlauf der uṣūl al-fiqh dar.[270] Sein Werk „al-Burhān fi uṣūl al-fiqh“[271] (der Beweis in der Methodologie der Rechtslehre) ist ein Standardwerk für Generationen von uṣūl al-fiqh-Gelehrten, so hatte es etwa auch großen Einfluss auf den bedeutenden Gelehrten Abūḥāmid al-Ġazālī (gest. 1111). Dieser übertraf zwar bald seinen Lehrer an Berühmtheit, seine frühen Werke, wie z. B. „al-Manḫūl“, zeigen aber deutlich den Einfluss al-Ǧuwaīnīs, sodass sie sich wie eine Zusammenfassung dessen theologischer Ausführungen lesen.[272]

Im Diskurs um die hier behandelten maqāṣid der Scharia ist die Vorreiterrolle al-Ǧuwaīnīs bis heute unbestritten, so ist auch die bedeutende Position seines Schülers al-Ġazālī in diesem Zusammenhang auf ihn zurückzuführen.[273]

Die Pionierstellung al-Ǧuwaīnīs im Bereich der maqāṣid manifestiert sich vor allem in der Häufigkeit, mit der er die Aufmerksamkeit auf dieses Thema lenkt.[274] In seinem Buch „al-Burhān“ verwendet er abermals den Begriff maqāṣid sowie seine lexikalischen Derivate wie Maqṣud und Qaṣd usw. Außerdem bezieht er sich oft mit verschiedenen Ausdrücken wie al-ġaraḍ, al-aġrad etc. auf die maqāṣid.[275] Als Beispiel für al-Ǧuwaīnīs zweckrationale Begründung der schariarechtlichen Normbestimmungen ist sein Begründungsversuch der wasserlosen Ersatzwaschung at-tayammum. So liege die Bedeutung dieser nicht in sich selbst, sondern darin, dass in ihr das Ritual der Waschung vor dem Gebet aufrecht erhalten werde, schließlich seien Situationen, in denen Wasser fehlen oder nicht benutzt werden könnte, regelmäßige Ereignisse im Leben eines Menschen wie Reisen oder Krankheiten. Werde dieses Ritual jedoch durchbrochen, so bestehe die Gefahr, dass die rituelle Waschung an Bedeutung verliere, und die Gläubigen sich womöglich daran gewöhnten, sie nicht mehr zu vollziehen. Folglich könnte ein wichtiger

270 Vgl. Yūsuf, Aḥmad Muḥammad al-Badawī: maqāṣid aš-šarī'a'inda Ibn Taīmīya. Riad 2009, S. 76.

271 Abūlma'ālī, al-Ǧuwainī: al-Burhān fī uṣūl al-fiqh (1473 Seiten in 2 Bänden). Erschien u. a. 1980 bei „Dār al-Anṣār“ in Kairo.

272 Vgl. Aḥmad, ar-Rīsūnī: Naẓarīyat al-maqāṣid 'indal-imām aš-Šāṭibī, S. 33.

273 Vgl. Ibid.

274 Vgl. Sa'd Ibn Aḥmad Ibn Mas'ūd al-Yūbī: maqāṣid aš-šarī'a al-islāmīya wa 'alāqatuhā bi al-adilla aš-šar'iya. Riad 1998, S. 48.

275 Aḥmad, ar-Rīsūnī: Naẓarīyat al-maqāṣid 'indal-imām aš-Šātibī. Casablanca 1990, S. 33.

Teil der Zwecke des Gebets, also die Ritualisierung der Körperreinigung und Sauberkeit, verfehlt werden.[276]

In seiner Widerlegung der Ansichten des mu'taziliten al-Ka'bī (gest. 939)[277], der für seine Verwerfung der schariatrechtlichen Kategorie „al-mubāḥ" (das Erlaubte) weithin bekannt war, betont al-Ǧuwaīnī die Wichtigkeit der Heranziehung der Zwecke der Gesetzgebung und sagt: „Wer immer daran scheitert, die Zwecke wahrzunehmen, die den Normbestimmungen unterliegen, wird ebenfalls daran scheitern, die Grundlage für die Erlassung der Scharia zu erkennen."[278]

Jedoch besteht der wichtigste Beitrag al-Ǧuwaīnīs bezüglich des Ansatzes der maqāṣid in seinen Gedanken, die er im Abschnitt „Einteilungen der Gründe und Fundamente" in seinem Werk „al-Burhān" ausgeführt hat.[279] In diesem Abschnitt stellt al-Ǧuwaīnī zuerst die Ansichten der verschiedenen Gelehrten bezüglich der Begründbarkeit der Normbestimmungen dar, dann führt er Beispiele aus ihren Interpretationen und Begründungen sowie deren Wirkung auf die Analogieschlüsse der Normen auf und bezeichnet schließlich das Dargestellte als die „Fundamente der Scharia", die er in fünf Kategorien unterteilt.[280]

Er muss somit als Urheber der fünffachen Kategorisierung der Gründe und Zwecke der Scharia gelten, eine Einteilung, die er offensichtlich aus dem islamischen Strafcodex ableiten konnte.[281] Die Reflexion über die Sinne und

---

276 Vgl. Abūlma'ālī, al-Ǧuwainī: al-Burhān fī uṣūl al-fiqh. Band2. Kairo 1980, S. 913; vgl. hierzu auch Aḥmad, ar-Rīsūnī: Naẓarīyat al-maqāṣid 'indal-imām aš-Šātibī. Casablanca 1990, S. 34.

277 Vgl. Šamsuddīn, Muḥammad Ibn Aḥmad Ibn 'Uṯmān aḏ-Ḏahabī: Tahḏīb sīyar a'lām an-nubalā'. Band 2. Beirut 1991, S. 33 und 83.

278 Abūlma'ālī, al-Ǧuwainī: al-Burhān fī uṣūl al-fiqh. Band 1, S. 291; vgl. Aḥmad, ar-Rīsūnī: Naẓarīyat al-maqāṣid 'indal-imām aš-Šātibī. Casablanca 1990, S. 34; vgl. Sa'd Ibn Aḥmad Ibn Mas'ūd al-Yūbī: maqāṣid aš-šarī'a al-islāmīya wa 'alāqatuhā bi al-adilla aš-šar'iya. Riad 1998, S. 50f.

279 Vgl. Yūsuf, Aḥmad Muḥammad al-Badawī: maqāṣid aš-šarī'a'inda Ibn Taīmīya. Riad 2009, S. 76; vgl. hierzu auch Aḥmad, ar-Rīsūnī: Naẓarīyat al-maqāṣid 'indal-imām aš-Šātibī. Casablanca 1990, S. 34; vgl. Sa'd Ibn Aḥmad Ibn Mas'ūd al-Yūbī: maqāṣid aš-šarī'a al-islāmīya wa 'alāqatuhā bi al-adilla aš-šar'iya. Riad 1998, S. 48.

280 Vgl. Ibid.

281 Vgl. Aḥmad, ar-Rīsūnī: Naẓarīyat al-maqāṣid 'indal-imām aš-Šātibī. Casablanca 1990, S. 35.

Gründe der Vorschriften zur Bestrafung von Delikten und Fehlverhalten ermöglichte ihm „die höheren Ziele der Scharia“ zu bestimmen.[282]

Al-Ǧuwaīnī hat diese Einteilung außerdem eingeführt, um die Normbestimmungen hinsichtlich ihrer Analogiefähigkeit zu unterscheiden. Die Abgrenzung der einzelnen Kategorien verläuft wie folgt:

- Die erste Kategorie beinhaltet alles, was dem Wert des Lebens geschuldet ist, zum Beispiel das Vergeltungsgesetz, das darin begründet sei, Blutvergießen zu verhindern und das menschliche Leben gegen jegliche Angriffe zu schützen.[283]
- Die zweite Kategorie bezieht sich auf alles, was ein allgemeines menschliches Bedürfnis darstellt und dennoch nicht in die Kategorie der Lebensnotwendigkeiten fällt, zum Beispiel die Handelsverträge, die zwischen den Menschen geschlossen werden.[284]
- In die dritte Kategorie fällt alles, was weder lebensnotwendig noch allgemeiner Bedarf ist, aber einen Optimierungscharakter hat, wie der Erwerb der edlen Eigenschaften und die Vervollkommnung in allem Guten und die Vermeidung des Schlechten jeder Art.[285]
- Als vierte Kategorie bezeichnet er alles, was ebenso wenig eine Lebensnotwendigkeit oder ein menschliches Bedürfnis darstellt, was aber von geringerem Wert und weniger dringlich ist als das in der dritten Kategorie Dargestellte. Hiermit sind also höchstens als „empfehlenswert“ einzustufende Handlungen (al-mandūbāt) gemeint, die zu tugendhaften Charakteren und edlen Taten anregen, jedoch rechtlich nicht explizit vorgeschrieben sind.[286]
- Die fünfte Kategorie besteht vor allem aus Normen, denen keine eindeutige Begründung oder Zweckmäßigkeit zugrunde liegt, sei es hinsichtlich der Notwendigkeiten, der Bedürfnisse oder der tugendhaften Eigenschaften und Handlungen. Al-Ǧuwaīnī bezeichnet diesen Fall aller-

282 Vgl. Tarik, Ramadan: Radikale Reform – die Botschaft des Islam für die moderne Gesellschaft, S. 176.

283 Vgl. Sa'd Ibn Aḥmad Ibn Mas'ūd al-Yūbī: maqāṣid aš-šarī'a al-islāmīya wa 'alāqatuhā bi al-adilla aš-šar'iya. Riad 1998, S. 48; siehe auch Yūsuf, Aḥmad Muḥammad al-Badawī: maqāṣid aš-šarī'a'inda Ibn Taīmīya. Riad 2009, S. 76.

284 Vgl. Ibn Mas'ūd al-Yūbī, S. 48; vgl. Muḥammad al-Badawī, S. 77.

285 Vgl, Ibn Mas'ūd al-Yūbī, S. 48; vgl. Muḥammad al-Badawī, S. 77.

286 Vgl. Ibn Mas'ūd al-Yūbī, S. 49; vgl. Muḥammad al-Badawī, S. 77 f.

dings als selten, da er davon ausgeht, dass fast alle Normbestimmungen in der islamischen Gesetzgebung klare Zwecke und erkennbare Nutzen implizieren.[287] Obwohl al-Ǧuwaīnī, um die Kategorie der „unbegründbaren" Normbestimmungen zu verdeutlichen, das Beispiel der bestimmten „physischen Handlungen und Formen der Gottesanbetung" herangezogen hat, „die mit keinem erkennbaren Nutzen oder besonderen Zweck zu begründen sind",[288] hat er zugleich darauf hingewiesen, dass auch diese Formen der Anbetung sich mindestens allgemein begründen ließen, zum Beispiel als Gewöhnung an den Gottesdienst und als Erneuerung des Bundes mit Gott durch Gebet und Andenken,[289] die im Inneren des Menschen einen immerwährenden lehrreichen Unterricht erteilten und einen immer neuen Ansporn zur Vermeidung jeglicher Torheit und Laster böten; die an das Jenseitsleben erinnerten und die übermäßige Neigung nach selbstsüchtigen Begierden dämpften.[290] Seine Annahme sieht er an vielen Koranstellen bestätigt, zum Beispiel in der Sure al-ʿAnkabūt (29); Vers 45, in der es heißt: „Und verrichte beständig das Gebet: denn siehe, das Gebet hält (den Menschen) zurück von abscheulichen Taten und von allem, was der Vernunft zuwiderläuft."[291]

Al-Ǧuwaīnī selbst wies in einem Kommentar zu seiner Strukturierung darauf hin, dass die dritte und vierte Kategorie zusammengelegt werden könnten, sodass letztlich daraus nur drei Unterteilungen entstünden: Notwendigkeiten, Bedürfnisse und Ergänzungen.[292] Was die Normbestimmungen der fünften Kategorie anbelangt, so hat al-Ǧuwaīnī sie in Normbestimmungen unterteilt, die sich mit allgemeinen Zwecken begründen lassen, und in andere, die überhaupt nicht begründbar sind. Dann führte er aus, dass jede begründbare Normbestimmung einer der ersten drei Kategorien angefügt werden könne. Auch sie sei dann also als eine

---

287 Vgl. Ibn Masʿūd al-Yūbī, S. 50; vgl. Muḥammad al-Badawī, S. 78.

288 Aḥmad, ar-Rīsūnī: Naẓarīyat al-maqāṣid ʿindal-imām aš-Šātibī. Casablanca 1990, S. 35.

289 Vgl. Saʿd Ibn Aḥmad Ibn Masʿūd al-Yūbī: maqāṣid aš-šarīʿa al-islāmīya wa ʿalāqatuhā bi al-adilla aš-šarʿiya, S. 49.

290 Vgl. Vgl. Ibn Masʿūd al-Yūbī, S. 50; vgl. Muḥammad al-Badawī, S. 78.

291 Sure al-ʿAnkabūt (29), Vers 45.

292 Vgl. Saʿd Ibn Aḥmad Ibn Masʿūd al-Yūbī: maqāṣid aš-šarīʿa al-islāmīya wa ʿalāqatuhā bi al-adilla aš-šarʿiya, S. 48.

Normbestimmung zu begreifen, die erlassen wurde, um eine „Lebensnotwendigkeit" zu schützen, oder um ein „Bedürfnis" zu erfüllen, oder um ein ergänzendes Interesse herbeizuführen.[293] Die übrigen Bestimmungen, die nicht begründbar seien – wenn es überhaupt welche gäbe-, fallen aus dieser Diskussion der Kategorisierung und Einteilung der Gründe der islamischen Normen (ʿilal) heraus.[294]

So lässt sich also belegen, dass Imām al-Ǧuwaīnī der Erste war, der die Dreiteilung der Zwecke der islamischen Gesetzgebung eingeführt hat, die sich später als Grundlage jeder Diskussion zum Thema maqāṣid etabliert hat. Es war ebenfalls al-Ǧuwaīnī, der zuerst auf die „zentralen Notwendigkeiten" der Scharia hingewiesen hat, die später auf fünf Notwendigkeiten beschränkt wurden, nämlich auf den Schutz des Glaubens, des menschlichen Selbst, der Vernunft, der Nachkommenschaft und auf den Schutz des materiellen Besitztums.[295]

3.6 Abūḥāmid al-Ġazālī

Imām al-Ġazālī (gest. 1111) setzte in vielerlei Hinsicht das Werk seines Lehrers al-Ǧuwaīnī (gest. 1085) fort.[296] In seinen Ansichten und Schriften, in seinen Ansätzen und Methoden manifestieren sich deutlich der Geist und Einfluss al-Ǧuwaīnīs. Trotz dieser Ausprägung hat er jedoch nicht an den Grenzen angehalten, an denen sein Lehrer aufgehört hatte.[297] Vielmehr hat er das Vermächtnis seines Lehrers überarbeitet, ergänzt und weiterentwickelt, was ihm eine Mitwirkungsrolle, ja auch eine Pionierstellung in der Geschichte der Methodologie der Rechtslehre (uṣūl al-fiqh) und der maqāṣid der Scharia eingebracht hat.[298] Auf die markante Stellung al-

293 Vgl. Ar-Rīsūnī: Naẓarīyat al-maqāṣid ʿindal-imām aš-Šātibī. Casablanca 1990, S. 36.

294 Vgl. Abūlmaʿālī, al-Ǧuwainī: al-Burhān fī uṣūl al-fiqh. Band2, S. 964.

295 Vgl. Yūsuf, Aḥmad Muḥammad al-Badawī: maqāṣid aš-šarīʿaʿinda Ibn Taīmīya. Riad 2009, S. 78 f.

296 Vgl. Šamsuddīn, Muḥammad Ibn Aḥmad Ibn ʿUṯmān aḏ-Ḏahabī: Tahḏīb sīyar aʿlām an-nubalāʾ. Band 2. Beirut 1991, S. 491 f.

297 Vgl. Aḥmad, ar-Rīsūnī: Naẓarīyat al-maqāṣid ʿindal-imām aš-Šāṭibī, S. 37.

298 Vgl. Saʿd Ibn Aḥmad Ibn Masʿūd al-Yūbī: maqāṣid aš-šarīʿa al-islāmīya wa ʿalāqatuhā bi al-adilla aš-šarʿiya. Riad 1998, S. 51.

Ġazālīs im Bereich der uṣūl al-fiqh als Nachfolger al-Ġuwaīnīs weist auch Aḥmad ar-Rīsūnī hin. Er betont, dass sowohl dem Begründer einer Theorie Ehre gebühre, als auch dem Nachfolger, dessen Aufgabe es sei, das zuerst Gedachte klarer zu fassen und zu verfeinern. Er schließt mit dem Gedanken, dass also nicht dem Gründer, sondern dem Nachfolger Gefolgschaft geleistet werden solle.[299]

Während sich al-Ġazālī in seinem ersten hermeneutischen Werk „al-Manḫūl min ta'līqāt al-uṣūl"[300] noch eng an seinem Lehrer orientierte, beschreitet er in seinem Buch „Šifā' al-ġalīl fī bayān al-šubahi wal-maḫīl wamasālik at-ta'līl" deutlich neue und eigene Wege. Dort revidiert er viele Grundsätze der uṣūl al-fiqh, bzw. arbeitet sie weiter aus. Danach leistete er in diesem Fachgebiet klar ausgeprägte und prägnante Beiträge insbesondere durch sein Werk „al-Mustaṣfā min 'ilm al-uṣūl".[301]

Im „Shifa' al-Ġalil" diskutiert al-Ġazālī die Zwecke des islamischen Rechts im Rahmen des so genannten Begründungsansatzes der „Angemessenheit" (maslak al-munāsaba).[302] Dieser Ansatz ist einer der verschiedenen logischen Ansätze des Ta'lil (Begründung der Rechtsnormen), welche die Normbestimmungen in Bezug auf ihre Zwecke auslegen. Diesem Ansatz nach werden die Bestimmungen im Hinblick darauf begründet, was sie an Nutzen herbeiführen oder an Schaden verhindern. Nach al-Ġazālī sind angemessene Sinne dadurch charakterisiert, dass sie auf verschiedene Aspekte der menschlichen Interessen (maṣāliḥ) und ihre Indikatoren verweisen.[303] Mit dem Begriff maṣlaḥa (Interesse) meint er alles, was einen Nutzen zustande bringt oder einen Schaden verhindert.[304] Da der Ansatz der Angemessenheit (maslak al-munāsaba) auf der Berücksichtigung der angemessenen und relevanten Zwecke beruhe, sei alles, was die Beachtung eines Zwecks der Scha-

---

299 Vgl. Ar-Rīsūnī: Naẓarīyat al-maqāṣid 'indal-imām aš-Šāṭibī, S. 37.

300 Auf die Werke von Abūḥāmid al-Ġazālī, Al-Manḫul min Ta'liqati L-Usūl, Šifā'u l-ġalīl fī bayān aš-šubahi wal-muḫaīyali fi masālik at-ta'līl, al-Mustaṣfā min 'ilm al-uṣūl und andere, wird an mehreren Stellen in dieser Arbeit verwiesen.

301 Vgl. Yūsuf, Aḥmad Muḥammad al-Badawī: maqāṣid aš-šarī'a'inda Ibn Taīmīya. Riad 2009, S. 80–81; vgl. hierzu auch Aḥmad, ar-Rīsūnī: Naẓarīyat al-maqāṣid 'indal-imām aš-Šāṭibī, S. 37.

302 Vgl. Al-Badawī: maqāṣid aš-šarī'a'inda Ibn Taīmīya. Riad 2009, S. 81.

303 Vgl. Sa'd Ibn Aḥmad Ibn Mas'ūd al-Yūbī: maqāṣid aš-šarī'a al-islāmīya wa 'alāqatuhā bi al-adilla aš-šar'iya. Riad 1998, S. 53.

304 Vgl. Abūḥāmid, al-Ġazālī: Šifā'u l-ġalīl fī bayān aš-šubahi wal-muḫaīyali fi masālik at-ta'līl. Bagdad 1971, S. 159.

ria impliziere, rechtlich angemessen, und dementsprechend alles, was in sich keinen Zweck reflektiere, nicht angemessen.[305]

Diese Legitimitätsbedingung, die al-Ġazālī den Begründungsansätzen, die der maṣlaḥa oder al-munāsaba zugrunde liegen, vorschreibt, dass sie eben die Berücksichtigung der Zwecke der islamischen Gesetzgebung widerspiegeln müssen, wird noch deutlicher in seinem Buch „al-Muṣṭsafā" im Rahmen seiner Diskussion der Gültigkeit des istiṣlāḥ[306] bzw. maṣlaḥa mursala (allgemeines Interesse) postuliert, indem er das rechtlich zu berücksichtigende Interesse als „Bewahrung der Intention des Gesetzgebers" definiert.[307]

Am Schluss seiner Abhandlung, kehrt al-Ġazālī zur Methodik des istiṣlāḥ zurück, um seine definitive und endgültige Aussage über deren Gültigkeit auszusprechen. Er verdeutlicht, dass jedes Interesse (maṣlaḥa), das nicht der Erhaltung eines aus dem Koran, der Sunna oder dem Konsensus (iǧmā') abgeleiteten Zwecks zugrunde liege, von den ungültigen Interessen sei, die unvereinbar mit dem Verhalten und dem Geist des islamischen Rechts seien. Hingegen sei jedes Interesse, das der Erhaltung eines legitimen Zwecks zugrunde liege, ein gültiges Interesse.[308] Diese Herleitung bezeichnet er nicht als Qiyās (Analogie), sondern als maṣlaḥa mursala (allgemeines Interesse) und schließt daraus, dass die maṣlaḥa im Umkehrschluss auch als Beweis Gültigkeit haben müsste, da sie mit den Absichten der Gesetzgebung korreliere.[309]

---

305 Vgl. Aḥmad, ar-Rīsūnī: Naẓarīyat al-maqāṣid 'indal-imām aš-Šāṭibī, S. 38.

306 Die Methodik des *istiṣlāḥ* wurde von *Imām Mālik Ibn Anas* (gest. 795) entwickelt. Sie greift in solchen Situationen, in denen sich die Muslime mit Problemen konfrontiert sehen, die von der Scharia völlig unberührt bleiben – also Rechtsfälle und Situationen, in Bezug auf welche in den beiden Quellen weder ein detaillierter Entscheid, noch ein allgemeines Prinzip formuliert wurde. In solchen Fällen sind eigene temporäre Gesetze zu formulieren, wobei nur der Geist des Islam und die gesellschaftliche Wohlfahrt zu berücksichtigen sind. Dies ist genau das, was als *istiṣlāḥ* bezeichnet wird und worauf sich der Koran mit den Worten bezieht: „Und für jeden von euch haben Wir ein (verschiedenes) Gesetz und eine Lebensweise bestimmt". Sure al-Mā'ida (5), Vers 48. (Vgl. Šamsuddīn, Muḥammad Ibn Aḥmad Ibn 'Uṯmān aḏ-Ḏahabī: Tahḏīb sīyar a'lām an-nubalā'. Band 1. Beirut 1991, S. 278; vgl. hierzu auch Muḥammad Asad: Islamic Constitution Making. In: 'Arafat, Bd. 1, Nr. 1, März 1948, S. 17 – 62.)

307 Vgl. Abūḥāmid, al-Ġazālī: al-Mustaṣfā min 'ilm al-uṣūl. Band 1. Damaskus 1993, S. 186; vgl. Sa'd Ibn Aḥmad Ibn Mas'ūd al-Yūbī: maqāṣid aš-šarī'a al-islāmīya wa 'alāqatuhā bi al-adilla aš-šar'iya. Riad 1998, S. 52.

308 Vgl. Aḥmad, ar-Rīsūnī: Naẓarīyat al-maqāṣid 'indal-imām aš-Šāṭibī, S. 38.

309 Vgl. Ibid.

In „Šifā' al-ġalīl" sowie in „al-Mustaṣfā" definiert al-Ġazālī die zentralen Zwecke des islamischen Rechts, welche die Intention der Scharia ausdrücken und auch die wahren Interessen der Menschen implizieren. Im ersten Buch unterteilt er die Ziele der Scharia in zwei Klassen: geistig-religiöse und weltliche Zwecke.[310] Das islamische Recht diene der „Erhaltung des menschlichen Lebens, der Vernunft, der Keuschheit und des Besitztums".[311] Die Beweise für jeden dieser Zwecke führt er wie folgt an:

- Die rechtliche Intention der Erhaltung des menschlichen Lebens wird durch das Strafgesetz im Falle eines Mordes betont.
- Die rechtliche Intention der Erhaltung der Vernunft äußert sich durch das Verbot der alkoholischen Getränke und Rauschmittel.
- Die rechtliche Intention der Erhaltung der Keuschheit drückt sich durch das Verbot der Unzucht und des Ehebruches sowie durch den damit verbundenen Strafkodex aus.
- Die rechtliche Intention der Bewahrung des Besitztums offenbart sich in Form verschiedener Regelungen und juristischer Vorschriften, wie zum Beispiel das Verbot des Diebstahls und der unrechtmäßigen Einnahme anderer Besitztümer.

In seinem Buch „al-Mustaṣfā" wiederholt al-Ġazālī diese Zentralzwecke der Scharia, aber in einer genaueren und differenzierteren Form. Diesmal teilt er die Zwecke der Scharia nicht in religiöse und weltliche, möglicherweise um dem Einwand zu begegnen, dass alle Zwecke zugleich geistig-religiös und weltlich sind. Ausgehend aus dem Koranvers: „Und verrichte das Gebet. Wahrlich, das Gebet hält von schändlichen und abscheulichen Dingen ab"[312] konstatierte er, dass das Verbot der schändlichen Dingen und abscheulichen Taten, das als Zweck des Gebets geführt werde, zugleich ein Verbot der Tötung, Trunkenheit, des sexuellen Fehlverhaltens und Dieb-

310 Abūḥāmid, al-Ġazālī: Šifā'u l-ġalīl fī bayān aš-šubahi wal-muḫaīyali fi masālik at-ta'līl. Bagdad 1971, S. 159; vgl. hierzu auch Aḥmad, ar-Rīsūnī: Naẓarīyat al-maqāṣid 'indal-imām aš-Šāṭibī, S. 39.

311 Al-Ġazālī: Šifā'u l-ġalīl fī bayān aš-šubahi wal-muḫaīyali fi masālik at-ta'līl. Bagdad 1971, S. 160; siehe auch Sa'd Ibn Aḥmad Ibn Mas'ūd al-Yūbī: maqāṣid aš-šarī'a al-islāmīya wa 'alāqatuhā bi al-adilla aš-šar'iya. Riad 1998, S. 51.

312 Sure al-'Ankabūt (29), Vers (45).

stahls sei.[313] Demnach kann eine einzige Norm zur Bewahrung religiöser und weltlicher Interessen beitragen.

So hat er, anstatt die religiösen Interessen den weltlichen entgegenzustellen, die „Bewahrung des Glaubens", der als Quelle der Erkenntnis und der guten Werke gilt und die Wurzel jedes religiösen Lebens ist, an die Spitze der Zentralzwecke gesetzt. Auf diese Weise ist es ihm gelungen, Einwände gegen die Einteilung der Zwecke des islamischen Rechts in religiöse und weltliche zu vermeiden. Zudem hat er den Begriff Keuschheit, den er im Buch „Šifāʾ al-ġalīl" noch benutzte, mit dem klaren und präzisen Begriff „Nachkommenschaft" ersetzt.[314] So heißt es nun: „Die Intention der Scharia besteht in der Bewahrung des Glaubens, des Selbst, der Vernunft, der Nachkommenschaft und in der Bewahrung des Besitztums."[315]

Von den Ansichten al-Ġazālīs, wie sie in einer Ursprungsfassung in seinem ersten Buch „Šifāʾ al-ġalīl" und später verfeinert in „al-Mustaṣfā" formuliert sind, ist seine Meinung, dass der Schutz dieser Zentralzwecke bzw. Lebensnotwendigkeiten kein islamisches Spezifikum sei, sondern ein Faktum, das in allen göttlichen und menschlichen Gesetzen vorzufinden sei.[316] Denn die verschiedenen Rechtssysteme konvergierten in der Unterlassung aller Akte, die die moralische, psychische oder physische Unversehrtheit des Menschen beeinträchtigen.[317] Über die Notwendigkeit der Bewahrung der Vernunft und das daraus resultierende Verbot der alkoholischen Getränke sagt er, dass dies ebenso etwas sei, „was weder von erkennenden Individuen noch von irgendeinem Gesetz, das auf das Wohlergehen des Menschen angelegt ist, geleugnet werden kann. Da keine Religion jemals den Gebrauch von alkoholischen Getränken erlaubt hat, auch wenn manche die Menge zugelassen haben, die keinen Rausch erzeugen kann."[318]

Leben und Würde des Menschen ist für al-Ġazālī folglich das zentrale Motiv, auf dem alle fünf Notwendigkeiten aufbauen. Alle Gesetze, die das Gepräge der Menschlichkeit tragen und dazu dienen, Nutzen herbeizuführen

313 Vgl. Abūḥāmid, al-Ġazālī: al-Mustaṣfā min ʿilm al-uṣūl. Band 1, S. 287.

314 Vgl. Aḥmad, ar-Rīsūnī: Naẓarīyat al-maqāṣid ʿindal-imām aš-Šātibī. Casablanca 1990, S. 40.

315 Zitiert bei: Saʿd Ibn Aḥmad Ibn Masʿūd al-Yūbī: maqāṣid aš-šarīʿa al-islāmīya wa ʿalāqatuhā bi al-adilla aš-šarʿiya. Riad 1998, S. 51.

316 Vgl. Ar-Rīsūnī: Naẓarīyat al-maqāṣid ʿindal-imām aš-Šātibī. Casablanca 1990, S. 40.

317 Vgl. Ibid.

318 Ibid.

und Schaden abzuwenden, laufen dementsprechend ebenso auf diesen Zweck zu.[319]

Wie sein Lehrer al-Ǧuwainī (gest. 1085) hat auch al-Ġazālī die menschlichen Interessen gemäß ihrer Dringlichkeit und Klarheit klassifiziert und in drei Klassen unterteilt: Notwendigkeiten, Bedürfnisse und Ergänzungen.[320]

Diese letzte Klassifikation von al-Ġazālī zeichnet sich durch ein hohes Maß an Klarheit und Stabilität aus. Er erklärte die Unterschiede, Zusammenhänge und die Wechselbeziehungen zwischen den verschiedenen Klassen und führte zahlreiche Beispiele für jede Klasse und ihre Ergänzungen an.[321] Es sei allerdings an dieser Stelle darauf hingewiesen, dass diese Charakterisierung der Normbestimmungen und die anschließende Einteilung in drei verschiedene Klassen kein Vorgang mit absolutem Charakter und metaphysischem Ursprung ist, sondern eher ein relativer Akt, der nur auf der menschlichen Vernunft beruht.[322]

Diese Regeln und Prinzipien, die er in Bezug auf die maqāṣid der Scharia aufgestellt hat, waren die Grundsätze und Richtlinien, an denen sich nahezu alle Gelehrten der uṣūl al-fiqh für mehrere Jahrhunderte nach ihm orientiert haben und an denen sich auch heute noch viele orientieren.[323] Offensichtlich ist einer der Gründe für die Popularität der Ansichten al-Ġazālīs bezüglich der maqāṣid der Scharia ihre Überzeugungskraft und dass sie als Kristallisation früherer Überlegungen und Konzeptionen alle Denkmodelle vor ihnen übertrafen.

---

319 Vgl. Yūsuf, Aḥmad Muḥammad al-Badawī: maqāṣid aš-šarī'a'inda Ibn Taimīya. Riad 2009, S. 80f.

320 Vgl. Sa'd Ibn Aḥmad Ibn Mas'ūd al-Yūbī: maqāṣid aš-šarī'a al-islāmīya wa 'alāqatuhā bi al-adilla aš-šar'iya. Riad 1998, S. 51.

321 Vgl. Aḥmad, ar-Rīsūnī: Naẓarīyat al-maqāṣid 'indal-imām aš-Šātibī. Casablanca 1990, S. 41.

322 Vgl. Ibid.; vgl. hierzu auch Amīn, Dawūd Ḥasan: al-Maqāṣid wa 'Aqlanat at-Tafkīr ad-dīnī. In: al-Furqān, Heft 75/ 2003, S. 57- 81.

323 Vgl. Al-Yūbī: maqāṣid aš-šarī'a al-islāmīya wa 'alāqatuhā bi al-adilla aš-šar'iya. Riad 1998, S. 52.

3.7 Faḫruddīn ar-Rāzī

Faḫruddīn ar-Rāzī (gest. 1209)[324] gibt in seinem Buch „al-Maḥṣūl" die Ansichten al-Ǧuwaīnīs (gest. 1085) und al-Ġazālīs (gest. 1111) fast vollständig wieder. Allerdings ohne die Hierarchie der fünf Zentralnotwendigkeiten, wie al-Ġazālī sie aufstellt, zu übernehmen.[325] Auch scheint seine Rangordnung nicht konsistent, so lautet sie an einer Stelle: das menschliche Selbst, das Besitztum, die Abstammung, der Glaube und die Vernunft,[326] und ein anderes Mal: das menschliche Selbst, die Vernunft, der Glaube, das Besitztum und die Abstammung.[327]

Es sei noch angemerkt, dass ar-Rāzī den Begriff an-nasab (Abstammung) anstatt an-nasl (Nachkommenschaft) verwendet,[328] obwohl der Ausdruck an-nasl präziser und zutreffender ist, da die Bewahrung der Nachkommenschaft tatsächlich das ist, was islamrechtlich notwendig ist. Indessen hat die Bewahrung der Abstammung (an-nasab) einen komplementären Charakter und eine funktionale Bedeutung eben als Mittel zur Erhaltung der Nachkommenschaft.[329]

Im Zusammenhang mit dem Thema der maqāṣid bleibt die beeindruckendste Leistung in der Biographie ar-Rāzīs seine langwierige und fundierte Verteidigung des Ansatzes des taʿlīl (Begründbarkeit der Rechtsnormen)[330] in einer Zeit, in der die Idee des Ta'lil durch andere Denkmodelle, besonders den Literalismus (aẓ-Ẓāhirīya), herausgefordert wurde, ehe sie Eingang ins Denken muslimischer Gelehrten fand.[331]

324 Vgl. Šamsuddīn, Muḥammad Ibn Aḥmad Ibn ʿUṯmān aḏ-Ḏahabī: Tahḏīb sīyar aʿlām an-nubalāʾ. Band 3. Beirut 1991, S. 166 f.

325 Vgl. Yūsuf, Aḥmad Muḥammad al-Badawī: maqāṣid aš-šarīʿaʿinda Ibn Taīmīya. Riad 2009, S. 82.

326 Ar-Rāzī, Faḫruddīn: al-Maḥṣūl fī ʿilm al-uṣūl. Band 2. Riad 1981, S. 217f; siehe auch ʿAṭīya, Ǧamāluddīn: Naḥwa tafʿīl maqāṣid aš-šarīʿa. Damaskus 2001, S. 29.

327 Vgl. ʿAṭīya, Ǧamāluddīn: Naḥwa tafʿīl maqāṣid aš-šarīʿa, S. 29.

328 Vgl. Yūsuf, Aḥmad Muḥammad al-Badawī: maqāṣid aš-šarīʿaʿinda Ibn Taīmīya. Riad 2009, S. 83.

329 Vgl. Aḥmad, ar-Rīsūnī: Naẓarīyat al-maqāṣid ʿindal-imām aš-Šāṭibī, S. 42.

330 Mehr dazu in Abschnitt 4.3.1

331 Vgl. Yūsuf al-Badawī: maqāṣid aš-šarīʿaʿinda Ibn Taīmīya, S. 82 ff.

3.8 Saifuddīn al-Āmidī

Ein besonderer Verdienst des Werkes „al-Iḥkām fī uṣūl al-aḥkām“[332] von al-Āmidī (gest. 1233)[333] besteht darin, dass al-Āmidī in diesem Buch den Ansatz der maqāṣid weiterentwickelt und ihn in den Bereich der Gewichtung der divergierenden Rechtsnormen und Analogieschlüsse eingeführt hat. Eine Praxis, die eine etablierte Tradition unter den nachfolgenden uṣūl-Gelehrten wurde.[334]

So betonte al-Āmidī das Primat der notwendigen Zwecke gegenüber den Bedürfnissen und wiederum das Primat der Bedürfnisse gegenüber den ergänzenden Interessen. Ebenso seien die Primärbedürfnisse immer höher zu gewichten als die Optimierungsinteressen und die Ergänzungen der Notwendigkeiten den Ergänzungen der Bedürfnisse gegenüber vorrangig zu behandeln usw.[335] Dann, und vermutlich zum ersten Mal in der Forschungsgeschichte der maqāṣid, zeigte er, mit welchen Mitteln die fünf Notwendigkeiten zu gewichten und wie sie untereinander zu klassifizieren sind.[336]

Zwar übernimmt al-Āmidī die Ordnung der Zwecke der Scharia al-Ġazālīs, schließt ihr jedoch eine detaillierte Argumentation an, in der er sowohl die Bewahrung der Nachkommenschaft als auch die des menschlichen Selbst höher gewichtet als die Bewahrung der Vernunft. Der Grund für diese Entscheidung besteht für ihn darin, dass die Bewahrung der Vernunft als ein Ergebnis der Bewahrung des menschlichen Selbst und der Nachkommenschaft zu verstehen sei. Wenn die Nachkommenschaft oder das menschliche Selbst verfallen würden, würde ebenso die Vernunft verfallen. Hingegen hat die Bewahrung der Vernunft nicht notwendigerweise die Bewahrung des menschlichen Selbst und der Nachkommenschaft zur Folge.[337] Daher sei die Existenz der Vernunft ein Ergebnis der Bewahrung der Nachkommenschaft und des menschlichen Selbst. Mit dieser logischen Schlussfolgerung begrün-

---

332 Es Kommen auf den folgenden Seiten etliche Verweise auf dieses Werk.

333 Šamsuddīn, Muḥammad Ibn Aḥmad Ibn ʿUṯmān aḏ-Ḏahabī: Tahḏīb sīyar aʿlām annubalāʾ. Band 3. Beirut 1991, S. 230 f.

334 Vgl. Aḥmad, ar-Rīsūnī: Naẓarīyat al-maqāṣid ʿindal-imām aš-Šāṭibī, S. 43.

335 Vgl. Yūsuf al-Badawī: maqāṣid aš-šarīʿaʿinda Ibn Taīmīya, S. 85.

336 Vgl. Aḥmad, ar-Rīsūnī: Naẓarīyat al-maqāṣid ʿindal-imām aš-Šāṭibī, S. 43

337 Vgl. Saīfuddīn, al-Āmidī: al-Iḥkām fī uṣūli l-aḥkām. Band 4. Beirut 1983, S. 376.

det al-Āmidī das Primat der Bewahrung des menschlichen Selbst und der Nachkommenschaft gegenüber der Bewahrung der Vernunft.[338]

Zudem führte al-Āmidī in seinem Werk „Al-Ihkam fi Usuli L-Ahkam" eine ausführliche Argumentation für die Priorität der Bewahrung des Glaubens gegenüber der Bewahrung des menschlichen Selbst aus.[339] Wenn nämlich Gott den Menschen zu dem Zweck erschaffen habe, dass dieser ihn anbete – wie es etwa in der Sure ad-Dariyāt heißt: „Und ich habe die unsichtbaren Wesen und Menschen nicht zu einem anderen Zweck erschaffen, als dass sie Mich (erkennen und) anbeten mögen"[340] -, dann stünden die Religion und somit der Glaube über allem, weil sich durch sie Gottes Wort erfülle.[341]

Zu den neuen Gesichtspunkten, die al-Āmidī dem Diskurs hinzufügt, zählt seine ausdrückliche Begrenzung der Notwendigkeiten der Scharia auf fünf Kategorien. Er folgert diese Beschränkung aus der Beobachtung der Lebenswirklichkeit, aus der er ableitet, dass keine Zwecke, außerhalb der genannten vorstellbar seien.[342]

So begannen die uṣūl-Gelehrten nach al-Āmidī ausdrücklich zu betonen, dass die Notwendigkeiten in diesen fünf Prinzipien beschränkt seien, und dass auch die induktive Lesung der Scharia diese Ansicht verstärke, während Imām al-Ġazālī, auf den die Kategorien zurückgehen, ihre Begrenzung nur implizit angedeutet hatte.[343]

Trotz des scheinbaren Konsenses unter den Gelehrten, soll das Postulat der Beschränkung der maqāṣid, also der Notwendigkeiten bzw. Zentralzwecke der Scharia, hinterfragt und kritisch diskutiert werden, da die maqāṣid qua Definition die Bedürfnisse und legitimen Interessen der Menschen reflektieren und daher offen und stets dem wandelnden soziokulturellen Kontext unterliegend sein sollen. Dieses wird im vierten Kapitel dieser Dissertation in einer kritischen Annäherung noch ausführlicher diskutiert.

---

338 Vgl. Yūsuf al-Badawī: maqāṣid aš-šarī'a'inda Ibn Taīmīya, S. 85.

339 Vgl. Ibid.

340 Sure ad-Dariyāt (51), Vers 55.

341 Vgl. Saīfuddīn, al-Āmidī: al-Iḥkām fī uṣūli l-aḥkām. Band 4, S. 377.

342 Vgl. Ibid. Band 3, S. 364; vgl. auch 'Aṭīya, Ǧamāluddīn: Naḥwa taf'īl maqāṣid aš-šarī'a. Damaskus 2001. S. 92.

343 Vgl. 'Aṭīya, Ǧamāluddīn: Naḥwa taf'īl maqāṣid aš-šarī'a, S. 92.

3.9 Ibn al-Ḥāğib

ʿUṯmān Abū ʿamr Ibn al-Ḥāğib (gest. 1248)[344] steht in der Traditionslinie al-Āmidīs.[345] Er unterteilt die maqāṣid der Scharia in solche, die unerlässliche Bedürfnisse betreffen und die somit die bereits diskutierten fünf Zentralzwecke implizieren, und solche, die sich auf „normale" Bedürfnisse beziehen, also auf die Geschäftsgrundlagen des menschlichen Miteinanders. Als Beispiele für die zweite Kategorie nennt er die verschiedenen Bereiche des Handels.[346]

Ähnlich wie al-Āmidī betonte Ibn al-Ḥāğib bei der Gewichtung der verschiedenen relevanten Zwecke das Primat der Notwendigkeiten gegenüber allen anderen Bedürfnissen.[347] Innerhalb der Kategorie der Notwendigkeiten selbst wies er, bezugnehmend auf die Argumente al-Āmidīs, zunächst der Bewahrung des Glaubens die höchste Priorität zu. Dann relativierte er jedoch diesen Standpunkt, indem er den Meinungsunterschied der Gelehrten in diesem Punkt hervorhob und bemerkte, dass einige von ihnen aufgrund der verwundbaren Natur des Menschen der Bewahrung des menschlichen Selbst den Vorrang gewährten.[348]

3.10 Al-Baiḍāwī

ʿAbdullāh Ibn ʿUmar al-Baiḍāwī (gest. 1286)[349] teilt, genauso wie ar-Rāzī (gest. 1209), die Zwecke des islamischen Rechts in jenseitige und diesseitige. Die jenseitigen Zwecke implizierten alles, was zur Läuterung der Seele und zum Segen Gottes führe.[350] Indessen seien die diesseitigen Zwecke von

344 Vgl. Šamsuddīn, Muḥammad Ibn Aḥmad Ibn ʿUṯmān aḏ-Ḏahabī: Tahḏīb sīyar aʿlām an-nubalāʾ. Band 3. Beirut 1991, S. 291 f.

345 Vgl. ʿAṭīya, Ǧamāluddīn: Naḥwa tafʿīl maqāṣid aš-šarīʿa. Damaskus 2001, S. 29.

346 Vgl. Aḥmad, ar-Rīsūnī: Naẓarīyat al-maqāṣid ʿindal-imām aš-Šātibī. Casablanca 1990, S.44.

347 Vgl. ʿAṭīya, Ǧamāluddīn: Naḥwa tafʿīl maqāṣid aš-šarīʿa. Damaskus 2001, S. 29.

348 Vgl. Ibid., S. 33.

349 Vgl. Šamsuddīn, Muḥammad Ibn Aḥmad Ibn ʿUṯmān aḏ-Ḏahabī: Tahḏīb sīyar aʿlām an-nubalāʾ. Band 3. Beirut 1991, S. 10 f.

350 Vgl. Aḥmad, ar-Rīsūnī: Naẓarīyat al-maqāṣid ʿindal-imām aš-Šātibī, S.45.

drei Arten: erstens notwendige Zwecke, wie die Bewahrung des Glaubens durch Wissen und Aufklärung, der Schutz des menschlichen Selbst durch Gesetze und Strafmaßnahmen, die Bewahrung der Nachkommenschaft durch Sanktionen gegen sexuelle Fehltritte, die Erhaltung der Vernunft durch Verbot aller Rauschmittel; zweitens erforderliche Zwecke, wie das Bedürfnis eines Minderjährigen nach Schutz durch einen Erziehungsberechtigten und drittens ergänzende Zwecke wie das Verbot von Schmutz und derlei auf öffentlichen Plätzen.[351]

3.11 Al-Isnawī

Auch in den Werken von ʿAbdurraḥīm Ibn al-Ḥasan al-Isnawī (gest. 1370)[352] sind die Spuren der Schriften und Ansichten al-Āmidīs offensichtlich.[353] Er übernahm in seinem Buch „Nihāyat as-sūl fī šarḥ minhāǧ al-wūṣūl" zunächst die von al-Āmidī festgelegte Rangordnung der maqāṣid der Scharia, wich aber alsbald davon ab.[354] Zwar legt auch er die Bewahrung des Glaubens und des menschlichen Selbst als höchste Zwecke fest, stellt aber die Bewahrung der Vernunft noch vor die des Besitzes und der Nachkommenschaft.[355] In der Frage der Gewichtung der allgemeinen Bedürfnisse schloss er sich wiederum den Ansichten al-Āmidīs und Ibn al-Ḥāǧibs an.[356]

Dies ist ein Paradebeispiel für die Einstellung der meisten uṣūl-Gelehrten, die in der Frage der Gewichtung entweder keiner bestimmten Ordnung treu blieben oder zwischen den Modellen al-Ġazālīs- und al-Āmidīs schwankten.[357] Es sei allerdings darauf hingewiesen, dass al-Ġazālīs Ordnungs-

351 Vgl. Ibid.; siehe hierzu auch Abū ʿAbdillāh, Ibn ʿUmar al-Baiḍāwī: Minhāǧ al-wūṣūl ilā ʿilm al-uṣūl. Band 4. Beirut 1984, S.75.

352 Vgl. ʿAbdurraḥim, Ibn al-Ḥasan al-Isnawi: Nihāyat Assūl fi scharḥi Minhāǧ al-wuṣūl. Hrsg. und kommentiert von Muḥammad Baḥit Al-Motiʿi. Band 1. Kairo 1978, S. 2.

353 Vgl. ʿAṭīya, Ǧamāluddīn: Naḥwa tafʿīl maqāṣid aš-šarīʿa. Damaskus 2001, S. 30.

354 Vgl. Ibid.

355 Vgl. Ibid.; siehe hierzu auch ʿAbdurraḥim, Ibn al-Ḥasan al-Isnawi: Nihāyat Assūl fi scharḥi Minhāǧ al-wuṣūl. Band 4, S. 388f; vgl. Saʿd Ibn Aḥmad Ibn Masʿūd al-Yūbī: maqāṣid aš-šarīʿa al-islāmīya wa ʿalāqatuhā bi al-adilla aš-šarʿiya. Riad 1998, S. 55.

356 Vgl. ʿAṭīya, Ǧamāluddīn: Naḥwa tafʿīl maqāṣid aš-šarīʿa, S. 30.

357 Vgl. Aḥmad, ar-Rīsūnī: Naẓarīyat al-maqāṣid ʿindal-imām aš-Šātibī. Casablanca 1990, S.45.

konzept der maqāṣid und das al-Āmidīs in mehr als einem Punkt Gemeinsamkeiten aufweisen. Beide stimmen darin überein, die Bewahrung des Glaubens an erster Stelle und die Bewahrung des menschlichen Selbst an zweiter Stelle absolut prioritär zu behandeln sowie darin, der Bewahrung des materiellen Besitztums die niedrigste Priorität zuzuweisen.[358] Sie unterscheiden sich jedoch in der Frage, ob der Bewahrung der Nachkommenschaft, wie al-Āmidī es sieht, Vorrang gewährt werden soll, oder ob der Vernunft ein höherer Wert zugewiesen wird, wie es al-Ġazālī vertritt. Im Unterschied zu al-Ġazālī gelang es al-Āmidī seinem Ordnungskonzept durch ausführliche Argumentationen und Rechtfertigungen eine theoretische Grundlage zu verschaffen.[359]

3.12 Ibn as-Subkī

Ibn as-Subkī (gest. 1369)[360] folgt in der Ordnung der maqāṣid al-Ġazālī. Allerdings ersetzte er – wie ar-Rāzī (gest. 1209) und andere – an-nasl (Nachkommenschaft) durch an-nasab (Abstammung).[361] Außerdem ergänzte er die maqāṣid um den Begriff der Ehre[362]: „Das Notwendige besteht zunächst aus der Bewahrung des Glaubens, dann der Bewahrung des menschlichen Selbst, dann der Bewahrung der Vernunft, dann der Bewahrung der Familienabstammung, dann der Bewahrung des Besitztums und der Ehre."[363] Ar-Rīsūnī (geb.1953) arbeitet im seinem Kommentar deutlich die Hierarchisierung as-Subkīs heraus.[364] Während die ersten vier Zwecke in einer Reihung durch das Temporaladverb „dann" (arab. fa) verbunden seien und

---

358 Vgl. Ibid.

359 Vgl. Ibid.; siehe hierzu auch Amīn, Dawūd Ḥasan: al-Maqāṣid wa ʿAqlanat at-Tafkīr ad-dīnī. In: al-Furqān, Heft 75/ 2003, S. 57- 81.

360 Šamsuddīn, Muḥammad Ibn Aḥmad Ibn ʿUṯmān aḏ-Ḏahabī: Ḏuyūl al-ʿibar fi ḫabar man ġabar. Auskommentiert von Muḥammad as-Saʿid Ben Basiūni Zaġlūl. Band 4. Beirut 1985, S. 168.

361 Vgl. ʿAṭīya, Ǧamāluddīn: Naḥwa tafʿīl maqāṣid aš-šarīʿa. Damaskus 2001, S. 31.

362 Siehe zum Unterschied zwischen *Ehre* und *Würde* die Seite 202.

363 Tāǧuddīn, Ibn as-Subkī: Ǧamʿ al-ǧawāmiʿ. Band 2. Beirut 1987, S. 280; vgl. auch ʿAṭīya, Ǧamāluddīn: Naḥwa tafʿīl maqāṣid aš-šarīʿa, S. 31.

364 Vgl. Aḥmad, ar-Rīsūnī: Naẓarīyat al-maqāṣid ʿindal-imām aš-Šāṭibī. Casablanca 1990, S. 47 f.

sich dadurch eine Abfolge ergebe, die auch wertend zu verstehen sei, stehe zwischen „Besitztum“ und „Ehre“ die koordinierende Konjunktion „und“ (arab. wa), durch die eine Gleichstellung der beiden Elemente ausgedrückt werde.[365]

Allerdings ist diese Ergänzung der maqāṣid keine Erfindung Ibn as-Subkīs, vor ihm erwähnten bereits aṭ-Ṭūfī (gest. 1316) und al-Qarāfī (gest. 1285) die Bewahrung der Ehre als eines der Hauptziele der Scharia.[366] In diesem Zusammenhang schrieb beispielsweise al-Qarāfī: „die Normen des islamischen Rechts streben die Erhaltung des menschlichen Selbst, die Bewahrung des Glaubens, den Schutz der Nachkommenschaft, die Bewahrung der Vernunft und des Besitztums sowie, nach einigen Gelehrten, den Schutz der Ehre.“[367]

Diesem Addendum der Ehre zu den maqāṣid stehen einige Gelehrten kritisch gegenüber. Ar-Rīsūnī sieht darin einen Rückschritt in der Diskussion hinter das, was al-Ġazālī durch die klare Strukturierung der maqāṣid erreicht habe.[368] Die Bewahrung von Abstammung und Ehre seien nämlich tatsächlich bloße Mittel zum Zwecke der Bewahrung der Nachkommenschaft.[369] Er führt weiter aus, dass der Begriff selbst kaum klar zu fassen sei, weder sei definierbar wo Ehre beginne oder wo sie ende, noch, was die Bewahrung der Ehre von der der Abstammung trenne.[370] Außerdem sieht er durch diese Erweiterung der maqāṣid die Gefahr der Beliebigkeit: „Wenn es außerdem geboten wäre, die Bewahrung der Abstammung und der Schutz der Ehre der Kategorie der Notwendigkeiten der Scharia zuzuschreiben, wäre es nicht a fortiori rechtlich geboten, die Bewahrung der Religiosität, des Gottesdienstes, des Lebensunterhalts, der Nahrung sowie die Bewahrung aller Arten der wirklichen Bedürfnisse als Notwendigkeiten anzuerkennen?“[371]

Auch Tāhir Ibn ʿĀšūr (gest. 1973) wendet sich gegen diejenigen, die die Bewahrung der Ehre zu den Notwendigkeiten zählen.[372] Diese sei zwar ein

---

365 Vgl. Ibid.

366 Vgl. Yūsuf, Aḥmad Muḥammad al-Badawī: maqāṣid aš-šarīʿaʿinda Ibn Taimīya. Riad 2009, S. 91; vgl. Aḥmad, ar-Rīsūnī: Naẓarīyat al-maqāṣid ʿindal-imām aš-Šāṭibī, S. 47.

367 Šihābuddīn, al-Qarāfī: Šarḥ tanqīḥ al-fuṣūl. Kairo 1991, S. 361; Vgl. hierzu auch ʿAṭīya, Ǧamāluddīn: Naḥwa tafʿīl maqāṣid aš-šarīʿa. Damaskus 2001, S. 29.

368 Vgl. Aḥmad, ar-Rīsūnī: Naẓarīyat al-maqāṣid ʿindal-imām aš-Šāṭibī, S. 48.

369 Vgl. Ibid.

370 Vgl. Ibid.

371 Ibid.

372 Vgl. Muḥammad, Ṭāhir Ibn'Āšūr: Maqāṣid aš-šarīʿa al-islāmīya. Amman 2001, S. 81.

unerlässliches Bedürfnis und wichtiges Recht für den Einzelnen, dennoch sei es ein hochgegriffener Anspruch, sie zu den Lebensnotwendigkeiten zu zählen.[373] Hingegen akzeptiert er die Zurechnung der Bewahrung der Abstammung (arab. ḫifḏ an-nasab) zu den Notwendigkeiten, insofern sie zur Erhaltung der Nachkommenschaft (arab. an-nasl) beitrage. Die Bewahrung der Abstammung wird also in diesem Zusammenhang nicht als originärer Zweck betrachtet, sondern als Mittel zum Zweck und als eine wichtige Ergänzung für die Notwendigkeit der Bewahrung der Nachkommenschaft.[374]

Auf der anderen Seite begründen und verteidigen andere Gelehrte die Hinzufügung der Bewahrung der Ehre zu den zentralen Notwendigkeiten des islamischen Rechts. Der weithin bekannte jemenitische Gelehrte aš-Šawkānī (gest. 1834)[375] argumentiert, dass die Ehre den Menschen ein so hohes Gut sei, dass sie bereit wären, dieses mit ihrem Besitztum und sogar ihrem Leben zu verteidigen.[376] Die Bedeutung von Ehre bzw. Würde sieht er auch in der Erfahrung bestätigt, dass Ehrverletzungen weit schwerer zu vergeben seien als physische Angriffe auf die Person.[377] Als weiteren Beleg führt er an, dass die Scharia deutliche Sanktionen und Strafen gegen Diskreditierung- und Verleumdungsdelikte vorgeschrieben hat. Dies rechtfertige auch die Ehre als „heilig" zu bezeichnen.[378]

Im Folgenden sollen noch diejenigen Gelehrten vorgestellt werden, deren Verdienst weniger in Nachahmung und Wiederholung liegt, sondern die mit ihren Überlegungen und Ideen der Thematik der maqāṣid nachhaltige Bedeutung verliehen. Das, was solchen Denkern geholfen haben mag, sich zu unterscheiden und zu profilieren, ist die Tatsache, dass sie nicht nur uṣūl-Gelehrte bzw. Hermeneutiker im engeren Sinne waren, sondern Gelehrte,

373 Vgl. Ibid.

374 Vgl. Ibid., S. 82.

375 Vgl. The Oxford Encyclopedia of the Modern Islamic World. Band 4. Oxford 1995, S. 299; siehe auch Ḫairuddīn, Azzirkilī: al-A'lām- Qāmūs tarāǧim li'ašhari ar-riǧāl wan-nisā' min al-'arabi wal-musta'rabīna wal-mustašriqīn. Band 6. Beirut 1980, S. 298.

376 Muḥammad, Ibn 'Ali aš-Šawkānī: Iršād al-Fohūl ila Taḥqiqi l-Ḥaqqi min 'Ilmi l-Usūl. Beirut 1992, S. 216.

377 Vgl. Ibid.

378 Vgl. Ibid., S. 217 f.

die in sich verschiedene Wissenschaftszweige vereinigen konnten.[379] So waren sie in der Lage, theoretische Überlegungen anzustellen und gleichzeitig deren Tauglichkeit in der Praxis zu erproben. Unter diesen Gelehrten sind besonders al-ʿIzz Ibn ʿAbdissalām (gest. 1261) und sein Schüler al-Qarāfī (gest. 1285), Ibn Taimīya (gest. 1328) und sein Schüler Ibn al-Qaiyim (gest. 1350) sowie aš-Šāṭibī (gest. 1388) hervorzuheben.[380] Diese Denker sind neben al-Ġazālī (gest. 1111) diejenigen, die dank ihres integren Verhaltens, ihrer klaren Ansichten und ihres stetigen und progressiven Denkens den islamischen Diskurs bis in unsere moderne Zeit geprägt und deren Spuren sich in Diskussionen und Schriften aus allen Bereichen der islamischen Wissenschaften wiederfinden.

3.13 Al-ʿIzz Ibn ʿAbdissalām

Imām Ibn ʿAbdissalām (gest. 1261), genannt „sulṭān al-ʿulamāʾ" (König der Gelehrten), gehört zu den bedeutendsten islamischen Gelehrten.[381] Seine hohe Reputation verdankt er erstens seinen politischen Positionen, vor allem seiner Forderung an den Sultan von Ägypten, Quṭuz (gest. 1260)[382], die Kosten des Kriegs gegen die Tataren nicht der einfachen Bevölkerung aufzubürden; und zweitens seinen zahlreichen Werken, an erster Stelle seinem bemerkenswerten Buch „Qawāʿid al-aḥkām fī maṣāliḥ al-anām", das die Bewahrung des menschlichen Interesses (maṣlaḥa) als Maxime der Gesetzgebung behandelt und das Prinzip der Zweckmäßigkeit der islamischen Rechtsnormen ausführlich diskutiert, und somit einen wichtigen Beitrag im Diskurs um die maqāṣid darstellt.[383]

---

379 Vgl. Aḥmad, ar-Rīsūnī: Naẓarīyat al-maqāṣid ʿindal-imām aš-Šātibī. Casablanca 1990, S. 49.

380 Vgl. Ibid., S. 49

381 Vgl. Šamsuddīn, Muḥammad Ibn Aḥmad Ibn ʿUṯmān aḏ-Ḏahabī: Tahḏīb sīyar aʿlām an-nubalāʾ. Band 3. Beirut 1991, S. 280 f.

382 Vgl. Šamsuddīn, Muḥammad Ibn Aḥmad Ibn ʿUṯmān aḏ-Ḏahabī: Tahḏīb sīyar aʿlām an-nubalāʾ. Band 3. Beirut 1991, S.277

383 Vgl. Yūsuf, Aḥmad Muḥammad al-Badawī: maqāṣid aš-šarīʿaʿinda Ibn Taimīya. Riad 2009, S. 86 f.

Einer Erwähnung Aḥmad at-Tunbuktīs (gest. 1594)[384], Autor der Schrift „Nail al-Ibtihāğ bi-taṭrīz ad-dībāğ“[385], verdanken wir den Hinweis auf ein weiteres Buch Ibn ʿAbdissalāms mit dem Titel „Kitāb al-Maṣāliḥ wal-mafāsid“.[386] At-Tunbuktī gibt an, dass Imām Ibn Marzūq (gest. 1438)[387] aus diesem seinen Schülern gelehrt habe. Da auch das Buch „Qawāʿid al-aḥkām fī maṣāliḥ al-anām“ Erwähnung findet, muss es sich bei beiden also offenbar um zwei verschiedene Werke handeln.[388]

As-Subkī (gest.1369) weist uns darüber hinaus auf das Werk „Šağaratu l-maʿārif“ (Baum der Erkenntnisse) Ibn ʿAbdissalāms hin, das er als wichtiges Buch lobt, ohne jedoch Hinweise auf dessen Inhalt zu geben.[389] Erst bei Muḥammad Ṭāhir Ibn ʿĀšūr (gest. 1973) lassen sich dazu weitere Informationen finden. Dieser zitiert das Buch „as-Sīra al-Ḥalabīya“, in dem es über Ibn ʿAbdissalām heißt, dass er in seinem Werk „Šağaratu l-maʿārif“ dem Leitsatz der islamischen Jurisprudenz auf der Basis der Sure an-Naḥl (16), Vers 90 entwickelt habe.[390] Demnach kulminierten alle Rechtsbestimmungen in dem Bestreben nach Gerechtigkeit, Großzügigkeit und dem Verzicht auf Gewalt.[391]

Offensichtlich handelt es sich also bei dieser verschollenen Schrift Ibn ʿAbdissalāms um ein Werk, das die Fundamente der Jurisprudenz und die Philosophie der islamischen Gesetzgebung behandelt. Der o. g. Vers impliziert die Gesamtheit der Zwecke des Islamischen Rechts: Er gebietet alles, was nützlich und vorteilhaft ist, und verbietet alles, was schädlich und nachtei-

---

384 Vgl. Ḫaīruddīn, Azzirkilī: al-Aʿlām- Qāmūs tarāğim liʾašhari ar-riğāl wan-nisāʾ min al-ʿarabi wal-mustaʿrabīna wal-mustašriqīn. Band 7. Beirut 1980, S. 88.

385 Aḥmad, at-Tunbuktī: Nail al-Ibtihāğ bi-taṭrīz ad-dībāğ (2 Bände). Kairo 1992.

386 Vgl. Aḥmad, ar-Rīsūnī: Naẓarīyat al-maqāṣid ʿindal-imām aš-Šātibī. Casablanca 1990, S. 50.

387 Vgl. Ḫaīruddīn, Azzirkilī: al-Aʿlām- Qāmūs tarāğim liʾašhari ar-riğāl wan-nisāʾ min al-ʿarabi wal-mustaʿrabīna wal-mustašriqīn. Band 5. Beirut 1980, S. 328.

388 Vgl. Aḥmad, at-Tunbuktī: Nail al-Ibtihāğ bi-taṭrīz ad-dībāğ. Kairo 1992, S. 295; siehe auch Ar-Rīsūnī: Naẓarīyat al-maqāṣid ʿindal-imām aš-Šātibī. Casablanca 1990, S. 50.

389 Vgl. Aḥmad, ar-Rīsūnī: Naẓarīyat al-maqāṣid ʿindal-imām aš-Šātibī, S. 50.

390 „Gott gebietet Gerechtigkeit und das Tun des Guten und Großzügigkeit gegenüber den Mitmenschen; und er verbietet alles, was schmachvoll ist, und alles, was der Vernunft zuwiderläuft, wie auch Gewalttätigkeit; (und) Er ermahnt euch (wiederholt), auf dass ihr (all dies) im Gedächtnis behalten möget“, Sure *an-Naḥl* (16), Vers 90.

391 Vgl. Muḥammad, Ṭāhir, IbnʿĀšūr: at-Taḥrīr wat-tanwīr. Band 14. Tunis 1997, S. 260; vgl. auch Yūsuf, Aḥmad Muḥammad al-Badawī: maqāṣid aš-šarīʿaʿinda Ibn Taīmīya. Riad 2009, S. 87.

lig ist. Deshalb beschrieb Ibn Mas'ud, ein Gefährte des Propheten und einer der ersten Exegeten des Koran, diesen Vers als den „umfassendsten Vers im ganzen Koran".[392]

Somit besteht die wichtige Leistung Ibn ʿAbdissalāms darin, Normbestimmungen mit ihren Quellen zu verbinden und im Kontext ihrer Zwecken auszulegen.[393] Aufgrund der Bedeutung dieser beiden als verloren geltenden Bücher müssen Nachforschungen über den Verbleib eventuell erhaltener Exemplare als Desiderat von hoher Priorität gelten.

Ibn ʿAbdissalām gilt zudem als Galionsfigur unter den Gelehrten, die alle islamischen Normbestimmungen in der Herbeiführung des Nutzens und der Abwendung des Schadens begründet sehen.[394] Ihm zufolge gelte dies sowohl für die Normbestimmungen, die ausdrücklich im Quellentext begründet sind als auch für jene, die unbegründet angeführt sind, wobei die begründeten Normen Begründungshinweise für die anderen Bestimmungen trügen.[395] Er führt weiter aus, dass die Scharia in ihrer Gesamtheit reiner Nutzen sei, indem sie Nachteile verhindere und Vorteile fördere. So könnten die Gläubigen in jedem Wort Gottes Hinweise auf einen Nutzen oder aber Warnungen vor einem Schaden entnehmen.[396]

Ibn ʿAbdissalām sieht sich in seiner Ansicht, dass die Orientierung am Wohl des Menschen ein Grundprinzip im islamischen Normsystem sei, durch die Tatsache bestätigt, dass die „Frömmigkeit der Frommen" Gott nicht nutze und der „Frevel der Frevler" ihm nicht schade.[397]

Sowohl Nutzen als auch Schaden definiert Ibn ʿAbdissalām in ihren diesseitigen und jenseitigen Aspekten. Als Nutzen zu Lebzeiten gilt ihm alles, was dazu beiträgt, die Notwendigkeiten, die Bedürfnisse und deren Ergänzungen zu erfüllen. Als jenseitigen Nutzen bezeichnet er die Verheißung Gottes und die Erlösung von der ewigen Pein. Daher gerät alles zum Schaden,

---

392 Aḥmad, ar-Rīsūnī: Naẓarīyat al-maqāṣid ʿindal-imām aš-Šātibī, S. 50.

393 Vgl. Yūsuf, Aḥmad Muḥammad al-Badawī: maqāṣid aš-šarīʿaʿinda Ibn Taīmīya. Riad 2009, S. 87.

394 Vgl. Saʿd Ibn Aḥmad Ibn Masʿūd al-Yūbī: maqāṣid aš-šarīʿa al-islāmīya wa ʿalāqatuhā bi al-adilla aš-šarʿiya. Riad 1998, S. 55 f.

395 Vgl. Ibn ʿAbdissalām, al-ʿIzz: Qawāʿid al-aḥkām fī maṣāliḥ al-anām. Band 1. Kairo 1988, S. 9ff; vgl. auch Aḥmad, ar-Rīsūnī: Naẓarīyat al-maqāṣid ʿindal-imām aš-Šātibī. Casablanca 1990, S. 51.

396 Vgl. Ibn Aḥmad Ibn Masʿūd al-Yūbī: maqāṣid aš-šarīʿa al-islāmīya wa ʿalāqatuhā bi al-adilla aš-šarʿiya, S. 57.

397 Vgl. Aḥmad, ar-Rīsūnī: Naẓarīyat al-maqāṣid ʿindal-imām aš-Šātibī, S. 51.

was im Diesseits dem Nutzen entgegenstehe. Im Jenseits meine Schaden den Ausschluss von Verheißung und Erlösung.[398]

Für das Streben nach dem Nutzen steht für Ibn ʿAbdissalām auch der Gottesdienst mit seinen verschiedenen Manifestationen, deren Zweck sich in der Tetrade Gott zu preisen, seine Größe zu rühmen, Verehrung zu zeigen und Vertrauen in Gott zu bekunden ausdrücke.[399]

In seinem Werk „Qawāʿid al-aḥkām fī maṣāliḥ al-anām" beschäftigt sich Ibn ʿAbdissalām ausführlich mit den Begründungen und Zwecken der spezifischen rechtlichen Bestimmungen. Vor allem das Kapitel Grundsatz für den Unterschied zwischen den Regelbestimmungen der Verhaltensweisen wegen des Unterschiedes in deren intendierten Interessen weist eine Fülle von spezifischen Zwecken auf, die das Grundprinzip bekräftigen, dass die Normbestimmungen existentiell mit ihren Zwecken verbunden sind.[400]

Als Schüler Ibn ʿAbdissalāms hat Imām Šihābuddīn al-Qarāfī (gest. 1285) das Werk seines Lehrers fortgeführt. Unter seinen Schriften ist „al-Forūq"[401] die bekannteste, die seit ihrem Erscheinen eine breite Rezeption erfuhr und bis heute als wichtige Inspiration wahrgenommen wird.[402] Seine Schriften hinsichtlich der maqāṣid stehen deutlich in der Tradition Ibn ʿAbdissalāms und weisen keine neuen Aspekte auf, auch wenn die Erläuterungen der Prinzipien in einigen Fällen präzisiert wurden. Daher sollte an dieser Stelle dieser kurze biographische Hinweis genügen.[403]

---

398 Vgl. Ibid.

399 Vgl. Ibn Aḥmad Ibn Masʿūd al-Yūbī: maqāṣid aš-šarīʿa al-islāmīya wa ʿalāqatuhā bi al-adilla aš-šarʿiya, S. 58.

400 Vgl. Ibid.

401 Šihābuddīn, al-Qarāfī: al-Furūq (1767 Seiten in vier Bänden). Erschien u. a. 1998 beim Verlag „Dār al-Kotub al-ʿIlmīya" in Beirut.

402 Vgl. Aḥmad, ar-Rīsūnī: Naẓarīyat al-maqāṣid ʿindal-imām aš-Šāṭibī. Casablanca 1990, S. 52.

403 Vgl. Ibid.

3.14 Ibn Taimīya

Die Schriften und Abhandlungen des Imām Taqīyuddīn Aḥmad Ibn Taimīya (gest. 1328)[404] im Bereich der Jurisprudenz tragen merklich einen maqāṣid-orientierten Duktus.[405] Er thematisierte die Weisheiten hinter den Normen der Scharia sowie die Zwecke und Interessen, denen die Bestimmungen dienen. In der islamischen Theologie ist er aufgrund seiner Produktivität, aber auch und vor allem wegen der qualitativen Tragweite seiner Schriften bis in heutige Diskurse präsent.[406]

Dass die Scharia einzig den Zweck habe, dem Wohlergehen der Menschen zu dienen und Schaden von ihnen abzuwenden, wurde er nicht müde in seinen Schriften zu betonen.[407] Diesem Ziel, dem Wohlergehen aller, seien alle andere Dinge unterzuordnen. Ebenso wie auf einen Nutzen zu verzichten sei, wenn dieser letztlich zu Schaden führe, so müssten auch kleine Nachteile in Kauf genommen werde, wenn dadurch ein großer Nutzen verwirklicht werden könne.[408] Dabei versucht Ibn Taimīya eine systematische Grundlage zu entwickeln, die diese Überlegungen und Grundsätze als Richtlinien und Prinzipien für eine teleologische Auslegung impliziert, welche die Rechtsnormen stets im Rahmen ihrer Zwecke interpretiert und anwendet.[409]

In einem konkreten Beispiel über die Hauptfunktionen und Zentralzwecke der verschiedenen Staatsorgane im Islam, insbesondere ḫilāfa (Exekutive), qada' (Judikative) und ḥisabah (Anlaufstelle für Beschwerden gegen Institutionen und juristische Personen – eine Art oberer Gerichtshof) zeigt Ibn Taimīya seine teleologische Grundhaltung,[410] indem er schreibt, dass die

---

404 Vgl. Šamsuddīn, Muḥammad Ibn Aḥmad Ibn ʿUṯmān aḏ-Ḏahabī: Tahḏīb sīyar aʿlām an-nubalāʾ. Band 3. Beirut 1991, S. 299 f.

405 Vgl. ʿAbdurraḥmān, al-Wakīlī: Falsafat at-Tašrīʿ al-islāmī. In: al-Iǧtihād, Heft 62/2003, S. 115–138.

406 Vgl. Ibid.

407 Vgl. Ibn Aḥmad Ibn Masʿūd al-Yūbī: maqāṣid aš-šarīʿa al-islāmīya wa ʿalāqatuhā bi al-adilla aš-šarʿiya, S. 61.

408 Vgl. Aḥmad, ar-Rīsūnī: Naẓarīyat al-maqāṣid ʿindal-imām aš-Šāṭibī. Casablanca 1990, S. 53.

409 Vgl. Al-Yūbī: maqāṣid aš-šarīʿa al-islāmīya wa ʿalāqatuhā bi al-adilla aš-šarʿiya, S. 62. Zur weiteren Vertiefung siehe Taqīyuddīn, Ibn Taimīya: Maǧmūʿ fatāwā Ibn Taīmīya. Band 20. Rabat 1986, S. 48 ff.

410 Vgl. Aḥmad, ar-Rīsūnī: Naẓarīyat al-maqāṣid ʿindal-imām aš-Šāṭibī, S. 53.

primäre Funktion staatlicher Instanzen im Islam darin bestehe, für Ordnung und Gerechtigkeit zu sorgen und somit den Zweck der Offenbarung zu erfüllen. Ibn Taimīya stützt sich dabei ebenfalls auf die Sure al-Ḥadīd[411], in der es heißt, dass das Ziel der Offenbarung sei, Gerechtigkeit herzustellen.[412]

Jede der vorgestellten Institutionen habe originäre Aufgaben und Ziele aus denen sich unterschiedliche Aufträge ergäben. Ibn Taimīya weist nachdrücklich darauf hin, dass diejenigen Ämter im Staatswesen übernehmen sollten, die für die jeweiligen spezifischen Aufgaben am besten qualifiziert seien.[413]

Er betont damit eine scheinbare Selbstverständlichkeit. Hintergrund seiner Ausführungen ist aber die Praxis, dass Herrscher, die nicht mehr das Wohl aller im Auge haben und deren Interessen nicht mit dem Gesetz übereinstimmen, auch Staatsämter nicht mehr mit denjenigen zu besetzen pflegen, die die beste Eignung vorzuweisen haben, sondern mit Günstlingen, die im Zweifelsfall helfen können, die eigene Macht zu stärken oder zu erhalten.[414]

Zudem vertritt Ibn Taimīya zur Frage der Begrenzung der maqāṣid der Scharia eine progressive Haltung. Er wendet sich gegen das Postulat vieler uṣūl-Gelehrter, nach dem die Zwecke des islamischen Rechts in fünf begrenzt seien und vertritt die Ansicht, dass darin nicht alle wesentlichen Zwecke der Scharia erfasst seien.[415] In diesem Zusammenhang erklärt er, dass „die uṣūl-Gelehrten, die Interessen in zwei Kategorien einteilen: die erste Kategorie besteht aus den Tugenden und Weisheiten, die zur Selbstbeherrschung und zur Verfeinerung der Moral und der allgemeinen Ethik beitragen. Indessen impliziert die zweite Kategorie die weltlichen Interessen, also alles, was zum Schutz des menschlichen Lebens, der Besitztümer, der Würde, der Vernunft und der äußeren religiösen Praktiken führt."[416] Ibn Taimīya moniert, dass diese Einteilung zwar die Religiosität als äußere Praxis den maqāṣid zugefügt habe, die innere religiöse Erfahrung jedoch nicht erwähne. Hierzu zählt

---

411 „Wahrlich, Wir schickten Unsere Gesandten mit klaren Beweisen und sandten mit ihnen das Buch und die Waagewerte herab, auf dass die Menschen Gerechtigkeit üben mögen." Sure al-Ḥadīd (57), Vers 25.

412 Vgl. Ar-Rīsūnī: Naẓarīyat al-maqāṣid ʿindal-imām aš-Šāṭibī, S. 53; siehe hierzu auch Taqīyuddīn, Ibn Taimīya: Maǧmūʿ fatāwā Ibn Taīmīya. Band 28, S. 236.

413 Vgl. Aḥmad, ar-Rīsūnī: Naẓarīyat al-maqāṣid ʿindal-imām aš-Šāṭibī, S. 53–54.

414 Vgl. Ibid., S. 54.

415 Vgl. Yūsuf, Aḥmad Muḥammad al-Badawī: maqāṣid aš-šarīʿaʿinda Ibn Taīmīya. Riad 2009, S. 251.

416 Taqīyuddīn, Ibn Taimīya: Maǧmūʿ fatāwā Ibn Taīmīya. Band 32, S. 233f; vgl. auch al-Badawī: maqāṣid aš-šarīʿaʿinda Ibn Taīmīya. Riad 2009, S. 252.

für ihn besonders der affektive und spirituelle Bereich, so nennt er neben der Gotteserkenntnis auch die der Offenbarung der Engel, der Gesandten und auch Gefühle wie Gottes Liebe, Aufrichtigkeit, Ehrfurcht, Gottesverehrung und Hoffnung auf Gottes Segen und Verheißung. Ebenso hebt er offenbarte Werte wie Treue, Einhaltung der Verpflichtungen, Aufrechterhaltung der familiären und verwandtschaftlichen Bande, Achtung der Nachbarschaft und der Rechte der Bediensteten und Herstellung der Gerechtigkeit hervor.[417] All diese Angelegenheiten bezeichnet er als rechtlich legitime Interessen, die allerdings außer Berücksichtigung bleiben, wenn die maqāṣid der Scharia auf die fünf bekannten Zentralzwecke beschränkt würden.[418]

Dieser Ansatz wirft zahlreiche Fragen auf, die eine ausführliche Diskussion verlangen, was allerdings den Rahmen dieses Kapitels, in dem die Ansichten der verschiedenen Gelehrten in ihrem historischen Verlauf vorgestellt werden sollten, sprengen würde. Klar ist aber hier, dass Ibn Taimīya (gest. 1328) mit diesem Vorstoß die Möglichkeit, ja die Notwendigkeit unterstreicht, die weit verbreitete Idee der Beschränkung der maqāṣid neu zu überdenken. Dies ist eine schwierige Problematik, die in einem breiteren fachlichen Rahmen im folgenden Kapitel noch einmal aufgenommen werden wird.

3.15 Abū Isḥāq aš-Šāṭibī

Ibrāhīm Ibn Mūsā Ibn Muḥammad Abū Isḥāq aš-Šāṭibī, aus Granada (Andalusien) stammend und 1388 verstorben,[419] ist einer der bedeutendsten malikitischen Gelehrten überhaupt und der erste, der der maqāṣid ein ganzes Werk (vier Bände) gewidmet hat und sie von einem Randthema der uṣūl al-fiqh zu einer reifen Auslegungstheorie der Texte und Normen systematisiert hat. Sein vierbändiges Buch al-Muwāfaqāt fi uṣūl aš-šarī'a (die kohärenten Prinzipien in den Grundwissenschaften der Scharia) stellt historisch den ersten wissenschaftlichen Vorstoß auf dem Weg der Etablierung

417 Yūsuf, Aḥmad Muḥammad al-Badawī: maqāṣid aš-šarī'a'inda Ibn Taīmīya, S. 251–252.

418 Ibid., S. 252.

419 Šamsuddīn, Muḥammad Ibn Aḥmad Ibn 'Uṯmān aḏ-Ḏahabī: Tahḏīb sīyar a'lām an-nubalā'. Band 2. Beirut 1991, S. 557.

der maqāṣid als eigenständige Wissenschaftsdisziplin dar.[420] Zwar hatten schon viele Gelehrte die Kategorien der Pflichtenlehre beschrieben, auch die dazu nötigen Wissenschaften und Auslegungstechniken, wie die in diesem Abschnitt vorgestellte Kette der maqāṣid-Gelehrten zeigt, doch aš-Šāṭibī gelang eine einzigartige Systematisierung der Thematik, bei der er Anwendungen beschrieb, Hintergründe ausleuchtete und die Beweggründe verdeutlichte und somit „schaffte er es in einzigartiger Weise, diese Regeln fast schon formelhaft darzustellen."[421]

Aš-Šāṭibī unterscheidet sich zwar nicht in der Fachterminologie von seinen Vorgängern al-Ǧuwaīnī (gest. 1085) und al-Ġazālī (gest. 1111), es ist ihm jedoch mit seinem Werk al-Muwāfaqāt gelungen, die Thematik der maqāṣid in mindestens drei Punkten zu revolutionieren:[422]

1. In seinem Buch al-Muwāfaqāt hat aš-Šāṭibī in nie zuvor geschilderter Klarheit gezeigt, dass alle Erkenntnisse aus dem islamischen Kanon (Naql: Koran und Ḥadīṯe), des Verstandes ('Aql: dazu zählt etwa der Analogieschluss/Qiyās) sowie der Induktion (istiqrā') dafür sprechen, dass Gott Ziele und Zwecke sowohl in der Schöpfung als auch in der Offenbarung intendiert, die den Normen und Bestimmungen Sinn und Weisheit verleihen. Daher hat aš-Šāṭibī diese Intentionen und Zwecke, die quasi die ratio legis der islamischen Rechtsordnung bilden, in einer systematischen Annäherung zu den Hauptrichtlinien und fundamentalen Grundlagen der Methodologie der Rechtslehre entwickelt.[423]
2. In der Belegung und Herleitung der islamischen Pflichtenlehre hat aš-Šāṭibī einen Paradigmenwechsel vollzogen und eine grundlegend neue Herangehensweise etabliert. Ausschlaggebend für die Ableitung der Islamischen Rechtsnormen seien nicht die spezifischen partiellen Texte aus dem Koran und der Sunna, sondern die maqāṣid, die als Fundamente und universale Prinzipien der islamischen Rechtslehre den Auslegungsrahmen der Normen und Texte darstellen.[424]

420 Vgl. Aḥmad, ar-Rīsūnī: Naẓarīyat al-maqāṣid 'indal-imām aš-Šāṭibī, S. 123.

421 Vgl. 'Abdurraḥmān, Reidegeld: Standardwerke des Islam. „*al-Muwāfaqāt*" von aš-Šāṭibī. In der Islamischen Zeitung vom 11.07. 2007.

422 Vgl. Jasser, Auda: Maqasid Al-Schariah as Philosophy of Islamic Law – A Systems Approach. London 2008, S. 20 f.

423 Vgl. Ibid., S. 21.

424 Vgl. Ibid.

3. Der Rückgriff aš-Šāṭibīs auf istiqrā' (systematische Induktion) als Methode der Erkenntnis stellt in seiner Form und Intensität ein Novum in der Geschichte der islamischen Rechtslehre dar.[425] Während die meisten muslimischen Rechtsgelehrten in der Nachfolge von Aristoteles blieben, wie z. B. al-Ġazālī, der in seinem Qistas einige Argumente des Koran in Form aristotelischer Figuren präsentierte,[426] zeigte aš-Šāṭibī in seinem Werk al-Muwāfaqāt, dass istiqrā', dessen Aussagen sich aus vielen kohärenten Beobachtungen aus dem gesamten Text ergeben, die stärkste Form eines verlässlichen Arguments darstellt.[427]

Angesichts dieser nachhaltigen Beiträge sind sich die muslimischen Theologen einig, dass die Theorie der maqāṣid ihren wichtigsten Entwicklungsschritt und ihre Vollendung erst im aš-Šāṭibīs Werk al-Muwāfaqāt erreichte, das in Fachkreisen zum Standardwerk der Maqaisd erklärt wurde.[428]

Die Bedeutung von Abū-Isḥāq aš-Šāṭibī geht auch darauf zurück, dass seine Werke, Insbesondere al-Muwāfaqāt und „al-I'tiṣām"[429], eine neue maqāṣid-Epoche in der modernen Zeit eingeleitet haben.[430] Seitdem Muḥammad 'Abduh (gest. 1905)[431] Anfang des zwanzigsten Jahrhunderts, im Rahmen der Betonung der Wichtigkeit der maqāṣid als Denkparadigma für die Entwicklung der islamischen Jurisprudenz, seine Studenten auf die Werke aš-Šāṭibīs hinwies,[432] erlebt die Theorie der maqāṣid eine Renaissance. Um das islamische theologische Denken wiederzubeleben, fanden

425 Vgl. Ibid.

426 Vgl. Mohammad, Iqbal: Die Wiederbelebung des religiösen Denkens im Islam. Übers. von Axel Monte und Thomas Stemmer. Berlin 2006, S. 157.

427 Vgl. Jasser, Auda: Maqasid Al-Schariah as Philosophy of Islamic Law – A Systems Approach. London 2008, S. 21.

428 Vgl. Aḥmad, ar-Rīsūnī: Naẓarīyat al-maqāṣid 'indal-imām aš-Šāṭibī, S. 324 f.

429 Abū-Isḥāq, aš-Šāṭibī: al-I'tiṣām (896 Seiten in 2 Bändern). Hrsg. vom Verlag „Dār'-Uṯmān Ibn 'Affān" in Riad.

430 Subḥī, Raǧab Maḥmaṣānī: Muqaddima fī Iḥyā' 'ulūm aš-šarī'a. Kairo 1962, S. 2 f.

431 Vgl. Ḫaīruddīn, Azzirkilī: al-A'lām- Qāmūs tarāǧim li'ašhari ar-riǧāl wan-nisā' min al-'arabi wal-musta'rabīna wal-mustašriqīn. Band 6. Beirut 1980, S. 252 f.

432 Vgl. Ḥammādī, al-'Abidī: aš-Šāṭibī wa maqāṣid aš-šarī'a. Damaskus 1992, S. 50 f.

die Werke aš-Šāṭibīs mehr und mehr Aufmerksamkeit und die Gelehrten fokussierten ihren Blick auf die Theorie der maqāṣid.[433]

Nach der Ära aš-Šāṭibīs konnte sich die Wissenschaftsdisziplin der Theorie der maqāṣid vor allem im maghrebinischen Raum entfalten.[434] Im Maghreb[435] hat die Theorie der maqāṣid Gestalt bekommen und ihre Vollendung erreicht und im Maghreb hat sie einen neuen Lauf bekommen. Die ersten wichtigen Beiträge, welche die neue maqāṣid-Epoche eingeleitet haben, waren zwei Werke aufgeklärter maghrebinischer Gelehrter: „Maqāṣid aš-šarī'a al-islāmīya" des tunesischen Gelehrten und Exegeten Muḥammad Ṭāhir Ibn 'Āšūr (gest. 1973) und „Maqāṣid aš-šarī'a al-islāmīya wa-makārimuhā"[436] des marokkanischen Gelehrten 'Allal al-Fāsī (gest. 1974). Die beiden Werke stellten den Wegbereiter der modernen Anstrengungen für eine Revitalisierung und Erneuerung der islamischen Theologie dar und sind somit omnipräsent als Bezugspunkt und intellektuelle Grundlage in zahlreichen Arbeiten und Studien, die im Zusammenhang mit der maqāṣid publiziert wurden.[437]

Durch die erstklassige Kodifizierungsarbeit und eindeutige Definitionen, gepaart durch erklärende Beispiele und präzise Anwendungen, insbesondere in diesen beiden Schriften, konnten Ibn 'Āšūr und al-Fāsī die Theorie der maqāṣid aus ihrer historischen Nische herausführen und erneut die Aufmerksamkeit der Gelehrten auf sie lenken.[438] Angeregt durch wissenschaftliche

---

433 Vgl. Aḥmad, ar-Rīsūnī: al-Fikr al-maqāṣidī qawā'iduhu wa-fawā'iduhu. Beirut 2003, S. 8.

434 Vgl. Ḥammādī, al-'Abidī: aš-Šāṭibī wa maqāṣid aš-šarī'a. S. 19.

435 Unter Maghreb oder Maghrib versteht man den Westen der islamischen Welt. Historisch wurde der geopolitische Begriff „Maghreb" auf Marokko, Tunesien, Algerien, Libyen und Mauretanien sowie auch auf Andalusien bezogen, die aufgrund ihrer Geographie und Geschichte viele Gemeinsamkeiten aufweisen. Die nordafrikanischen Staaten schlossen sich 1989 mit der Absicht wirtschaftlicher und kultureller Zusammenarbeit zur Maghreb-Union zusammen. (Vgl. Ralf, Elger: Kleines Islam-Lexikon – Geschichte, Alltag und Kultur. München 2001, S. 65. Vgl. hierzu auch: Maghreb. URL: http://www.bpb.de/popup/popuplemmata.html?guid= SETVI6; und http://www.spiegel.de/lexikon/ 54352 284. html. Stand 11.12.2010.)

436 Auf diese beiden Werke von *Ibn 'Āšūr* und *al-Fāsī* wurde an zahlreichen Stellen in dieser Arbeit verwiesen. Sie sind zudem in der Einleitung vorgestellt und ausführlich diskutiert.

437 Vgl. Muḥammad, Dasūqi: Nadra naqdiya fi ad-dirasat al-uṣūliya al-mu'āṣira. Beirut 2004, S. 39.

438 Vgl. Ibid., S. 43 f.

Neugierde wurden Debatten geführt und es erschienen zahlreiche Schriften, die das maqāṣid-Paradigma als holistischen Ansatz hervorheben, wenn es darum geht, das islamische Denken wiederzubeleben sowie die Rationalität und innere Kohärenz des islamischen Rechtskorpus zu fördern.[439]

Als Ergebnis dieser Entwicklung lässt sich nun konstatieren, dass die Idee der maqāṣid, die zeitweise nur eine Fußnote in der islamischen Geistesgeschichte war, heute in der Mitte der islamischen Theologie angekommen ist. Die Theorie der maqāṣid hat sich seit den achtziger Jahren des zwanzigsten Jahrhunderts sukzessiv zu einem Topos des islamischen rechtsmethodologischen Diskurses und zu einer Denkschule entwickelt, die „fortan für sich in Anspruch nehmen konnte, über eine eigene Rechtsphilosophie, rechtmäßige Interpretationsmodalitäten und einen eigenen Standpunkt bezüglich des praktischen Umgangs mit rechtlichen Fragen zu verfügen."[440]

---

439 Vgl. Ibid.

440 Tarik, Ramadan: Radikale Reform – die Botschaft des Islam für die moderne Gesellschaft. München 2009. S. 90.

4 Pro und Contra *maqāṣid* in den verschiedenen Rechtsschulen

Der Dissens unter den muslimischen Gelehrten um maqāṣid hat historisch gesehen tiefreichende Wurzeln und ist bis auf die Lebenszeit des Propheten selbst zurückzuführen. So weisen die Bücher, die sich mit der maqāṣid der Scharia beschäftigen nahezu allesamt, zwecks Legitimierung, auf einen authentischen Ḥadīṯ hin, in dem der Prophet eine Gruppe seiner Gefährten zu den banī Quraiẓa, einem der drei jüdischen Stämme in Medina, schickte und ihnen befahl, das Nachmittagsgebet ('Asr) dann zu verrichten, wenn sie ihr Ziel erreichten.[441] Die Zeitspanne für das Nachmittagsgebet war aber fast abgelaufen, bevor die Gruppe die banī Quraiẓa erreichte. Aufgrund dessen sah sich die Gruppe in einer Konfliktsituation und wusste nicht zwischen der zeitgebundenen Gebetspflicht und dem Wort des Propheten zu entscheiden, so dass unter ihnen ein Disput entstand, der die Gruppe entzweite.[442] Während die einen erst nach der Ankunft in banī Quraiẓa beteten, verrichteten die anderen ihr Gebet auf dem Weg dorthin, um das Gebot innerhalb der vorgegebenen Zeit zu erfüllen. Sie begründeten ihre Entscheidung damit, dass der Prophet lediglich die „Aufforderung zur Eile" ausdrücken wollte.[443]

Als die Gefährten dem Propheten später die Geschichte berichteten, bestätigte er beide Haltungen.[444] Nach Meinung der späteren Rechtsgelehrten ist daraus die Zuverlässigkeit beider Ansichten abzuleiten.[445] Lediglich Ibn Ḥazm (gest. 1064)[446], Vordenker der Literalisten, vertritt eine konträre

441 Vgl. Al-Buḫārī, Bāb aṣ-ṣalāt 'inda munāhaḍat al-ḥuṣūn (Ḥadīṯ-Nr.: 904).

442 Vgl. Ibid.

443 Vgl. al-Buḫārī, Bāb aṣ-ṣalāt 'inda munāhaḍat al-ḥuṣūn (Ḥadīṯ-Nr.: 904).

444 Vgl. Ibid.; vgl. hierzu auch Ǧāsir, al-'Auda: Fiqh al-Maqāṣid – 'inaṭat al-Aḥkām aš-šar'iya bi maqāṣidihā. Virginia 2006, S. 5 f.

445 Vgl. 'Abdullāh, Ibn Bayya: Amālī ad-dalālāt wa maǧālī al-iḫtilāfāt. Jeddah 1998, S. 127.

446 Vgl. The Oxford Encyclopedia of the Modern Islamic World. Band 2. Oxford 1995, S. 462; vgl. hierzu auch Šamsuddīn, Muḥammad Ibn Aḥmad Ibn 'Uṯmān aḏ-Ḏahabī: Tahḏīb sīyar a'lām an-nubalā'. Band 2. Beirut 1991, S. 372 f.

Ansicht und sagt, dass er anders gehandelt hätte, um den Befehl des Propheten seinem Wortlaut nach zu erfüllen, „auch wenn wir erst nach Mitternacht angekommen wären."[447]

Vergleicht man beide Haltungen, ist eindeutig festzustellen, dass die erste Gruppe sich an dem Wortlaut des Textes orientierte, wohingegen die zweite Gruppe aus der Prämisse heraus handelte, dass Sprache im Allgemeinen eine kommunikative Funktion hat und somit Absichts- und Informationsüberträger ist. Vor diesem Hintergrund versuchte sie zu ermitteln, welche Intention sich hinter dem Wortlaut des Textes verbirgt. Die Mitglieder dieser Gruppe setzten also ihre Ratio ein und versuchten vermittels dieser den Text intentional zu deuten.[448]

Es gibt weitere Ereignisse in der Frühgeschichte des Islam, aber besonders während der Tage des Kalifen ʿUmar Ibn al-Ḫattāb[449], die diese zweckorientierte Annäherung bei der Auslegung der prophetischen Anweisungen und des koranischen Textes plastisch darstellen:[450]

Vorfall 1: Im Kalifat von ʿUmar Ibn al-Ḫattāb entstand zwischen den Gefährten Dissens darüber, wie die riesigen Ackerfelder des neu eroberten Landes (Irak) zu verteilen seien. Einige Gefährte, allen voran Bilāl und Az-Zubair Ibn Al-ʻAwam,[451] waren der Meinung, dass ein guter Teil davon als „Kriegsbeute"[452] unter

---

447 Abū Muḥammad, Ibn Ḥazm: al-Iḥkām fī uṣūl al-aḥkām. Band 3. Beirut 1983, S. 291.

448 Vgl. Ǧāsir, al-ʻAuda: Fiqh al-Maqāṣid – ʾinaṭat al-Aḥkām aš-šarʿiya bi maqāṣidihā. Virginia 2006, S. 7.

449 Die Entscheidungen und Rechtsprechungen von *ʿUmar* sind in diesem Kontext von Relevanz, aufgrund seines Status im Islam als Gefährte des Propheten und als zweiter Kalif der Muslime sowie seiner kontinuierlichen und breit angelegten Konsultation und Beratung mit einer Vielzahl von Experten unter den Gefährten. Diese Besonderheit machte ihn zu einer wichtigen Instanz in der islamischen Theologie, so dass seinen Ansichten und Entscheidungen nachhaltige kasuistische Bedeutung beigemessen wurde (Vgl. ʿAbdulʿazīz, Saiyid: Aʿlāmu l-muslimīn. Beirut 2000, S. 137).

450 Vgl. Abūbakr, Ibn al-ʻArabī: Aḥkām al-Qurʾān. Band 4. Beirut 2003, S. 221; vgl. hierzu auch Rāʾid, Naṣrī Ǧamīl: Manhaǧ at-taʿlīl bil-ḥikma wa aṯaruhu fī at-tašrīʿ al-islāmī. Virginia 2007, S. 437 ff.

451 Ibid.

452 „Kriegsbeute" war zu jener Zeit unter allen Völkern eine legitimierte Praxis in Kriegszeiten. Trotz dieses breit anerkannten Status, versuchte der Islam dieser Tradition durch verschiedene Einschränkung entgegenzuwirken. In diesem Kontext ist beispielsweise der Vers 59/7 zu verstehen.

denjenigen, die aktiv an der Kriegsanstrengung teilgenommen hatten, verteilt werden müsse. Dabei bezogen sie sich auf die Tradition des Propheten und auf den Vers 41 der Sure al-Anfāl (8), in dem es heißt: „Und wisst, dass, welche Beute auch immer ihr (im Krieg) erwerbt, ein Fünftel davon gehört Gott und dem Gesandten[453] und den nahen Verwandten und den Waisen und den Bedürftigen und dem Reisenden. Dies müsst ihr beachten, wenn ihr an Gott glaubt." ʿUmar Ibn al-Ḫaṭṭāb, unterstützt von ʿAlī Ibn Abīṭālib und Muʿāḏ Ibn Ğabal, weigerte sich, ganze Städte und Provinzen zwischen einzelnen muslimischen Kriegern aufzuteilen.[454] Er sah darin eine Verletzung der sozialen und der Generationengerechtigkeit sowie eine Abweichung von der universalen Maxime, die das allgemein gültige und wirkende Prinzip der Gleichheit und Gerechtigkeit durch die Aufforderung zur Aufteilung nach dem Bedürftigkeitsprinzip und nicht nur nach dem Proportionalitätsprinzip (Leistung) formuliert.[455] Seine Argumentation stützte er auf den Vers: „Was Allah Seinem Gesandten von den Bewohnern der Städte als kampflose Beute zugeteilt hat, das gehört Allah, Seinem Gesandten und den Verwandten (von verstorbenen Gläubigen), den Waisen, den Armen und dem Reisenden. Dies, damit es nicht nur im Kreis der Reichen von euch bleibt".[456] ʿUmar und seine Unterstützer sahen hierin den islamischen Grundsatz, den Frieden innerhalb

453 Nach Vers 1 der Sure al-Anfāl »gehört alle Kriegsbeute Gott und dem Gesandten«, d. h. sie ist von den Autoritäten eines islamischen Staates im Interesse des Gemeinwohls zu verwalten. Die meisten großen islamischen Rechtsgelehrten sind der Ansicht, dass, während vier Fünftel aller Kriegsbeute entweder unter denjenigen, die aktiv an der Kriegsanstrengung teilgenommen haben, verteilt oder anderweitig für das Wohlergehen der Gemeinschaft verwendet werden können, ein Fünftel für die besonderen Zwecke reserviert werden muss, die im obigen Vers aufgezählt sind, einen Anteil »für Gott und den Gesandten« inbegriffen (was offensichtlich eine Metonymie für eine Regierung darstellt); dieser letztere Anteil ist für die Erfordernisse der Staatsverwaltung zu verwenden (Vgl. Botschaft des Koran, S. 320f).

454 Vgl. Abūbakr, Ibn al-ʿArabī: Aḥkām al-Qurʾān. Band 4. Beirut 2003, S. 221.

455 Ibid., S.225.

456 Sure al- Ḥašr (59), Vers 7.

der Gesellschaft durch Herstellung wirtschaftlicher und sozialer Gerechtigkeit zu fördern, verwirklicht.[457]

Vorfall 2: Ein weiteres anschauliches Beispiel ist ʿUmars Anordnung eines Moratoriums für die islamische Strafe des Diebstahls während der Hungersnot von Medina.[458] Er dachte, dass die Ausführung der rechtlich verhängten Strafe, während die Menschen in Not und Hunger leiden, kontraproduktiv und gegen die „Ratio Legis" sei, die den Grund und die Ursache dieser Sanktion darstellt.[459]

Vorfall 3: In diesem Kontext ist auch die Entscheidung ʿUmars zu sehen, entgegen der Tradition des Propheten, Pferde zum Reichtum eines Mannes hinzuzuzählen, was Konsequenzen für die Berechnung der zakāt (Almosen) hatte. Der Kalif begründet jedoch seine Entscheidung damit, dass der Wert der Pferde zu seiner Zeit den der Kamele überstieg, deren Besitz (ab einer bestimmten Anzahl) zur Entrichtung der Zahlungen für Wohltätigkeiten verpflichtete.[460] ʿUmar interpretierte das Gebot der zakāt als Solidaritätsprinzip innerhalb der muslimischen Gesellschaft. Die Kategorisierung des Vermögens, wie der Prophet sie vorgenommen hatte, versteht er exemplarisch.[461]

So zeigen all diese Beispiele aus der frühislamischen Zeit nicht nur, dass Meinungsvielfalt existierte und legitim war und beweisen damit auch den weltlichen Charakter der Erkenntnisfindung und Rechtsprechung in der islamischen Lehre, sondern auch dass der Zweckrationalismus (arab. tafkīr al-maqāṣidi) ein klassisches Denkparadigma in der islamischen Geistesgeschichte ist, das aber in Zeiten der wissenschaftlichen Dekadenz in der islamischen Welt an Gewicht verlor zugunsten der Nachahmung, bloßen Tra-

---

457 Vgl. Ǧāsir, al-ʿAuda: Fiqh al-Maqāṣid – ʾinaṭat al-Aḥkām aš-šarʿiya bi maqāṣidihā. Virginia 2006, S. 37 ff.

458 Vgl. Muḥammad, Ruwās: Mawsūʿat fiqh ʿUmar Ibn al-Ḫattāb. Kuwait 1996, S. 382.

459 Vgl. Ibid.

460 Vgl. Abūbakr, Aḥmad Ibn ʿAli ar-Rāzi al-Ǧaṣṣāṣ: Aḥkām al-Qurʾān. Band 4. Beirut 1984, S. 363; vgl. hierzu auch Yūsuf, al-Qaraḍāwī: Fiqh az-Zakat. Band 1. Kairo 1998, S. 373.

461 Vgl. Ǧāsir, al-ʿAuda: Fiqh al-Maqāṣid – ʾinaṭat al-Aḥkām aš-šarʿiya bi maqāṣidihā. Virginia 2006, S. 41–42.

dierung und des Textualismus. Darüber hinaus zeigen diese Ereignisse noch eine wichtige Erkenntnis, dass nämlich die Kontroverse in der islamischen Ideengeschichte größtenteils darin begründet war, ob die Quellentexte wortwörtlich (literalistisch) oder zweckorientiert und teleologisch auszulegen seien, also ein Dissens um und über die Legitimität des maqāṣid-Ansatzes.

Dabei wird im Folgenden zu zeigen sein, dass sich der maqāṣid-Diskurs im Wesentlichen auf die Frage zurückzuführen ist, ob und inwieweit der Islam mit der Vernunft vereinbar ist. Er stellt also ein Manifest der Kontroverse über die Relevanz der Ratio dar.[462]

4.1 Einstellung verschiedener Denkschulen zur Theorie der maqāṣid: Systematisierung und Typenbildung

Der kontroverse, offen dialektische Kontext war ein idealer Biotop für die Entstehung von Vielfalt und Pluralismus in der islamischen Geistesgeschichte. So bildeten sich verschiedene „maḏāhib" (Rechtsschulen) und Strömungen heraus, die die Frage betrafen, ob die Rechtsprechungen und Erkenntnisprozesse zweckrational ausgerichtet seien, oder ob die konsequente Buchstäblichkeit die einzige Methode ist, die eine akkurate Auslegung garantiere.[463] Dementsprechend können in diesem Zusammenhang insgesamt drei Denkschulen charakterisiert werden:

462 Ein Konflikt, der in allen Gesellschaften und Kulturen ausgetragen wurde, wenn auch auf unterschiedliche Art und Weise. Darin zeigt sich aus islamischer Sicht der gemeinsame Ursprung aller Menschen, die überall die gleichen Nöte und Sehnsüchte, Hoffnungen und Ängste, Fragen und Antworten kennen. Vor diesem Hintergrund beharrt die islamische Lehre auf der Gleichheit und Einheit der Menschheit und wendet sich gegen jegliche biologistischen Dogmen, die den Rassenunterschied zwischen Menschen hervorheben: „O Menschen! Siehe, Wir haben euch alle aus einem Männlichen und einem Weiblichen erschaffen, und haben euch zu Völkern und Stämmen gemacht, auf dass ihr einander kennenlernen möget. Wahrlich, der Edelste von euch in der Sicht Gottes ist der, der sich Seiner am tiefsten bewusst ist. Siehe, Gott ist allwissend und allkundig." Sure al- Ḥuǧurāt (49), Vers 13.

463 Vgl. Yūsuf, al-Qaraḍāwī: Dirāsa fī fiqh maqāṣid aš-šarī'a. Kairo 2006, S. 39.

4.1.1 *Al- madhab aẓ-Ẓāhirī* (literalistische Schule)

Aẓ-Ẓāhirīya oder al-madhab aẓ-Ẓāhirī ist eine islamische Rechtsschule, die auf den Gelehrten Daoud Ibn Khalaf zurückgeht, der im neunten Jahrhundert n. Chr. im Irak lebte.[464] Der Name dieser Rechtsschule leitet sich vom arabischen Begriff „ẓāhir" ab, was „sichtbar" bzw. „offenkundig" oder „Äußeres" im Gegensatz zu „bāṭin" (Inneres) bedeutet.[465] Der berühmteste Vertreter und Vordenker dieser Schule ist zweifelsohne der Andalusier Imām Ibn Ḥazm (gest. 1064), der das Gedankengut dieser Schule verbreitet und zu einem festen Rechtsystem entwickelt hat.[466] Er beharrte auf einer literalistischen Lektüre des Quellentextes und lehnte das Prinzip der Begründbarkeit der islamischen Normen ab, und damit automatisch den maqāṣid-Ansatz, der sich auf der Begründung der Rechtbestimmungen durch ihre Zwecke beruht.[467] Inzwischen gilt aẓ-Ẓāhirīya als nicht mehr praktizierte Rechtsschule in der islamischen Jurisprudenz, jedoch ist sie als Theologierichtung und Auslegungsmethode besonderes im Wahabismus[468] aufgegangen.[469] Aufgrund des aktuellen Ausbaus des wahabitischen Einflusses, besonders in Europa, kommt der Auseinandersetzung mit diesem Denkansatz sowohl im theologischen Diskurs als auch im gesellschaftspolitischen Bereich eine immense Bedeutung zu.[470]

Alle Aspekte des literalistischen Ansatzes hier zu diskutieren würde jedoch den Rahmen dieser Arbeit sprengen. Daher liegt das Hauptaugenmerk auf dessen Kern, nämlich der Frage der Begründbarkeit des islami-

464 Vgl. Aḥmad, ar-Rīsūnī: Naẓarīyat al-maqāṣid ʿindal-imām aš-Šāṭibī, S. 216.

465 Vgl. Muḥammad, Amin Zaidūn: Qira'a fi Kitab Naḍarīyat al-maqāṣid ʿindal-imām aš-Šāṭibī Li Aḥmad ar-Rīsūnī. In Al-Furqan Heft 78/ 2004.

466 Vgl. Yūsuf, al-Qaraḍāwī: Dirāsa fī fiqh maqāṣid aš-šarīʿa. Kairo 2006, S. 48.

467 Ibid., S. 217 ff.

468 Wahabismus ist eine auf die Schriften *Muḥammad Ibn ʿAbdūlwahhābs* basierende Lehre. *Ibn ʿAbdūlwahhāb* (1703 – 1792) strebte die Reinigung der damals, seiner Ansicht nach, verderbten muslimischen Praktiken und Glaubensinhalte durch die Vorrangstellung der wortgetreuen Umsetzung der islamischen Quellen vor der Frage nach dem zugrundeliegenden Zweck (*Maqṣid*) der Rechtssätze an (vgl. The Oxford Encyclopedia of the Modern Islamic World. Band 2. Oxford 1995, S. 159–160).

469 Vgl. Yūsuf, al-Qaraḍāwī: Dirāsa fī fiqh maqāṣid aš-šarīʿa. S. 45.

470 Vgl. Mostafa, Danesch: Der Krieg gegen den Westen. Hamburg 2004, S. 43.

schen Rechts, womit auch das Grundprinzip des maqāṣid-Theorems berührt wird.

4.1.2 *Al-maḏhab al-maqāṣidi* (Teleologische Schule)

Die teleologische Schule wird von den Gelehrten verkörpert, die sich prinzipiell zum maqāṣid-Ansatz bekennen, die also die Auffassung teilen, dass die islamischen Normen und Rechtsbestimmungen so angelegt sein müssen, dass sie Ziele verfolgen und Zwecke intendieren, die als normative Orientierungspunkte bei der Auslegung der Quellen fungieren.[471]

Trotz dieses prinzipiellen Bekenntnisses zum maqāṣid-Ansatz, weisen diese Gelehrten unter sich in drei strukturellen Merkmalen fundamentale Meinungsunterschiede auf, die in sich qualifiziert sind, um mindestens zwei Strömungen oder gar Schulen innerhalb der maqāṣid-Gelehrten zu charakterisieren.[472] Die fundamentalen Differenzen der maqāṣid-Theoretiker betreffen dabei drei strukturelle Fragen:

- Ist die gesamte Scharia einschließlich ihrer gottesdienstlichen Bestimmungen begründbar, oder sind es nur die sozialen Normen?
- Können die menschliche Vernunft und Erfahrung die maqāṣid ohne göttliche Anleitung identifizieren? Eine Frage, die in Wirklichkeit die theologische Metafrage, ob die Vernunft ohne göttliche Leitung das „Gute“ und das „Übel“ erkennen kann, wiederspiegelt.
- Sind die maqāṣid, also die Zentralzwecke des islamischen Rechts, in den fünf bekannten Notwendigkeiten (aḍ-ḍarūrāt al-ḫams) eingeschränkt oder prinzipiell offen?

Aus dem Diskurs um diese Fragen, lassen sich zwei Hauptströmungen unter den Gelehrten identifizieren:

---

471 Vgl. Yūsuf, al-Qaraḍāwī: Dirāsa fī fiqh maqāṣid aš-šarīʿa. Kairo 2006, S. 147.

472 Vgl. Amīn, Dawūd Ḥasan: al-Maqāṣid wa ʿAqlanat at-Tafkīr ad-dīnī. In: al-Furqān, Heft 75/ 2003, S. 57- 81.

4.1.2.1 Progressive *maqāṣid*-Gelehrte

Als progressiv werden solche Gelehrten bezeichnet, die davon ausgehen, dass alle islamischen Normen begründbar sind.[473] Da sich Gott ihrer Meinung nach im Koran in mehreren Versen als allwissend und allweise beschreibe, müssten logischerweise seine Normen und Bestimmungen in sich Weisheiten und Sinne tragen, also zweckorientiert sein.[474] Es seien lediglich einige Sinne und Zwecke (maqāṣid) leichter erkennbar, weil zum Beispiel die Quellen diese explizit ausdrückten, und andere hingegen nur implizit oder gar nicht erwähnt würden.[475] Um diese verborgenen Zwecke zu definieren, setzen die progressiven maqāṣid-Gelehrten auf die Fähigkeit des Verstandes und die Kraft der menschlichen Vernunft. Schließlich könnten das Gute und das Schlechte in jedem Ding und jeder Handlung, die essentiell gut oder schlecht seien, qua Ratio erkannt werden.[476] Denn welcher Verstand erkenne z. B. nicht, dass Werte wie Gerechtigkeit, Ehrlichkeit, Freiheit, Hilfsbereitschaft, Solidarität usw. auch ohne Attribuierung einer Religion gut, und Handlungen wie Lügen, Täuschen, Betrügen, Stehlen, Töten usw. schlecht seien?[477] Die Gelehrten dieser Schule teilen dementsprechend auch die Auffassung, dass die Zwecke des islamischen Rechts nicht beschränkt seien, denn was der menschlichen Ratio zugrunde liege, müsse naturgemäß offen sein.[478] Die berühmten Verfechter dieses Ansatzes sind u. a. al-ʿIzz Ibn ʿAbdissalām (gest. 1261), Ibn Taimīya (gest. 1328), Ibn al-Qaiyim (gest. 1350), Imām Muḥammad ʿAbduh (gest. 1905), Rašīd Riḍā (gest. 1935), Muḥammad Ṭāhir Ibn ʿĀšūr (gest. 1973), ʿAllal al-Fāsī (gest. 1974), Muḥammad al-Ġazālī (gest. 1996)[479] usw. Die prominenten Vertreter

473 Siehe Abschnitt 4.3.1 in dieser Arbeit.

474 Vgl. Amīn, Dawūd Ḥasan: al-Maqāṣid wa ʿAqlanat at-Tafkīr ad-dīnī, S. 72.

475 Vgl. Ibid., S. 74.

476 Vgl. Aḥmad, ar-Rīsūnī: Naẓarīyat al-maqāṣid ʿindal-imām aš-Šāṭibī, S. 258–270.

477 Vgl. Aḥmad, ar-Rīsūnī: Naẓarīyat al-maqāṣid ʿindal-imām aš-Šāṭibī, S. 246.

478 Vgl. Aḥmad, ar-Rifāyʿa: Ahammīyat maqāṣid aš-šarīʿa fī l-iǧtihād. Amman 1992, S. 81.

479 Vgl. Muḥammad, ʿAmāra: aš-Šaiḫ Muḥammad al-Ġazālī – al-mauqiʿ al-fikrī wa al-maʿārik al-fikrīya. Kairo 2009, S. 5.

dieser Strömung in der Gegenwart sind Aḥmad ar-Rīsūnī (geb. 1953), Ṭaha Ğābir al-ʿAlwānī (geb. 1935)[480], ʿAbdulmağīd an-Nağār (geb. 1945)[481] u. a.[482]

4.1.2.2 Konservative *maqāṣid*-Gelehrte

Diese Kategorie[483] umfasst u. a. Gelehrte, die bedeutende Beiträge zur islamischen Ideengeschichte geleistet haben und das islamische Denken im Allgemeinen und den maqāṣid-Ansatz im Besonderen maßgeblich geprägt haben, wie z. B. Imām Abūḥāmid al-Ġazālī (gest. 1111) und Imām Abū Isḥāq aš-Šāṭibī (gest. 1388).[484] Allerdings konnten sie bezüglich der Berufung auf die Vernunft als universelle Urteilsinstanz nur eine konservative Geisteshaltung formulieren, weil sie sich, um sich eben in einer Zeit der theologisch-gesellschaftlich starken Polarisierung von allen sektiererischen, mehrheitsgesellschaftlich abgelehnten Dogmen abzugrenzen, auf den Boden der seinerzeit breit akzeptierten asch'aritischen Theologie stellten.[485] Apriori, gemäß der asch'aritischen Lehre, sind alle Dinge an sich wertneutral. Die Kategorisierung in Gutes oder Schlechtes wird nur als eine Attribuierung der Religion verstanden.[486] Demzufolge kann die menschliche Vernunft das Gute und das Übel ohne Anlehnung an die Offenbarung nicht erkennen, denn, so die logische Wendung, wie könne ein menschlicher

480 Vgl. Ramaḍān, ʿAlī aš-Šarinaṣi: al-Madḫal li-dirāsat al-fiqh al-islāmī – madārisuhu wa maṣādiruhu. Amman 1998, S. 106

481 Vgl. ʿAbdulmağīd, an-Nağār: Maqāṣid aš-šarīʿa bi-abʿādin ğadīda. Beirut 2006, S. 294.

482 Vgl. Aḥmad, ar-Rifāyʿa: Ahammīyat maqāṣid aš-šarīʿa fī l-iğtihād. Amman 1992, S. 83.

483 Der Begriff konservativ bezieht sich auf die Leistungen als Maqasid-Gelehrte, er ist nicht deckungsgleich mit einem islamischen Konservatismus. Zwar formulierten sie innerhalb der Maqasid-Schule aufgrund der aschʿaritischen theologischen Wirkungen im Vergleich zu anderen Maqasid-Gelehrten eher defensive theologische Ansichten, aber ihre Bezugnahme auf die Maqasid selbst muss als progressiv gelten. Dies zeigt sich auch in den bedeutenden Beiträgen, die sie auf verschiedenen Fachgebieten der islamischen Theologie geleistet haben. Aus diesem Grund wird an dieser Stelle von konservativen *Maqasid*-Gelehrten, nicht von konservativen Theologen gesprochen.

484 Vgl. Jasser, Auda: Maqasid Al-Schariah as Philosophy of Islamic Law – A Systems Approach. London 2008, S. 18 und S. 20 f.

485 Vgl. Aḥmad, ar-Rīsūnī: Naẓarīyat al-maqāṣid ʿindal-imām aš-Šāṭibī, S. 243 und 252.

486 Vgl. Ibid., S. 242.

Verstand etwas erkennen, was es eigentlich gar nicht gibt.[487] Darum sind die Gelehrten dieser Strömung der Auffassung, dass die maqāṣid, die sich an dem Nützlichen (Gut) oder Schädlichen (Übel) orientieren, nur durch Deduktion aus den religiösen Quellen zu identifizieren sind.[488] Dieser Idee folgend, müssen die maqāṣid beschränkt sein.

Wir werden uns im Folgenden ausführlich mit den Hauptansichten und charakteristischen Merkmalen der progressiven und konservativen maqāṣid-Gelehrten beschäftigen. Allerdings sei an dieser Stelle angemerkt, dass die Ideen und Ansichten dieser beiden Strömungen nicht getrennt, sondern am besten vergleichend thematisiert und diskutiert werden, da sie einen gemeinsamen theologischen Ursprung haben.

Es sei allerdings auch darauf hingewiesen, dass die Zugehörigkeit zu einer islamischen Rechtsschule (maḏhab) in der islamischen Tradition nicht im Sinne eines dogmatischen Bekenntnisses oder einer konfessionellen Bindung zu verstehen ist. Vielmehr ist sie Ergebnis einer allgemeinen Beurteilung der Summe der Ansichten eines Gelehrten. Denn es ist durchaus üblich, dass Gelehrte einer Rechtsschule, auch einzelne Ansichten oder Rechtsprechungen anderer Rechtsschule favorisieren.[489]

Dieses Phänomen ist ebenso innerhalb der maqāṣid-Schule zu beobachten. Daher darf die in dieser Dissertation vollzogene Kategorisierung in progressive und konservative maqāṣid-Gelehrte nicht als eine scharf gezogene Trennlinie angesehen werden. Denn neben den „reinen Progressiven“ und „reinen Konservativen“ gibt es wohl Gelehrten, die weder das Profil des progressiven maqāṣid-Gelehrten, noch das des konservativen vollständig erfüllen, sondern sowohl konservative als auch progressive Sichtweisen vertreten. So lassen sich zum Beispiel Muḥammad Ṭāhir Ibn ʿĀšūr (gest. 1973) und Yussuf al-Qaraḍāwī (geb. 1926)[490] nach Ansicht und Haltung insgesamt zu den progressiven Gelehrten zählen, obwohl ersterer in der Frage der Beschränkung der maqāṣid und der zweite in der Frage der Begründbarkeit

---

487 Ibid.

488 Vgl. Ibid., 256–257.

489 Vgl. Farīd, aš-Šāwī: ʿIlm al-maqāṣid wa aʿlamuhu fi al-ʿaṣr al-ḥadiṯ. In: al-Munʿaṭaf Heft 31/2007, S. 38–64.

490 ʿAdnān, Muḥammad Umāma: At-taǧdīd fīl-fikr al-islāmī. Kairo 2002, S. 463.

der gottesdienstlichen Bestimmungen (aḥkām al-ʿibādāt) einen konservativen Standpunkt vertritt.[491]

4.2 Die islamischen Gebote zwischen *taʿlīl* und *at-taʿabbud*: Ein kritischer Diskurs mit den Ẓāhirīten (Literalisten)

taʿlīl bzw. die Frage der Begründbarkeit der islamischen Normen ist eine Grundsatzfrage in der islamischen Rechtsphilosophie. Sie betrifft das Grundprinzip der Theorie der maqāṣid, denn die Frage der Begründbarkeit ist für den maqāṣid-Ansatz als zweckrationales Denkparadigma eine Existenz- und Legitimitätsfrage.[492]

Um jedes Missverständnis im Zusammenhang mit dem Begriff taʿlil zu vermeiden, muss an dieser Stelle auf einen feinen, aber wichtigen Unterschied hingewiesen werden: Das arabische Wort taʿlīl ist in der islamischen Geisteswissenschaft ein äquivoker Terminus. Er ist ein Derivat aus dem Primitivum „ʿilla"[493], das für verschiedene Begriffe steht. In der scholastischen Theologie (ʿilm al-kalām) und in der islamischen Philosophie bedeutet ʿilla ein kausales Ereignis bzw. eine Ursache, die eine Wirkung zwingend herbeiführt.[494] Diese Bedeutung des Begriffs ʿilla ist zweifelsohne auf Gottes Handlungen nicht übertragbar. In der Jurisprudenz hingegen bezeichnet „ʿilla" eine ratio legis, die einer Rechtsbestimmung zugrunde liegt und diese somit veranlasst.[495]

Diese Begriffsverwendung der scholastischen Theologen hat im Zusammenhang mit dem Thema dieser Dissertation eine randständige Bedeutung, denn sie wurde von den meisten Gelehrten widerlegt und als reiner Sophismus gänzlich abgelehnt. So attestiert etwa Muḥammad Ṭāhir Ibn ʿĀšūr (gest.

---

491 Vgl. Muḥammad, Ṭāhir IbnʿĀšūr: Maqāṣid aš-šarīʿa al-islāmīya. Amman 2001, S. 81 und Yūsuf, al-Qaraḍāwī: Dirāsa fī fiqh maqāṣid aš-šarīʿa. Kairo 2006, S. 27f.

492 Vgl. Amīn, Dawūd Ḥasan: al-Maqāṣid wa ʿAqlanat at-Tafkīr ad-dīnī. In: al-Furqān, Heft 75/ 2003, S. 57- 81.

493 Eine ausführliche Erklärung des Begriffs *ʿilla* findet sich in dieser Arbeit im Abschnitt 2.1.2.3.

494 Vgl. Muḥammad, Saʿīd Ramaḍān al-Būṭi: Ḍawābiṭ Al Maṣlaḥa fi aš-šarīʿa al-Islāmiya. Beirut 1982, S. 96f.

495 Vgl. Ibid., S. 97.

1973) zwei sophistische Prämissen der scholastischen Theologie:[496] Die erste sei ihre Behauptung, dass, wenn eine Aktion für einen bestimmten Zweck[497] durchgeführt werde, der Akteur, der auf die Erfüllung dieses Zwecks angewiesen sei, ergänzungsbedürftig sein müsse. Dies sei jedoch, so Ibn ʿĀšūr, ein Paralogismus, in dem der Zweck, der auf den Akteur selbst vorteilhaft wirke, nicht vom Zweck, der zur Handlung motiviere und bewege, unterschieden werde.[498] Die zweite Prämisse ist „ihre Behauptung, dass, wenn eine Aktion für einen bestimmten Zweck durchgeführt werde, dieser Zweck eine Ursache sei, die die Unzulänglichkeit des Akteurs impliziere. Dies ist ebenfalls ein Fehlschluss, denn hier wird die Ursache im Sinne des Motivators mit der Ursache im Sinne einer causa efficiens, die zwingend eine Handlung erzeugt oder eine Wirkung herbeiführt, gleichgesetzt."[499]

Wenn aber von der scholastischen Theologie und ihren endlosen Disputen abgesehen wird, dann stößt taʿlil als Denkansatz wie auch als Praxis unter den muslimischen Gelehrten und Juristen auf große Zustimmung. Dies wird durch die Tatsache unter Beweis gestellt, dass das Bekenntnis zum taʿlīl in den Phasen, in denen der Einfluss der scholastischen Theologie zurückging, klarer und dessen Praxis häufiger wurde.[500]

taʿlīl, bzw. die Begründung der rechtlichen Bestimmungen durch ihre Ziele und Zwecke, ist zudem der primäre Ansatz des Koran und der Sunna, wie Ibn al-Qaiyim (gest. 1350) in zahlreichen einschlägigen Beispielen zitiert.[501] Er selbst geht in seinem Buch „Miftāḥ dār as-saʿāda" davon aus, dass sich im Koran mehr als eintausend verschiedene Begründungen rechtlicher Bestimmungen finden lassen. Auch die Gefährten des Propheten hätten sich bei ihrer Interpretation der Normen auf ihre Intuition gestützt und aus den Bestimmungen die Gründe und Zwecke abgeleitet, die sie erfassen konnten.[502]

Die darüber herrschende Einigkeit wurde erst von den scholastischen Theologen in Zweifel gezogen, die mit ihren Fragestellungen viele Auseinan-

---

496 Muḥammad, Ṭāhir, Ibnʿ Āšūr: at-Taḥrīr wat-tanwīr. Band1. Tunis 1997, S. 380.

497 Statt des Begriffs „*Maqṣid*" bzw. „*Maqṣud*" wird in der scholastischen Theologie (*ʿIlm al-Kalām*) der Begriff „*al-ġaraḍ*" benutzt, der etwa Zweck bedeutet.

498 Muḥammad, Ṭāhir, Ibnʿ Āšūr: at-Taḥrīr wat-tanwīr. Band1, S. 380.

499 Ibid.

500 Vgl. Aḥmad, ar-Rīsūnī: Naẓarīyat al-maqāṣid ʿindal-imām aš-Šātibī. Casablanca 1990, S. 202.

501 Vgl. Ibid., S. 203.

502 Vgl. Ibid.; vgl. hierzu auch Ibn al-Qaiyim, Šamsuddīn AbūʿAbdillāh: Miftāḥ dār as-saʿāda wa-manšūr wilayāt al-ʿilm wa l-irāda. Band 2. Beirut 1997, S. 22.

dersetzungen herbeiführten. Dennoch war die Mehrheit der Gelehrten weiterhin der Meinung, dass über ta'līl ein vollständiger Konsens bestehe.[503] Laut al-Āmidī (gest. 1233), ein uṣūl-Gelehrter und selbst scholastischer Theologe, kann es keine Norm oder Bestimmung im Islam geben ohne eine Grundlage, da „dies im Kontrast zum Konsens der muslimischen Juristen steht."[504] Darüber hinaus bekräftigt er, dass „die großen muslimischen Gelehrten in voller Übereinstimmung darüber sind, dass islamische Gebote ohne Zwecke und Ziele kaum vorstellbar sind."[505]

Ähnlich erklärt Ibn al-Ḥāǧib (gest. 1248), dass Konsens darüber bestehe, dass das Ziel der islamischen Normen die Bewahrung der menschlichen Interessen sei.[506] Ebenfalls betont Imām aš-Šāṭibī (gest. 1388), dass „trotz aller Unterschiede in den existierenden Theorieansätzen allgemeine Übereinstimmung darüber besteht, dass der Gesetzgeber mit der Verpflichtung (taklīf) den Schutz der menschlichen Interessen intendiert."[507]

Aus diesem Grund moniert etwa Šāh Waliyullāh ad-Dahlawī (gest. 1762)[508] die Haltung derjenigen Gelehrten, welche die Gültigkeit des ta'līl leugnen und der Meinung sind, dass die Scharia nur die bedingungslose Hingabe an Gott ohne jegliche Berücksichtigung der menschlichen Interessen verlange.[509] Für ihn ist diese Ansicht „eine haltlose Überzeugung, die der prophetischen Tradition und dem Konsens der Gelehrten zuwiderläuft."[510]

---

503 Vgl. 'Abdurraḥmān, Ibrāhīm al-Kīlānī: Qawā'id al-maqāṣid 'indal-imām aš-Šātibī – 'ardan wa dirāsatan wa taḥlīlan. Damaskus 2005, S. 239.

504 Saīfuddīn, al-Āmidī: al-Iḥkām fī uṣūli l-aḥkām. Band 3. Beirut 1983, S. 380.

505 Ibid. Band 3, S. 411; siehe auch 'Abdurraḥmān, Ibrāhīm al-Kīlānī: Qawā'id al-maqāṣid 'indal-imām aš-Šātibī – 'ardan wa dirāsatan wa taḥlīlan, S. 239.

506 Vgl. Ibn al-Ḥāǧib, Abū'amr: Muntahā l-wuṣūl wa l-'amal fī 'ilmī l- uṣūl wa l-ǧadal. Beirut 1985, S. 184.

507 Abū-Isḥāq, aš-Šāṭibī: al-Muwāfaqāt fi uṣūl aš-šarī'a. Band 2. Beirut 1995, S.162; vgl. hierzu auch Al-Kīlānī: Qawā'id al-maqāṣid 'indal-imām aš-Šātibī – 'ardan wa dirāsatan wa taḥlīlan, S. 233.

508 Vgl. The Oxford Encyclopedia of the Modern Islamic World. Band 4. Oxford 1995, S. 311 f.

509 Vgl. Yūsuf, Aḥmad Muḥammad al-Badawī: maqāṣid aš-šarī'a'inda Ibn Taīmīya. Riad 2009, S. 275 f.

510 Schah, Waliyo Allah Addahlawi: Ḥuǧǧatullahi l-bāliġa. Band 1. Beirut 1989, S. 6; vgl. auch Yūsuf, Aḥmad Muḥammad al-Badawī: maqāṣid aš-šarī'a'inda Ibn Taīmīya, S. 176.

Ein weiterer Gelehrter, nämlich der hanafitische uṣūl-Gelehrte Ibn al-Hammām al-Iskandarī, wendet sich gegen die Leugnung des taʿlīl, indem er argumentiert, dass Gott schließlich alles, was in dieser Welt existiere, zum Nutzen der Menschen erschaffen habe.[511] Daraus sei zu folgern, dass auch die Normen und Bestimmungen auf das Wohl der Menschen ausgerichtet sein müssten.[512]

Zudem tritt taʿlīl am stärksten bei der Thematisierung der Methoden hervor, mittels derer der Grund (ʿilla) einer Norm oder rechtlichen Bestimmung erschlossen werden kann, hier besonders bei der Methode der Angemessenheit (maslak al-munāsaba)[513]. Diese definiert der renommierte Gelehrte ar-Rāzī (gest. 1209) in seinem Werk al-Maḥṣūl, einer Enzyklopädie über die hermeneutischen Grundlagen der Rechtsprechung, als geeignet, „die wahrscheinlichsten Ursachen und Gründe, die eine Rechtnorm veranlasst haben sollen, zu zeigen."[514]

Im Zusammenhang mit der Thematik taʿlīl sei erwähnt, dass ar-Rāzī zu den herausragenden Gelehrten zählt, die den Ansatz der Begründbarkeit der Scharia rationalisiert und vehement verteidigt haben.[515] So vertritt er die Ansicht, dass man aus der Tatsache, dass Gott allweise sei, schließen könne, dass alles was er veranlasse einem Interesse diene. Zu handeln ohne den Nutzen der Handlung zu kennen, also auch nicht zu wissen, ob sie positive oder negative Konsequenzen habe, sei hingegen töricht, eine Eigenschaft, die nicht die Gottes sei.[516] So schlussfolgert er, dass sich das Wohl der Menschen als Ziel aller Normen in ihnen niederschlage.[517]

---

511 „Er ist es, der für euch alles auf der Erde erschuf." Sure al-Baqara (2), Vers 29.

512 Vgl. Aḥmad, ar-Rīsūnī: Naẓarīyat al-maqāṣid ʿindal-imām aš-Šātibī, S. 206.

513 Dies ist ein theoretisch rationaler Prozess, bei dem überlegt wird, um welchen Nutzen willen könnte diese oder jene Norm erlassen worden sein. Wenn aus diesem Prozess ein Nutzen sich herauskristallisiert, der zum jeweiligen Normzweck angemessen zu sein scheint, wird dieser Nutzen als *ʿilla* (Erlassungsgrund) betrachtet. Also ein logischer Schluss nach dem Prinzip der Angemessenheit (*al-munāsaba*).

514 Ar-Rāzī, Faḫruddīn: al-Maḥṣūl fī ʿilm al-uṣūl. Band 2. Riad 1981, S. 213.

515 Vgl. Aḥmad, ar-Rīsūnī: Naẓarīyat al-maqāṣid ʿindal-imām aš-Šātibī. Casablanca 1990, S. 212.

516 Vgl. Ar-Rāzī, Faḫruddīn: al-Maḥṣūl fī ʿilm al-uṣūl. Band 2. Riad 1981, S. 237.

517 Vgl. Ibid.

Als Beleg für diese Annahme gelten ihm zahlreiche Verse aus dem Koran. Nicht nur die Barmherzigkeit Gottes gegenüber den Menschen[518] findet dort Erwähnung, sondern auch, dass Gottes Schöpfung ein Akt der Liebe zu den Menschen ist.[519] Ebenso solle die Ausübung der Religion den Menschen Nutzen bringen und keine Härten auferlegen.[520] Gleichen Sinnes sei die Äußerungen des Propheten: „Es darf kein Schaden zugefügt werden, weder dem Selbst noch den Anderen“[521]; und „ich bin mit der gemäßigten und toleranten Religion gesandt worden.“[522]

Dem Tenor dieser Quellen ist zu entnehmen, dass Gott, der Allweise, die Normen und Rechtsgebote einzig und allein zur Bewahrung der tatsächlichen Menscheninteressen aufgestellt hat. Denn Gott selbst hat seine Barmherzigkeit als allumfassend beschrieben: „doch meine Barmherzigkeit umfasst alle Dinge“.[523] Würden die Gebote aber den Menschen schaden, widerspräche das dem Prinzip der Güte und Barmherzigkeit.[524]

Des Weiteren stellt ar-Rāzī (gest. 1209) zur Verteidigung des taʿlīl textbasierte und auch rationale Beweise auf, um mögliche Einwände zu widerlegen. Er schließt dann mit den Worten: „Es herrscht Einigkeit darüber, dass die von Gott offenbarten Normen und Gebote auf jeden Fall Nutzen erbringen, sei es

518 „Und Wir (also, o Prophet) entsandten dich nur aus Barmherzigkeit für alle Welten.“ Sure al-Anbiyāʾ (21), Vers 107.

519 „Allah ist es, der die Himmel und die Erde erschuf und Wasser aus den Wolken niederregnen ließ und damit Früchte zu eurem Unterhalt hervorbrachte; und Er hat euch die Schiffe dienstbar gemacht, damit sie auf Sein Geheiß durch das Meer fahren mögen, und Er hat euch die Flüsse dienstbar gemacht. Und Er machte euch die Sonne und den Mond, beide beständig auf ihren Bahnen, dienstbar. Und dienstbar machte Er euch die Nacht und den Tag. Und Er gab euch alles, was ihr von Ihm begehrtet; und wenn ihr Allahs Wohltaten aufzählen wolltet, würdet ihr sie nicht vollständig erfassen können. Siehe, der Mensch ist wahrlich frevelhaft, undankbar.“ Sure Ibrāhīm (14), Vers 32–34.

520 „Und Er hat euch keine Härte in (irgendetwas bezüglich) der Religion auferlegt.“ Sure *al-Ḥağ* (22), Vers 78.

521 Berichtet von Ibn Māğa, Kitāb al-aḥkām, Bāb man banā fī ḥaqqihi ma yaḍurru biğārihi (Ḥadīṯ-Nr.: 2340).

522 Aḥmad, Ibn Muḥammad Ibn Ḥanbal: Musnad Imām Aḥmad. Band 5. Kairo 1999, S. 266.

523 Sure *al-Aʿrāf* (7), Vers 156.

524 Vgl. Ar-Rāzī, Faḫruddīn: al-Maḥṣūl fī ʿilm al-uṣūl. Band 2, S. 237; siehe auch Yūsuf, Aḥmad Muḥammad al-Badawī: maqāṣid aš-šarīʿaʿinda Ibn Taīmīya. Riad 2009, S. 150 f.

als Frage der Notwendigkeit nach dem Mu'taziliten-Dogma, oder als Manifestation von Gottes Gnade und Güte, wie wir es glauben."[525]

Es sind also viele bedeutende und bekannte Gelehrte, die einstimmig berichten, dass die Legitimität des ta'līl gemeinhin für bewiesen und über jeglichen Zweifel erhaben sei. Und es werden in der Diskussion, wie bereits gesehen, viele Fakten und Beweismittel angeführt, die die Gültigkeit dieses Ansatzes untermauern. Angesichts dessen stellt sich die Frage, wer dennoch ta'līl leugnet oder seine Gültigkeit in Frage stellt? Wer bestreitet, dass die Scharia gesetzt wurde, um die menschlichen Interessen zu bewahren? Und schließlich: Mit welcher Begründung wird dies getan? Denn hier gilt der Koranvers: „Bringt euren Beweis her, wenn ihr wahrhaftig seid!"[526]

Die Antwort hierzu ist nach einhelliger Meinung der Gelehrten eindeutig: außer den Ẓāhirīten bezweifelt keiner die Gültigkeit des ta'līl.[527] Es sind die Ẓāhirīten, die ta'līl weder in der Theorie, noch in der Praxis, noch in irgendeinem anderen Aspekt akzeptieren. Sie sind es, die das Prinzip des „at-ta'abbud" (Devotion) sowie die Haltung der völligen Unterwerfung und bedingungslosen Hingabe (ohne Sinnfrage) in Bezug auf das islamische Recht systematisch propagieren und verteidigen.[528] Im Besonderen ist hier Abū Muḥammad Ibn Ḥazm al-Andalusi (gest. 1064)[529] zu nennen. Er steht in der Tradition der literalistischen Schule (aẓ-Ẓāhirīya), der Einfluss seiner Schriften (und Ansichten) ist enorm.[530] Aus seiner Feder stammen scharfe Abhandlungen zur Abschaffung der Idee des ta'līl in allen Religionsfeldern und er behauptet, dass diese Ansicht in der Schule der Ẓāhirīten legitimiert sei und auch seine Vorgänger dem ta'līl ablehnend gegenüber gestanden hätten, so etwa auch Abūsulaimān[531], dem er die Aussage zuschreibt, dass

525 Zitiert bei: Yūsuf, Aḥmad Muḥammad al-Badawī: maqāṣid aš-šarī'a'inda Ibn Taīmīya, S. 150.

526 Sure al-Baqara (2), Vers 111.

527 Vgl. Sa'd Ibn Aḥmad Ibn Mas'ūd al-Yūbī: maqāṣid aš-šarī'a al-islāmīya wa 'alāqatuhā bi al-adilla aš-šar'iya, S. 98.

528 Vgl. Ibid.

529 Vgl. Šamsuddīn, Muḥammad Ibn Aḥmad Ibn 'Uṯmān aḏ-Ḏahabī: Tahḏīb sīyar a'lām an-nubalā'. Band 2. Beirut 1991, S. 372 f.

530 Vgl. Yūsuf, al-Qaraḍāwī: Dirāsa fī fiqh maqāṣid aš-šarī'a. Kairo 2006, S. 48.

531 Gemeint ist Abūsulaimān al-Baġdadi al-Aṣbahani Dāwūd 'Ali aẓ-Ẓāhirī (gest. 884), der Urheber des islamischen Literalismus (aẓ-Ẓāhirīya).

Gott keine Gesetze und Gebote eines Grundes wegen erlassen habe.[532] Diese Ansicht erhebt er zum Leitsatz des Religionsverständnisses und grenzt die Anbetung Gottes und die Gefolgschaft als zentrale Motive davon ab.[533]

Zudem ist Ibn Ḥazm in der islamischen Theologie bekannt für seine unwirsche Art und zynische Polemik. Mit seiner Kritik polarisiert, provoziert und übertreibt er auf das Schärfste.[534] Seine Schlüsse und Erkenntnisse stellt er als absolute Wahrheiten dar, die keine Diskussionen oder Fragen zulassen. So sind ihm Analogieschluss und Begründung der Normen Teufelswerke, die im Kontrast zur Religion Gottes stehen.[535] Daher erklärt er ausdrücklich, dass er sich von den Gedanken, die sich dem Analogismus und taʿlīl zugrundeliegen, fernhalte.[536] Damit diskreditiert er das Grundprinzip des maqāṣid-Ansatzes und widerspricht der von vielen Gelehrten als selbstverständlich betrachteten Maxime, dass die Scharia primär die Bewahrung der Menscheninteressen intendiert und dass darin ihre Bestimmungen und Gebote begründet sind. Dies rechtfertigt, ja erfordert die theologische Auseinandersetzung mit den Hauptideen und Ansichten Ibn Ḥazms (gest. 1064), um den letzten systematisierten Einwand gegen die maqāṣid-Annäherung argumentativ auszuräumen.

Es sei zunächst darauf hingewiesen, dass einige Aspekte des Konflikts mit Ibn Ḥazm mittels der bekannten Methode der uṣūl-Gelehrten „taḥrīru mawṭin an-nizāʿ" (Klärung des Konfliktfeldes) aufgelöst werden können. Viele Unstimmigkeiten sind darin begründet, dass manche Ausdrücke und Begriffe Homonyme sind und demzufolge in einer nicht übereinstimmenden Weise verwendet werden.[537] Ist der Inhalt bzw. der Sinn eines Textes zweifelhaft, dann sind stets Interpretation und Auslegung geboten, was jedoch zwingend zu Meinungsverschiedenheiten führt, wenn Termini unterschiedlich verstanden werden. Ibn Ḥazm selbst weist auf diese Problematik hin, indem er sagt: „Die Wurzel aller Leiden, Blindheit, Unordnung und Verderb-

---

532 Vgl. Abū Muḥammad, Ibn Ḥazm: al-Iḥkām fī uṣūl al-aḥkām. Band 8. Beirut 1983, S. 77; vgl. auch Aḥmad, ar-Rīsūnī: Naẓarīyat al-maqāṣid ʿindal-imām aš-Šāṭibī. Casablanca 1990, S. 217.

533 Vgl. Ibid.

534 Vgl. Aḥmad, ar-Rīsūnī: Naẓarīyat al-maqāṣid ʿindal-imām aš-Šāṭibī. Casablanca 1990, S. 217.

535 Vgl. Ibid., S. 218.

536 Vgl. Ibid.

537 Vgl. Aḥmad, ar-Rīsūnī: Naẓarīyat al-maqāṣid ʿindal-imām aš-Šāṭibī. Casablanca 1990, S. 218.

nis liegt in der Verwirrung der Begriffe und der Verwendung eines einzigen Worts mit verschiedenen Bedeutungen. Wenn der Emittent einen Begriff mit einer bestimmten Bedeutung verwendet, während der Rezipient ihn anders versteht, erfolgt daraus Störung und Verwirrung."[538]

Ein weiteres Missverständnis besteht darin, dass er seine Kritik auf den taʿlīl im philosophischen Sinne bezieht, ein Konzept, dass, wie wir bereits gesehen haben, auch von den meisten aschʿaritichen scholastischen Theologen abgelehnt wird.[539] So heißt es bei Ibn Ḥazm: „ʿilla ist Inbegriff für jede Eigenschaft, die irgendetwas zwingend impliziert, und derartige Bezug des Begriffs ʿilla auf islamische Normen bedeutet, dass Gott Gebote erteilte und Gesetze erließ wegen Gründen, die dies (Seine Handlung) notwendig gemacht haben."[540]

Diese Vorstellung wird jedoch von keinem anerkannten Gelehrten geteilt.[541] Im Gegenteil, viele Gelehrte lehnen die Vorstellung der Philosophen und Muʿtaziliten in Bezug auf taʿlīl ebenfalls ab. Wenn sie den Begriff „ʿilla" in Gebrauch nehmen, dann im Sinne von intermediären oder gesetzten Gründen, die Gott nach seinem Willen, ohne jeglichen Zwang, als Merkmal gesetzt hat, um diese oder jene Rechtsbestimmung zu veranlassen.[542] Aus diesem Verständnis heraus, vertreten die Gelehrten die Ansicht, dass Gott die menschlichen Interessen einfach aus Huld und Güte bewahre, nicht aber aus Pflicht oder Not.[543]

So gesehen ist Ibn Ḥazms Kampf gegen diese Art von taʿlīl aussichtslos. Denn hätte er die Fachausdrücke und Begriffe der Gegner in Betracht gezogen, und gesehen in welchem Sinne diese verwendet worden sind, wäre die Kluft zwischen ihm und seinen Kontrahenten schmaler und der Streit milder geworden.[544] Wäre andererseits Ibn Ḥazms Terminologie berücksich-

538 Vgl. Abū Muḥammad, Ibn Ḥazm: al-Iḥkām fī uṣūl al-aḥkām. Band 8. Beirut 1983, S.101; vgl. auch Aḥmad, ar-Rīsūnī: Naẓarīyat al-maqāṣid ʿindal-imām aš-Šātibī, S. 218.

539 Vgl. Saʿd Ibn Aḥmad Ibn Masʿūd al-Yūbī: maqāṣid aš-šarīʿa al-islāmīya wa ʿalāqatuhā bi al-adilla aš-šarʿiya. Riad 1998, S. 101.

540 Vgl. Abū Muḥammad, Ibn Ḥazm: al-Iḥkām fī uṣūl al-aḥkām. Band 8, S.102.

541 Vgl. Ibn Aḥmad Ibn Masʿūd al-Yūbī: maqāṣid aš-šarīʿa al-islāmīya wa ʿalāqatuhā bi al-adilla aš-šarʿiya, S. 101.

542 Vgl. ʿAbdulmağīd, an-Nağār: Maqāṣid aš-šarīʿa bi-abʿādin ğadīda. Beirut 2006, S. 176.

543 Vgl. Ibid.

544 Vgl. Aḥmad, ar-Rīsūnī: Naẓarīyat al-maqāṣid ʿindal-imām aš-Šātibī, S. 219.

tigt worden, hätte man den Konflikt als weniger scharf empfunden.[545] Denn Ibn Ḥazms Verständnis des Begriffs ʿilla wird gleichermaßen von ihm und allen Gelehrten abgelehnt. Auf der anderen Seite wird der Begriff des taʿlīl, der vor allem von den Gelehrten der Jurisprudenz (fiqh) statuiert wurde, in einem gewissen Grad auch von Ibn Ḥazm (gest. 1064) akzeptiert. Allerdings bezeichnet er es weder als ʿilla als noch taʿlīl, sondern als „sabab" (Ursache).[546]

Nach dem Konzept von Ibn Ḥazm ist der sabab „alles, wegen dessen der Freiwillige eine Handlung vornimmt, die er aber, wenn er gewollt hätte, unterlassen könnte. Ein Beispiel eines sabab wäre die Wut, die dazu bringt, Rache zu nehmen. Die Wut ist hier der sabab oder die Ursache der Rache. Jedoch, wenn der Rächer beschlösse, keine Rache zu nehmen, käme sie nicht zustande."[547] So bestehe, gemäß dem Verständnis Ibn Ḥazms, zwischen dem sabab und seiner Wirkung kein notwendiges Kausalverhältnis.[548]

Demnach besteht der wesentliche Unterschied für Ibn Ḥazm (gest. 1064) zwischen einem Grund (ʿilla) und einer Ursache (sabab) darin, dass der Grund innerhalb seines terminologischen Bezugsrahmens, zwangsläufig zu seiner Wirkung führt, während die Ursache keine Notwendigkeit oder keinen Zwang zur Folge hat. Demgemäß bleibt der Akteur, also der Umsetzer des Verursachten, frei, die dazu nötige Handlung auszuführen oder zu unterlassen.[549]

In diesem Sinne, erkannte Ibn Ḥazm an, wie sein Vorgänger Abūsulaimān (der Urheber des islamischen Literalismus), dass der Gesetzgeber einige Bestimmungen und Normen mit Ursachen (sabab) verknüpft hat.[550] Als Beispiel hierfür zitierte er sämtliche Strafen, die mit verschiedenen Delikten verbunden sind. Allerdings knüpft er diese Anerkennung der bestehenden Kausalität zwischen einigen Bestimmungen und deren Ursachen an Bedingungen:[551]

545 Vgl. Ibid.

546 Vgl. Yūsuf, Aḥmad Muḥammad al-Badawī: maqāṣid aš-šarīʿaʿinda Ibn Taīmīya. Riad 2009, S. 164.

547 Vgl. Abū Muḥammad, Ibn Ḥazm: al-Iḥkām fī uṣūl al-aḥkām. Band 8, S. 100; Vgl. auch Aḥmad, ar-Rīsūnī: Naẓarīyat al-maqāṣid ʿindal-imām aš-Šātibī, S. 219.

548 Vgl. Saʿd Ibn Aḥmad Ibn Masʿūd al-Yūbī: maqāṣid aš-šarīʿa al-islāmīya wa ʿalāqatuhā bi al-adilla aš-šarʿiya. Riad 1998, S. 100.

549 Vgl. Ibid.

550 Vgl. Aḥmad, ar-Rīsūnī: Naẓarīyat al-maqāṣid ʿindal-imām aš-Šātibī, S. 220.

551 Vgl. Ibid.; siehe auch Ibn Ḥazm: al-Iḥkām fī uṣūl al-aḥkām. Band 8, S. 115 ff.

1. Die Ursachen werden nur dann mit Bestimmungen verknüpft, wenn der kausale Zusammenhang eindeutig und ausdrücklich in den Quellentexten erklärt ist. Eine Verknüpfung nach logischer Argumentation und rationalen Gründen ist demnach ausgeschlossen.
2. Die im Text explizit angegebenen Ursachen dürfen nicht über den gesicherten Bereich auf andere, offensichtlich gleiche Situationen hinaus übertragen werden. Demzufolge ist der Analogieschluss unzulässig.
3. Der ausdrücklich erklärte kausale Zusammenhang zwischen bestimmten Normen und ihren Ursachen bedeutet nicht, dass einige Bestimmungen Ziele und Zwecke haben. So sei es nicht zulässig zu behaupten, dass die göttlichen Gebote dazu bestimmt sind, Nutzen zu bringen und Schaden zu verhindern, sondern sie seien einfach und ausschließlich der Wille Gottes.

In seinem theologischen Diskurs bedient sich Ibn Ḥazm (gest. 1064) noch eines dritten Terminus, nämlich „al-ġaraḍ" (das Motiv). Wenn wir dessen Inhalt in Betracht ziehen, vermindert sich der Dissens noch um ein Weiteres.[552] In den Worten Ibn Ḥazms ist al-ġaraḍ „die Absicht und das Motiv hinter jedem Akt. Dementsprechend ist al-ġaraḍ (das Motiv) aus der Rache das Löschen der Wut. So ist die Wut die Ursache (sabab) der Rache, und das Löschen der Wut ist das Motiv (al-ġaraḍ) aus der Rache."[553]

Bezug nehmend auf dieses Beispiel erkennt Ibn Ḥazm an, dass den Normen Ursachen (asbāb) zugrunde liegen. Diese bedingen Zustände und Situationen, welche die Normen und Gebote veranlassen.[554] Zudem konstatiert er, dass es grundsätzlich vorstellbar sei, dass der Gesetzgeber Absichten und Intentionen habe, die durch die Wirkung der Gebote und Normen zu erreichen seien.[555] Mit dieser Ansicht wäre Ibn Ḥazm der Mehrheitsposition der Gelehrten näher gekommen, wenn er nicht im unmittelbaren Anschluss daran diese Grundsätze weitschweifiger einschränkte, als sie es ohnehin sind.[556]

---

552 Vgl. Nūruddīn, al-Ḫādimī: ʿIlm maqāṣid aš-šarīʿa. Riad 2001, S. 46.

553 Abū Muḥammad, Ibn Ḥazm: al-Iḥkām fī uṣūl al-aḥkām. Band 8, S. 100. Vgl. Aḥmad, ar-Rīsūnī: Naẓarīyat al-maqāṣid ʿindal-imām aš-Šātibī, S. 220.

554 Vgl. Saʿd Ibn Aḥmad Ibn Masʿūd al-Yūbī: maqāṣid aš-šarīʿa al-islāmīya wa ʿalāqatuhā bi al-adilla aš-šarʿiya. Riad 1998, S. 100.

555 Vgl. Ibid.

556 Vgl. Yūsuf, Aḥmad Muḥammad al-Badawī: maqāṣid aš-šarīʿaʿinda Ibn Taīmīya. Riad 2009, S. 163.

Die erste Einschränkung, die er auferlegte, reflektiert seine literalistische Gesinnung. So gibt es für ihn keine Motive und Zwecke, die durch logische Schlussfolgerung und deduktive Lesung abzuleiten sind, denn als al-ġaraḍ erkennt er nur an, was explizit im Text genannt wird.[557] Als zweite Einschränkung benennt er, dass all diese Motive (aġrad) auf das Jenseits beschränkt seien. Dazu zählt für ihn z. B. die Reflexion über das Jenseits und damit über die Kategorien von Himmel und Hölle, um daraus Lehren zu ziehen.[558]

Dann fügte er diese für die aẓ-Ẓāhirīya charakteristische Klarstellung hinzu: „All diese Motive Gottes, die wir erwähnt haben, sei es um Erteilung von Lehren oder allgemein um das Verursachen, was Gott will, sind Akte und Gebote Gottes, die überhaupt keiner Ursachen (asbāb) bedürfen, und in denen er gar keine Motive oder Zwecke hat.“[559]

Gestützt wird diese Ansicht durch den Vers 23 aus der Sure al-anbiyā' (21), in dem es heißt: „Er wird nicht befragt nach dem, was Er tut; sie aber werden befragt (nach dem, was sie tun).“[560]

Ibn Ḥazm sieht in der Unterscheidung zwischen ‚Er‘ und ‚sie‘ eine wichtige Trennung zwischen Göttlichem und Nicht-Göttlichem. Gott dürfe nicht nach Rechtfertigungen für sein Tun befragt werden, ‚sie‘ aber müssten sich von Gott befragen lassen.[561] Da Gott nun nicht befragt werden dürfe, nach Ibn Ḥazm ein wichtiges Charakteristikum des Göttlichen, im Gegensatz zum Menschlichen, seien auch alle Auslegungen bezüglich der Ursachen (asbāb) und Gründe (ʿilal) hinfällig.[562] Eine Ausnahme machten lediglich die Bestimmungen, die bereits nach der Aussage Gottes einem bestimmten Zweck dienten. Aber auch diese dürften nicht weiter hinterfragt werden.[563] Für Ibn Ḥazm sind Auslegung und Analogieschluss demnach Sünden gegen Gott, da sich die Menschen dadurch anmaßten, was nur Gott zustehe: „Denn Niemand hat das Recht zu sagen: „Warum wurde diese Ursache für diese Bestimmung gemacht und nicht für eine andere?“ Ebenso wenig darf gefragt werden:

---

557 Vgl. Aḥmad, ar-Rīsūnī: Naẓarīyat al-maqāṣid ʿindal-imām aš-Šāṭibī. Casablanca 1990, S. 212.

558 Vgl. Ibid.

559 Zitiert bei: Aḥmad, ar-Rīsūnī: Naẓarīyat al-maqāṣid ʿindal-imām aš-Šāṭibī, S. 221.

560 Sure al-anbiyā' (21), Vers 23.

561 Vgl. Saʿd Ibn Aḥmad Ibn Masʿūd al-Yūbī: maqāṣid aš-šarīʿa al-islāmīya wa ʿalāqatuhā bi al-adilla aš-šarʿiya. Riad 1998, S. 101.

562 Vgl. Ibid.

563 Vgl. Ibid., S. 99.

„Warum wurde dieses Ding Ursache gemacht und nicht was anderes?“ Wer also solche Fragen stellt, hat Gott nicht gehorcht und sein Gebot missachtet: „Er wird nicht befragt nach dem, was Er tut“. Folglich ist derjenige, der dennoch Gott nach dem fragt, was er tut, ein Frevler.“[564]

Auch an einer anderen Stelle kritisiert Ibn Ḥazm (gest. 1064) die Gelehrten, die mittels Analogieschlusses versuchen, die Gründe der rechtlichen Bestimmungen zu entdecken. Er sagt: „Solche Leute fragen ständig ihren Herrn, warum hast du dieses oder jenes getan? Als ob sie diesen Vers nie gelesen hatten! Gott bewahre uns vor solchem Sakrileg!“[565]

Mit dieser Argumentation diskreditiert Ibn Ḥazm all jene, die in der Scharia mehr sehen, als nur ein Instrument sich in Gottesgefälligkeit zu üben. Er verhindert mit dem Vorwurf des Sakrilegs jegliche Auseinandersetzung mit den möglichen Gründen, wie sie die uṣūl-Gelehrten seit Jahrhunderten als „masālik at-ta'līl“ (Wege der Begründung) praktiziert hatten, wenn nichts anderes mehr gelten soll, als der explizite Wortlaut des Textes.[566] Ein weiterer Vers, den Ibn Ḥazm anführt um seine Position zu untermauern findet sich in der Sure al-Mudaṯṯir (74) in Vers 31, aus dem Ibn Ḥazm interpretiert, dass Gott die, die nach dem Warum einer Bestimmung fragen, als krank oder irrend im Glauben bezeichne und den Ungläubigen gleichsetze.[567] Auch aus der Betonung der Souveränität Gottes im Koran schlussfolgert er, dass ta'līl in das Feld der Sünde gehöre.[568]

Die einzige direkte Antwort auf diese gefährliche Art der Beweisführung und diese instrumentalisierende Interpretation eines Koranverses kam von dem

---

564 Abū Muḥammad, Ibn Ḥazm: al-Iḥkām fī uṣūl al-aḥkām. Band 8, S. 102f; vgl. hierzu auch Sa'd Ibn Aḥmad Ibn Mas'ūd al-Yūbī: maqāṣid aš-šarī'a al-islāmīya wa 'alāqatuhā bi al-adilla aš-šar'iya, S. 101.

565 Abū Muḥammad, Ibn Ḥazm: al-Iḥkām fī uṣūl al-aḥkām. Band 8, S. 125; vgl. hierzu auch Yūsuf, Aḥmad Muḥammad al-Badawī: maqāṣid aš-šarī'a'inda Ibn Taīmīya. Riad 2009, S. 160.

566 Vgl. Aḥmad, ar-Rīsūnī: Naẓarīyat al-maqāṣid 'indal-imām aš-Šātibī. Casablanca 1990, S. 222.

567 „(...) auf dass die, denen das Buch gegeben wurde, Gewißheit erreichen, und auf dass die, die gläubig sind, an Glauben zunehmen, und auf dass die, denen die Schrift gegeben wurde, und die Gläubigen, nicht zweifeln, und auf dass die, in deren Herzen Krankheit ist, und die Ungläubigen sagen mögen: Was meint Allah mit diesem Gleichnis?“ Sure al-Mudaṯṯir (74), Vers 31.

568 Vgl. Sa'd Ibn Aḥmad Ibn Mas'ūd al-Yūbī: maqāṣid aš-šarī'a al-islāmīya wa 'alāqatuhā bi al-adilla aš-šar'iya. Riad 1998, S. 101–102.

berühmten ägyptischen Gelehrten Muḥammad Abū Zuhra. In seiner Erwiderung auf Ibn Ḥazm wies Abū Zuhra darauf hin, dass dieser Gottes Handlungen mit seinen Geboten und Weisungen verwechselt habe, und er demzufolge das Frageverbot irrtümlicherweise vom ersten Feld auf das zweite übertragen.[569] Abū Zuhra stimmt mit Ibn Ḥazm darin überein, dass Gott nicht nach den Beweggründen seiner Handlungen gefragt werden dürfe, denn dieses Wissen liege allein beim Allmächtigen. Er bezweifelt aber, dass dieses Verbot auch auf den Bereich der Bestimmungen und Gebote übertragen werden könne, denn die Erforschung der letzteren helfe den Menschen Gottes Gebote zu verstehen und bestmöglich zu erfüllen.[570]

Allerdings gelingt es Abū Zuhra dadurch nicht, Ibn Ḥazms Argumente vollständig zu entkräften. Denn wo, ließe sich erwidern, verläuft die Grenze zwischen Gottes Handeln und seinen Gebote. Was macht den Unterschied aus, wenn doch seine Gebote als Teil seines Handelns begriffen werden müssen und sich im Umkehrschluss Gebote aus seinem Handeln ergeben?[571]

Auch bleibt die Erklärung Ibn Ḥazms unangefochten, nach der Gott keine Instanz über ihm kenne und daher souverän entscheide, sowohl in seinem Tun als auch in seinen Geboten, wie es in der Sure Hūd (11), Vers 107 geschrieben sei: „Denn, wahrlich, dein Erhalter ist souverän im Tun dessen, was er will."[572] Zwischen den Fragen nach dem Grund seiner Gebote und dem seines Handelns bestehe folglich tatsächlich kein Unterschied.[573]

Abū Zuhra selbst erklärte zwar, dass Gott weder nach seinen Taten noch nach seinen Worten gefragt werden könne, rechtfertigt jedoch die Frage nach den Gründen seiner Gebote und Bestimmungen, und lässt dabei außer Acht, dass Gottes Gebote Teil seiner Worte sind.[574] Außerdem erwähnte er, dass die Forschung nach den Gründen der Rechtsnormen ein Mittel zur Bestimmung dessen sei, was sie bedeuten und erfordern, ohne auf den graduellen Unterschied zwischen der Begründung der Gebote und Rechtsnormen einerseits,

569 Vgl. Ar-Rīsūnī: Naẓarīyat al-maqāṣid ʿindal-imām aš-Šātibī, S. 222- 223.

570 Vgl. Abūzuhra, Muḥammad: Tārīḫ al-maḏāhib al-islāmīya fī as-syāsa wa l-ʿaqāʾid wa tārīḫ al-maḏāhib al-fiqhīya. Kairo 1977, S. 430 f.

571 Vgl. Aḥmad, ar-Rīsūnī: Naẓarīyat al-maqāṣid ʿindal-imām aš-Šāṭibī. Casablanca 1990, S. 223.

572 Sure *Hūd* (11), Vers 107.

573 Vgl. Aḥmad, ar-Rīsūnī: Naẓarīyat al-maqāṣid ʿindal-imām aš-Šāṭibī, S. 223.

574 Vgl. Ibid.; siehe hierzu auch Abū Muḥammad, Ibn Ḥazm: al-Iḥkām fī uṣūl al-aḥkām. Band 8, S. 129.

und der Bestimmung dessen, was sie bedeuten und erfordern andererseits einzugehen.[575]

Vers 157 aus der Sure al-A'raf (7) verdeutlicht diesen Unterschied: „Gebieten wird er (der Gesandte Gottes) ihnen, was Rechtens ist, und das Unrechte verbieten, und wird ihnen die guten Dinge erlauben und die schlechten verbieten. Und er wird ihnen ihre Last und die Fesseln, die ihnen angelegt wären, abnehmen."[576] In diesem Vers lassen sich zwei Verständnisebenen ausmachen: zum einen die des Informationsgehaltes und zum anderen die der Forderung, die sich aus dem Inhalt ergibt. So besteht der Informationsgehalt in der Aussage über den Gesandten und damit über den Islam insgesamt, dass er Recht und Gerechtigkeit gebietet sowie die guten Dinge im Leben erlaubt und die schlechten verwehrt.[577] Daraus ergibt sich automatisch eine Forderung an die Muslime, sich in ihrem Handeln an diese islamischen Werte anzupassen. Diese beiden Ebene bilden zusammen sozusagen die Schicht des Erfassens, Verstehens und des Interpretierens.[578]

Wenn nun aber die Frage nach den Gründen für das Gebot der guten Dinge und das Verbot der schlechten Dinge gestellt wird – also z. B. warum hat Gott die guten Dinge geboten und die schlechten verboten? -, um die vermeintlichen Gründe und Zwecke hinter den islamischen Normen und Bestimmungen zu erschließen, verlässt man die erste Schicht des Erfassens und tritt automatisch in eine andere Schicht ein, nämlich in die Schicht der Rechtfertigung und Begründung, oder mit anderen Worten man beginnt zu rationalisieren.

Für Ibn Ḥazm ist die Deutung eines Textes legitim und notwendig, Er betrachtet es sogar als Pflichtaufgabe der Muslime, sich mit dem Korantext auseinanderzusetzen, dessen Inhalt zu verstehen und sich die Tragweite dessen Forderung zu erschließen.[579] Aber alle Überlegungen, die darüber hinaus gehen und versuchen den Grund einer Bestimmung zu ergründen,

575 Vgl. Ibid.

576 Sure al-A'raf (7), Vers 157.

577 Vgl. 'Abdurraḥmān, al-Wakīlī: Falsafat at-Tašrī' al-islāmī. In: al-Iǧtihād, Heft 62/2003, S. 115–138.

578 Vgl. Ibid.

579 Vgl. Aḥmad, ar-Rīsūnī: Naẓarīyat al-maqāṣid 'indal-imām aš-Šāṭibī. Casablanca 1990, S. 224.

erscheinen ihm als Frevel und er rüstet sich für den Kampf gegen eine Überzeugung und eine Praxis, die er als Sakrileg bezeichnet.[580]

Dies ist der Grundstein der literalistischen Position im Allgemeinen und der Position Ibn Ḥazms im Besondern bezüglich der Frage der Begründung bzw. „der verfluchten Frage“ wie er sie nennt.[581]

Diese These Ibn Ḥazms und die Folgerungen, die er aus den vorgenannten Versen zieht, beruhen auf einem Trugschluss, der auch Abū Zuhra in seiner Entgegnung entging. Deswegen gelang es ihm nicht, die Argumentation Ibn Ḥazms endgültig zu entkräften.[582]

Nun was bedeutet eigentlich der Koranvers: „Er wird nicht befragt nach dem, was Er tut; sie aber werden befragt (nach dem, was sie tun)“? Dieser Vers, worauf Ibn Ḥazm seine ganze Argumentation stützte, lässt sich tatsächlich dahingehend deuten, dass Gott, der Allmächtige, von niemandem zur Rechenschaft gezogen werden kann und dass sein Urteil nicht in Frage gestellt werden darf, denn wenn „Allah richtet; da ist keiner, der Seine Entscheidung widerrufen kann.“[583] Die Menschen können hingegen gefragt, zurückgewiesen, getadelt und zur Rechenschaft gezogen werden. Der Grund hierfür besteht in der Alleinstellung Gottes, die keine Möglichkeit für Widersprüche, Berichtigungen oder Ergänzungen bietet.[584]

In diesem Sinne darf also Gott „nicht nach dem befragt [werden], was er tut “, d. h. sein Urteil darf nicht in Frage gestellt werden, denn dies wäre zweifelsohne ein Ausdruck des Unglaubens.[585] Hier liegt also der eigentliche Irrtum oder der Trugschluss Ibn Ḥazms, wenn er auf der Grundlage dieser und ähnlicher Verse aus dem Koran taʿlīl verbietet. Denn die Frage nach den Gründen der islamischen Gebote und Normen sowie die Frage nach den verborgenen Weisheiten und Zwecken der Handlungen Gottes ist keine Frage nach Rechenschaft oder ein Einwand gegen eine Bestimmung, sondern eine Verständnis- und Lernfrage.[586] Der Gläubige will erfassen und verstehen, wieso

580 Vgl. Yūsuf, Aḥmad Muḥammad al-Badawī: maqāṣid aš-šarīʿaʿinda Ibn Taīmīya. Riad 2009, S. 160.

581 Vgl. Aḥmad, ar-Rīsūnī: Naẓarīyat al-maqāṣid ʿindal-imām aš-Šāṭibī. Casablanca 1990, S. 225.

582 Vgl. Ibid., S. 225.

583 ar-Raʿd (13), Vers 41

584 Vgl. Yūsuf, Aḥmad Muḥammad al-Badawī: maqāṣid aš-šarīʿaʿinda Ibn Taīmīya. Riad 2009, S. 164.

585 Vgl. Ibid., S. 165.

586 Vgl. Ibid., S. 164 f.

dieses geboten und jenes verboten wird. Solcherart Fragen haben eine lange Tradition und wurden der Überlieferung nach auch von Engeln, Propheten und Rechtschaffenen gestellt und fanden Erwähnung, Billigung und Huldigung im Koran, eine Tatsache, die gegen das Verständnis Ibn Ḥazms spricht, auf dessen Grundlage er die Mehrheit der Gelehrten – seiner Vorgänger und Nachfolger gleichermaßen – diskreditierte.[587]

Es sei hierzu noch bemerkt, dass der Koranvers, den Ibn Ḥazm in seiner Argumentation anführt, im Kontext der Kontroverse gegen den Polytheismus steht.[588] Es werden die Vorzüge des einen Gottes gegenüber einer Vielzahl geschildert und die Erhabenheit Allahs gepriesen: „Oder haben sie sich Götter von der Erde genommen, die lebendig machen? Gäbe es in (Himmel und Erde) Götter außer Allah, dann wären wahrlich beide dem Unheil verfallen. Gepriesen sei denn Allah, der Herr des Thrones, Hoch Erhaben über das, was sie beschreiben. Er wird nicht befragt nach dem, was Er tut; sie aber werden befragt (nach dem, was sie tun). Haben sie sich Götter außer Ihm genommen? Sprich: Bringt euren Beweis herbei. Dieser (Koran) ist eine Ermahnung für jene, die mit mir sind, und eine Ermahnung für die, die vor mir waren."[589]

Der Vers erscheint also im Rahmen der Bestätigung der Eigenartigkeit Gottes und seiner Eigenschaften, die ihm allein gehören, und die ihn deshalb von den angeblichen Partnern unterscheiden, eben dadurch, dass er beispielsweise nicht getadelt, nicht zur Rechenschaft gezogen und ihm nicht widersprochen werden kann, während die von Menschen ernannten Götter getadelt, verfolgt, zur Rechenschaft gezogen, beurteilt werden können und ihnen auch widersprochen werden kann. Dies stehe aber im Widerspruch zum erhobenen Anspruch, „göttlich" zu sein.[590]

Dies sind also Kontext und Art der Frage, die in Bezug auf Gott negiert werden muss. In seiner Erläuterung dieses Punktes weist Ibn ʿĀšūr (gest. 1973) auf die Verantwortung, die jeder Gläubige für sich und seine Taten hat, hin. Er zitiert in diesem Zusammenhang den folgenden Ḥadīṯ: „Jeder von euch ist ein

587 Vgl. Aḥmad, ar-Rīsūnī: Naẓarīyat al-maqāṣid ʿindal-imām aš-Šāṭibī. Casablanca 1990, S. 226.

588 Vgl. Saʿd Ibn Aḥmad Ibn Masʿūd al-Yūbī: maqāṣid aš-šarīʿa al-islāmīya wa ʿalāqatuhā bi al-adilla aš-šarʿiya. Riad 1998, S. 102.

589 Sure al-anbiyāʾ (21), Vers 20 bis 26.

590 Vgl. Aḥmad, ar-Rīsūnī: Naẓarīyat al-maqāṣid ʿindal-imām aš-Šāṭibī, S. 226 f.

Hüter, und verantwortlich für das, was er zu behüten hat."[591] Er macht deutlich, dass sich hierin der Status der Gläubigen als Diener Gottes ausdrücke, die im Rahmen dieser Verantwortung gefragt und zur Rechenschaft gezogen würden und somit dem Urteil Gottes unterliegen.[592] Während Gottes Handeln stets die Erhabenheit und Weisheit des Schöpfers wiederspiegele und daher als solches nicht zu hinterfragen sei. Dies stehe aber, wie Ibn ʿĀšūr erklärt, nicht im Konträr zu den Fragen, die den Wunsch des Menschen sein Wissen zu erweitern und seine gottgegebenen Fähigkeiten, die Dinge auch verstandesmäßig zu erfassen, wiederspiegeln. Daher seien „Bittgebete oder Verständnis- und Erkenntnisfragen" in jedem Fall legitim.[593]

Es lassen sich also zwei Kategorien von Fragen ermitteln: Die einen, die durch die Weisheit und Sinn der rechtlichen Bestimmungen zu erkennen angestrebt werden, müssen als berechtigt und legitim gelten.[594] Die anderen Fragen sind jedoch Ausdruck eines Irr- oder Unglaubens, wie sie auch Ibn Ḥazm versteht. Ihr Ziel ist nicht die Erkenntnis, sondern der Zweifel an Gottes Taten.[595] Dies ist übrigens eindeutig der Kontext des zweiten Koranverses, mit dem Ibn Ḥazm seine These gegen taʿlīl zu stützen versucht: „Und auf dass die, in deren Herzen Krankheit ist, und die Ungläubigen sagen mögen: Was meint Allah mit diesem Gleichnis? Somit erklärt Allah zum Irrenden, wen Er will, und leitet recht, wen Er will."[596] Nach dem Wortlaut dieses Textes ist das Motiv der Fragensteller eindeutig Diskreditierung und Zweifel zu verbreiten, wie es auch den historischen Anlässen der Offenbarung (asbāb an-nuzūl) zu entnehmen ist.[597]

Imām al-Qurṭubī (gest. 1273)[598] hat einen ähnlichen Vers aus der Sure al-Baqara: „Diejenigen aber, die ungläubig sind, sagen: Was wollte denn Allah

591 Berichtet von al-Buḫārī, Kitāb al-aḥkām, Bāb aṭīʿū Allāh wa aṭīʿū ar-Rasūl (Ḥadīṯ-Nr.: 7138).

592 Vgl. Muḥammad, Ṭāhir, IbnʿĀšūr: at-Taḥrīr wat-tanwīr. Band 17. Tunis 1997, S. 46.

593 Vgl. Ibid., S. 47.

594 Vgl. Saʿd Ibn Aḥmad Ibn Masʿūd al-Yūbī: maqāṣid aš-šarīʿa al-islāmīya wa ʿalāqatuhā bi al-adilla aš-šarʿiya. Riad 1998, S. 101

595 Vgl. Ibid., S. 102.

596 Sure al-Mudaṯṯir (74), Vers 31.

597 Vgl. ʿImāduddīn, Abū-l-Fidaʾ Ismāʿīl Ibn Kaṯīr: Tafsīr al-Qurʾān al-ʿaẓīm. Band 14. Kairo 2000, S.175.

598 Vgl. Abū-Isḥāq, Ibrāhīm Ibn ʿAlī Ibn Farḥūn: ad-Dībāǧ al-muḏahhab fī maʾrifat ʿulamāʾ aʿyān al-maḏhab. Band 2. Kairo 1985, S. 308 f.

mit einem solchen Gleichnis",[599] wie folgt kommentiert: „Diese Worte von ihnen sind ein Ausdruck der Leugnung in Form einer Frage."[600]

Ergänzendes vermittelt auch der Ḥadīṯ, in dem der Gesandte Gottes Blutgeld auch für das ungeborene Kind, das zusammen mit seiner Mutter getötet wurde, anordnete. Nach diesem Urteil, erhob sich Ḥamal Ibn an-Nābiġa – aus dem Stamm der Mörderin[601] – und fragte in einem Reim: „O Gesandter Gottes, wie kann ich wegen jemandes, der nie getrunken hat, nie gegessen, nie gesprochen (…) Geldstrafe zahlen? Solch einer erfordert kein Blutgeld. Der Prophet erkannte sein Motiv und sagte: „Dieser ist ein Bruder der Scharlatane."[602] Denn diese Aussage von Ḥamal Ibn an-Nābiġa ist eine Art rhetorische Frage mit der Absicht, Dissens und Widerspruch auszudrücken. Wenn solche Fragen an Gott gerichtet werden, dann stellen sie eine klare Form des Unglaubens dar. Deshalb war der Gesandte Gottes verärgert und beschrieb den Frager in der Weise, wie er es tat.[603]

In seinem Kommentar für Saḥīḥ Muslim schrieb An-Nawawī (gest. 1277)[604] dazu, dass die Missbilligung des Propheten nicht der gereimten Prosa an sich gelte, sondern derem trotzigen Inhalt und der damit formulierten Verwerfung des Urteils Gottes und seines Gesandten.[605]

In solchen Situationen wie dieser, ist es richtig und angemessen die Koranverse, auf die Ibn Ḥazm seine Ansicht gründet, zu zitieren.[606] Wenn aber Fragen, basierend auf dem Glauben an Gott und seine vollkommenen

599 Sure al-Baqara (2), Vers 26.

600 Abū 'Abdillāh, al-Qurṭubī: al-Ǧāmi'u lī aḥkāmi l-Qur'ān. Band 1. Riad 2003, S. 244; vgl. hierzu auch Aḥmad, ar-Rīsūnī: Naẓarīyat al-maqāṣid 'indal-imām aš-Šātibī. Casablanca 1990, S. 228.

601 Nach dem damaligen herrschenden Rechtsystem, musste ein ganzer Stamm das Wergeld aufbringen, wenn ein Mitglied ein Mord begangen hat, da einer alleine die großen Summen nicht hätte tragen können und da dies außerdem eine ganze soziale Ordnung ins Wanken hätte bringen können.

602 Berichtet von al-Buḫārī, Kitāb al-marḍā, Bāb al-Kahāna (Ḥadīṯ-Nr.: 5758).

603 Vgl. Aḥmad, ar-Rīsūnī: Naẓarīyat al-maqāṣid 'indal-imām aš-Šātibī, S. 228; siehe auch 'Abdulmağīd, an-Nağār: Maqāṣid aš-šarī'a bi-ab'ādin ğadīda. Beirut 2006, S. 137

604 Vgl. Ḫaīruddīn, Azzirkilī: al-A'lām- Qāmūs tarāğim li'ašhari ar-riğāl wan-nisā' min al-'arabi wal-musta'rabīna wal-mustašriqīn. Band 8. Beirut 1980, S.149–150

605 Zitiert bei: 'Abdulmağīd, an-Nağār: Maqāṣid aš-šarī'a bi-ab'ādin ğadīda. Beirut 2006, S. 142.

606 Vgl. Sa'd Ibn Aḥmad Ibn Mas'ūd al-Yūbī: maqāṣid aš-šarī'a al-islāmīya wa 'alāqatuhā bi al-adilla aš-šar'iya. Riad 1998, S. 102.

Eigenschaften geäußert werden, motiviert durch den Wunsch nach Wissen und Verständnis und durch sie die Erkenntnis der Weisheiten Gottes angestrebt wird, die in seinem kosmologischen Reich sowie auch in seiner ethischen Ordnung offenbart sind, dann ist solch eine Frage berechtigt, ja sogar lobenswert.[607] Als weitere Voraussetzungen für deren Legitimität müssen die Angemessenheit von Rahmen und Form gelten. Für solche Ersuche gibt es Vorbilder im Koran:[608]

- Die Engel fragten Gott: „Willst Du auf ihr (Erde) jemanden einsetzen, der auf ihr Unheil anrichtet und Blut vergießt, wo wir doch Dein Lob preisen und Deine Herrlichkeit rühmen?"[609]
- Der Koran berichtet über den in allen Offenbarungsreligionen anerkannten Gesandten Ibrāhīm: „Und gedenke, als Ibrāhīm sagte: »Mein Herr, lass mich sehen, wie Du die Toten wieder zum Leben bringst.« Er sprach: »Glaubst du denn nicht?« Er sagte: »Doch! Aber (ich frage,) um mein Herz[610] zu beruhigen.« Er sagte: »Nimm dir vier Vögel und zerstückle sie, dann setze auf jeden Berg einige Teile davon. Hierauf rufe sie. Sie werden eilends zu dir kommen. Und wisse, dass Allah Allmächtig und Allweise ist!«"[611] Dazu sagt al-Qurṭubī (gest. 1273) in seiner Koranexegese: „Er (Ibrāhīm) bat darum, den Transzendenten sichtbar zu machen, denn es ist eine menschliche Natur, Dinge erleben und sehen zu wollen, die einem nur erzählt werden. Er rechtfertigte dann seine Bitte mit der Geistesberuhigung, d. h. ich habe gefragt, um meinen Geist zu beruhigen, wenn das nachweislich Bekannte, erfahrbar wird."[612]
- Als Gott, wie der Koran berichtet, durch den Engel Gabriel Zakaria und danach Maryam (Zacharias und Maria) jeweils einen Sohn verheißen hatte, konnte Zakaria es zuerst kaum glauben, deswegen rief er Gott: „O Mein Erhalter! Wie kann ich einen Sohn haben, wo hohes Alter mich

607 Vgl. Aḥmad, ar-Rīsūnī: Naẓarīyat al-maqāṣid ʿindal-imām aš-Šātibī. Casablanca 1990, S. 228.

608 Vgl. Ibid, S. 228–230.

609 Sure al-Baqara (2), Vers 30.

610 Herz ist hier die wörtliche Übersetzung des arabischen Wortes *Qalb*, das im Koran meistens als Metonymie für den Geist verwendet wird.

611 Sure al-Baqara (2), Vers 260

612 AbūʿAbdillāh, al-Qurṭubī: al-Ǧāmiʿu lī aḥkāmi l-Qurʾān. Band 3. Riad 2003, S.297.

schon ereilt hat und meine Frau unfruchtbar ist?“[613] So ähnlich erging es Maryam, sie sagte: „Mein Herr, wie soll ich einen Sohn bekommen, wo mich doch kein Mann berührte?“[614]

All diese Fragen beziehen sich sogar auf Gottes Handlungen und nicht nur auf dessen Gebote und Rechtsnormen, trotzdem wurden sie von Engeln, Propheten und auserwählten Gottesdienern gestellt, und haben Raum und Achtung im Koran gefunden,[615] weil sie keinen Einwand oder Protest formulierten, sondern wie bei Ibrāhīm Erkenntnisfragen darstellten oder Ausdruck der Überwältigung durch die Gegenwart der Macht Gottes waren, wie bei Zakaria und Maryam.[616]

In einem weiteren Beispiel, das diesmal den Bereich der Gesetzgebung betrifft, fragte Ummu Salama den Propheten, warum die Frauen im Koran seltener erwähnt würden als die Männer.[617] Daraufhin wurde ein Vers offenbart, der deutlich macht, dass Frauen und Männer gleichermaßen vom Lohn Allahs profitieren und dass die Grenze nicht zwischen den Geschlechtern verliefe, sondern zwischen den rechtgläubigen und denen, die Gottes Gebote nicht erfüllten: „Wahrlich, die muslimischen Männer und die muslimischen Frauen, die gläubigen Männer und die gläubigen Frauen, die gehorsamen Männer und die gehorsamen Frauen, die wahrhaftigen Männer und die wahrhaftigen Frauen, die geduldigen Männer und die geduldigen Frauen, die demütigen Männer und die demütigen Frauen, die Almosen spendenden Männer und die Almosen spendenden Frauen, die fastenden Männer und die fastenden Frauen, die ihre Keuschheit wahrenden Männer und die ihre Keuschheit wahrenden Frauen, die Allahs häufig gedenkenden Männer und gedenkenden Frauen – Allah hat ihnen (allen) Vergebung und großen Lohn bereitet.“[618]

---

613 Sure Āl-i-ʿImrān (3), Vers 40.

614 Sure Āl-i-ʿImrān (3), Vers 47.

615 Vgl. Aḥmad, ar-Rīsūnī: Naẓarīyat al-maqāṣid ʿindal-imām aš-Šātibī. Casablanca 1990, S. 229.

616 Vgl. Ibid.

617 Aḥmad, Ibn Muḥammad Ibn Ḥanbal: Musnad Imām Aḥmad. Band 44. Kairo 1999, S. 222. (Ḥadīṯ-Nr.: 26603). Diese Geschichte wurde auch von at-Tirmiḏī (Kitāb Tafsir al-Qurʾān; Ḥadīṯ-Nr.: 3022) als Offenbarungsanlass für den Vers 33/35 berichtet. Dieses Ereignis neben anderen zeigt doch, dass die Frauen in jener Zeit in verschiedenen Bereichen aktiv und durchaus emanzipiert waren und dass ihre Belange ernst genommen wurden, wie dieser Vers bekundet.

618 Sure al-Aḥzāb (33), Vers 35.

In der Interpretation dieses Verses muss davon ausgegangen werden, dass Ummu Salamas Frage an Gott gerichtet war, auch wenn sie dem Propheten gestellt wurde.[619] Die Antwort in diesem Vers ist bekanntlich Gottes Wort. Bemerkenswert ist, dass er keinerlei Tadel oder Ächtung bezüglich des Verhaltens von Ummu Salama beinhaltet, denn ihre Frage war frei von allen zweifelhaften Motiven oder Absichten, und somit von jeglichem Grund für eine Missbilligung. Vielmehr war sie Ausdruck des Wunsches nach mehr Wissen und Verständnis vorgetragen in einer Haltung der Demut und Hingabe gegenüber Gott als Allmächtigem, Allwissendem und dem Allweisen.[620]

Nach dieser Diskussionsrunde der wichtigsten und für unser Thema relevantesten Beweismittel, die von Ibn Ḥazm (gest. 1064) angeführt werden, können seine weiteren Argumente vernachlässigt werden. Zum Teil konnten sie bereits in diesem Kapitel widerlegt werden. Andere eröffnen derart tiefreichende theologische und philosophische Fragen, dass deren Diskussion den Rahmen dieser Dissertation sprengen würde. Eine Vertiefung der Thematik findet sich jedoch bei Aḥmad ar-Rīsūnī in seinem Buch Naẓarīyat al-maqāṣid ʿindal-imām aš-Šātibī (1990), man beachte hier vor allem das Kapitel ‚masʾalatu at-Taʿlīl'.[621]

Es sei an dieser Stelle angemerkt, dass taʿlīl oder die Begründung der islamischen Rechtsbestimmungen ein wissenschaftlicher Prozess ist, der klare Methoden, spezifische Kriterien, eindeutige Voraussetzungen aber auch Grenzen hat, die alle in den entsprechenden Abschnitten des Schrifttums der uṣūl al-fiqh erklärt und in der Rechtslehre (fiqh), Koranexegese und den Ḥadīṯwissenschaften praktisch angewendet sind.[622]

Generell ist festzustellen, dass es im islamischen Recht nicht nur zulässig sondern sogar erforderlich ist, für jede Bestimmung nach dem Sinn und Zweck zu fragen. Dabei kann auf alles zurückgegriffen werden, was an Quellen, Wissen, Kenntnissen und Forschungsmethoden zu Verfügung steht. Wenn man letztendlich zu einer zuverlässigen Erkenntnis gelangt, wird diese entweder angenommen, oder es muss weiter recherchiert werden, schließlich ist das Wissen grenzenlos, und Gott erschuf den Menschen mit der Fähigkeit des Den-

619 Vgl. Aḥmad, ar-Rīsūnī: Naẓarīyat al-maqāṣid ʿindal-imām aš-Šātibī, S. 230.

620 Vgl. Ibid.

621 Siehe Aḥmad, ar-Rīsūnī: Naẓarīyat al-maqāṣid ʿindal-imām aš-Šātibī. Casablanca 1990, ab S. 185.

622 Vgl. Nūruddīn, al-Ḫādimī: al-Iǧtihād al-maqāṣidī – ḥaǧīyatuhu ḍawābiṭuhu wamaǧālātuhu. Doha 1998, S.114.

kens, mit der Fertigkeit des Lernens und mit der Begabung der Vernunft, um nachzudenken und Sinnfragen zu stellen. Er befahl ihm, mit hellem Verstand und vollem Bewusstsein in seinem gebundenen Buch (Koran) zu lesen und in seinem offenen Buch (Universum) zu sehen, um die Weisheit zu erlangen. Demgemäß sagt der Koran: „Wollen sie denn nicht über den Koran nachsinnen?“[623] An einer weiteren Stelle heißt es: „Schauen sie (welche die Auferstehung leugnen,) denn niemals auf die wasserträchtigen Wolken[624] (und beobachten nicht,) wie sie erschaffen sind? Und auf den Himmel, wie er hoch erhoben ist? Und auf die Berge, wie fest sie aufgerichtet sind? Und auf die Erde, wie sie ausgebreitet ist?“[625] Vielen Menschen und namenhaften Vordenkern ist es tatsächlich gelungen, durch Nachdenken und Nachsinnen eine Brücke hin zur Spiritualität zu schlagen, wie etwa dem Physiker Max Planck, der von sich sagte: „Ich bin fromm geworden, weil ich weiter gedacht habe. Wir hören alle viel zu früh auf zu denken.“[626]

---

623 Sure an-Nisā'(4), Vers 81.

624 Das Nomen *ibil* bedeutet in der Regel »Kamele« und ist ein Gattungsbegriff ohne Singular. Aber man muss bedenken, dass es auch »Regenwasser tragende Wolken« bedeutet – eine Bedeutung, die im vorliegenden Zusammenhang zu bevorzugen ist. Würde der Begriff im Sinne von »Kamele« gebraucht, wäre die Bezugnahme darauf im obigen Vers primär – wenn nicht ausschließlich – an die arabischen Zeitgenossen des Propheten gerichtet, für die das Kamel immer ein Objekt der Bewunderung war, wegen seiner hervorragenden Ausdauer, des vielfältigen Nutzens, den es erbringen kann (Reiten, Lastentragen und als Quelle von Milch, Fleisch und feiner Wolle) und seiner Unersetzbarkeit für Wüstenbewohner. Aber gerade weil eine Bezugnahme auf »Kamele« die Bedeutung auf Menschen einer bestimmten Umgebung und bestimmten Zeit (sogar ohne den Nutzen einer historischen Anspielung auf frühere Ereignisse) einschränken würde, muss sie hier ausgeschlossen werden, denn die koranischen Aufforderungen, die Wunder des von Gott erschaffenen Universums zu betrachten, sind unterschiedslos an Menschen aller Zeiten und Umgebungen gerichtet. Daher gibt es guten Grund anzunehmen, dass der Begriff *ibil* sich hier nicht auf Kamele bezieht, sondern auf »wasserträchtige Wolken«: zumal eine solche Anspielung auf den wundersamen, zyklischen Prozess der Verdampfung des Wassers, des himmelwärtigen Aufstiegs des Dampfes, seiner Kondensation und schließlich seines Niederschlags über der Erde gewiss mehr im Einklang mit der nachfolgenden Erwähnung (in den Versen 18–20) von Himmel, Bergen und Erde ist, als es eine Bezugnahme auf »Kamele« sein würde, wie bewundernswert und bemerkenswert diese Tiere auch sein mögen. (Leopold, Weiss: Botschaft des Koran, S. 1159)

625 Sure al-Ġāšiya (88), Vers 17–20.

626 Zitiert bei: Eisch, Valentin: Die Bedeutung der spirituellen Dimension im schulischen Erziehungsauftrag. Norderstedt 2006, S.31.

Daher ist mit großer Gewissheit und fester Überzeugung, damit die zielorientierte Annäherung und das zweckrationale Verständnis der Scharia befördert werden, davon auszugehen, dass die islamische Rechtsordnung im Ganzen – wie es Ibn al-Qaiyim (gest. 1350) ausdrückte – „Gerechtigkeit, Barmherzigkeit, Güte, Wohl und Weisheit“[627] ist. Diese Überzeugung muss Konsequenzen auf die Interpretation der Quellen und die Auslegung der Rechtsnormen haben. Anders gesagt – und wieder in den Worten von Ibn al-Qaiyim: „Jedes Verständnis, das von Recht zu Unrecht oder von Gemeinwohl (maṣlaḥa) zu Schaden (mafsada) verleitet, ist nicht Teil der Scharia, selbst wenn es sich um Erkenntnisse handelt, die durch wörtliche Auslegung des Offenbarungstextes abgeleitet sind.“[628] Und auch der andalusische Gelehrte al-Qurṭubī (gest. 1273) verwies darauf, dass alle weisen Gelehrten das Wohl der Menschen in all seinen Aspekten als Zweck der religiösen Bestimmungen erkannt hätten.[629]

Schließlich sind die Muslime nach der einhelligen Meinung der Gelehrten aufgefordert, nach den materiellen und geistigen Interessen zu fragen, welche die rechtlichen Bestimmungen und ethischen Normen erbringen, auf dass die Gebote im Licht ihrer Zwecke verstanden, begründet und ausgelegt werden. Denn es ist unmöglich, irgendeinen Fortschritt in den Wissenschaften der islamischen Jurisprudenz zu erzielen, wenn man nicht an deren Zwecke, umfassende Weisheiten, stetige Gesetze und konsistente Sätze glaubt.[630] In diesem Sinne sagt Ṭāhir Ibn ʿĀšūr (gest. 1973): „wir sind sicher, dass alle Bestimmungen des islamischen Rechts Zwecke intendieren. Mithin sind unsere Gelehrten verpflichtet, den Grund und Zweck der Gesetzgebung zu erkennen und bekannt zu machen.“[631]

627 Ibn al-Qaiyim, Šamsuddīn Abūʿ Abdillāh: Iʿlāmu l-muwaqqiʿīn. Band 3. Kairo 1994, S. 3.

628 Ibid.

629 Vgl. Abū ʿAbdillāh, al-Qurṭubī: al-Ǧāmiʿu lī aḥkāmi l-Qurʾān. Band 2, S.64.

630 Vgl. Aḥmad, ar-Rīsūnī: Naẓarīyat al-maqāṣid ʿindal-imām aš-Šātibī. Casablanca 1990, S. 232.

631 Muḥammad, Ṭāhir IbnʿĀšūr: Maqāṣid aš-šarīʿa al-islāmīya. Amman 2001, S.48.

4.3 Charakteristische Differenzen innerhalb der *maqāṣid*-Schule: eine kritische Annäherung

Nach dieser kritischen Diskussion der Hauptideen und Grundthesen der Literalisten (Ẓāhirīten), soll nun der Diskussionsfokus auf die maqāṣid-Gelehrten verschoben werden, die sich prinzipiell zum maqāṣid-Ansatz bekennen und in der Auffassung einig sind, dass die islamischen Normen und Rechtsbestimmungen Ziele haben und Zwecke intendieren, die als normative Orientierungspunkte bei der Auslegung der Quellen zu berücksichtigen sind. Allerdings herrscht auch unter den maqāṣid-Gelehrten nicht in allen Themen Einigkeit. Die strittigen Fragen lassen sich in drei thematischen Feldern bündeln. Aufgrund ihrer unterschiedlichen Meinungen und gemäß der Geisteshaltung zur aufgestellten Fragen sind die Gelehrten der maqāṣid-orientierten Schule, wie bereits angesprochen, in progressive und konservative maqāṣid-Gelehrte zu unterteilen.

4.3.1 Erste Diskussion: ist *taʿlīl* in der islamischen Pflichtenlehre ein allgemeingültiges oder ein spezifisches Gesetz?

Nach einer Periode des Konsenses bezüglich der Anerkennung des taʿlīl und einer einheitlichen Ablehnung der literalistischen Thesen, die darauf abgezielt hatten, das maqāṣid-Paradigma zu konterkarieren, wurden die unterschiedlichen Positionen unter den Anhängern des maqāṣid-orientierten Ansatzes bald offenbar. Am offensichtlichsten traten die Unterschiede in der Einschätzung des Umfanges des taʿlīl zu Tage. Der Konflikt setzte bereit bei der Frage ein, ob taʿlīl oder die Begründbarkeit der islamischen Gebote und ethischen Normen für die gesamte Scharia zu gelten hat und daher ein allgemeingültiges Gesetz ist, oder ob es sich nur um ein spezifisches handelt.

Die konservativen maqāṣid-Gelehrten, allen voran aš-Šāṭibī (gest. 1388), sind der Meinung, dass nicht alle Bestimmungen rational begründbar seien, sondern dass man nur bei den Handlungsbestimmungen von einer Begründbarkeit sprechen könne.[632] So klammern sie einen Großenteil der islamischen Gebote, nämlich die gottesdienstlichen Bestimmungen aus. Exemplarisch für diese Richtung sagt zum Beispiel aš-Šāṭibī, dass alle rechtlichen Bestimmungen der Scharia darauf gründeten, Nutzen zu befördern und Schaden abzuwenden. Allerdings gelte dies explizit nicht für die gottesdienstlichen Bestimmungen. Denn sie könnten weder im Bezug auf die Art, die Anzahl und auf die Zeit, in der sie verrichtet werden, begründet werden, noch sei es möglich, rational festzustellen, welchem menschlichen Interesse sie dienen könnten.[633]

Dagegen sind die progressiven maqāṣid-Gelehrten der Ansicht, dass es logisch und theologisch unzureichend sei, zu behaupten, dass diese oder jene Bestimmung nicht begründbar sei, nur weil sich zunächst kein plausibler Grund oder Zweck finden lasse. Zudem fügen sie hinzu, dass es gottesdienstliche Bestimmungen gebe, die in Koran oder Sunna explizit begründet seien.[634] Diese Begründung habe einen exemplarischen Charakter und deute daher darauf hin, dass auch die anderen gottesdienstlichen Bestimmungen begründbar seien. Außerdem sei es unvorstellbar, dass Gott hier so und dort anders handelt. Da Gott allwissend und allweise sei, sei ein solches willkürliches Handeln im Zusammenhang mit Gott unvorstellbar.[635]

Zusammenfassend lassen sich die Haltungen der maqāṣid-Gelehrten wie folgt darstellen: Sowohl die progressiven als auch die konservativen maqāṣid-Gelehrten sind sich darüber einig, dass alle Handlungsbestimmungen zweckrational begründbar sind. Nach konservativer Ansicht, sind jedoch die gottesdienstlichen Bestimmungen von der Begründbarkeit ausgenommen. Allerdings erkennen auch sie die Begründungen einzelner gottesdienstlicher Bestimmungen, wie sie sich in Koran und Sunna finden, an.[636]

Die Haltung der konservativen maqāṣid-Gelehrten muss jedoch eingedenk der Allweisheit und Allwissenheit Gottes als fragwürdig gelten, denn eben jene Eigenschaften Gottes offenbaren sich doch in seinen Handlungen und Bestimmungen. Auch angesichts der Tatsache, dass die maqāṣid-Gelehrten

---

632 Vgl. Aḥmad, ar-Rīsūnī: Naẓarīyat al-maqāṣid ʿindal-imām aš-Šātibī. Casablanca 1990, S. 189.

633 Vgl. Ibid., S. 188; vgl. hierzu auch Abū-Isḥāq, aš-Šāṭibī: al-Muwāfaqāt. Band 2. Beirut 1995, S. 305 f.

634 Vgl. Ibn ʿAbdissalām, al-ʿIzz: Qawāʿid al-aḥkām fī maṣāliḥ al-anām. Band 1. Kairo 1988, S. 89.

635 Vgl. Ibid.

636 Vgl. Aḥmad, ar-Rīsūnī: Naẓarīyat al-maqāṣid ʿindal-imām aš-Šātibī, S. 191

einstimmig das Verständnis der rechtlichen Gebote und deren Umsetzung als einen wichtigen Zweck der Gesetzgebung Gottes betrachten, muss man sich schließlich fragen: Trägt diese konservative Vorstellung zu einem besseren Verständnis der Scharia bei?

Viele der islamischen gottesdienstlichen Handlungen sind im Hinblick auf ihre Gründe und Zwecke in ihrer Legitimations- und Anforderungsformel begründet. Diese Begründungen sind nicht induktiv oder argumentativ abgeleitet worden, sondern ausdrücklich in den authentischen Quellen erwähnt.[637] Als Beispiel sagt der Koran bezüglich des rituellen Gebets: „Wahrlich, Ich bin Allah. Es gibt keinen Gott außer Mir; darum diene Mir und verrichte das Gebet zu Meinem Gedenken"[638] und „trage vor, was dir vom Buche geoffenbart wird, und verrichte beständig das Gebet: denn, wahrlich, das Gebet bewahrt vor Schandbarem und Verbotenem; und Allahs zu gedenken, ist gewiss das Höchste".[639]

Über den Zweck des Fastens lesen wir im Koran: „O ihr, die ihr glaubt! Euch ist das Fasten vorgeschrieben, wie es denjenigen vor euch vorgeschrieben war, auf dass ihr Gottesfürchtig werdet".[640] Auch für die Pilgerfahrt werden in der Sure al-Ḥağ drei Zwecke genannt: „Und rufe die Menschen zur Pilgerfahrt auf. Sie werden zu Fuß und auf allen Reittieren, aus den fernsten Gegenden zu dir kommen, auf dass sie viel erfahren mögen, was ihnen von Nutzen sein wird, und dass sie den Namen Gottes an den festgesetzten Tagen lobpreisen mögen über welchem Vieh auch immer, mit dem Er sie (zu diesem Zweck) versorgt haben mag. So esst davon und speist die notleidenden Armen".[641]

Im Zusammenhang mit zakāt (Almosen) lesen wir: „Nimm Almosen von ihrem Besitz, auf dass du sie dadurch reinigen und läutern mögest".[642] Dies ist nur ein Aspekt der Begründung, den aber Abū Ḥanīfa als Ziel der Etablierung der zakāt betrachtet.[643] Aus seiner Sicht wurde zakāt erlassen als Mittel zur

---

637 Vgl. Ǧāsir, al-ʿAuda: Fiqh al-Maqāṣid – ʾinaṭat al-Aḥkām aš-šarʿiya bi maqāṣidihā. Virginia 2006, S. 54 f.

638 Sure Taha (20), Vers 14.

639 Sure al-ʿAnkabūt (29), Vers 45.

640 Sure al-Baqara (2), Vers 183.

641 Sure *al-Ḥağ* (22), Vers 27–28.

642 Sure at-Tauba (9), Vers 103.

643 Vgl. ʿAbdurraḥmān, al-Wakīlī: Falsafat at-Tašrīʿ al-islāmī. In: al-Iğtihād, Heft 62/2003, S. 115–138.

Disziplinierung und Läuterung der Seele durch Freigebigkeit und Spenden für die Armen, in Anbetracht der Tatsache, dass das Sichbegnügen mit dem eigenen Besitz meistens zum Egoismus und Verderbnis führe.[644]

Der weitere Begründungsaspekt der zakāt wird durch ein Ḥadīṯ verdeutlicht, in dem der Prophet sagt: „Es (Almosen) wird von ihren Reichen genommen und ihren Armen gegeben".[645] Darauf wird auch durch den Koranvers[646] hingewiesen, der die Gruppen von Menschen bestimmt, unter denen zakāt-Geld verteilt werden soll. Dieser Vers betont damit, dass zakāt einen sozialen Zweck intendiert. Und die soziale Funktion ist für die meisten Gelehrten das Primärziel der islamischen Almosen (zakāt).[647] Diese Ansicht wird u. a. auch vom Imām aš-Šāfiʿī (gest. 820) vertreten, über den Šihābuddīn az-Zanǧānī, ein Anhänger der schafi'itischen Rechtschule, schreibt, dass er der Überzeugung gewesen sei, dass zakāt eine Art finanzieller Solidarität sei, die an die Armen vonseiten des wohlhabenden aufgrund des brüderlichen Bandes der Menschlichkeit zu leisten sei.[648] Für ihn hätte der Gesichtspunkt der Solidarität der Menschen untereinander im Vordergrund gestanden. Den gottesdienstlichen Aspekt hingegen bewerte aš-Šāfiʿī als nachranging. Er diene nur dazu, die Menschen zu motivieren, ihre Habgier zu überwinden, damit sich der eigentliche Zweck der zakāt erfüllen könne.[649]

Selbst aš-Šāṭibī (gest. 1388) bestreitet nicht, dass die verschiedenen gottesdienstlichen Handlungen im Allgemeinen in ihren Quellen begründet seien, auch wenn er zugleich behauptet, dass diese Begründungen größtenteils nicht ausführlich sondern nur allgemein gehalten seien.[650] Er erklärt: „Es ist eine

644 Vgl. Aḥmad, ar-Rīsūnī: Naẓarīyat al-maqāṣid ʿindal-imām aš-Šātibī. Casablanca 1990, S. 190.

645 Berichtet von al-Buḫārī, Kitāb az-Zakāt, Bāb wuǧūb az-Zakāt (Ḥadīṯ-Nr.: 1395).

646 Hier ist der Vers 9 der Sure at-Tauba gmeint: „Die Almosen sind (gedacht) nur für die Armen und die Bedürftigen und für die mit ihrer Verwaltung Beauftragten und für die, deren Herzen versöhnt werden sollen, und für die (Befreiung von) Sklaven und für die Schuldner, und für (jede Anstrengung) für Gottes Sache und (für) den Reisenden: (dies ist) eine Vorschrift von Allah. Und Allah ist Allwissend, Allweise."

647 Vgl. Aḥmad, ar-Rīsūnī: Naẓarīyat al-maqāṣid ʿindal-imām aš-Šātibī. Casablanca 1990, S. 191.

648 Vgl. Šihābuddīn, az-Zanǧānī: Taḫrīǧ al-furūʿ ʿalā al-uṣūl. Beirut 1982, S. 110.

649 Vgl. Ibid.; vgl. hierzu auch Aḥmad, ar-Rīsūnī: Naẓarīyat al-maqāṣid ʿindal-imām aš-Šātibī, S. 191.

650 Vgl. ʿAbdurraḥmān, Ibrāhīm al-Kīlānī: Qawāʿid al-maqāṣid ʿindal-imām aš-Šātibī – ʿardan wa dirāsatan wa taḥlīlan. Damaskus 2005, S. 234.

bekannte Tatsache, dass die verschiedenen Formen des Gottesdienstes im Allgemeinen um den Nutzen der Menschen im Diesseits und Jenseits erlassen wurden, auch wenn dies nicht detailliert bei jeder Bestimmung erkennbar ist."[651]

Er befasst sich zum Beispiel mit den Zwecken und legitimen Nutzen des rituellen Gebets und stellt fest, dass das Primärziel des Gebets sei, „die Haltung der Demut und das Gefühl der Ehrfurcht gegenüber Gott", indem der Betende „Gott gegenüber unterwürfig «stehe», sich ihm aufrichtig «zuwende» und dadurch die ständige Erinnerung an ihn «wachhalte»."[652] Neben diesem Hauptziel gebe es noch weitere Ziele des rituellen Gebets, die explizit in den Quellen erwähnt seien. Zu diesen zählt aš-Šāṭibī die Abwendung schlechter Taten; das Insichkehren, um über sich selbst und den Sinn der Existenz zu reflektieren; die Erholung aus allen Beschwerlichkeiten und Bedrängnissen des hektischen Alltags; das Erbitten von Gottes Hilfe und das Erlangen des göttlichen Segens.[653] Er fügt hinzu: „So beinhalten die meisten Formen des Gottesdienstes generell Nutzen im Jenseits, aber auch Nutzen im Diesseits. Dies ist aber nachrangig im Vergleich mit dem primären Nutzen."[654]

Dies alles zeigt die Vielzahl der zweckorientierten Begründungen auch im Bereich der gottesdienstlichen Bestimmungen. Ein weiterer Aspekt, der dies verdeutlicht, ist die Tatsache, dass alle Erleichterungen (arab. ar-ruḫaṣ)[655] der vorgeschriebenen gottesdienstlichen Gebote rational begründbar sind.[656] Aš-Šāṭibī selbst hat dieses Faktum zu einem gewissen Grad anerkannt, indem er sagt: „die Identifizierung einer «rational angemessenen» Grundlage bzw. eines Zweckes hinter den gottesdienstlichen Handlungen ist eine legitime aber zugleich eine sehr begrenzte Praxis, wie «die Linderung der Not» als Grundlage dafür, dass es dem Reisenden erlaubt, ja manchmal empfohlen ist,

651 Abū-Isḥāq, aš-Šāṭibī: al-Muwāfaqāt. Band 1. Beirut 1995, S. 201; vgl. auch al-Kīlānī: Qawā'id al-maqāṣid 'indal-imām aš-Šāṭibī – 'ardan wa dirāsatan wa taḥlīlan, 234.

652 Ibid. Band 2, S. 399; siehe auch ar-Rīsūnī: Naẓarīyat al-maqāṣid 'indal-imām aš-Šātibī, S. 191–192.

653 Vgl. Ibid. Band 2, S. 400; vgl. ar-Rīsūnī: Naẓarīyat al-maqāṣid 'indal-imām aš-Šātibī, S. 192.

654 Ibid.

655 Eine kurze Erklärung des Begriffs Erleichterungsnormen (ar-ruḫaṣ) findet sich dort auf Seite 41.

656 Vgl. 'Abdurraḥmān, Ibrāhīm al-Kīlānī: Qawā'id al-maqāṣid 'indal-imām aš-Šātibī – 'ardan wa dirāsatan wa taḥlīlan. Damaskus 2005, S. 241.

zwei konsekutive Gebete zu kürzen und zusammenzubeten; das Fasten zu brechen und dergleichen.“[657]

In Bezug auf andere Bestimmungen, nämlich die Weisungen, die der Prophet manch einem seiner Gefährten erteilt hat, um die gottesdienstlichen Handlungen nicht zu übertreiben, sagt aš-Šāṭibī (gest. 1388), dass auch diese rational zu begründen seien, da eine solche Übertreibung etwa Erschöpfung und Müdigkeit zur Folge haben könne oder sogar Ablehnung der Gebote fördern könne.[658] Er schließt mit der Feststellung: „Daher unterliegt jede normative Bestimmung einem rechtlichen Grund (arab. ʿilla).“[659]

Im Hinblick auf die Einzelheiten der rituellen Reinheit (Wodu') ist nicht zu übersehen, dass hier der Ansatz der rationalen Angemessenheit der offensichtlichste und breiteste ist.[660] Ein Beispiel für die Rationalität der Bestimmungen der rituellen Reinheit ist die von al-Maqarrī formulierte Regel, dass „das, was als anstößig im normalen Alltagsleben gilt, ebenfalls anstößig in Bezug auf Gottesdienste ist: wie z. B. sich aus unreinen Behälter zu reinigen, das Gebet auf unreinen Plätzen zu verrichten, die rituelle Waschung mit schmutzigem Waschwasser durchzuführen usw.“[661] Wenn taʿlīl nicht die überwiegende Praxis im Bereich der gottesdienstlichen Bestimmungen wäre, hätte al-Maqarrī seine Regel nicht so selbstverständlich und verallgemeinert formuliert.[662]

Noch deutlicher wird al-Ǧuwaīnī, der darauf hinweist, dass die Gelehrten das Verbot sich zu beschmutzen aus dem Zweck der rituellen Reinigung ableiten, wie er im Koran an verschiedenen Stellen formuliert sei,[663] etwa in der Sure al-Māʾida, in der es heißt: „Allah will euch keine Bedrängnis auferlegen, sondern Er will euch reinigen und seine Gunst an euch vollenden, auf dass

657 Zitiert bei: Aḥmad, ar-Rīsūnī: Naẓarīyat al-maqāṣid ʿindal-imām aš-Šātibī. Casablanca 1990, S. 193.

658 Vgl. Saʿd Ibn Aḥmad Ibn Masʿūd al-Yūbī: maqāṣid aš-šarīʿa al-islāmīya wa ʿalāqatuhā bi al-adilla aš-šarʿiya. Riad 1998, S. 119.

659 Zitiert bei: Al-Yūbī: maqāṣid aš-šarīʿa al-islāmīya wa ʿalāqatuhā bi al-adilla aš-šarʿiya, S. 119.

660 Vgl. Aḥmad, ar-Rīsūnī: Naẓarīyat al-maqāṣid ʿindal-imām aš-Šātibī. Casablanca 1990, S. 192 f.

661 Abū ʿAbdullah, al-Maqarrī: Qawāʿid-ul-Fiqh. Rabat 1996, S. 152.

662 Vgl. Aḥmad, ar-Rīsūnī: Naẓarīyat al-maqāṣid ʿindal-imām aš-Šātibī. Casablanca 1990, S. 193.

663 Vgl. Abūlmaʿālī, al-Ǧuwainī: al-Burhān fī uṣūl al-fiqh. Band2. Kairo 1980, S. 939.

ihr dankbar sein möget."[664] Daher sei die Begründung der rituellen Waschung (Wodu') mit dem Zweck der Reinigung richtig, wenn auch dies nicht der einzige Zweck sei.[665]

Diese Beispiele verdeutlichen, dass die gottesdienstlichen Handlungen ebenso an Zwecken gebunden und somit rational begründet sind. So haben etwa auch das rituelle Gemeinschaftsgebet (ṣalāt al-ǧamā'a) und das Freitagsgebet (ṣalāt al-ǧumu'a) soziale Funktionen und gesellschaftliche Zwecke. Und die Verteilung der fünf Pflichtgebete über den Tag fördert u. a. die Organisations- und Ordnungsfähigkeit des Menschen als elementare Kompetenz, indem sie den Umgang mit der Ressource Zeit schult. Auch dient dies dazu, im ununterbrochenen Kontakt zum Schöpfer zu bleiben. Denn im Arabischen konnotiert aṣ-Ṣalat (Gebet) u. a. auch die Bedeutung der „ṣila", also „Verbindung".[666] So verbindet sich der Diener beim Gebet mit seinem Erhalter, er wird in seine Gegenwart geführt, und Gott der Barmherzige öffnet seinem Geschöpf alle Türen und offenbart sich seiner Seele, so dass der Betende nach dem Gebetsakt keinesfalls daran zweifeln kann, dass Gott in ihm war, und dass die Gegenwart Gottes sein Wesen geläutert hat.[667] Daher ist der gottesdienstliche Zweck des Gebets, die innere Seele zu läutern und den Menschen Gott näher zu bringen. Darauf hinweisend sagt der Koran: „(...) und wirf[668] dich (vor Allah) nieder und sei Ihm nah!"[669]

Ein weiterer wichtiger Aspekt der Diskussion liegt in der Frage, mit welcher inneren Haltung die religiösen Bestimmungen befolgt werden. Geht man davon aus, die Normen seien zweckfrei und rational nicht zu ergründen, muss deren Befolgung aus Unterwerfung heraus geschehen. Dieser autoritäre Charakter, der der Religion dadurch zugesprochen wird, und der die Befolgung der Ge- und Verbote als Zwang ohne Einsicht einfordert, widerspricht dem Koranwort, nach dem es „keinen Zwang im Glauben"[670] geben darf. Explizit

---

664 Sure al-Mā'ida (5), Vers 6.

665 Vgl. Abūlma'ālī, al-Ǧuwainī: al-Burhān fī uṣūl al-fiqh. Band2, S. 939.

666 Muḥammad, 'Abdarra'ūf al-Minnāwī: Faiḍ al-Qadīr fi šarḥ al-ǧāmi' aṣ-ṣaġīr. Band 1. Beirut 1972, S. 389.

667 Vgl. Muḥammad, Aḥmad al-Qiātī Muḥammad: maqāṣid aš-šarī'a 'indal-imām Mālik bayna an-naẓariya wa at-taṭbīq. Kairo 2009, S. 256 f.

668 Niederwerfung symbolisiert hier das Gebet, also „wirf dich nieder" ist folglich als „bete" zu verstehen. Es ist also das Gebet, dass den Gläubigen Gott (seinem Erhalter) nahe bringt.

669 Sure al-'Alaq (96), Vers 19.

670 Sure al-Baqara (2), Vers 255.

formuliert der islamische Diskurs eine Glaubenshaltung aus innerer Überzeugung, bewusster Wahl und freiwilliger Entscheidung, wie etwa in der Sure al-Ġāšiya, in der es heißt: „Schauen sie denn nicht zu den wasserträchtigen Wolken, wie sie erschaffen sind; und zu dem Himmel, wie er emporgehoben ist; und zu den Bergen, wie sie aufgerichtet sind; und zu der Erde, wie sie ausgebreitet worden ist? So (o Prophet) ermahne sie; denn du bist wahrlich nur ein Ermahner, du kannst sie aber nicht zwingen (zu glauben)".[671]

Orientiert an dem menschlichen Beispiel, so will kein Mensch, dass ihm Anerkennung und Respekt nur aus Angst erwiesen werden. Wenn aber einige Menschen gerade dies tun und auf Zwang und Angst setzen, zum Beispiel die Autokraten und Despoten, dann weil sie eben schwach sind und sich nicht anders zu helfen wissen.[672] Es ist paradoxerweise auch eine Qual, in die sie sich hineinmanövrieren, und nicht nur eine Wahl. Gefolgschaft durch Zwang ist also für den gesunden menschlichen Verstand und auch nach islamischen Werten kein erstrebenswertes Ziel, wohingegen sich positive Autorität durch Authentizität und auf der Grundlage innerer Überzeugung entfalten kann und keiner Gewalt bedarf.[673] Solcherart muss der Überlieferung nach auch das Verhältnis des Propheten zu seinen Gefährten gewesen sein.[674]

Wenn aber die ideale Verbindung keines Druckes und keiner Gewalt bedarf, sondern auf der Basis von Überzeugung und freier Entscheidung entsteht, stellt sich die Frage, welches Gottesbild der Vorstellung der Gelehrten zugrunde liegt, die den taʿlīl ablehnen.[675]

Entspricht diese Vorstellung dem Gottesbild in den islamischen Quellen von Gott dem Allwissenden, Allweisen, Allbarmer?[676] Ist es kein Konsens

671 Sure al-Ġāšiya (88), Vers 16–22.

672 Vgl. Al-Maṭīrī ,Ḥākim: al-Ḥurrīya aw aṭ-ṭūfān. Kuwait 2003, S. 187.

673 Vgl. Ibid., S. 201.

674 „Zu euch ist nunmehr ein Gesandter aus euren eigenen Reihen gekommen. Bedrückend ist es für ihn, wenn ihr in Bedrängnis seid, (er ist) eifrig um euch bestrebt, zu den Gläubigen gnadenvoll und barmherzig." Sure at-Tauba (9), Vers 128. In einem weiteren Vers heißt es: „Durch Erbarmen von Allah bist du (o *Muḥammad*) mild zu ihnen gewesen; wärst du aber schroff und hartherzig, so würden sie wahrlich rings um dich auseinandergelaufen. So verzeihe ihnen, bitte für sie um Vergebung und ziehe sie in den Angelegenheiten zu Rate." Sure Āl-i-ʿImrān (3), Vers 159.

675 Vgl. Muḥammad, Yaḥyā: Naḍariyat al-maqāṣid wa l-waqiʿ. In: Qaḍāya islāmiya muʿāṣira, Heft 8/1999.

676 Die Prämisse, dass Gott allwissend und allweise ist, wiederholt sich an verschiedenen Stellen im Koran (2/31; 6/18; 6/128; 9/28 usw.). Daraus schließen die Gelehrten, dass

quer durch alle islamischen Denkschulen, dass der wahre Glaube aus innerer Überzeugung hervorgeht?[677] Und was will es aber heißen, eine Überzeugung von der Wahrheit oder Unwahrheit einer Sache zu haben? Ist es nicht so, dass jeder Glaube, jede Überzeugung eine leere Äußerung der Subjektivität ist, die keine Geltung hat, solange nicht Beweise und Gründe dazu beigebracht sind? Kann überhaupt eine Überzeugung entstehen, wenn Logik und Sinnhaftigkeit verleugnet werden? Was ist dann die Trennlinie zwischen Überzeugung und Irrtum?

Es sind diese Fragen, die deutlich machen, dass die Fluchtlinien einer jeden Bestimmung auf taʿlīl zulaufen müssen. Diverse Koranstellen belegen die Bedeutung der Vernunft in der Religion, wie etwa in der Sure Āl-i-ʿImrān, an deren Ende es heißt: „Wahrlich, in der Schöpfung der Himmel und der Erde und in dem Wechsel der Nacht und des Tages, liegen wahre Zeichen für die Vernünftigen, die Allahs (…) gedenken und über die Schöpfung der Himmel und der Erde nachdenken (und sagen): «Unser Herr, Du hast (all) dies nicht ohne Sinn und Zweck erschaffen. Gepriesen seist Du.»“[678] In diesem Vers spricht der Koran von den Rechtgeleiteten, die beten, Gottes gedenken, über die Schöpfung nachdenken und am Ende durch ihre reine Vernunft und menschliche Veranlagung zum Erkenntnis gelangen, dass „all dies“ nicht umsonst oder sinnlos sein kann. Gerade diese Haltung, nach der die Schöpfung einen Sinn und Zweck haben muss, preist Gott, indem er diese Leute lobend „die Vernünftigen“[679] bezeichnet und indem er weiter über sie sagt: „Da erhörte sie ihr Herr (und sprach): Seht, Ich lasse kein Werk der Wirkenden unter euch verlorengehen, sei es von Mann oder Frau; jeder von euch ist ein Abkömmling des anderen (…) wahrlich, tilgen will Ich ihre schlechten Taten, und wahrlich, führen will Ich sie in Gärten, durch die Bäche fließen, als Lohn von Allah. Und bei Allah ist die beste Belohnung.“[680]

---

alles was Gott veranlasst einem Interesse dient. Vgl. Ar-Rāzī, Faḫruddīn: al-Maḥṣūl fī ʿilm al-uṣūl. Band 2. Riad 1981, S. 213.

677 „Es gibt keinen Zwang im Glauben. (Der Weg der) Besonnenheit ist nunmehr klar unterschieden von (dem der) Verirrung.“ (Sure al-Baqara (2), Vers 255.); „Und wenn dein Herr wollte, würden fürwahr alle auf der Erde zusammen gläubig werden. Willst du etwa die Menschen dazu zwingen, gläubig zu werden?“ (Sure Yūnus (10), Vers 99.)

678 Sure Āl-i-ʿImrān (3), Vers 189–190.

679 Sure Āl-i-ʿImrān (3), Vers 190.

680 Sure Āl-i-ʿImrān (3), Vers 193.

Wobei der Ausdruck „all dies“ in diesem Vers das umschließt, was sie gesehen haben (Himmel und Erde), aber gewiss auch das, was sie an gottesdienstlichen Handlungen verrichtet haben (Beten, Gedenken usw.). Demnach impliziert alles, was Gott durch Schöpfung (Universum) oder Offenbarung (Normen) erschaffen hat, Weisheit und intendiert einen Zweck.[681]

Nun sei darauf hingewiesen, dass es bezüglich dieser Kontroverse, also die Begründbarkeit der gottesdienstlichen Bestimmungen, neben den beiden Positionen der konservativen und progressiven maqāṣid-Gelehrten noch eine dritte Position gibt. Sie wird von jenen Gelehrten eingenommen, die zwar die Auffassung teilen, dass alle Gebote und Bestimmungen rational begründbar sind, also einen Sinn und Zweck haben, die aber darüber hinaus der Ansicht sind, dass manche Zwecke verborgen bleiben.[682] Ihnen ist insofern recht zu geben, als dass manche Sinne und Zwecke nicht explizit und somit allgemein zugänglich sind, und dass sie sich deshalb nur durch entsprechende Anstrengung erschließen lassen.[683] Gott selber macht diese Einschränkung und sagt, dass es Dinge gebe, die nur die Wissenden verstehen und entschleiern könnten, wie in der Sure an-Nisā': „Und wenn ihnen etwas zu Ohren kommt, das Sicherheit oder Furcht betrifft, machen sie es bekannt. Hätten sie es aber vor den Gesandten und vor jene gebracht, die unter ihnen die Befehlsgewalt besitzen, dann würden es sicherlich die unter ihnen, die es entschleiern könnten, wissen.“[684]

Widersprochen werden muss ihnen aber, wenn „verborgen“ meint, dass diese Sinne ein Geheimwissen darstellten, dass nicht auf rationalem Wege zu erfassen sei, sondern lediglich auf spirituell-esoterischem.[685] Denn die Behauptung, dass diese oder jene Bestimmung zwar einen Sinn habe, dieser aber verborgen bleibe, weil die menschliche Vernunft ihn nicht erfassen könne, kommt letztlich für das agierende Subjekt der Aussage gleich, dass eine solche Bestimmung gar keinen Sinn habe.[686] Wenn hingegen die Hand-

681 Vgl. Abūǧa'far, Muḥammad Ibn Ǧarīr aṭ-Ṭabarī: Ǧāmi'u l-bayān 'an ta'wīl āyi l-Qur'ān. Band7. Kairo 2000, S. 477.

682 Vgl. Muḥammad, Yaḥyā: Naḍariyat al-maqāṣid wa l-waqi'. In: Qaḍāya islāmiya mu'āṣira, Heft 8/1999, S. 150–169.

683 Vgl. Ibid.

684 Sure an-Nisā' (4), Vers 83.

685 Vgl. Rabī', al-Furaisī: Ta'līlu l-aḥkām bayna l-Fiqh wa 'ilm al-Kalām. In: al-Mun'aṭaf, Heft 26/ 2005.

686 Vgl. Ibid.

lungen und Bestimmungen doch Sinne und Zwecke haben, dann müssen diese sich in unserem Leben und Wahrnehmungsraum offenbaren. Dieser letztere Gedanke verleitet zu der allgemeinen Frage, wann eigentlich eine Bestimmung oder eine Handlung einen Sinn hat.

Der britische Philosoph Gilbert Ryle (1900–1976) hat den Zusammenhang zwischen Handeln und Sinnhaftigkeit so ausgedrückt: „Handeln und Verstehen sind, grob ausgesagt, bloß verschiedene Ausübungen desselben Handwerks.“[687] Demnach wird eine Handlung als sinnvoll bezeichnet, wenn sie verstanden werden kann; und sie wird dann verstanden, wenn sie einen Beitrag leistet und eine Wirkung erzeugt; also wenn sie eine Funktion im Leben erfüllt. Denn jede sinnvolle Handlung definiert sich durch einen zu erfüllenden Sinn und einen zu erzielenden Zweck als Finalursache.[688] Dieser Beitrag ist dann geleistet, wenn der vordefinierte Zweck vollbracht ist. So hat jede sinnvolle Handlung einen instrumentellen funktionalen Charakter zur Erlangung eines angestrebten Endzustands. Demzufolge sind es der Beitrag und die Wirkung im Leben, die einer Handlung oder einer Bestimmung Sinn verleihen.[689] Man kann also sagen, dass eine Handlung (sei es eine gottesdienstliche oder eine soziale) ihren Sinn erst in einem sozialen Kontext erhält und das sie gleichzeitig nur durch diesen Sinn legitimiert wird. Daher sind viele muslimischen Gelehrten der Meinung, dass Gott als der Allweise keine Handlung achte und würdige, wenn sie keinen Sinn habe, also wenn sie jenseits des menschlichen Verstandes agiere, und Er eine solche Handlung daher auch niemals veranlasse.[690] Es muss also unsere Aufgabe sein erstens nach dem Sinn und Zweck zu fragen, also zu verstehen; und zweitens die Bestimmungen so auszulegen, dass unsere Handlungen am Ende deren Sinn erfüllen.[691]

Es gibt einen Vers im Koran, der diesen Gedanken illustriert und die vorangegangenen Ausführungen zusammenfasst. Darin heißt es: „Wahre Frömmigkeit besteht nicht darin, dass ihr eure Gesichter nach Osten oder

687 Gilbert, Ryle: Der Begriff des Geistes. Stuttgart 1969, S. 68. Zitiert bei: Johannes, Moser: Grenzen und Differenzen – Zur Macht sozialer und kultureller Grenzziehungen. Göttingen 2006, S. 29.

688 Vgl. Amīn, Dawūd Ḥasan: al-Maqāṣid wa ʿAqlanat at-Tafkīr ad-dīnī. In: al-Furqān, Heft 75/ 2003, S. 57- 81.

689 Vgl. Ibid., S. 65.

690 Vgl. Muḥammad, Ṭāhir IbnʿĀšūr: Maqāṣid aš-šarīʿa al-islāmīya. Amman 2001, S. 278ff; vgl. hierzu auch ʿAṭīya, Ǧamāluddīn: Naḥwa tafʿīl maqāṣid aš-šarīʿa. Damaskus 2001, S. 76.

691 Vgl. ʿAṭīya, Ǧamāluddīn: Naḥwa tafʿīl maqāṣid aš-šarīʿa. Damaskus 2001, S. 77 f.

Westen[692] wendet – sondern wahrhaft fromm ist, wer an Gott glaubt und den letzten Tag und die Engel und Offenbarung, und die Propheten; und von seinem Vermögen ausgibt (wie sehr er selbst es auch wertschätzen mag) für seine nahen Verwandten und die Waisen und die Bedürftigen und den Reisenden[693] und die Bettler und für das Befreien von Menschen aus Knechtschaft[694]; und beständig das Gebet verrichtet und die zakāt (Almosen) entrichtet; und (wahrhaft fromm sind) diejenigen, die ihre Versprechen halten, wann immer sie etwas versprechen, und geduldig im Missgeschick sind und in Härte und in Zeiten der Gefahr; es sind sie, die sich als wahrhaftig erwiesen haben, und es sind sie, die sich Gottes bewusst sind".[695] Gerade dieser Vers wurde abermals von den sogenannten Korankritikern instrumentalisiert, um den Eindruck zu suggerieren, dass der Koran widersprüchlich sei, da hier zunächst das Gebet als Zeichen der Frömmigkeit ausgeschlossen werde, um es danach paradoxerweise wieder in die wesentlichen Akte der Frömmigkeit einzubeziehen.[696] Sie behaupten also, dass sie hier keinen Sinn und keine Logik erkennen können. Tatsächlich aber sagt dieser Vers, dass es nicht genügt nur die äußeren Formen der Frömmigkeit zu wahren, denn die wichtige Eigenschaft

692 Die Formulierung des Wendens des Gesichts nach Osten oder Westen deutet auf das rituelle Gebet. Denn alle Muslime verrichten ihr Gebet in eine Richtung, die sogenannte *qibla* (Gebetsrichtung), also die Luftlinie zur Kaʿba in Mekka. Dies führt dazu, dass sich die Muslime beim Gebet von allen Richtungen der *qibla* zuwenden.

693 Der Ausdruck *Ibn Assabil* (wörtlich: Sohn des Weges) bezeichnet jegliche Person, die weit entfernt von ihrer Heimat ist, und insbesondere jemanden, der wegen dieses Umstands nicht genügend Mittel zum Lebensunterhalt zur Verfügung hat, oder auch eine Person, die zeitweilig oder dauerhaft nicht nach Hause zurückkehren kann, wie zum Beispiel ein bedürftiger politischer Flüchtling. (Leopold, Weiss: Die Botschaft des Koran. Düsseldorf 2009, S. 68.)

694 Der arabische Ausdruck „*wa fi'rriqab*" steht sowohl für das Auslösen von Gefangenen als auch für das Befreien von Sklaven. Der Prophet *Muḥammad* sagt bei vielen Gelegenheiten mit großem Nachdruck, dass das bedingungslose Befreien eines Menschen aus Knechtschaft in der Sicht Gottes zu den lobenswertesten Handlungen gehört, die ein Muslim ausführen kann. Durch die Einbeziehung dieser Art von Ausgaben in die wesentlichen Akte der Frömmigkeit, gibt der Koran zu verstehen, dass das Befreien von Menschen aus Knechtschaft, jeglicher Knechtschaft, einer der wichtigsten sozialen Zwecke des Islam ist. (Vgl. Weiss: Die Botschaft des Koran, S. 68.)

695 Sue al-Baqara (2), Vers 177.

696 Vgl. ʿAbdullāh, Ibn Bayya: Amālī ad-dalālāt wa maǧālī al-iḫtilāfāt. Jeddah 1998, S. 149.

des islamischen Denkens ist sein zweckrationaler Ansatz.[697] Und in einem solchen Denken spielt das Gebet, wie groß und wichtig es auch sein mag, keine Rolle und hat keine Geltung, wenn es keine Relevanz und keine soziale Bedeutung hat, also wenn es abgekoppelt vom Lebensgeschehen praktiziert wird.[698] Daher gilt diese Ablehnung natürlich nicht dem Gebet als solchem, sondern einer Praxis, die dem Gebet seine soziale Relevanz abspricht und es so seiner Wirkung beraubt. So gesehen ist die zweite Erwähnung des Gebets im gleichen Vers sowie die Betonung dessen Bedeutung umso wichtiger, um eben diesem vermeintlichen Eindruck entgegenzutreten sowie um zu zeigen, dass das Gebet, wie jede andere gottesdienstliche Handlung, dann akzeptiert und angenommen wird, wenn es in dem sozialen Geschehen eingebettet ist und in den menschlichen Nutzen einmündet. Denn dann kann eine gottesdienstliche Handlung einen Beitrag leisten und nur so kann sie Bedeutung und Sinn haben.[699]

Um diesem zweckrationalen Denken Nachdruck zu verleihen, bediente sich der Prophet Muḥammad in einem Ḥadīṯ einem Gleichnis. Er berichtet von einer Frau,[700] die trotz unübertrefflich großer Gottesdienstleistungen in die Hölle kam, weil sie einen schlechten Charakter hatte. Er zeigt damit, dass der Gottesdienst, wie das Gebet und das Fasten ohne rechtschaffenes Handeln nicht wirksam werden kann.[701] So sagte der Prophet: „Sie ist in der Hölle, am Tag fastet sie, und in der Nacht betet sie, aber sie verletzt dauernd ihre Nachbarn".[702] Ferner wird die Zweckrationalität der Bestimmungen, aller Bestimmungen, im Koran in vielen Stellen und auf verschiedenen Weisen betont: Zum Beispiel übermittelt uns der Koran in einem Vers die Geschichte von den beiden Söhnen Adams, Kain und Abel.[703] Als sie ein Opfer darbringen, ist Gott nur bereit das Abels anzunehmen, mit der Begründung, dass Gott

697 Vgl. Ibid., 161.

698 Vgl. Ibid.

699 Vgl. Ibid., S. 167.

700 Hier geht es nicht um die Zweckrationalität einer konkreten Norm, sondern um die Zweckrationalität von Normen und Handlungen im Gesamtzusammenhang.

701 In der Sure al-ʿAnkabūt (29), Vers 45 steht: „und verrichte beständig das Gebet: denn, wahrlich, das Gebet bewahrt vor Schandbarem und Verbotenem".

702 Aḥmad, Ibn Muḥammad Ibn Ḥanbal: Musnad Imām Aḥmad. Band 15. Kairo 1999, S. 421. (Ḥadīṯ-Nr.: 9675)

703 „Und verlies ihnen in Wahrheit die Geschichte von den zwei Söhnen Adams, als sie beide ein Opfer darbrachten, und es von dem einen angenommen und von dem anderen nicht angenommen wurde. Da sagte dieser: »Wahrhaftig, ich schlage dich tot.« Jener

nur von den Aufrichtigen Gottesdienste annehme.[704] Da wir den Fortgang der Geschichte kennen, in der Kain seinen Bruder erschlug, wird deutlich, dass auch die gottesdienstlichen Handlungen zweckorientiert sind und dass ihre Bedeutung aus ihrer Funktion und Wirkung im Leben herrührt, eben als Mittel, um die Seele, den Geist und den Charakter des Menschen zu läutern, damit er sich darum bemühe, die Normen und die Gebote in die Tat umzusetzen, auf dass sie nicht nur unter den Zungen und in den Schriften verborgen bleiben.[705]

So münden all diese Quellen, Beweise, Ausführungen und Argumentationen in die Erkenntnis, dass sich die Sinnhaftigkeit und die Zweckrationalität wie ein roter Faden durch die gesamte islamische Religion und deren Glaubens- und Rechtslehre ziehen. Lediglich wenige Gebote gibt es, die zweckrational schwer zu begründen sind, oder deren Begründung einer besonderen intellektuellen Anstrengung bedarf.[706] Dies ist aber die Ausnahme, welche die allgemeine Regel der logischen und theologischen Begründbarkeit der islamischen Gebote bestätigt. Diese Feststellung machten selbst konservative maqāṣid-Gelehrte wie Imām al-Ǧuwainī (gest. 1085), der nach einer langen Diskussion konstatierte, dass die Normen und Bestimmungen, die keinen rationalen Sinn haben sollen, im Bereich des islamischen Rechts kaum vorstellbar seien.[707]

Diese Feststellung steht darüber hinaus, wie bereits erläutert, im Einklang mit den Versen des Koran, die allesamt explizit angeben, dass die (gesamte) Scharia und mit ihr auch die gesamte Religion rational begründbar seien. So sagt der Koran zum Beispiel: „Und Wir entsandten dich nur aus Barmherzigkeit für alle Welten".[708] In seinem Kommentar dazu zeigt al-ʿAḍud al-'Īǧī (gest. 1355)[709] auf, dass sich aus diesem Vers die Zweck-

---

erwiderte: »Allah nimmt nur von den Gottesfürchtigen (Opfer) an«". al-Mā'ida (5), Vers 27.

704 Vgl. Vers 5/28.

705 Vgl. Ibn Farḥūn, Burhānuddīn Abūlfidā': Tafsīrāt al-aḥkām fī uṣūl al-ʿaqīda wa-manāhiǧ alaḥkām. Beirut 1984, S. 97.

706 Vgl. Aḥmad, ar-Rīsūnī: Naẓarīyat al-maqāṣid ʿindal-imām aš-Šātibī. Casablanca 1990, S. 194.

707 Abūlmaʿālī, al-Ǧuwainī: al-Burhān fī uṣūl al-fiqh. Band 2. Kairo 1980, S. 926.

708 Sure al-anbiyā' (21), Vers 107.

709 Vgl. Tāǧuddīn, Ibn ʿAlī as-Subkī: Ṭabaqāt aš-Šāfiʿīya al-kubrā. Band 6. Kairo 1992, S. 108.

gebundenheit aller Bestimmungen ergebe.[710] Er argumentiert dahingehend, dass die Entsendung des Propheten als Akt der Barmherzigkeit zwangsläufig impliziere, dass alle Bestimmungen, die er den Menschen bringe auch im Interesse der Menschen seien, dass sich also die Barmherzigkeit in jeder einzelnen Norm auch wiederfinden lasse.[711]

Aus der Gesamtheit all dieser Diskussionsergebnisse ergibt sich der Schluss, dass die zweckrationale Begründung ein allgemeingültiges Gesetz in der islamischen Rechtsphilosophie ist und dass daher alle islamischen Bestimmungen, sowohl die sozialen Normen wie auch die gottesdienstlichen Gebote, Sinne enthalten und Zwecke intendieren, die letztlich dazu dienen, den Menschen dazu zu erziehen, immer und zu jeder Zeit ein aufrichtiger, konstruktiver und tugendhafter Mensch zu sein, und in der Gesamtheit seines Seins und seiner Beziehungen für die Gemeinschaft zu wirken, wie der Prophet Muḥammad im authentischen Ḥadīṯ sagt: „Ich wurde gesandt, nur um die edlen Charaktereigenschaften zu vervollständigen."[712]

Schließlich sei auch im Rahmen der Begründung des Ansatzes des Zweckrationalismus im islamischen juristischen Denken angemerkt, dass es den Muslimen nicht beliebig frei steht, ihre eigene Ansichten und Vermutungen über religiöse Gebote zu stellen; noch hat jemand das Recht, bloß nach persönlicher Präferenz und Mutmaßung zu begründen, ohne Befähigung und Autorität des Wissens. Denn ta'līl (Begründung) ist ein diskursiver und wissenschaftlich genormter Erkenntnisprozess, der spezifische Methoden, eigene Regeln und genaue Sätze hat, die in der Methodologie der Rechtslehre (uṣūl al-fiqh) eindeutig beschrieben, erklärt und zusammengefasst sind.[713]

---

710 Vgl. Zitat bei: Wahbah, Az-Zuḥailī: Uṣūl al-fiqh al-islāmī. Band 2. Damaskus 1986, S. 762.

711 Vgl. Ibid.

712 Aḥmad, Ibn Muḥammad Ibn Ḥanbal: Musnad Imām Aḥmad. Band 14. Kairo 1999, S. 512. (Ḥadīṯ-Nr.: 8952).

713 Vgl. Aḥmad, ar-Rīsūnī: Naẓarīyat al-maqāṣid 'indal-imām aš-Šāṭibī. Casablanca 1990, S. 231.

4.3.2 Zweite Diskussion: Nach welchen Methoden sind die *maqāṣid* zu identifizieren?

Die systematische Erforschung des gesamten Schrifttums bezüglich der Identifizierungsmethoden der maqāṣid forciert die Erkenntnis, dass die meisten in diesem Zusammenhang erstellten Konzepte sich in den von aš-Šāṭibī (gest. 1388) skizzierten Rahmen einfügen. Nahezu alles, was in diesem Bereich geschrieben wurde, ist Wiederholung, Zusammenfassung oder Neuordnung dessen, was er in verschiedenen Monographien, wie z. B. al-Muwāfaqāt oder al-I'tiṣām, bereits erklärt und verfasst hatte.[714] Demnach lassen sich die Zwecke (maqāṣid) des Gesetzgebers auf drei Arten ermitteln:[715]

1. Sie finden sich in den Texten aus dem Koran oder der Sunna, die explizit Normen und Gebote begründen.
2. Sie lassen sich durch die Analyse des Verhaltens des Gesetzgebers ermitteln, die sowohl aus den induktiven Folgerungen aus jenen Bestimmungen, deren Grundlage durch anerkannte Methoden der Beweisführung (masālik al-'illa) ohne explizite Erwähnung in Texten des Koran oder der Sunna geschlossen wurde, bestehen kann, als auch aus den Beweisen der Rechtsnormen, die einen gemeinsamen Zweck bzw. gemeinsamen Grund ('illa) haben.
3. Der Zweck wird auch offenbar durch die Orientierung an dem kanonischen Verständnis der islamischen Rechtsnormen der Prophetengefährten.

Somit postulieren all diese Konzepte das Primat des Quellentextes bei dem Erkenntnisprozess der maqāṣid. Nun stellt sich die Frage: Müssen alle Erkenntnis- und Herleitungsprozesse der maqāṣid direkt aus dem Quellentext bzw. in einem deutlichen Bezug darauf entstehen? Können also die Vernunft, die natürliche Veranlagung und die menschliche Erfahrung besonders in den Fällen, in denen explizite Quellentexte fehlen, beim Erkennen dessen, was nützlich bzw. schädlich ist, also bei der Identifizierung der maqāṣid, alternative Erkenntnisquellen anbieten?

714 Vgl. 'Aṭīya, Ǧamāluddīn: Naḥwa taf'īl maqāṣid aš-šarī'a. Damaskus 2001, S.15.

715 Vgl. Ibid.

Diese Frage ist von großer grundsätzlicher Bedeutung, denn die Meinungsdifferenz und der Dissens zwischen den progressiven und konservativen maqāṣid-Gelehrten manifestieren sich in besonderer Weise gerade an dieser Thematik, die besonders durch aš-Šāṭibīs Vorgänger aber auch von vielen zeitgenössischen Gelehrten ausführlich behandelt wurde. Außerdem sind fast alle Differenzen innerhalb der maqāṣid-Schule auf Positionen zurückzuführen, die sich eben in dieser Frage gegenüber standen.[716]

Bevor wir die unterschiedlichen Positionen der maqāṣid-Gelehrten zu dieser Grundsatzfrage näher betrachten, sei zunächst angemerkt, dass der Begriff der Vernunft hier nicht nur im Sinne der Summe aller Wahrnehmungsfähigkeiten und geistigen Erkenntnisvermögen eines Menschen verwendet wird, sondern auch im Sinne der geistigen Fähigkeit, durch Erfahrungen Lebensweisheit zu erlangen sowie große Zusammenhänge und ihre Bedeutung zu erkennen.[717] Es sei außerdem angemerkt, dass der Ausdruck natürliche Veranlagung in dieser Arbeit die angeborene, intuitive Fähigkeit des Menschen bezeichnet, „zwischen Recht und Unrecht, Wahr und Falsch zu unterscheiden und damit Gottes Existenz und Einheit zu verspüren."[718] In seinem philosophischen Werk „an-Naǧāt" (die Rettung) erläutert der berühmte Universalgelehrte Ibn Sīnā (Avicenna gest. 1037)[719] diesen Begriff der fiṭra als das menschliche Können, moralische Urteile aus sich heraus, noch vor der Prägung durch ein gesellschaftliches Wertesystem, zu treffen. Mithilfe des Verstandes sei der Mensch in der Lage der Realität ein Konzept von Gut und Böse zu entnehmen und Regeln und Prinzipien daraus abzuleiten. Diese Normen könne er selbst überprüfen und wenn sie seinen Zweifeln standhielten, dann sei ihre Setzung mit der fiṭra gerechtfertigt.[720] Ibn Sīnā warnt jedoch vor dem Fehlschluss, alles, was durch diese Grundveranlagung erschlossen sei, als wahr anzuerkennen: „Vielmehr ist die Veranlagung der Ratio (fiṭratu l-ʿaql), die oft als Vernunft oder Intellekt bezeichnet wird, das, was wahr ist. Hingegen könnte, generell betrachtet, die angeborene Sinneswahrnehmungsfähigkeit manchmal täuschen."[721] Dies gelte vor allem für Fragen, die theoreti-

716 Vgl. Nūruddīn, al-Ḫādimī: ʿIlm maqāṣid aš-šarīʿa. Riad 2001, S. 69.

717 Vgl. ʿAbdurraḥmān, Ṭaha: al-ʿAmal ad-dīnī wa-taǧdīd al-ʿaql. Casablanca 1997, S.18

718 Leopold, Weiss: Die Botschaft des Koran. Düsseldorf 2009, S. 776.

719 Vgl. Šamsuddīn, Muḥammad Ibn Aḥmad Ibn ʿUṯmān aḏ-Ḏahabī: Tahḏīb sīyar aʿlām an-nubalāʾ. Band 2. Beirut 1991, S. 321.

720 Vgl. Ṭāhir, IbnʿĀšūr: Uṣūl an-niẓām al-iǧtimāʿī fī l-islām. Damaskus 1983, S. 262 f.

721 Zitiert bei: IbnʿĀšūr: Uṣūl an-niẓām al-iǧtimāʿī fī l-islām, S. 263.

sche Felder beträfen. Die natürliche Veranlagung (fiṭra) biete daher Hinweise und sei auch ein Indiz für den Wahrheitsgehalt einer Aussage. So sei etwa die Überzeugung aller Menschen, dass Gerechtigkeit ein positiver Wert, der Mehrheitsbeschluss ein tragfähiges Konzept und Intelligenz eine bewundernswerte Eigenschaft seien, Beleg für die Valenz der fiṭra.[722] Nach diesen notwendigen Klarstellungen wollen wir uns nun der Frage widmen, wie die Vernunft als Erkenntnisquelle einzuschätzen ist.

Generell können diese Frage betreffend, die sehr breit und kontrovers im islamischen Denken diskutiert wurde, drei Positionen charakterisiert werden:

- Die erste Anschauung wird von den Literalisten (aẓ-Ẓāhirīya) vertreten, die sich, wie bereits erwähnt, ausschließlich auf Sinne und Bedeutungen beschränken, die eine eindeutige und explizite textliche Grundlage in Koran oder Sunna haben, und daher die Praxis des „Istidlāl", also der Schlussfolgerung, kategorisch ablehnen.[723]
- Die zweite Position formuliert eine bedingte Zulässigkeit der Ergebnisse des „Istidlāl". Demnach sind die abgeleiteten Erkenntnisse dann anzunehmen, wenn sie erstens in Anlehnung an eine Quelle hergeleitet sind, also wenn die Kontinuität gegeben ist; und wenn sie zweitens mit keiner der drei Quellen (uṣūl) der islamischen Lehre kollidieren, nämlich dem Koran, der Sunna und dem Konsens der islamischen Gelehrsamkeit.[724]
- Einer dritten Betrachtungsweise schließen sich die progressiven maqāṣid-Gelehrten an. Sie halten an Erkenntnissen fest, die durch richtige Schlussfolgerung erzielt worden sind, sofern sie das widerspiegeln, was den Grundprinzipien und dem Geist des Islam entspricht, selbst wenn diese ohne expliziten Bezug auf Sunna- oder Korantexte hergeleitet worden sind.[725]

Die letztgenannte Position ist vor allem aufgrund ihrer Auswirkungen von Bedeutung. Denn sie verleiht dem islamischen Rechtssystem Vitalität, innere Dynamik und Wandlungsfähigkeit, um sich auf die Bedürfnisse einer

722 Vgl. Ibid.

723 Vgl. Amīn, Dawūd Ḥasan: al-Maqāṣid wa ʿAqlanat at-Tafkīr ad-dīnī. In: al-Furqān, Heft 75/ 2003, S. 57- 81.

724 Vgl. Ibid. S. 65.

725 Vgl. Ibid. S. 73.

immer mobiler werdenden Gesellschaft und die damit verbundenen Herausforderungen einzustellen. Außerdem bietet dieser Ansatz eine zusätzliche wichtige Quelle, um zeitangemessene Antworten auf die Fragen der Konstellationen zu finden, in denen eine Rechtslücke herrscht.

Der erste bedeutende Gelehrte, der diesen Ansatz nachhaltig unterstützte war Imām aš-Šāfiʿī. Er legt die Inanspruchnahme des „Istidlāl" als Auslegungsmethode nahe, da sich bereits die Prophetengefährten ihrer bedient hätten, indem sie auch ohne den expliziten Verweis auf die Quellen Regeln aufgestellt oder Erkenntnisse gewonnen hätten.[726] Ihre Vorbildfunktion müsse nun für den „iǧtihād"[727] anerkannt werden, um den Anforderungen eines sich immer stärker und schneller wandelnden Lebensumfeldes gerecht zu werden. In ihm fänden sich völlig neue Konfliktfelder, für die es in den Quellentexten nicht immer übertragbare Beispielsituationen gebe.[728]

Ein weiterer Befürworter dieses Ansatzes war al-ʿIzz Ibn ʿAbdissalām (gest. 1261), eine zentrale Figur unter den progressiven maqāṣid-Gelehrten und der große Gelehrte des dreizehnten Jahrhunderts. Bezüglich der Vernunft als Erkenntnisquelle erklärt er, dass es allen Menschen auch ohne Anleitung der Offenbarung möglich sei, die grundsätzliche Unterscheidung zwischen Gut und Böse zu treffen und Nutzen und Schaden diesen beiden Polen zuzuordnen und das Handeln an ihnen auszurichten.[729] Universell und von allen Religionen anerkannt seien auch die Grundrechte der „Unversehrtheit des menschlichen Lebens, der Unantastbarkeit der menschlichen Würde und des Schutzes des materiellen Besitzes".[730] Hier könne es lediglich in der Gewichtung zu differierenden Einschätzungen kommen. So wie ein Kind, wenn es die Wahl zwischen etwas Normalem und etwas Besonderem habe, das Besondere wähle, so basal sei das Streben des Menschen zum Guten sowie dessen Wunsch das Schlechte zu vermeiden.[731] Ibn ʿAbdissalām unterscheidet jedoch

726 Vgl. ʿAṭīya, Ǧamāluddīn: Naḥwa tafʿīl maqāṣid aš-šarīʿa. Damaskus 2001, S. 17.

727 Das arabische Wort *iǧtihād* wird allgemein auf das wissenschaftliche Denken und jegliche intellektuelle Anstrengung übertragen.

728 Vgl. ʿAṭīya, Ǧamāluddīn: Naḥwa tafʿīl maqāṣid aš-šarīʿa, S. 17; vgl. Hierzu auch Abūlmaʿālī, al-Ǧuwainī: al-Burhān fī uṣūl al-fiqh. Band 2. Kairo 1980, S. 1117.

729 Vgl. Zahruddin, ʿAbdurraḥmān: maqāṣid aš-šarīʿa fi aḥkām al-Buyūʿ. Beirut 2009, S. 126.

730 Ibid.; siehe auch Ibn ʿAbdissalām, al-ʿIzz: Qawāʿid al-aḥkām fī maṣāliḥ al-anām. Band 1. Kairo 1988, S. 5.

731 Vgl. Ibid.

zwischen dem jenseitigen Nutzen und dem diesseitigen. Während die jenseitigen Nutzen auf der Basis der offenbarten Texte und des Konsenses, wenn auch nicht explizit, so doch durch Analogieschluss (Qiyās) oder Schlussfolgerung (Istidlāl) erkannt werden könnten, gelte für die weltlichen, dass sie zunächst auf der Basis von Vernunft und Erfahrung erschlossen würden.[732] Die Quellentexte könnten dabei Hinweise geben. Ibn ʿAbdissalām betont, dass Nutzen und Schaden, so sie nicht unmittelbar aus den Quellen hervorgingen, mithilfe der menschlichen Vernunft ermittelbar seien. „Wer also die Nutzen und die Schäden dieser Welt erkennen will, muss, unter der Annahme, dass der Quellentext dazu schweigt, seine Vernunft konsultieren und seine Erkenntnisse der allgemeingültigen Ratio stellen. So wird er gewiss imstande sein, bei verschiedenen Handlungen das „bonum" vom „malum" zu unterscheiden."[733]

Gleichzeitig merkt Ibn ʿAbdissalām an, dass Gott jedoch keinesfalls dazu verpflichtet sei, das Gute zu einem Vorteil werden zu lassen oder das Schlechte zu verhindern, sondern seien alle seine Taten ausschließlich Ausdruck seiner Barmherzigkeit.[734]

In einer weiteren Textpassage bekräftigt Ibn ʿAbdissalām, dass der rationale Ansatz die primäre Denkmethode des islamischen Rechts sei und führt aus, dass auch die Texte aus Koran und Sunna, indem sie dazu anhielten, das Nützliche zu fördern und das Schädliche zu verhindern, dies verdeutlichten,[735] wie etwa in der Sure an-Naḥl: „Gott gebietet Gerechtigkeit und das Tun des Guten und Großzügigkeit gegenüber den Mitmenschen; und er verbietet alles, was schmachvoll ist, und alles, was der Vernunft zuwiderläuft, wie auch Gewalttätigkeit; (und) Er ermahnt euch (wiederholt), auf dass ihr (all dies) im Gedächtnis behalten möget".[736] Die intensive Beschäftigung mit dem islamischen Recht vergleicht Ibn ʿAbdissalām mit dem langen Zusammenleben mit einem weisen Menschen. So wie es in einer solchen Beziehung möglich sei, die Entscheidungen des Partners zu antizipieren, da man seine Vorlieben und

732 Er exemplifiziert diese Ansicht auch in seiner Monographie „*Al-Fawaid*", indem er schreibt, dass „die Quellen des *jenseitigen* Nutzens bzw. Schadens nur durch die Offenbarung zu erkennen sind. Hingegen sind die Quellen des weltlichen Nutzens bzw. Schadens per menschliche Vernunft und Erfahrung zu ermitteln." Ibn ʿAbdissalām, al-ʿIzz: al-Fawāʾid fī iḫtiṣār al-maqāṣid. Damaskus 1996, S. 45.

733 Ibn ʿAbdissalām, al-ʿIzz: Qawāʿid al-aḥkām fī maṣāliḥ al-anām. Band 1, S.10.

734 Vgl. Zahruddin, ʿAbdurraḥmān: maqāṣid aš-šarīʿa fi aḥkām al-Buyūʿ. Beirut 2009, S. 127.

735 Vgl. ʿAṭīya, Ǧamāluddīn: Naḥwa tafʿīl maqāṣid aš-šarīʿa. Damaskus 2001, S. 18.

736 Sure *an-Naḥl* (16), Vers 90.

Abneigungen kenne, so sei es auch dem Gelehrten möglich, eine Urteilsfähigkeit zu erlangen, die ihm erlaube, ein so tiefes Verständnis des Gegenstandes zu erhalten, dass er auf dieser Basis mit der Kraft seines Verstandes Schlüsse zur Bewertung einer Situation ziehen dürfe.[737]

Nach der Ansicht des großen Gelehrten Ibn Taimīya (gest. 1328) hat Gott den Menschen die fiṭra (menschliche Veranlagung) mitgegeben, damit sie das Nützliche vom Schädlichen zu unterscheiden wissen und nach dem einen streben und das andere ablehnen. Man müsse also davon ausgehen, dass die Menschen sich dank dieser natürlichen Gabe instinktiv zum Guten hingezogen fühlten, während sie das Schlechte als abstoßend empfänden. Ebenso sei das, was wahrhaftig sei, für die Menschen glaubwürdig, dem Unwahrhaftigen schenkten die Menschen auch keinen Glauben.[738] So heiße es auch in der Sure al-Aʿrāf: „Dies sind jene, die dem (letzten) Gesandten folgen werden, dem schriftunkundigen Propheten, den sie bei ihnen beschrieben finden werden in der Thora, und im Evangelium, (dem Propheten), der ihnen das Tun dessen gebieten wird, was Recht ist, und ihnen das Tun dessen verbieten wird, was unrecht ist, und ihnen die guten Dinge des Lebens erlauben und ihnen die schlechten Dinge verbieten wird, und ihre Lasten von ihnen nehmen wird und die Fesseln, die (vordem) auf ihnen waren."[739]

Ähnlich bekräftigt Ibn al-Qaiyim (gest. 1350), der berühmte Schüler Ibn Taimīyas (gest. 1328), in seinen weithin bekannten Ausführungen, dass das islamische Recht (Scharia) auf der Weisheit und der Bewahrung der menschlichen Interessen sowohl in dieser Welt als auch in der nächsten basiere, sodass es „reine Gerechtigkeit, reine Barmherzigkeit, reiner Nutzen und reine Weisheit" sei.[740] Und entschieden fügt er hinzu, dass im Umkehrschluss alles, was von der Gerechtigkeit zum Unrecht, von der Barmherzigkeit zur Qual, vom Nutzen zum Schaden und von der Weisheit zur Torheit verleite, nicht Teil des islamischen Rechts sei, selbst wenn es sich um Erkenntnisse handele, die direkt aus dem Text interpretiert worden seien.[741] An einer weiteren Stelle erklärt er, dass Gottes Erwartung an den Menschen darin bestehe, Gerech-

737 Vgl. ʿAṭīya, Ǧamāluddīn: Naḥwa tafʿīl maqāṣid aš-šarīʿa. Damaskus 2001, S. 18; vgl. auch Ibn ʿAbdissalām, al-ʿIzz: Qawāʿid al-aḥkām fī maṣāliḥ al-anām. Band 2, S.189.

738 Vgl. Taqīyuddīn, Ibn Taimīya: Naqd al-Mantiq. Rabat 1993, S.29.

739 Sure *al-Aʿrāf* (7), Vers 157.

740 Vgl. Ibn al-Qaiyim, Šamsuddīn AbūʿAbdillāh: Iʿlāmu l-muwaqqiʿīn. Band 3. Kairo 1994, S. 3.

741 Vgl. Ibid., S. 3.

tigkeit herzustellen. Auf welche Art sich die Zeichen dafür den Menschen offenbaren, sei nicht eingeschränkt, da alles, was diesem Zweck diene, Gott zum Wohlgefallen sei. Dieses Ziel legimitiere die vielfältigen Wege, Normen und Bestimmungen zu erhalten.[742] Und er präzisiert: „Demnach ist jeder möglicher Weg, mittels dessen die Wahrheit ans Tageslicht gefördert werden kann, ein legitimer und anerkannter Weg, dem Normen und Bestimmungen abgeleitet werden können. Denn die Wege sind keine Selbstzwecke (maqāṣid li-ḏātihā), sondern Mittel (wasā'il) und Wege zur Wahrheit. Folglich liegt der Fokus nicht auf ihnen selbst, sondern auf ihren Finalwirkungen und Endzielen, also auf ihren wirklichen Zwecken."[743]

'Allal al-Fāsī (gest. 1974), ein marokkanischer Gelehrter, nähert sich dieser Thematik nach der Prämisse, dass die Beurteilung der menschlichen Interessen aus individuell gewählten Kriterien zum Interessenkonflikt und zur sozialen Inkohärenz führen könnte.[744] Er stellt daher fest, dass der Islam gerade aus diesem Grund die Tugend zum Maßstab des Handelns gemacht habe, zu welcher der Mensch durch seine natürliche Veranlagung finde (fiṭra). Bestätigt sieht er sich durch die Universalität dieses moralischen Anspruches, der sich, den Unterschieden zum Trotz, in allen Religionen und deren Strömungen finde.[745]

Beruhend auf diesem Koranvers: „Und so richte dein ganzes Wesen aufrichtig auf den (einen immerwahren) Glauben, gemäß der natürlichen Veranlagung, mit der Allah die Menschen erschaffen hat. Es gibt keine Veränderung in der Schöpfung Allahs. Dies ist der (Zweck des einen) immerwahren Glaubens.",[746] favorisiert der tunesische Gelehrte Ṭāhir Ibn 'Āšūr (gest. 1973) die Meinung, dass die Identifizierung der maqāṣid (Zwecke der Scharia) ein iterativer Prozess sei, der auf der menschlichen Vernunft und der natürlichen Veranlagung (fiṭra) beruhe.[747] Die Beschreibung des Islam als eines Glaubens gemäß der natürlichen menschlichen Veranlagung, so Ṭāhir Ibn 'Āšūr, bedeute, dass die Religion im Einklang mit einer vernünftigen Veranlagung stehe. Denn sie bestehe aus Lehren, Prinzipien und rechtlichen

742 Vgl. 'Aṭīya, Ǧamāluddīn: Naḥwa taf'īl maqāṣid aš-šarī'a. Damaskus 2001, S. 20 f.

743 Ibn al-Qaiyim, Šamsuddīn Abū'Abdillāh: I'lāmu l-muwaqqi'īn. Band 4, S. 373.

744 Vgl. 'Allāl al-Fāsī: Maqāṣid aš-šarī'a al-islāmīya wa-makārimuhā. Casablanca 1991, S.189.

745 Vgl. Ibid.

746 Sure ar-Rūm (30), Vers 30.

747 Vgl. Muḥammad, Ṭāhir Ibn'Āšūr: Maqāṣid aš-šarī'a al-islāmīya. Amman 2001, S. 307.

Bestimmungen, die allesamt rational erfassbar seien, und als solche durch die menschliche Vernunft begriffen und belegt werden könnten.[748] Allerdings versteht Ibn ʿĀšūr den Vorgang der Identifizierung der maqāṣid nicht als eine völlig der reinen Vernunft überlassene Angelegenheit, sondern als einen konsistenten und geregelten Prozess, der die folgenden Bedingungen erfüllen muss:[749]

- ***Aṯ-ṯubūt:*** Bei der Erkenntnis- und Rechtsfindung müssen jene Texte herangezogen werden, die auf einer zuverlässigen Weise überliefert worden und somit authentisch sind.
- ***Aẓ-Ẓuhūr:*** Die Texte müssen Sinngehalt in sich tragen, der klar und eindeutig verständlich ist.
- ***Inḍibāṭ:*** Dieser Begriff bedeutet im Arabischen (etwa) Korrektheit, Konsistenz oder Widerspruchsfreiheit. Eine Beweisführung ist dann „munḍabiṭ“, also konsistent, wenn man aus ihr keine Widersprüche ableiten kann. Dies bedeutet, dass es nicht möglich ist, sowohl einen Schluss als auch seinen Gegenschluss mit denselben Sätzen dieser Beweisführung herzuleiten. Wenn die daraus abgeleiteten Erkenntnisse oder Thesen endgültig richtig und nicht mehr falsifizierbar sind, gilt eine Argumentation also als „munḍabiṭ“.
- ***Idṭirād:*** Dies bedeutet etwa Kontinuität und Stetigkeit. Idṭirād ist dann gegeben, wenn das stetige Vorhandensein der abgeleiteten Erkenntnisse und Normen in der gesamten islamischen Lehre bzw. im gesamten Korpus des islamischen Rechts nachgewiesen werden kann.

Auch al-Ḫādimī (geb. 1963)[750] betont die fundamentale Bedeutung der Rolle der Vernunft im islamischen Rechtssystem. Er hebt hervor, dass es offenbart wurde, um es mit dem Verstand zu erfassen und umzusetzen. Dies gelinge nur, wenn der Mensch sich in einen geistig positiven Zustand und in einen rational konstruktiven Prozess begebe; und wenn dieser „rational

748 Vgl. Ibid.

749 Vgl. Ibid., 310 ff.

750 Vgl. Nūruddīn, al-Ḫādimī: al-Iǧtihād al-maqāṣidī – ḥaǧīyatuhu ḍawābiṭuhu wa-maǧālātuhu. Doha 1998, S. 176.

konstruktive Prozess“ alle Elemente des geistigen Handelns umfasse, also den: Vorgang des Verstehens und der Induktion, des Erkennens und der Identifikation, des Vergleichens und der Justierung, des Normierens und der Ableitung und wenn es auch koordiniert mit allen anderen Aspekten der mentalen Kreativität und geistigen Prozesse verlaufe.[751] Er schließt daraus, dass die Umsetzung des islamischen Rechtssystems mit seiner Glaubens-, Rechts-, und Morallehre im Stadium des menschlichen Lebens mit seinen Problemen und verschiedenen Facetten ein Zeugnis für die Vielfältigkeit der menschlichen Vernunft sei.[752]

In seinem Buch „Naẓarīyat al-maqāṣid ʿindal-imām aš-Šāṭibī“ widmet sich Aḥmad ar-Rīsūnī (geb. 1953), ein zeitgenössischer Vertreter der progressiven maqāṣid-Gelehrten, ausführlich der Frage der Vernunft in der islamischen Rechtslehre. Nach einer gründlichen Diskussion dieser Thematik schließt er seine Ausführungen mit der Bemerkung, dass die Besserung des Menschen mit der Läuterung des Verstandes einhergehe und dass sich diese durch eine Aktivierung des Geistes vollziehe. Explizit verhälfen das Verbot von Aberglauben im Islam, sowie die in ihm festgelegten Werte und Moralvorstellungen die Verstandesleistung zu befördern.[753] Das Potential der menschlichen Ratio auszuschöpfen sieht er als Befolgung der Gebote zur Bewahrung des Verstandes, einer der fünf Notwendigkeiten der Scharia. So wie sich das Verbot von Rauschmitteln mit dieser Notwendigkeit begründe, so gebiete diese auch, den Verstand zu aktivieren. Denn wie viele Geister seien durch Unwissenheit und blinde Nachahmung tatsächlich passiv und lethargisch.[754]

Dies ist also der Tenor der Stellungnahme der progressiven maqāṣid-Gelehrten zur Frage der Vernunft als Erkenntnisquelle der maqāṣid und der menschlichen legitimen Interessen. Diese Haltung kann darin resümiert werden, dass der Einsatz der Vernunft nicht nur sehr wichtig zur Identifikation der maqāṣid und Beurteilung der menschlichen Interessen sei – gerade in einem sich ständig verändernden gesellschaftlichen und kulturellen Kontext – sondern dass er selbst schon einem der wichtigsten menschlichen Interessen diene, da die Beanspruchung der menschlichen Vernunft, wie ar-Rīsūnī betont, für ihre

751 Vgl. Ibid., S.168.

752 Vgl. Ibid. S. 169.

753 Vgl. Aḥmad, ar-Rīsūnī: Naẓarīyat al-maqāṣid ʿindal-imām aš-Šāṭibī. Casablanca 1990, S. 240.

754 Vgl. Ibid.

Bewahrung sorge, und diese eine der wichtigen fünf Notwendigkeiten im islamischen Rechtssystem sei.[755]

Indessen ist es bei den konservativen maqāṣid-Gelehrten schwierig, eine eindeutig formulierte Position zu erkennen. Generell sind sie der Ansicht, dass die menschliche Vernunft das Gute und das Übel und somit die maqāṣid nur in Anlehnung auf die Offenbarung erkennen kann. Jedoch treten innerhalb dieses Umrisses Variationen und Differenzen zutage. Stellvertretend hierfür werden an dieser Stelle einige Aussagen zweier berühmter Vertreter der konservativen maqāṣid-Gelehrten angeführt: In seiner Monographie al-Muwāfaqāt sagt aš-Šāṭibī (gest. 1388), dass rationale Beweise nur im Zusammenspiel mit textlichen Belegen herangezogen werden dürften. Sie seien als zusätzliche Hilfsmittel aber nicht als unabhängige Beweisquellen zu bewerten.[756] Der Vernunft dürfe keinesfalls die Rolle des Gesetzgebers zugewiesen werden, wie die scholastischen Theologen erklärt hätten.[757] An anderer Stelle gesteht er allerdings ein, dass die meisten Normen, besonders die Handlungsbestimmungen, rational begründet seien und sich nach dem Ansatz der Angemessenheit (maslak al-munāsaba) richteten.[758] Dies beweise durchaus, „dass der Gesetzgeber die Befolgung der rationalen Sinne beabsichtigt" habe.[759] Allerdings nimmt er diese progressive Deutung sogleich wieder zurück, wenn er sagt, dass die Kategorien von Nutzen und Schaden keine des Verstandes seien, sondern allein auf die Attribuierung der Religion zurückzuführen seien. Dabei rekurriert er auf den arabischen Begriff der „qā'idat nafī at-taḥsīn wa at-taqbīḥ", der die nicht-intelligible Natur des Guten und des Übels bezeichnet.[760]

Auch Imām al-Ǧuwainī (gest. 1085), ein führender Denker der maqāṣid-Gelehrten, ist bereit, der Vernunft eine treibende Rolle bei der Interpretation von Situationen zuzugestehen. Er sagt, dass durch sie Menschen sowohl Gefahren als auch Vorteile zu erkennen imstande seien.[761] Diese Rolle habe

---

755 Vgl. Ibid., S. 270.

756 Vgl. Zahruddin, 'Abdurraḥmān: maqāṣid aš-šarī'a fi aḥkām al-Buyū'. Beirut 2009, S. 127.

757 Vgl. Ibid.

758 Vgl. 'Aṭīya, Ǧamāluddīn: Naḥwa taf'īl maqāṣid aš-šarī'a. Damaskus 2001, S. 22.

759 Vgl. Ibid.

760 Vgl. Ibid., S. 22 f.

761 Vgl. Zahruddin, 'Abdurraḥmān: maqāṣid aš-šarī'a fi aḥkām al-Buyū'. Beirut 2009, S. 126.

die Vernunft jedoch lediglich in Bezug auf das Handeln der Menschen und so könne diese nicht auf die Gesetze Gottes übertragen werden.[762] Tatsächlich seien nämlich Gut und Böse keine „substantiellen Eigenschaften der Dinge oder Handlungen", die folglich auch nicht rational wahrgenommen werden könnten. „Vielmehr verkörpert die Güte das Lob selbst, das für eine Handlung durch das Gesetz ausgesprochen wird. Für die Schlechtigkeit gilt analoges. Wenn das Gesetz eine Aktion für geboten oder verboten erklärt, werden damit dem betreffenden Rechtsakt keine neuen Attribute zugewiesen, die ihn von anderen Akten unterscheiden. Vielmehr wird mit dem Gebot bzw. Verbot schlicht und einfach der Akt selbst ausgedrückt, den das Gesetz geboten bzw. verboten hat."[763]

Diese Unentschlossenheit und Meinungsfluktuationen, selbst in der Einstellung der einzelnen Gelehrten, drückt bezüglich der Frage der Vernunft eine ambivalente Haltung der konservativen maqāṣid-Gelehrten aus. Eine Tatsache, die darauf hindeutet, dass diese Haltung nicht aus einer wissenschaftlichen Gewissheit oder festen Überzeugung hervorgeht, sondern auf eine ideologische Position zurückzuführen ist. Als solche lässt sich die asch'aritische Theologie ausmachen, deren Einfluss die verschiedenen Aussagen der konservativen maqāṣid-Gelehrten kennzeichnet.[764] Diese Feststellung teilen inzwischen immer mehr Gelehrte, die sich mit der Rolle des Verstandes oder allgemein mit dem Thema der maqāṣid beschäftigen. Der Theologe Aḥmad ar-Rīsūnī (geb. 1953) etwa merkt an, dass der Einfluss der asch'aritischen Lehre in den Ausführungen aš-Šāṭibīs deutlich zu Tage trete, auch wenn er sich nur kurz mit der Thematik der Vernunft befasse.[765] So sei seine Argumentation, nach der alle Phänomene zunächst wertneutral seien und erst durch die Religion als gut oder schlecht attribuiert würden und die Menschen daher der göttlichen Offenbarung bedürften um sie als solche zu erkennen, die Essenz der asch'aritischen Theologie.[766] Substantiell ähnlich erklärt der zeitgenössische ägyptische Rechtsgelehrte Ǧamāluddīn 'Aṭīya (geb. 1928), dass „diejenigen, welche die direkte Berufung auf die Vernunft, natürliche

---

762 Vgl. Ibid.

763 Zitiert bei: Badawi, Abderrahman: The Doctrines of Muslims – Mutazalites, Asharites, Ismailis, Qarmatians and Nosairis. Beirut 1997, S. 743.

764 Vgl. Aḥmad, ar-Rīsūnī: Naẓarīyat al-maqāṣid 'indal-imām aš-Šātibī. Casablanca 1990, S. 242.

765 Vgl. Ibid., S. 243.

766 Vgl. Ibid., S. 242.

Veranlagung und auf die menschliche Erfahrung ablehnten, in Wirklichkeit nicht gegen diese Quellen als solche waren, sondern war ihre Ablehnung vielmehr ein Ausdruck der Auswirkung der theologischen Kontroverse, ob die Vernunft als Erkenntnisquelle fungieren kann, besonders in ihrer alten scholastischen Fassung.“[767]

Diese ideologische Motivation hinter der Haltung der konservativen maqāṣid-Gelehrten speist sich aus der Tatsache, dass der Gelehrte Abūlḥasan al-Aš'arī (gest. 935 Im Irak)[768], der Begründer der asch'aritischen Theologieschule, die in der Folge nach ihm benannt wurde, anfangs der rationalen theologischen Ausrichtung der Mu'tazila angehörte, bevor er sich gegen 913 jedoch von dieser abwandte.[769] Um die mu'tazilitische Lehre zu widerlegen und sich von ihr abzugrenzen, verfasste er fortan zahlreiche Werke und Abhandlungen. So entstand diese neue theologische Denkrichtung als Reaktion auf die Grundsätze der Mu'taziliten. Eine Tatsache, welche die asch'aritische Theologie nachhaltig geprägt hat.[770] So wurde dieser Konflikt mit der Zeit immer erbitterter, sodass die Abgrenzung zu den Mu'taziliten das dominante Merkmal des Gedankenguts der asch'aritischen Nachgenerationen und eine Art „persönliche Verpflichtung“ eines jeden Denkers dieser Theologieschule wurde.[771] In diesem Kontext muss also auch die Einstellung der konservativen maqāṣid-Gelehrten zur Frage der Vernunft verstanden werden, nämlich als ideologische Position im Konflikt mit den Mu'taziliten.

Dies erklärt übrigens auch die Differenzen und Variationen in der Haltung der konservativen maqāṣid-Gelehrten. Denn es gab eine Reihe von Gelehrten, wie z. B. die Schafi'iten, die in der Frage der Vernunft, trotz ihrer asch'aritischen Gesinnung, eine ganz andere Ansicht vertraten. Sie favorisierten entgegen der asch'aritischen Lehre die intelligible Natur der Gutheit und Schlechtheit als substanzielle Eigenschaften der Entitäten.[772] Zu diesen Gelehrten zählt zum Beispiel Imām Abūbakr al-Qaffāl al-Kabīr (gest. 975),

767 'Aṭīya, Ǧamāluddīn: Naḥwa taf'īl maqāṣid aš-šarī'a. Damaskus 2001, S. 25.

768 Vgl. Ḫaīruddīn, Azzirkilī: al-A'lām- Qāmūs tarāǧim li'ašhari ar-riǧāl wan-nisā' min al-'arabi wal-musta'rabīna wal-mustašriqīn. Band 4. Beirut 1980, S. 263.

769 Vgl. Ḫaīruddīn, Azzirkilī: al-A'lām- Qāmūs tarāǧim li'ašhari ar-riǧāl wan-nisā' min al-'arabi wal-musta'rabīna wal-mustašriqīn. Band 4. Beirut 1980, S. 263; vgl. hierzu auch Wulff, Karl: Bedrohte Wahrheit – der Islam und die Naturwissenschaften. Norderstedt 2010, S. 78.

770 Vgl. Ibid.

771 Vgl. Aḥmad, ar-Rīsūnī: Naẓarīyat al-maqāṣid 'indal-imām aš-Šāṭibī, S. 251.

772 Vgl. Aḥmad, ar-Rīsūnī: Naẓarīyat al-maqāṣid 'indal-imām aš-Šāṭibī, S. 245.

der diese Ansicht in seinem Werk „Maḥāsin aš-šarīʿa“ deutlich vertrat.[773] Ebenso kritisierte Imām Saʿd Ibn ʿAlī az-Zanǧānī (gest. 1078)[774], auch ein Aschʿarit, die Auffassung des Abūlḥasan al-Ašʿarī, der nach der menschliche Intellekt nicht fähig sei, das Gute und das Übel zu erkennen, indem er postulierte, dass diese Ansicht völlig neu im islamischen Denken sei.[775]

Darüber hinaus umschließt die Liste der aschʿaritischen Gelehrten, die in der Frage der Vernunft dem Standpunkt des Abūlḥasan al-Ašʿarī (gest. 935) kritisch gegenüberstehen, weitere renommierte Denker, unter anderem Abūlqāsim Arrāġib (gest. 1108)[776], Abūʿ Abdullāh al-ḥalīmī (gest. 1012)[777] und nicht zuletzt der geachtete Rechtsgelehrte al-ʿIzz Ibn ʿAbdissalām (gest. 1261), der sich von der aschʿaritischen Sicht weit distanziert, indem er sagt, dass es der menschlichen Vernunft durchaus möglich sei, die Quellen eines Nutzens oder Schadens zu identifizieren: „Denn es gibt keine vernünftige Person, die nicht auch ohne Offenbarung in der Lage ist, zu erkennen, dass die Verwirklichung des reinen Nutzens und die Vermeidung des reinen Schadens für sich selbst oder für andere eine lobenswerte und erstrebenswerte Sache ist; sowie dass die Bevorzugung des besseren Nutzens logischer und die Vermeidung des größeren Schadens dringlicher ist.“[778]

Es ist daher sehr fraglich, wie die asch'aritische Ansicht angesichts dieser Ausführungen und der Tatsache, dass Gott im Koran eindeutig zahlreiche Dinge und Handlungen geboten bzw. verboten hat, weil sie an sich gut bzw. schlecht seien, aufrechtzuerhalten ist. So werden im Koran beispielsweise Rauschmittel, Glückspiele, Opfersteine und Lospfeile explizit als „abscheuli-

---

773 ʿAṭīya, Ǧamāluddīn: Naḥwa tafʿīl maqāṣid aš-šarīʿa. Damaskus 2001, S.145.

774 Vgl. Šamsuddīn, Muḥammad Ibn Aḥmad Ibn ʿUṯmān aḏ-Ḏahabī: Tahḏīb sīyar aʿlām an-nubalāʾ. Band 2. Beirut 1991, S.397.

775 Vgl. Ibn al-Qaiyim, Šamsuddīn Abūʿ Abdillāh: Miftāḥ dār as-saʿāda wa-manšūr wilayāt al-ʿilm wa l-irāda. Band 2. Beirut 1997, S. 42; vgl. auch Aḥmad, ar-Rīsūnī: Naẓarīyat al-maqāṣid ʿindal-imām aš-Šāṭibī, S. 245.

776 Vgl. Ḫairuddīn, Azzirkilī: al-Aʿlām- Qāmūs tarāǧim liʾašhari ar-riǧāl wan-nisāʾ min al-ʿarabi wal-mustaʿrabīna wal-mustašriqīn. Band 2. Beirut 1980, S. 255

777 Vgl. Ibid. Band 2. Beirut 1980, S. 235.

778 Ibn ʿAbdissalām, al-ʿIzz: Qawāʿid al-aḥkām fī maṣāliḥ al-anām. Band 1. Kairo 1988, S. 5; siehe auch Aḥmad, ar-Rīsūnī: Naẓarīyat al-maqāṣid ʿindal-imām aš-Šāṭibī, S. 246.

ches Übel"[779] und die Unzucht als „eine Schändlichkeit und ein übler Weg"[780] bezeichnet.

Nun stellt sich die Frage, ob diese Dinge und Handlungen seit ihrem Bestehen diese Eigenschaften besaßen oder ob ihnen diese Attribute erst durch den Offenbarungstext zugewiesen wurden. Es ist bei der Beantwortung dieser Frage davon auszugehen, dass diese Entitäten nicht erst durch den Text für gut oder schlecht erklärt werden, sondern durch die Offenbarung der Attribute lediglich ihr Verbot begründet werden soll.[781] Denn die Verdorbenheit der Rauschmittel und Glückspiele sowie die Schändlichkeit der Unzucht sind Eigenschaften, die unabhängig vom Text existieren. Insofern hat der Text hier eine Beschreibungs- und keine Zuschreibungsfunktion.

Diese Auffassung wird an zahlreichen Textstellen im Koran artikuliert, zum Beispiel erzählt ein Vers von dem Gebaren der Polytheisten, die, um ihre Handlungen zu rechtfertigen, behaupten, dass sie es ihren Vätern gleichtäten und dass Gott es geboten habe.[782] Daraufhin rügt Gott, wie der Koran berichtet, diese Aussage und sagt: „Sprich: Wahrlich, Allah befiehlt keine Schandtaten. Wollt ihr denn von Allah reden, was ihr nicht wisst? Sprich: Mein Erhalter hat Gerechtigkeit befohlen".[783] In seinem Kommentar zu diesem Vers führt Ibn Taimīya (gest. 1328) aus, dass dem Tadel Gottes zu entnehmen sei, dass der Mensch sehr wohl zwischen gutem und schlechtem Handeln, zwischen Gottgebotenem und Schändlichem unterscheiden könne. Das setze jedoch voraus, dass eine Handlung an sich diese Eigenschaft habe, und dass der Mensch sie kraft seines Verstandes auch erkennen könne.[784] In die gleiche Richtung tendiert auch Ṭāhir Ibn ʿĀšūr (gest. 1973), der diesen Vers als Beleg dafür interpretiert, dass die Handlungen bereits vor der Offenbarung als schlecht oder schändlich bezeichnet werden können.[785]

---

779 Sure al-Māʾida (5), Vers 90.

780 Sure al-Isrāʾ (17), Vers 32.

781 Vgl. Rabīʿ, al-Furaisī: Taʿlīlu l-aḥkām bayna l-Fiqh wa ʿilm al-Kalām. In: al-Munʿaṭaf, Heft 26/2005, S. 35–61; Aḥmad, ar-Rīsūnī: Naẓarīyat al-maqāṣid ʿindal-imām aš-Šātibī. Casablanca 1990, S. 248–249.

782 Vgl. Aḥmad, ar-Rīsūnī: Naẓarīyat al-maqāṣid ʿindal-imām aš-Šātibī, S. 249.

783 Sure al-Aʿraf (7), Vers 28.

784 Vgl. Taqīyuddīn, Ibn Taimīya: Maǧmūʿ fatāwā Ibn Taimīya. Band 15. Rabat 1986, S. 8; siehe auch Zahruddin, ʿAbdurraḥmān: maqāṣid aš-šarīʿa fi aḥkām al-Buyūʿ. Beirut 2009, S. 126.

785 Muḥammad, Ṭāhir, IbnʿĀšūr: at-Taḥrīr wat-tanwīr. Band 8. Tunis 1997, S. 84.

Weitere Beweise in diesem Zusammenhang liefert die islamische „praktische Vernunft", also sämtliche Moralsätze und ethische Werte, auf denen der islamische Diskurs gründet, um die Menschen von seiner Wahrheit zu überzeugen. So berichtet al-Baihaqī (gest. 1065)[786] in einem Ḥadīṯ von der Zeit als Gott den Propheten zu anderen (arabischen) Stämmen geschickt habe, um diese von der neuen Religion zu überzeugen.[787] Der Prophet ging Daher zum Stamm von banī Šaībān Ibn Ṯa'laba und rief sie auf, den Islam anzunehmen und seine Botschaft zu unterstützen. Da fragte Mafrūq Ibn 'Amrū (gest. 630)[788], ein Führer des Stammes: »Wozu rufst du uns auf, o Bruder aus Quraiš?«. Der Prophet habe Gottes Gebote darin zusammengefasst, dass sie den Menschen dazu aufriefen Gutes zu tun und Schlechtes und somit alles, was im Widerspruch zur Vernunft stünde, zu unterlassen. Anschließend zitierte er diesen Vers: „Gott gebietet Gerechtigkeit und das Tun des Guten und Großzügigkeit gengenüber den Mitmenschen; und er verbietet alles, was schmachvoll ist, und alles, was der Vernunft zuwiderläuft, wie auch Gewalttätigkeit; (und) Er ermahnt euch (wiederholt), auf dass ihr (all dies) im Gedächtnis behalten möget".[789] Die Leute erkannten den Wert der neuen Religion und so antwortete ihr Führer Mafrūq Ibn 'Amrū: »Bei Gott, du hast zu guter Tugend und edler Moral aufgerufen«."[790] Ähnliches erlebte auch aṭ-Ṭufail Ibn 'Amru ad-Dawsi (gest. 632)[791], der Führer und Dichter des Stammes Daws.[792] Er erzählte seine Geschichte mit dem Islam wie folgt: „(...) dann hat der Prophet den Islam vorgestellt und Verse vom Koran rezitiert. Wahrlich, ich habe noch nie zuvor so bewegende Worte und gerechte Gebote gehört, deswegen

786 Vgl. Šamsuddīn, Muḥammad Ibn Aḥmad Ibn 'Uṯmān aḏ-Ḏahabī: Sīyar a'lām an-nubalā'. Band 18. Beirut 1984, S. 163 ff.

787 Vgl. Aḥmad, Ibn Ḥusain al-Baihaqī: Dalā'il an-nubuwa wa ma'rifat aḥwāl ṣāḥib aš-šarī'a. Band 2. Beirut 1988, S. 425.

788 Vgl. Ḫaīruddīn, Azzirkilī: al-A'lām- Qāmūs tarāǧim li'ašhari ar-riǧāl wan-nisā' min al-'arabi wal-musta'rabīna wal-mustašriqīn. Band 7. Beirut 1980, S. 278–279.

789 Sure *an-Naḥl* (16), Vers 90.

790 Aḥmad, Ibn Ḥusain al-Baihaqī: Dalā'il an-nubuwa wa ma'rifat aḥwāl ṣāḥib aš-šarī'a. Band 2. Beirut 1988, S. 425.

791 Vgl. Šamsuddīn, Muḥammad Ibn Aḥmad Ibn 'Uṯmān aḏ-Ḏahabī: Sīyar a'lām an-nubalā'. Band 1. Beirut 1984, S. 344.

792 Vgl. Aḥmad, ar-Rīsūnī: Naẓarīyat al-maqāṣid 'indal-imām aš-Šātibī. Casablanca 1990, S. 247.

habe ich den Islam angenommen und das Zeugnis der Wahrheit (Glaubenszeugnis) ausgesprochen."[793]

Darüber hinaus gibt es noch eine Reihe von Quellen, die belegen, dass der Mensch mit seinem gesunden Verstand und inneren Instinkt wohl in der Lage ist, Recht von Unrecht, Gerechtigkeit von Tyrannei, Nutzen von Schaden, Ordnung von Anarchie und Aufrichtigkeit von Frevel zu unterscheiden. Aus der Fülle dieser Beweise und Ereignisse werden hierunter zwei ausdrucksvolle Beispiele hervorgehoben:

I. Nach der friedlichen Eroberung von Mekka sollten Männer und Frauen, die den Islam annehmen wollten, einen Treueid leisten. Für die Männer beinhaltete dieser auch die Verpflichtung zum Kriegsdienst, die Frauen sollten sich lediglich moralischen Regeln unterwerfen.[794] Und so kam Hind bintu ʿUtba, die Frau des Führers von Qurais Abū Sufiān,[795] um den Treueid auf der Grundlage dieser Bedingungen zu leisten. Als der Prophet ihr die Bedingung „keine Unzucht begehen" vorlas, sagte sie: „Lieber hungert eine noble Frau als sich mit der Brust zu ernähren" und bei der nächsten Bedingung „keine Verleumdung vorbringen" sagte sie: „Die Verleumdung ist wahrlich schändlich, während du nur Rechtleitung und edle Moral gebietest."[796]
II. Der Prophet Muḥammad schloss in der al-ǧāhilīya[797], also bevor er zum Propheten berufen wurde, mit bedeutenden Personen aus verschiede-

793 Ibid., S. 345.

794 Die Frauen sollten dabei einen Eid schwören, die Werte und Prinzipien einzuhalten, die im folgenden Vers zusammengefasst sind: „O Prophet! Wann immer gläubige Frauen zu dir kommen, um dir den Treueid zu leisten, dass sie (hinfort) Allah nichts beigesellen, nicht stehlen, keine Unzucht begehen, ihre Kinder nicht töten, keine Verleumdung vorbringen, die sie vor ihren (eigenen) Händen und Füßen ersinnen, und sich dir nicht widersetzen in dem, was recht ist, dann nimm ihren Treueid an und bitte Allah für sie um Vergebung. Gewiss, Allah ist Allvergebend und Barmherzig." Sure al-Mumtaḥina (60), Vers 12.

795 ʿAli, Burhānuddīn al-Ḥalabī: as-Sīra al-Ḥalabiya fi sīrat al-Amīn al-Maʾmūn. Band 3. Beirut 1980, S. 46.

796 Ibid., S. 47.

797 Der Begriff *al-ǧāhilīya* bezeichnet in der islamischen Kultur die historische Phase vor dem Islam. *Al-ǧāhilīya* stammt aus dem Wort *ǧahl* (arab. Unwissen) und bedeutet heidnische Unwissenheit.

nen Stämmen der Quraiš ḥilf[798] al-Fuḍūl, ein Bündnis zur Wahrung der Menschenrechte und auch, um den Schwachen und Unterdrückten beizustehen. Der Prophet lobte auch Jahrzehnte danach dieses Bündnis und sagte: „Ich erlebte in ʿAbdullāh Ibn Ǧadʿāns Haus Ḥilf al-Fuḍūl (Bündnis der Tugendhaften). Ich ziehe es den roten Kamelen (ḥumur an-naʿam) vor und falls ich im Islam[799] zu einem gleichen Bündnis aufgerufen werde, werde ich dem gewiss folgen."[800]

So bekräftigt die Gesamtheit dieser Aussagen und Ausführungen die Intelligibilität der Entitäten und der ethischen Werte und betont dazu die Fähigkeit der menschlichen Vernunft, das Gute und das Übel zu erkennen, und für das Beste und gerechte Werke einzutreten. Daher stellt die Vernunft oder der Weg der Weisheit eine wichtige Rolle im Dienst an der Wahrheit, an der Moral, aber auch im Dienst an der Theologie selbst dar. Denn ohne Vernunft werden die Theologie und der Glaube jeder Form der Rationalität und jeder Möglichkeit beraubt, sich auf kultureller und intellektueller Ebene Geltung zu verschaffen. Anderseits schützt der Glaube die Vernunft, da er fragende und forschende Menschen braucht, die sich mit dem tiefen Sinn der Existenz befassen und fördert somit die Würde und den Geist des Menschen, denn der Ausschluss vom Zugang zur Wahrheit ist der Ursprung jeder Entfremdung. So gesehen „sind Glaube und Vernunft (fides et ratio) wie die beiden Flügel, mit denen sich der menschliche Geist zur Betrachtung der Wahrheit erhebt."[801]

4.3.3 Dritte Diskussion: Sind die *maqāṣid* beschränkt oder prinzipiell offen?

Wie bereits angesprochen, postuliert die konservative Anschauung das Primat des Textes bei der Bestimmung der Zentralzwecke (maqāṣid) des islamischen Rechts. Demnach müssen die maqāṣid direkt aus dem Quellen-

798 „*Ḥilf*" ist ein arabisches Wort und bedeutet „Bündnis".
799 Der Begriff Islam wird hier als historische Phase verwendet.
800 Berichtet von al-Baihaqī, Kitāb l-fayʾ wa l-ġanīma, Bāb iʿṭāʾ al-fayʾ ʿala ad-diwān (Ḥadīṯ-Nr.: 13461).
801 Nissing, Hans-Georg: Vernunft und Glaube. Perspektiven gegenwärtiger Philosophie. München 2008, S. 8.

text oder mindestens mit einem deutlichen Bezug darauf hergeleitet werden.[802] Eine Rolle der Vernunft jenseits des Quellentextes wird also kategorisch ausgeschlossen. Da aber die Texte naturgemäß beschränkt sind, müssen formal-logisch auch die Zwecke des islamischen Rechts (maqāṣid) beschränkt sein, so die konservative Ansicht.[803] Daher pflegten die Vertreter dieser Strömung die maqāṣid auf die fünf bekannten Notwendigkeiten der islamischen Rechtslehre zu beschränken, nämlich auf den Schutz des Glaubens, des menschlichen Selbst, der Vernunft, der Nachkommenschaft und auf den Schutz des materiellen Besitztums. So sagt zum Beispiel aš-Šāṭibī (gest. 1388): „Es herrscht darüber Konsens, dass die Scharia erlassen wurde, um den Glauben, das menschliche Selbst, die Vernunft, die Nachkommenschaft und das materielle Besitztum zu schützen."[804] Imām al-Ġazālī (gest. 1111) fügt hinzu, „dass alles, was den Schutz dieser fünf Universalien impliziert, ein Nutzen und was ihn erschwert, ein Schaden ist."[805] Ausgehend vom gesellschaftlichen Stellenwert der Reputation des Einzelnen und der Bedeutsamkeit der menschlichen Würde in der islamischen Rechtsphilosophie, angesichts der schmerzlichen Strafen gegen Diskreditierungen und Verleumdungen, haben manche Gelehrte, wie Ibn as-Subkī (gest. 1369), das Feld der maqāṣid erweitert, indem sie auch die menschliche Ehre zu den Notwendigkeiten gezählt haben, welche die Scharia zu schützen beabsichtigt.[806] Allerdings bestätigt im Grunde auch diese punktuelle Erweiterung das Prinzip der Beschränkung der maqāṣid.

Demgegenüber betont die progressive Sicht die dynamische und offene Natur der maqāṣid. Deren Darstellung nach, reflektieren die maqāṣid die legitimen Interessen und menschlichen Bedürfnisse, die dem stets wandelnden historischen soziokulturellen Kontext unterliegen, da der Begriff maqāṣid synonym mit der Herbeiführung des Nutzens und der Abwendung des Schadens sei.[807] Daher seien maqāṣid Ausdruck der Begegnung von Text und Kontext: Der Text werde im Licht der neuen Herausforderungen des soziokulturellen Kontexts interpretiert. Und jeder Wandlungsprozess innerhalb

802 Vgl. Yūsuf, al-Qaraḍāwī: Dirāsa fī fiqh maqāṣid aš-šarī'a. Kairo 2006, S. 198.

803 Vgl. Ibid.

804 Abū-Isḥāq, aš-Šāṭibī: al-Muwāfaqāt. Band1, S. 38.

805 Abūḥāmid, al-Ġazālī: al-Mustaṣfā min 'ilm al-uṣūl. Band 1. Damaskus 1993, S. 186.

806 Vgl. 'Aṭīya, Ǧamāluddīn: Naḥwa taf'īl maqāṣid aš-šarī'a. Damaskus 2001, S. 141.

807 Vgl. Nūruddīn, al-Ḫādimī: 'Ilm maqāṣid aš-šarī'a. Riad 2001, S. 27 f.

des gesellschaftlichen Umfelds rege wiederum zu neuen Interpretationen des Textes an und inspiriere somit zum Erkennen neuer maqāṣid.[808]

Aus dieser progressiven Haltung heraus wird das Prinzip der Beschränkung der maqāṣid grundsätzlich abgelehnt und damit auch das Grundprinzip der konservativen Ansicht. Hingegen werden die Kontextbezogenheit und die Intelligibilität der maqāṣid und somit deren offenen Wesenscharakter betont. Denn was der menschlichen Ratio und dem Kontext zugrunde liegt, muss naturgemäß flexibel und offen sein. Daher ruft Aḥmad ar-Rīsūnī (geb. 1953) zur Revision der Beschränkung der maqāṣid auf, indem er sagt, dass es neben den fünf anerkannten Notwendigkeiten weitere Interessen gebe, die eine ebenso hohe Bedeutung hätten und denen entsprechend auch der gleiche Rechtsstatus zustünde. Die Legitimation dieser Sichtweise findet sich ar-Rīsūnī zufolge in zahlreichen Texten.[809]

Diese Kritik ist im Prinzip nicht neu, sondern tief im islamischen Denken verwurzelt. Denn schon Ibn Taimīya (gest. 1328) kritisierte die Auffassung der Begrenzung der maqāṣid, da eine derartige Denkweise hochwichtige maqāṣid der Scharia außer Acht lasse.[810] Er betrachtet die fünf Universalien lediglich als Teil der Abwendung des Schadens generell, und meint hingegen, dass die menschlichen Interessen im Einbringen des Nutzens und Abwenden des Schadens bestünden. Wobei „der Nutzen entweder weltlicher oder geistig spiritueller Natur ist. Der weltliche Nutzen kann mittels bestimmter Transaktionen und Handlungen erreicht werden, die, ohne Konflikt mit einem Verbot, den menschlichen Interessen dienen. Während der geistig spirituelle Nutzen durch Gottesdienste und geistige Zustände oder verschiedene Formen der Anbetung und Askese erreicht werden kann, die ebenfalls ohne Verletzung rechtlicher Verbote den Interessen der Menschen dienen sollen."[811] Er weist außerdem auf innere und äußere Gottesdienste hin, die zur affektiven und geistigen Gotteserkenntnis führen, aber auch zur Erkenntnis seiner Engel, seiner Offenbarungsschriften und seiner Gesandten sowie zu Herzenshandlungen und -zuständen leiten, wie Gottes Liebe, Aufrichtigkeit, Ehrfurcht, Gottesverehrung und der Hoffnung auf Gottes Segen.[812] Ebenso verweist er

808 Vgl. Ibid.

809 Vgl. Aḥmad, ar-Rīsūnī: Naẓarīyat al-maqāṣid ʿindal-imām aš-Šāṭibī. Casablanca1990, S. 358.

810 Vgl. Ibid.

811 Taqīyuddīn, Ibn Taimīya: Maǧmūʿ fatāwā Ibn Taimīya. Band 11. Rabat 1986, 343.

812 Vgl. ʿAṭīya, Ǧamāluddīn: Naḥwa tafʿīl maqāṣid aš-šarīʿa. Damaskus 2001, S. 93.

auf offenbarte Werte und Normen, wie zum Beispiel Treue, Einhaltung der Verpflichtungen, Aufrechterhaltung der familiären und verwandtschaftlichen Bande, Achtung der Nachbarschaft und der Rechte der Bediensteten und Herstellung der Gerechtigkeit, sowie auf andere Aspekte des menschlichen Handelns, hinsichtlich derer Gott Gebote und Verbote erlassen hat, um Ethik und Moral zu fördern.[813] All dies sei „nur ein exemplarischer Bruchteil der schariarechtlich legitimen Interessen, die außer Berücksichtigung blieben, wenn die maqāṣid grundsätzlich beschränkt würden."[814]

Außerdem stellt Ibn Taimīya (gest. 1328) verschiedene soziale Tugenden, ethische Werte und Menschenrechte heraus, die er zum Kern der maqāṣid zählt.[815] Er weist zudem daraufhin, dass die von seinen Vorgängern vorgeschlagenen fünf Universalien allesamt aus dem islamischen Strafcodex abgeleitet wurden. Infolgedessen ordnet er sie den Mitteln der Schadensabwendung zu. Dabei unterstreicht er das Bedürfnis, ja die Notwendigkeit, die Begrenzung der maqāṣid zu überdenken, denn es würden somit gewiss hochwichtige menschliche Interessen vernachlässigt. Dies konterkariere aber den Anspruch des islamischen Rechts, die menschlich legitimen Interessen zu bewahren, und führe ihn ad absurdum.[816]

Hingegen hat al-ʿIzz Ibn ʿAbdissalām (gest. 1261) das Prinzip der Beschränkung der maqāṣid nicht so offen in Frage gestellt, auch wenn man aus vielen seiner Äußerungen zum Thema maqāṣid eine implizite Kritik der Beschränkung vernehmen kann. Er kategorisierte die menschlichen Interessen bisweilen in notwendige, erforderliche und in ergänzende, oder an anderer Stelle in weltliche und geistliche, und einmal auch in universelle und partielle und ein anderes Mal in Mittel und Zwecke. Außerdem kategorisierte er sie in Gottes- und Menschenrechte, in individuelle und kollektive Rechte und in Rechte der Tiere und solche der Natur (Umwelt) usw.[817]

---

813 Vgl. Ibid.

814 Taqīyuddīn, Ibn Taimīya: Maǧmūʿ fatāwā Ibn Taīmīya. Band 28, S. 114.

815 Vgl. Aḥmad, ar-Rīsūnī: Naẓarīyat al-maqāṣid ʿindal-imām aš-Šāṭibī. Casablanca1990, S. 55.

816 Vgl. Yūsuf, Aḥmad Muḥammad al-Badawī: maqāṣid aš-šarīʿaʿinda Ibn Taīmīya. Riad 2009, S. 251 f.

817 Ibn ʿAbdissalām, al-ʿIzz: Qawāʿid al-aḥkām fī maṣāliḥ al-anām. Band 1. Kairo 1988, S. 42–53; vgl. Hierzu auch ʿAṭīya, Ǧamāluddīn: Naḥwa tafʿīl maqāṣid aš-šarīʿa. Damaskus 2001, S. 91 f.

Womöglich sah al-ʿIzz Ibn ʿAbdissalām in diesen Einteilungen und Beispielen eine ausreichende Antwort auf das Beschränkungsprinzip der maqāṣid und begnügte sich in diesem Zusammenhang mit dem Hinweis, dass al-Ǧuwainī (gest. 1085), al-Ġazālī (gest. 1111) und auch ar-Rāzī (gest. 1209) die maqāṣid zwar öfter aufzählend dargestellt, aber niemals ausdrücklich begrenzt hätten.[818]

Ṭāhir Ibn ʿĀšūr (gest. 1973) überwand die Restriktion der maqāṣid, indem er ein neues Begriffskonzept entwickelte. Er gründete seine Theorie über maqāṣid zunächst auf Grundbegriffen, die er der Scharia entnahm und deren Etablierung er zum nucleus der maqāṣid zählt, wie zum Beispiel:

- **Menschliche Veranlagung:** Ibn ʿĀšūr ist der Ansicht, dass die maqāṣid auf der Haupteigenschaft der Scharia basieren, nämlich auf deren Vereinbarkeit mit der menschlichen natürlichen Veranlagung (arab. fiṭra) und fügt hinzu, dass zivilisatorischer, wissenschaftlicher und technischer Fortschritt Ertrag der natürlichen Veranlagung sei, denn „er ist Resultat und Leistung der Dynamik des menschlichen Intellekts, der ja selbst ein Teil der menschlichen natürlichen Veranlagung ist."[819] Da die Scharia nun die Bewahrung der fiṭra fördere, könne daraus abgeleitet werden, dass alles was ihr schade verboten und alles was sie befördere auch schariarechtlich geboten sei.[820]
- **Toleranz und Erleichterung:** Ibn ʿĀšūr zählt die Toleranz und die Erleichterung zu den wichtigsten Eigenschaften und Instrumenten, die zur Erhaltung und Verbreitung der islamischen Glaubenslehre beitrugen.[821] Da der Mensch von Natur aus Härten zu vermeiden gewillt sei, seien der tolerante Wesenszug des Islam und das Gebot der Erleichterung in Bezug auf die Religion, von großer Bedeutung. Diesen Eigenschaften verdanke die Religion ihre ungebrochene Präsenz in der Gegenwart und in der Vergangenheit.[822] Um seine Sicht zu begründen zitiert Ibn ʿĀšūr anschließend verschiedene Verse, wie etwa: „Allah will euch keine

818 Vgl. ʿAṭīya, Ǧamāluddīn: Naḥwa tafʿīl maqāṣid aš-šarīʿa. Damaskus 2001, S. 92.

819 Muḥammad, Ṭāhir Ibn ʿĀšūr: Maqāṣid aš-šarīʿa al-islāmīya. Amman 2001, S. 266.

820 Vgl. Ibid.

821 Ibid., S.268.

822 Vgl. Ibid., S. 271.

Bedrängnis auferlegen"[823]; und „Gott will, dass ihr Erleichterung habt, und will nicht, dass ihr Härte erleidet."[824]

- **Gleichheit und Gerechtigkeit:** Aus der Aussage des Propheten, dass alle Menschen Kinder Adams, des ersten Menschen, seien,[825] erschließe sich das Postulat der Gleichheit aller als ein Grundprinzip der islamischen Gesetzgebung. Die Gleichheit, so Ibn ʿĀšūr weiter, bedinge aber auch, dass allen Menschen unabhängig einer Kategorisierung nach Rasse, Hautfarbe, Nation o. Ä. Gerechtigkeit zu widerfahren habe.[826]
- **Freiheit**: Ibn ʿĀšūr merkt an, dass es aus der Prämisse der Gleichheit zu schließen sei, dass die Gleichstellung der Mitglieder der Gemeinschaft in der Durchführung eigener Angelegenheiten ein primärer Zweck in der Scharia sei und dass diese Prämisse auch notwendigerweise die Freiheit impliziere. Er schließt sogar daraus, dass Globalisierung und Ausbreitung der Freiheit Ziele der islamischen Gesetzgebung seien. Dass nämlich die Freiheit die Konsequenz aus der Gleichheit der Menschen sei, habe bereits der zweite Kalif ʿUmar Ibn al-Ḫattāb erkannt, als er fragte: „Wann habt ihr die Leute versklavt, wo sie doch frei geboren wurden."[827]

Außerdem bringt Ibn ʿĀšūr (gest. 1973) einen neuen und wichtigen Aspekt in die Diskussion hinein, nämlich die soziale Dimension der maqāṣid. Für ihn weist die Erforschung der maqāṣid enge Verbindungen mit dem Forschungsbereich der islamischen Sozialordnung auf.[828] Dabei versucht er, aus den Zentralzwecken der islamischen Rechtslehre (maqāṣid) ein ethisch-epistemologisches Fundament für ein umfassendes Regelwerk in der Sozialforschung zu etablieren, da die Grundsätze der uṣūl al-fiqh hierfür nicht ausreichend seien.[829] Somit konterkariert Ibn ʿĀšūr die konservative Sicht, welche die maqāṣid erstens begrenzt und zweitens jenseits jeglicher sozialer Relevanz als individuelle Rechte bzw. Interessen thematisiert. Er betont

823 Sure al-Māʾida (5), Vers 6.

824 Sure al-Baqara (2), Vers 185.

825 „Ihr alle seid Kinder von Adam, und Adam wurde aus Staub erschaffen". Berichtet von at-Tirmiḏī, Kitāb at-tafsīr, Bāb sūrat al-Ḥuǧurat (Ḥadīṯ-Nr.: 3269 u.3270).

826 Vgl. Muḥammad, Ṭāhir Ibnʿ Āšūr: Maqāṣid aš-šarīʿa al-islāmīya. Amman 2001, S. 330.

827 Ibid., S. 395.

828 Vgl. Muḥammad, Ṭāhir, Ibnʿ Āšūr: Uṣūl an-niẓām al-iǧtimāʿī fī l-islām. Damaskus 1983, S. 21.

829 Vgl. Ibid.

hingegen die soziale Dimension der maqāṣid, indem er für jedes Sozialfeld exklusive Zwecke bestimmt. So spricht er von den islamischen Zwecken der Familie, der Justiz, der Wirtschaft usw.[830] Außerdem erklärt er, dass der Hauptzweck der Scharia die Erhaltung der sozialen Ordnung sei. Deren Bestand und Integrität könne aber nur geschützt werden, wenn auch die des Einzelnen als schützenswert begriffen werde. Er schließt hieraus, dass die maqāṣid sowohl in ihrer individuellen, auf den einzelnen Menschen bezogenen Dimension wahrgenommen werden müssten, als auch in ihrer sozialen, die gesamte Gemeinschaft betreffend.[831]

Der ägyptische Gelehrte Muḥammad al-Ġazālī (gest. 1996) stellt fest, dass die Begrenzung der maqāṣid auf Abūḥāmid al-Ġazālī (gest. 1111) zurückgehe und seitdem keine Veränderung erfahren habe.[832] Daher besteht für Muḥammad al-Ġazālī kein Zweifel daran, dass dieses Konzept ergänzt und erweitert werden müsse. Denn die Geschichte zeige, dass die politischen Folgen einer solchen Tradition in einigen Bereichen katastrophal gewesen seien. Er schließt daraus, dass Freiheit und Gerechtigkeit, die er als Hauptauftrag aus der Botschaft Gottes versteht, den maqāṣid hinzugefügt werden müssten.[833] Die Ehre, die Gott den Menschen durch seine Güte erbiete,[834] verpflichte die Menschen sich ihrer Würde bewusst zu werden. Da sich Menschenwürde und Freiheit aber bedingten, sei letztere ein unabdingbares Ziel. „Demzufolge fungieren die fünf bekannten Notwendigkeiten nur als Kriterien zur Regelung individueller Angelegenheiten und Sozialprobleme, denen wir als Individuen gegenüberstehen. Sobald es jedoch um die Regelung von Gemeinschaftsaufgaben der ganzen Gesellschaft oder von Angelegenheiten der Staatsordnung geht, dann müssen Werte wie Freiheit und Gerechtigkeit gewährleistet sein."[835]

Diese Ansicht wird ebenfalls von Aḥmad al-Ḫamlīšī (geb. 1935)[836] geteilt, einem zeitgenössischen marokkanischen Gelehrten. Er merkt an, dass die von al-Ġazālī (gest. 1111) interpretierten maqāṣid bzw. die fünf höheren Inte-

830 Vgl. Ṭāhir Ibn'Āšūr: Maqāṣid aš-šarī'a al-islāmīya, S. 450.

831 Vgl. Ibid., S. 63.

832 Vgl. 'Aṭīya, Ǧamāluddīn: Naḥwa taf'īl maqāṣid aš-šarī'a. Damaskus 2001, S. 98.

833 Vgl. Ibid.

834 „Und wahrlich, Wir haben die Kinder Adams geehrt und sie über Land und Meer getragen." Sure al-Isrā' (17), Vers 70.

835 Zitiert bei: 'Aṭīya, Ǧamāluddīn: Naḥwa taf'īl maqāṣid aš-šarī'a. Damaskus 2001, S.98.

836 Vgl. Farīd, aš-Šāwī: 'Ilm al-maqāṣid wa a'lamuhu fi al-'aṣr al-ḥadīṯ. In: al-Mun'aṭaf Heft 31/2007, S. 38–64.

ressen als einziger Bezugspunkt zur Regelung aller Angelegenheiten einer Gesellschaft zweifelsohne nicht mehr ausreichend seien.[837] Ferner betont er, dass die Gleichheit, die individuelle und soziale Gerechtigkeit, die Freiheit des Individuums sowie dessen gesellschaftliche Rechte und schließlich die wirtschaftliche und politische Teilhabe als wichtige Teile der höheren Zwecke der islamischen Rechtslehre betrachtet werden müssten.[838] So verweise auch der Koran auf die „Regel der Beratung untereinander“[839], also auf die politische Partizipation des Einzelnen und auch auf die Gerechtigkeit als höchstes Ziel wie etwa in der Sure an-Naḥl, in der Gott Gerechtigkeit, gute Taten und Großzügigkeit gegenüber dem Anderen gebiete.[840] Eine derartige Erweiterung der maqāṣid habe außerdem eine regenerative Wirkung auf das Sozialleben in den islamischen Gesellschaften.[841]

Ähnlich konstatiert al-Qaraḍāwī (geb. 1926), dass es bedeutende maqāṣid gebe, die dennoch nicht annähernd gerecht berücksichtigt wurden, nämlich jene, die die ganze Gesellschaft anbelangen. Denn, „wenn die meisten anerkannten maqāṣid um das Individuum kreisen, wie der Schutz seines Glaubens, seines Selbst, seines Geistes usw., wo bleiben dann die Freiheit, Gleichheit und die Gerechtigkeit und was ist deren Wert? Dies erfordert sicherlich eine neue umfassende Überlegung.“[842] Diese Fokussierung auf die Individuen ließe sich auf die Annahme zurückführen, dass die Summe integrer und rechtschaffener Individuen eine ebensolche Gesellschaft ergebe.[843] Al-Qaraḍāwī gibt zu bedenken, dass das Verhalten der Menschen jedoch in großem Maße von seiner Umwelt bestimmt werde und dass daher auch zunächst die gesellschaftlichen Bedingungen geschaffen werden müssten, als solche benennt er „die geistigen, ethischen und materiellen Voraussetzungen für ein gesundes Leben“[844], dem Individuum den Gestaltungsspielraum zur geistigen Reife und

837 Vgl. ʿAṭīya, Ǧamāluddīn: Naḥwa tafʿīl maqāṣid aš-šarīʿa, S. 99.

838 Vgl. Ibid.

839 „Und (für jene,) die auf ihren Herrn hören und das Gebet verrichten und deren Regel (in allen Angelegenheiten von allgemeinem Interesse) Beratung untereinander ist.“ Sure aš-Šūrā (42), Vers 38.

840 „Siehe, Gott gebietet Gerechtigkeit und das Tun des Gutes und Großzügigkeit gegenüber (den) Mitmenschen.“ Sure an-Naḥl (16), Vers 90.

841 Vgl. ʿAṭīya, Ǧamāluddīn: Naḥwa tafʿīl maqāṣid aš-šarīʿa, S. 100 f.

842 Yūsuf, al-Qaraḍāwī: Dirāsa fī fiqh maqāṣid aš-šarīʿa. Kairo 2006, S. 28.

843 Vgl. Ibid.; vgl. hierzu auch ʿAbdulmaǧīd, an-Naǧār: Maqāṣid aš-šarīʿa bi-abʿādin ǧadīda. Beirut 2006, S. 156

844 Ibid., S. 178.

somit zu Integrität und Rechtschaffenheit zu bieten. Es sei daher gut und notwendig, dass sich das islamische Recht mit beiden Aspekten, dem individuellen und dem sozialen befasse und einen Ausgleich zwischen beiden schaffe.[845]

Außerdem unterstreicht al-Qaraḍāwī die Bedeutung der sozialen Werte im Islam, wie Gleichheit, Gerechtigkeit, Brüderlichkeit, Solidarität, Freiheit und Würde.[846] Deren Bedeutung, so al-Qaraḍāwī, werde durch die Tatsache akzentuiert, dass diese sozialen Normen in verschiedenen Koranversen und Prophetenaussagen als grundlegende Zwecke des Islam dargestellt werden.[847]

Er betont zudem, dass das im Islam zu schützende Interesse einen umfassenden Charakter haben müsse, es sei weder allein profan, noch materiell, weder allein das des Individuums noch ausschließlich ein gemeinschaftliches, es könne auch nie das alleinige Interesse einer bestimmten Gruppe oder einer Generation sein: „Vielmehr erfasst das vom Islam angestrebte Interesse, Diesseits und Jenseits wie auch Materie und Geist; und stellt ein Gleichgewicht zwischen Individuum und Gesellschaft sowie zwischen Zukunft und Gegenwart her."[848]

Im Zuge der Erklärung der Ansichten Ṭāhir Ibn ʿĀšūrs (gest. 1973) bezüglich der theologischen Begründung der menschlichen Interessen, weist Ismāʿīl al-Ḥasanī, ein weiterer zeitgenössischer marokkanischer Theologe, darauf hin, dass die Identifizierung der notwendigen menschlichen Interessen weitestgehend den dynamischen variablen Elementen eines soziokulturellen Kontextes unterliege.[849] Diese Erkenntnis führe automatisch zur Anerkennung des historisch bedingten Charakters der Beschränkung der notwendigen menschlichen Interessen auf die fünf bekannten maqāṣid (Bewahrung des Glaubens, des Selbst, des Geistes, der Nachkommenschaft und des Besitztums).[850] Zudem schlägt er die Ergänzung der maqāṣid um elementare Menschenrechte vor, wie das Recht auf Meinungsfreiheit, auf politische Vereinigung, auf Wahl der

845 Vgl. Ibid.

846 Vgl. Yūsuf, al-Qaraḍāwī: Dirāsa fī fiqh maqāṣid aš-šarīʿa. Kairo 2006, S. 29; vgl. auch Yūsuf, al-Qaraḍāwī: Kaīfa nataʿāmalu maʿa l-Qurʾāni l-ʿaẓīm. Kairo 1999, S. 76.

847 Vgl. Ibid.

848 Yūsuf, al-Qaraḍāwī: Madḫal lidirāsat aš-šarīʿa al-islāmīya. Beirut 1993, S. 62.

849 Vgl. Ismāʿīl, al-Ḥasanī: Nadariyat al-Maqāsid ʿInda-l-Imām Muḥammad Tāhir Ibn ʿĀšūr. Rabat 1995, S. 299.

850 Vgl. Ibid.

politischen Führung, sowie das Recht auf Arbeit, Nahrung, Unterkunft, ausreichende medizinische Behandlung...usw.[851]

Die Beschränkung der maqāṣid, die als konzeptionelle Eigenschaft im konservativen maqāṣid-Begriff qualifiziert werden kann, scheint außerdem dem muslimisch universellen Verständnis zu widersprechen, nach dem sich der Islam als Offenbarungsreligion an alle Menschen sämtlicher Kulturen und Zeiten wendet.[852] Diese Tatsache konnte sich durch die Jahrhunderte nur deshalb bewähren, weil der Islam im Kern seiner Glaubens- und Morallehre überzeitlich und allgemeingültig ist, jedoch in seinem Rechtssystem flexible und wandlungsfähige Elemente besitzt.[853] Diese Wandlungsfähigkeit war neben dem Bezug zum menschlichen Wesen das Lebenselixier der Religion und besonders der islamischen Jurisprudenz, die im Zuge der Reaktion der islamischen Ethik auf den Fortschritt und die Evolution der Gesellschaft entstanden ist, und somit den Inbegriff der Begegnung von Text und Kontext darstellt.[854]

Daher sind die islamischen Rechtskonzepte – darunter auch das Konzept der maqāṣid – keine metaphysischen transzendentalen Konstruktionen, sondern menschliche Werke, die neu entstandene Sachverhalte unter die Voraussetzungen der islamischen Rechtsnormen subsumieren und Antworten auf neue Fragen und Bedürfnisse der sozialen Umgebung finden wollen.[855] Nach diesem Verständnis müssen die islamischen Rechtskonzepte ihrem Wesen nach offene Konzepte sein, die durch die Zeit entwickelt, evaluiert und gegebenenfalls neu bearbeitet werden. Demzufolge kann das System der Rechtsauslegung nicht als endgültiges begriffen werden, es muss beweglich sein, um die Inhalte der islamischen Normen angemessen auf die jeweilige Realität zu übertragen.[856]

---

851 Vgl. Ibid., S. 300.

852 Im Vers 28 der Sure Saba' (34) heißt es: „Und Wir haben dich für die Menschen allesamt nur als Frohboten und Warner gesandt. Aber die meisten Menschen wissen nicht."

853 Vgl. Yūsuf, al-Qaraḍāwī: Madḫal lidirāsat aš-šarī'a al-islāmīya. Beirut 1993, S. 137–202.

854 Vgl. Ibid.

855 Vgl. Tarik, Ramadan: Radikale Reform – die Botschaft des Islam für die moderne Gesellschaft. München 2009, 21 f.

856 Vgl. Ibid.; vgl. hierzu auch Vgl. Yūsuf, al-Qaraḍāwī: Madḫal lidirāsat aš-šarī'a al-islāmīya. Beirut 1993, S. 114.

Diese Perspektive stärkt eindeutig die Ansicht der progressiven maqāṣid-Gelehrten, dass die Identifizierung der maqāṣid ein iterativer Prozess sein muss und drückt zugleich die Notwendigkeit aus, die tradierten maqāṣid-Konzepte inhaltlich und konzeptionell dem Wandel der historischen Prozesse anzupassen und für die Wirkungen des Zeitgeistes zu öffnen.

5 *maqāṣid* als System begreifen: eine Grundlage für einen neuen Konzeptansatz

Die etablierte Vorstellung der maqāṣid basiert auf der statischen Einteilung der menschlichen Bedürfnisse, je nach Universalität und Dringlichkeit, in notwendige (ḍarūrāt), erforderliche (ḥāǧāt) und in ergänzende Bedürfnisse (taḥsīnāt). Doch die Dynamik der Lebensumstände und der evolutionäre Charakter der menschlichen Interessen erzwingen eine ständige Aktualisierung der maqāṣid sowohl auf der konzepttheoretischen als auch auf der praktischen Ebene, denn die weit verbreitete statische Auffassung der maqāṣid umfasst wahrlich nicht alle notwendigen Bedürfnisse und ist weit davon entfernt, Antworten und Lösungen auf Fragen und Probleme eines sehr komplex gewordenen Lebensumfelds geben zu können.

Daher hat die Forschung auf diesem Gebiet eine Reihe von Ergänzungen und Vorschlägen hervorgebracht, die neue Einteilungen, Regelsätze und Begriffe in diese Thematik eingeführt haben. Zum Beispiel hat Ṭaha Ǧābir al-ʿAlwānī (geb. 1935), Präsident der Cordoba University in den USA, eine Klassifizierung der maqāṣid vorgeschlagen, die auf drei allgemeinen Zwecken basiert, nämlich auf Monotheismus, innerer Läuterung und auf zivilisatorischer Entwicklung.[857] Ebenso versuchte Ǧamāluddīn ʿAṭīya (geb. 1928) die Bandbreite der maqāṣid zu erweitern, indem er vierundzwanzig menschliche Elementarbedürfnisse aus verschiedenen Lebensbereichen den maqāṣid hinzufügte.[858] Allerdings gehen all diese Ergänzungen nicht über die beschränkte Natur der maqāṣid hinaus und bleiben außerdem auf die individuelle Sicht begrenzt.

Da das zweckrationale Denken definitionsgemäß ein strukturiertes Denken sein soll, muss jede neue Konzeption der maqāṣid an der Problematik der Klassifizierung ansetzen. Gerade in der Frage der Rangordnung zeigen die traditionellen Konzepte und klassischen Auffassungen der maqāṣid-Gelehrten große Defizite und systematische Probleme. Dabei soll die Strukturierung der Zwecke, die ja zugleich eine Priorität- und Wertzu-

857 Vgl. Muḥammad, Yaḥyā: Naḍariyat al-maqāṣid wa l-waqiʿ. In: Qaḍāya islāmiya muʿāṣira, Heft 8/1999, S. 150–69.

858 Vgl. Ibid.

weisung impliziert, auf der Wertigkeit bzw. Dringlichkeit der menschlichen Interessen und Bedürfnisse beruhen.

5.1 Klassifizierung der *maqāṣid*

Die Zwecke des islamischen Rechts beziehen sich allesamt auf die menschlichen Bedürfnisse und legitimen Interessen. Diese können sich gegenseitig beeinflussen oder sogar kollidieren, daher betonen alle Konzepte der maqāṣid-Gelehrten, wie verschieden sie auch sind, den Aspekt der Hierarchisierung der Bedürfnisse, um die Prioritätsfrage im Falle eines Konflikts zwischen zwei Interessen oder Notwendigkeiten zu lösen.

Aus diesem Grund etablierte al-Ġazālī (gest. 1111) eine Klassifizierung der maqāṣid nach folgender Rangordnung: Schutz der Religion, des menschlichen Selbst, des Geistes, der Nachkommenschaft und des Besitztums.[859] Indessen priorisierte ar-Rāzī (gest. 1209) den Schutz des menschlichen Selbst vor dem Schutz des Geistes und dem Schutz des Glaubens, danach verortete er den Schutz des Besitztums und nannte zuletzt den Schutz der Nachkommenschaft.[860] Etwas anders ging al-Qarāfī (gest. 1285) vor, indem er die fünf bekannten Notwendigkeiten zunächst um die Ehre (ʿirḍ) ergänzte und dann diese wie folgt klassifizierte: die Bewahrung des menschlichen Selbst, des Glaubens, der Abstammung, des Geistes, des Besitztums und schließlich die Bewahrung der Ehre.[861] Ibn Taimīya (gest. 1328) hat die Bandbreite der menschlichen Interessen maßgeblich ausgeweitet. In seiner Ausführung berücksichtigte er auch die fünf klassischen maqāṣid, die er ohne Begründung wie folgt anordnete: die Bewahrung des menschlichen Selbst, des Besitztums, der Ehre, des Geistes und der Religion.[862] Ibn as-Subkī (gest. 1369) hingegen fasste die maqāṣid wenig später in sechs Notwendigkeiten zusammen, nämlich in den Schutz des Glaubens, des menschlichen Selbst, des Geistes, der

859 Vgl. Saʿd Ibn Aḥmad Ibn Masʿūd al-Yūbī: maqāṣid aš-šarīʿa al-islāmīya wa ʿalāqatuhā bi al-adilla aš-šarʿiya. Riad 1998, S. 51.

860 Vgl. Ar-Rāzī, Faḫruddīn: al-Maḥṣūl fī ʿilm al-uṣūl. Band 2. Riad 1981, S. 220; vgl. hierzu auch ʿAṭīya, Ǧamāluddīn: Naḥwa tafʿīl maqāṣid aš-šarīʿa, S. 29.

861 Vgl. ʿAṭīya, Ǧamāluddīn: Naḥwa tafʿīl maqāṣid aš-šarīʿa. Damaskus 2001, S. 29.

862 Vgl. Taqīyuddīn, Ibn Taimīya: Maǧmūʿ fatāwā Ibn Taimīya. Band 32. Rabat 1986, S. 234; siehe auch Saʿd Ibn Aḥmad Ibn Masʿūd al-Yūbī: maqāṣid aš-šarīʿa al-islāmīya wa ʿalāqatuhā bi al-adilla aš-šarʿiya. Riad 1998, S. 61.

Abstammung, des Besitztums und der Ehre.[863] Dagegen hielt sich aš-Šāṭibī (gest. 1388) an keine feste Reihenfolge. Mal stellte er die Bewahrung des Glaubens an die erste Stelle, und die Bewahrung des menschlichen Selbst an die zweite Stelle, dann die Bewahrung der Nachkommenschaft, danach die Bewahrung des Besitztums und am Ende die Bewahrung des Geistes; und ein anders Mal folgen den ersten zwei Interessen der Schutz des Geistes, der Nachkommenschaft und an letzter Stelle der des Besitzes.[864] Für die unterschiedliche Anordnung gibt er allerdings keine detaillierte Begründung. Seinen Texten ist lediglich zu entnehmen, dass er den Glauben als das höchste Gut betrachtet und dass daher dessen Bewahrung an erster Stelle stehen müsse. Da er außerdem Besitztum und Geist als Bestandteile des Selbst begreift, sei das letztgenannte der Bewahrung der anderen Interessen vorrangig.[865]

Ibn Farḥūn (gest. 1396)[866] wiederum stellte eine ausführliche Liste der wesentlichen Zwecke des islamischen Rechts vor. Seine Darlegung implizierte neben den fünf klassischen maqāṣid u. a. auch die Ehre. Er ordnete die Zentralzwecke der Scharia, wie er sie nannte, nach der folgenden Reihenfolge: Bewahrung des Glaubens, des Menschen und seiner Existenz, Bewahrung der Abstammung, der Ehre, Bewahrung des Besitztums und schließlich Bewahrung des Geistes.[867]

Nach Abwägung verschiedener Standpunkte der uṣūl-Gelehrten, favorisiert ar-Rīsūnī (geb. 1953) die Klassifizierung al-Āmidīs (gest. 1233), nach der dem Schutz des Glaubens der des menschlichen Selbst folgt und die weiteren schützenswerten Interessen mit Bewahrung der Nachkommenschaft, des Geistes und zuletzt des Besitztums benannt werden.[868]

Es lässt sich also allgemein feststellen, dass die von den meisten Gelehrten favorisierte Hierarchie der maqāṣid die Bewahrung des Glaubens als höchste Priorität anerkennt und in der Folge die Bewahrung des Selbst als

863 Vgl. ʿAṭīya, Ǧamāluddīn: Naḥwa tafʿīl maqāṣid aš-šarīʿa. Damaskus 2001, S. 31.

864 Vgl. Ibid.

865 Vgl. Ibid.

866 Vgl. Ḫairaddīn, Azzirkilī: al-Aʿlām- Qāmūs tarāǧim līš-šahrī ar-riǧāl wan-nisāʾ min al-ʿarabi wal-mustaʿrabīna wal-mustašriqīn. Band 5. Beirut 1980, S. 6.

867 Ibn Farḥūn, Burhānuddīn Abūlfidāʾ: Tafsīrāt al-aḥkām fī uṣūl al-ʿaqīda wa manāhiǧ al-aḥkām. Band2. Beirut 1984, S. 133f; vgl. auch ʿAṭīya, Ǧamāluddīn: Naḥwa tafʿīl maqāṣid aš-šarīʿa. Damaskus 2001, S. 32.

868 Vgl. Aḥmad, ar-Rīsūnī: Naẓarīyat al-maqāṣid ʿindal-imām aš-Šāṭibī. Casablanca1990, S. 43.

zweitwichtigstes Ziel klassifiziert, während die Bewahrung der Nachkommenschaft als vordringlicher wahrgenommen wird als die des Geistes. Der Schutz des Besitzes steht für sie an letzter Stelle. Diese Liste wird von einigen um ein sechstes Interesse, nämlich die Bewahrung der Ehre, ergänzt.

5.1.1 Prioritätsfrage zwischen der Bewahrung des Glaubens und des menschlichen Selbst

Es sei an dieser Stelle darauf hingewiesen, dass sich die meisten Meinungsdifferenzen bezüglich der Rangordnung der maqāṣid auf die Frage beziehen, was an erste Stelle zu setzten sei, ob also die erste Priorität der Bewahrung des Glaubens oder dem Schutz des menschlichen Selbst gelten solle. Außerdem ist weithin strittig, ob die Bewahrung der Nachkommenschaft höher zu stellen sei als die Bewahrung des Geistes. Über die Rangstellung der Bewahrung des Besitztums hingegen herrscht mehr oder weniger Konsens.

Bezüglich der ersten Frage erklärt Ibn al-Ḥāğib (gest. 1248), dass „im Falle eines Konflikts, dem weltlichen Interesse gegenüber dem religiösen Vorrang zu gewähren ist, angesichts der vulnerablen Natur des Menschen."[869] Darauf antwortete az-Zarkašī (gest. 1391), dass die Priorität in solchen Fällen doch dem religiösen Interesse gelten müsse, da seine Frucht die ewige Seligkeit sei, die sonst mit nichts zu vergleichen sei.[870] Dabei beruft er sich auf al-Āmidī (gest. 1233), nach dessen Ansicht im Falle eines Konflikts zwischen zwei Absichten derjenigen größeres Gewicht beizumessen sei, welche die Erhaltung des Glaubens mit einschließe, da diese zur Verwirklichung des ewigen Glücks führe[871] und da Gott selber sage, dass er die Menschen nur erschaffen habe, um ihn anzubeten.[872] Dagegen wendet Ibn al-Ḥāğib ein, dass die

869 Ibn al-Ḥāğib, Abū'amr: Muntahā l-wuṣūl wa l-'amal fī 'ilmī l- uṣūl wa l-ğadal. Beirut 1985, S. 159; vgl. hierzu auch Aḥmad, ar-Rīsūnī: Naẓarīyat al-maqāṣid 'indal-imām aš-Šāṭibī, S. 45.

870 Vgl. Badruddīn, Abū'Abdillāh Az-Zarkašī: al-Baḥr al-Muḥīt fī uṣūl al-fiqh. Band 6. Al-Kuwait 1982, S. 188 f.

871 Vgl. Ibid., S. 197.

872 „Und Ich habe die ğinn (unsichtbare Wesen) und die Menschen nur darum erschaffen, damit sie Mich (erkennen) und anbeten mögen." Sure Ad-Dariyāt (51), Vers 56.

Bewahrung des Selbst ein menschliches, die Bewahrung des Glaubens hingegen ein göttliches Interesse sei.[873] Da aber Gott allmächtig und über Nutzen und Schaden an ihm erhaben sei, der Mensch hingegen verwundbar und des Schutzes bedürfe, müsse die Bewahrung des Selbst in jedem Falle prioritär betrachtet werden. Demnach seien auch die Bestimmungen die das Zusammenleben der Menschen beträfen gewichtiger als die zur Verrichtung der gottesdienstlichen Aufgaben.[874]

In diesem Sinne ist auch das Wort des Propheten zu verstehen, dass ein Schritt, der dazu diene einem Menschen zu helfen wertvoller sei, als einen Monat in der Moschee zu verbringen.[875] Außerdem wird in vielen schariarechtlichen Bestimmungen das Bedürfnis des Menschen höher gestellt als einige der religiösen Gebote. Zum Beispiel muss ein Reisender im Ramadan nicht fasten und es ist ihm erlaubt, die fünf Gebete nach einem bekannten Muster zu kürzen und zusammen zu verrichten, um jegliche Überanstrengung zu vermeiden.[876] Deshalb sagt der Koran beispielsweise zum Fasten: „Darum, wer immer von euch diesen Monat erlebt, soll ihn durchweg fasten; aber wer krank ist oder auf einer Reise, (soll stattdessen die gleiche) Anzahl von anderen Tagen (fasten). Gott will, dass ihr Erleichterung habt, und will nicht, dass ihr Härte erleidet."[877] Ebenfalls wird der Bewahrung des menschlichen Lebens Vorrang eingeräumt, indem der Islam zum Beispiel vorschreibt, das Gebet zu unterbrechen, um eigenes oder jemandes Leben zu retten.[878]

Al-'Izz Ibn 'Abdissalām weist darauf hin, dass es sogar erlaubt sei, den eigenen Glauben zu verleugnen um Leben zu retten, solange man sich nicht im Innern von Gott abkehre.[879] Ebenso müssten auch die religiösen Bestimmungen nicht befolgt werden, wenn man dadurch sein Leben schützen könne. Auch die Aufforderung, dass ein Kämpfer sich in einem aussichtslosen Kampf zurückziehen solle, um mindestens sein Leben zu schützen, belege, dass die

---

873 Vgl. Ibn al-Ḥāǧib, Abū'amr: Muntahā l-wuṣūl wa l-'amal fī 'ilmī l- uṣūl wa l-ǧadal, S. 172.

874 Vgl. Ibid.

875 Vgl. 'Abdurraḥman, Ǧalāluddīn Assiyūṭī: Ǧāmi' al-aḥadiṯ. Band 22. Beirut 1994, S. 245 (Ḥadīṯ-Nr.: 24774).

876 Vgl. al-'Ālim, Yūsuf Ḥāmid: al-Maqāṣid al-'āma līš-šarī'a al-islāmīya. Riad 1994, S. 178.

877 Sure al-Baqara (2), Vers 183.

878 Vgl. al-'Ālim, Yūsuf Ḥāmid: al-Maqāṣid al-'āma līš-šarī'a al-islāmīya, S. 178.

879 Vgl. Ibn 'Abdissalām, al-'Izz: al-Fawā'id fī iḫtiṣār al-maqāṣid. Kairo 1996, S. 58 ff.

Erhaltung des Lebens in der islamischen Rechtsordnung über den religiösen Pflichten stehe.[880]

In seinem Versuch, eine Brücke zwischen den beiden Haltungen zu schlagen, erklärt ʿAbdullāh Darrāz (gest. 1958)[881], der Interpret des Werkes al-Muwāfaqāt von aš-Šāṭibī (gest. 1388), dass mit der Priorisierung der Bewahrung der Religion gegenüber den weiteren maqāṣid nicht die einzelnen religiösen Bestimmungen gemeint seien, sondern die Religion als solche bewahrt und mit ihren Fundamenten geschützt werden solle.[882] Die Scharia zeige durchaus auch, etwa durch die Flexibilität der gottesdienstlichen Bestimmungen im Falle von Krankheit und Reise u. a., dass die Erleichterung des menschlichen Lebens und somit die menschlichen Interessen in bestimmten Fällen den religiösen vorrangig gelten müssten.[883]

Angeregt durch diesen Ansatz nimmt ʿAlī Ǧumʿa (geb. 1952)[884], der derzeitige Mufti von Ägypten, eine Unterscheidung zwischen der Erhaltung der Religion an sich und der Erhaltung der individuellen Religiosität vor und sieht demnach die Bewahrung der individuellen Religiosität in der Hierarchie hinter der Bewahrung des menschlichen Selbst und der Bewahrung des Geistes, welche die Grundlage der rechtlichen Mündigkeit darstellen.[885] Ebenfalls unterscheidet Aḥmad, ar-Rifāiʿa zwischen der Ebene des Individuums und der Ebene der Umma, also der muslimischen Gemeinschaft: Auf der ersten Ebene gelte die höchste Priorität der Erhaltung des menschlichen Lebens. Er begründet diesen Ansatz u. a. mit den Erleichterungsnormen[886] in den Härtefällen (arab. ar-ruḫaṣ). Hingegen stelle die Religion auf der Ebene der Gesellschaft die geistige Grundlage der gesamten Sozialordnung dar, daher gebühre deren Bewahrung auf dieser Ebene die oberste Priorität.[887]

---

880 Vgl. Ibid.

881 Vgl. Ḫaīruddīn, Azzirkilī: al-Aʿlām- Qāmūs tarāǧim liʾašhari ar-riǧāl wan-nisāʾ min al-ʿarabi wal-mustaʿrabīna wal-mustašriqīn. Band 6. Beirut 1980, S. 246.

882 Vgl. ʿAṭīya, Ǧamāluddīn: Naḥwa tafʿīl maqāṣid aš-šarīʿa. Damaskus 2001, S. 37

883 Vgl. Ibid.

884 Vgl. Ramaḍān, ʿAlī aš-Šarinaṣi: al-Madḫal li-dirāsat al-fiqh al-islāmī – madārisuhu wa maṣādiruhu. Amman 1998, S. 151.

885 Vgl. ʿAlī Ǧumʿa, Nūruddīn: al-Madḫal ilā Dirāsāt al-maḏāhib al-fiqhīya. Kairo 2004, S. 126 ff.

886 Eine kurze Erklärung des Begriffs Erleichterungsnormen (ar-ruḫaṣ) findet sich dort auf Seite 48 (Fußnote 181).

887 Vgl. Aḥmad, ar-Rifāyʿa: Ahammīyat maqāṣid aš-šarīʿa fī l-iǧtihād. Amman 1992, S. 16.

Zudem hebt Yaḥyā Muḥammad (geb. 1959)[888] einen neuen Aspekt in der Struktur der maqāṣid hervor, nämlich, dass die Betrachtung der Religion als eine Komponente der maqāṣid neben anderen zur Trennung zwischen der Religion und den Lebensbereichen führe, die mit den weiteren Komponenten korrespondierten. Er kritisiert dabei die mangelnde Unterscheidung zwischen der Religion als Gottesdienst und der Religion als ethischer und sozialer Wertvorstellungen, die das ganze Leben durchdringe. Als Konsequenz daraus schlägt er vor, die Bewahrung der Religion durch die Bewahrung des Gottesdienstes zu ersetzen.[889]

5.1.2 Prioritätsfrage zwischen der Bewahrung der Vernunft und der Nachkommenschaft

Das zweite Spannungsfeld in der Diskussion um die Rangordnung der maqāṣid liegt in der Frage der Vorrangstellung der Bewahrung des Geistes gegenüber der Bewahrung der Nachkommenschaft bzw. der Abstammung.

In diesem Zusammenhang ist al-Āmidī (gest. 1233) der Ansicht, dass sich im Schutze der Nachkommenschaft das Interesse der Bewahrung des menschlichen Selbst wiederspiegle.[890] Ebenso wie die eigene Person solle in diesem Falle das Kind vor Unbill vielerlei Art bewahrt werden. Daher gelte die zweite Priorität nach der Religion der Bewahrung des menschlichen Selbst. Die Bewahrung des Geistes hingegen verhalte sich zur Bewahrung des Selbst wie die Zweige eines Baumes zu seinem Stamm.[891] Ohne den Schutz des menschlichen Selbst sei also auch der des Geistes hinfällig, eine Einschränkung des Geistes aber etwa durch den Genuss von Rauschmitteln sei nur vorübergehender Natur und bedrohe nicht das gesamte Selbst. Er zieht daraus den formallogischen Schluss, dass die Bewahrung des menschlichen Selbst dem Schutz des Geistes vorrangig sei. Dementsprechend müsse aber außerdem auch die Bewahrung der Nachkommenschaft, da sie also als Teil

888 Vgl. Qāsim, Hasan Qasīr: al-ʿAwda ila dawr al-ʿaql fi qirāʾat at-Turaṯ al-islāmī: Yaḥyā Muḥammad Namūḏağan. In: al-Hudā Heft 64/2007, S. 56–73.

889 Vgl. Muḥammad, Yaḥyā: Naḍariyat al-maqāṣid wa l-waqiʿ. In: Qaḍāya islāmiya muʿāṣira, Heft 8/1999, S. 150–169.

890 Vgl. ʿAṭīya, Ǧamāluddīn: Naḥwa tafʿīl maqāṣid aš-šarīʿa. Damaskus 2001, S. 39.

891 Vgl. Ibid.

des Selbst verstanden würde, ebenfalls Priorität gegenüber der als sekundär zu wertenden Bewahrung des Geistes haben.[892]

Dieses Plädoyer al-Āmidīs (gest. 1233) für die höhere Gewichtung der Bewahrung der Nachkommenschaft gegenüber der Bewahrung des Geistes fällt nicht ganz überzeugend aus, denn al-Āmidī selbst hat an anderer Stelle erklärt, dass die Erhaltung der Nachkommenschaft nicht um ihrer selbst willen angestrebt werde, sondern vielmehr zum Schutze des Kindes.[893] Dieses Verständnis qualifiziert die Bewahrung der Nachkommenschaft höchstens als Mittel für die Erhaltung des menschlichen Selbst, und spricht ihr daher die Qualität eines Zentralzwecks ab.

Es lässt sich also feststellen, dass al-Āmidī nicht wirklich die Priorität der Bewahrung der Nachkommenschaft gegenüber der des Geistes diskutiert, sondern in seiner Argumentation dem Schutz der Nachkommenschaft lediglich die Rolle eines Appendix zum zweiten Zweck der maqāṣid zuweist.[894] Er nimmt dabei nicht zu der Auffassung Stellung, dass die Beeinträchtigung des Geistes auch immense Bedrohungen des menschlichen Lebens implizieren kann, was zwangsläufig zur Aufwertung der Bewahrung des Geistes in der maqāṣid-Rangordnung führen müsste.[895]

Hierzu merkt Ǧamāluddīn ʿAṭīya (geb. 1928), ein ägyptischer Gelehrter, an, dass die niedrigere Stellung der Bewahrung des Geistes bei manchen Gelehrten darauf zurückzuführen sei, dass sie die Bedeutung der Vernunft als oberstes Mittel der Weisheit und als Bestimmungsgrund des menschlichen Willens verkannt hätten. Somit hätten sie auch die Tragweite der darauf gründenden Bestimmungen nicht erfasst und daher die Bewahrung des Geistes lediglich auf den Schutz vor Rauschmitteln beschränkt.[896]

Diese Variationen und differenten Meinungen bezüglich der Klassifizierung einzelner maqāṣid sind zweifelsohne primär auf das statische Strukturverständnis der maqāṣid-Rangordnung zurückzuführen. Wie gezeigt führt eine solche Auffassung zu etlichen Konflikten und verweist auf eine Reihe

---

892 Saīfuddīn, al-Āmidī: al-Iḥkām fī uṣūli l-aḥkām. Band 4. Beirut 1983, S. 245; siehe auch ʿAṭīya, Ǧamāluddīn: Naḥwa tafʿīl maqāṣid aš-šarīʿa. Damaskus 2001, S. 39–40.

893 Siehe seine ausführliche Argumentation in seinem Werk al-Iḥkām fī uṣūli l-aḥkām. Band 4. Beirut 1983, S. 245–247.

894 Vgl. ʿAṭīya, Ǧamāluddīn: Naḥwa tafʿīl maqāṣid aš-šarīʿa. Damaskus 2001, S. 42.

895 Vgl. Ibid.

896 Vgl. ʿAṭīya, Ǧamāluddīn: Naḥwa tafʿīl maqāṣid aš-šarīʿa. Damaskus 2001, S.42.

offener Fragen innerhalb des maqāṣid-Systems. Konfliktfelder ergeben sich an folgenden Stellen:

- Diejenigen, die der Bewahrung des Glaubens niedrige Priorität zubilligen, geraten mit zahlreichen Texten in Konflikt, die das Gegenteil belegen. So sagt der Koran in der Sure at-Tauba: „Allah hat von den Gläubigen ihre eigene Person und ihr Gut dafür erkauft, dass ihnen der Paradiesgarten gehört“[897]; und in der Sure ad-Dariyāt: „Und Ich habe die ǧinn und die Menschen nur darum erschaffen, damit sie Mich (erkennen) und anbeten mögen.“[898]
- Wer die Bewahrung des menschlichen Selbst geringer bewertet, kann schwerlich den Geist der Erleichterungsnormen erklären, die die religiösen Pflichten sogar aussetzen, um das Leben der Menschen zu erleichtern. Ebenso wenig lassen sich unzählige Korantexte und Prophetenaussagen integrieren, die unmissverständlich den Wert des menschlichen Lebens betonen, wie zum Beispiel der Vers: „Wenn jemand einen Menschen tötet, ohne dass dieser einen Mord begangen hätte, oder ohne dass ein Unheil im Lande geschehen wäre, es so sein soll, als hätte er die ganze Menschheit getötet; und wenn jemand einem Menschen das Leben erhält, es so sein soll, als hätte er der ganzen Menschheit das Leben erhalten“[899] und der Ḥadīṯ: „Wahrlich, die Zerstörung der Kaʿba[900], Stein für Stein, wiegt bei Gott leichter als das Vergehen am Leben eines unschuldigen Menschen.“[901]
- Und diejenigen, die die Bewahrung des Besitztums nachrangig sehen, geraten in Konflikt mit dem Ḥadīṯ des Propheten: „Wer in der Abwehr seines Vermögens stirbt, der stirbt als Märtyrer.“[902]
- Da es zahlreiche Belege in den Quellen gibt, nach denen die Würde des Menschen als unantastbar gilt und die ihre Verteidigung loben, ergeben sich Unstimmigkeiten, wenn man die Bewahrung der Ehre als nachrangig in der Ordnung der maqāṣid begreift. Beispielhaft für die hohe Stel-

897 Sure at-Tauba (9), Vers 110.

898 Sure Ad-Dariyāt (51), Vers 56.

899 Sure al-Māʾida (5), Vers 32.

900 Kaʿba gilt als das heiligste religiöse Symbol der Muslime. Dennoch ist die Bewahrung des menschlichen Lebens, diesem Ḥadīṯ nach, noch heiliger.

901 Berichtet von an-Nasāʾī, Kitāb al-muḥāraba, Bāb taʿẓīm ad-dam (Ḥadīṯ-Nr.: 3987).

902 Berichtet von al-Buḫārī, Kitāb al-maẓālim, Bāb kasr aṣ-ṣalīb wa qatl al-Ḫinzīr (Ḥadīṯ-Nr.: 2480).

lung, die der Islam diesem Wert zumisst ist folgender Vers: „Und wahrlich, Wir haben die Kinder Adams geehrt und sie über Land und Meer getragen und sie mit guten Dingen versorgt und sie ausgezeichnet – eine Auszeichnung vor jenen vielen, die Wir erschaffen haben“[903]; und auch der Ḥadīṯ: „Wer bei der Verteidigung seiner Würde stirbt, der stirbt als Märtyrer.“[904]

Es ist also daraus zu schließen, dass der islamische Quellentext keinerlei Rechtfertigung für das statische Strukturverständnis der maqāṣid-Ordnung liefert. Im Gegenteil, er konterkariert gerade dieses Verständnis, wie bereits oben gezeigt. Eine Berufung auf alternative vernunftbasierte Quellen, wie etwa die menschliche Lebenserfahrung, unterstützt eine statische Struktur ebenso wenig. Denn die menschliche Lebensumwelt zeichnet sich durch eine starke Mobilität und hohe Dynamik aus und ist daher naturgemäß mit jeglicher statischen Form unvereinbar.[905] Dies gilt besonders in Bezug auf die menschlichen Bedürfnisse, die den Inhalt der maqāṣid darstellen.

Hiermit soll und kann natürlich nicht bestritten werden, dass es einige Interessen gibt, die in der Tat unveränderlich, oder zumindest durch ein hohes Maß an Stabilität gekennzeichnet sind. Das sind jene Interessen, die Eckpfeiler des menschlichen Lebens darstellen, und die uns kollektiven Halt in der Welt des steten Wandels geben.[906] Allerdings ist ebenso wenig zu leugnen, dass die meisten Quellen des Nutzens bzw. Schadens mit den Umständen und Lebensbedingungen variieren. Infolgedessen variieren auch ihr Nutzens- bzw. Schadensgehalt, ihre Bedeutung und Wichtigkeit im Leben und automatisch ihre Priorität und Rangstellung.[907] Verstärkt wird diese Problematik noch dadurch, dass oftmals nicht klar zu trennen ist zwischen den Quellen eines Nutzens und denen eines Schadens. Denn die Lebenserfahrung und „die induktive Lesung der Scharia führen zum Schluss, dass es keinen Nutzen gibt, der nicht mit einem gewissen Grad an Schaden verbunden ist (...) noch irgendeinen

903 Sure al-Isrā' (17), Vers 70.

904 Aḥmad, Ibn Muḥammad Ibn Ḥanbal: Musnad Imām Aḥmad. Band 3. Kairo 1999, S. 190. (Ḥadīṯ-Nr.: 1652).

905 Vgl. 'Abdurraḥmān, Ibrāhīm al-Kīlānī: Qawā'id al-maqāṣid 'indal-imām aš-Šātibī – 'ardan wa dirāsatan wa taḥlīlan. Damaskus 2005, S. 363 f.

906 Vgl. Aḥmad, ar-Rīsūnī: Naẓarīyat al-maqāṣid 'indal-imām aš-Šāṭibī. Casablanca 1990, S. 265.

907 Vgl. Ibid.

Schaden, der nicht ein gewisses Maß an Nutzen zur Folge hat."[908] Diese Tatsache korrespondiert mit dem Inhalt einiger Koranverse, zum Beispiel des Koranverses über Rauschmittel und Glücksspiele, in dem es heißt: „Sie fragen dich nach berauschendem Trunk und Glücksspiel. Sprich: In beiden ist großes Übel wie auch einiger Nutzen für die Menschen. Doch ihr Übel ist größer als ihr Nutzen."[909]

Dies ist eine grundlegende Problematik, die bestimmenden Einfluss auf den weiteren Gang der Rechtsfindung und unmittelbare Wirkung auf die Auslegung der Sätze und Zwecke des islamischen Rechts hat. Daher haben die Gelehrten versucht, eindeutige Regeln zu erarbeiten, die bei der Priorisierung zwischen divergierenden Quellen von Nutzen und Schaden Orientierung stiften. Exemplarisch für diese Regeln sind zum Beispiel:[910]

- Die Vermeidung des Schadens hat Vorrang vor der Verwirklichung des Nutzens.
- Der kleine Vorteil ist zu vernachlässigen, um den größeren zu bewahren.
- Die kollektiven Interessen sind vorrangig zu behandeln gegenüber den individuellen.
- Ein großer Schaden kann durch einen kleineren aufgehoben werden.
- Ein Schaden kann niemals durch einen ähnlichen Schaden aufgehoben werden.
- Individuelle Schäden können hingenommen werden, um kollektive Schäden zu verhindern.
- Nöte annullieren Verbote.
- Nöte sind genau zu definieren.

Obwohl der Geist, der über diesen Regeln schwebt, die statische Auffassung der maqāṣid-Struktur so offensichtlich konterkariert, indem er Divergenzen thematisiert und Konfliktzustände regelt, die ja exklusive Merkmale der dynamischen Strukturen sind,[911] griff jedoch dieser Ansatz nicht auf das gesamte maqāṣid-Konzept über, um eine konzeptionelle Erneuerung anzuregen, welche Lösungen zur Vermeidung von Konflikten eher präventiv in ihre konzeptionelle Überlegungen aufnehmen würde und nicht erst im Falle

908 Al-Qarāfī, Šihābuddīn: Šarḥ tanqīḥ al-fuṣūl. Kairo 1991, S. 78.
909 Sure al-Baqara (2), Vers 219.
910 Vgl. Aḥmad, ar-Rīsūnī: Naẓarīyat al-maqāṣid ʿindal-imām aš-Šāṭibī, S. 267.
911 Vgl. Ibid., S. 268.

eines Konflikts interventiv durch diese Regeln als äußere regulative Elemente greift.[912]

Um nun allen diesen Gedanken und Bedenken Rechnung zu tragen, bedarf es einer neuen Systematik, die vor allem mit dem statischen Strukturverständnis der maqāṣid-Ordnung bricht. Eine Systematik, die aus der oben thematisierten Problematik heraus erwächst und den dynamischen Charakter der maqāṣid-Struktur betont, indem sie strukturell auf zwei heuristische Prinzipien aufbaut, nämlich auf die kontextorientierte Auslegung der Quellen und auf eine Annäherung an die maqāṣid, die ihrer Systemgebundenheit Rechnung trägt.

5.1.3 Kontextorientierte Auslegung

Die Kontextualisierung stellt einen epistemologischen Bruch in der theologischen Reflexion dar und leitet daher einen Paradigmenwechsel in der Hermeneutik ein, welcher den Anspruch erhebt, den Quellentext nicht nur nach lexikalischer Bedeutung und theoretischer Stilistik, sondern auch stets mit Bezug auf seine reale Umgebung zu interpretieren. Wobei hiermit sowohl die Entstehungsumgebung als Ursprungs- sowie die Gegenwartsumgebung als Wirkungsraum des Textes gemeint sind. Dementsprechend entsteht Theologie durch die Auseinandersetzung des Textes mit seiner Umwelt. Unter Kontextualisierung wird also „derjenige Prozess verstanden, durch den die Theologie kritisch in einem neuen Kontext Gestalt gewinnt, ihr Verständnis neu Fleisch werden lässt und dabei erleuchtet und transformiert wird."[913]

Der Kontext besitzt im islamischen Denken eine gleichberechtigte Position gegenüber dem Quellentext.[914] Daher hält sich die islamische Theologie mit ihren verschiedenen Paradigmen und Konzepten offen für die sozialen Veränderungen und gesellschaftlichen Nuancen und kann aufgrund der Wechselwirkung mit der Wirklichkeit keine endgültigen Aussagen und keine stati-

912 Vgl. Amīn, Dawūd Ḥasan: al-Maqāṣid wa ʿAqlanat at-Tafkīr ad-dīnī. In: al-Furqān, Heft 75/ 2003.

913 Meireis, Torsten: Theologiestudium im Kontext. Berlin 1997, S. 33.

914 Vgl. Muḥammad, ʿAmāra: al-Manāṭ Manhağ fi at-Taʿamul maʿa l-Wāqiʿ. In: al-Munʿaṭaf, Heft 5/1992, S. 52–61.

schen Ergebnisse anstreben, sondern bleibt stets theologia viatorum als ein kontinuierlicher Prozess.[915] Auf diese Weise hält der sich wandelnde Kontext die islamische Theologie in ihrer Entwicklung in Bewegung.

Der Mensch steht in einem dauernden Spannungsverhältnis mit seiner Lebensumgebung, indem er auf die Welt Einfluss nimmt, und sich gleichzeitig von seinem Lebensmilieu in seinen Bedürfnissen sowie in seinem Denken und Handeln wiederum beeinflussen lässt. Daher sind die menschlichen Bedürfnisse, an denen sich die islamische Theologie orientiert, nicht nur biologische sondern in vielerlei Hinsichten auch kulturelle bzw. anthropologische Lebenselemente. Dieser Tatsache trägt eine statische Anordnung der maqāṣid nicht Rechnung, da sie den kreativen Charakter des Kontexts ignoriert, der sich auf zwei Ebenen manifestiert, nämlich auf der Ebene der Entstehung neuer Bedürfnisse und auf der Ebene der Wertzuweisung und Priorisierung zwischen den verschiedenen Interessen und divergierenden Lebensnotwendigkeiten.[916]

Demnach stehen die menschlichen Bedürfnisse im Spannungsfeld von Natur und Kultur, sie sind Ausdruck der Identität der Menschen, die sich aus zahlreichen einzelnen Aspekten zusammensetzt. Sie sind insofern auch immer Spiegelbild des gesellschaftlich-kulturellen Kontextes.[917] Sie ändern sich daher ständig aufgrund des veränderten Kontexts oder auch aufgrund der veränderten Wahrnehmung des Einzelnen. So gesehen sind die Entstehungsprozesse der neuen Bedürfnisse primär auf die „Schöpfungskraft“ dieses Kontextes zurückzuführen. Eine Tatsache, die sich freilich nicht mit allen Strukturierungskonzepten der menschlichen Bedürfnisse, die einem statischen Verständnis zugrunde liegen, vereinbaren lässt.[918]

Die menschlichen Bedürfnisse sind also als dynamische und kontextbezogene Lebenselemente zu bezeichnen. Daher lässt sich auch in verschiedenen historischen Situationen jeweils ein zentrales Bedürfnis ausmachen, das dem jeweiligen kollektiven und somit auch individuellen Bewusstsein entspringt: In Kriegszeiten ist es der Frieden, in Hungerzeiten ist es die Nahrung, in den

915 Vgl. Ibid., S. 57.

916 Siehe in diesem Zusammenhang Tarik, Ramadan: Radikale Reform – die Botschaft des Islam für die moderne Gesellschaft. München 2009, S. 120–133.

917 Vgl. Süss, Daniel: Mediensozialisation von Heranwachsenden: Dimensionen, Konstanten, Wandel. Wiesbaden 2004, S. 75.

918 Vgl. Amīn, Dawūd Ḥasan: al-Maqāṣid wa ʿAqlanat at-Tafkīr ad-dīnī. In: al-Furqān, Heft 75/ 2003.

Zeiten einer Epidemie ist es der Wunsch nach Gesundheit, in den Zeiten der Unterdrückung ist es die Freiheit usw.

In diesem Abschnitt werden exemplarisch zwei historische Phasen in der menschlichen Geschichte angeführt, aus denen sich auf die Kontextbezogenheit der menschlichen Bedürfnisse und die Relativität ihrer Rangordnung schließen lässt. Die erste zu betrachtende Zeitspanne ist die Ära der mamlukischen[919] Herrschaft in der islamischen Geschichte. Eine Epoche, die innenpolitisch von Ungerechtigkeit, Unterdrückung und Despotie geprägt war. Außenpolitisch war diese Zeit durch die existentielle Bedrohung durch die Kreuzzüge und den Mongolensturm gekennzeichnet.[920] Daraus entstand ein großes Bedürfnis nach einer starken politischen Führung, welche das muslimische Kollektiv vor Zerfall bewahren und die breite muslimische Gemeinschaft zusammenhalten sollte. Dieses Desiderat machten sich die Mamluken zu Nutze, die den Muslimen in der Tat dazu verhalfen, diese Zeit voller Herausforderungen zu überwinden.[921]

Die Bewahrung des islamischen Kollektivs war offensichtlich so existentiell und so zentral, dass den Mamluken ihre innenpolitischen Gräueltaten verziehen wurden. Deshalb sprach zum Beispiel der Gelehrte Ibn Taimīya (gest. 1328) immer lobend und preisend über die Mamluken, obwohl er von ihnen verfolgt wurde und letztlich in ihrer Gefangenschaft verstarb.[922]

919 Mamluken (arab. *mamālik*) waren in vielen islamischen Herrschaftsgebieten Militärsklaven zentralasiatischer oder osteuropäischer (d. h. meist türkischer oder kaukasischer) Herkunft, die – von den Abbasiden-kalifen als Machtfaktor institutionalisiert – ihre dominierende Stellung als Heerführer und Königsmacher ab dem 9. Jh. nicht selten nutzten, um eigene Dynastien und Reiche zu begründen, von denen das zeitweise fast ganz Indien beherrschende Sultanat von Delhi (1206–1526) und das der Bahri- und Burǧi-Mamluken von Ägypten wohl die beiden bedeutendsten waren. Letzteres wurde 1517 – nach 267-jährigem Bestehen – von den Osmanen unterworfen, doch bildeten die Mamluken in Ägypten noch bis zu ihrer Niederlage gegen Napoleon in der Schlacht bei den Pyramiden (1798) und bis zum endgültigen Sieg über sie duch Muhammad Ali Pascha (1811) eine lokale Herrscherelite. (Vgl. Ertl, Thomas : Seide, Pfeffer und Kanonen- Globalisierung im Mittelalter. Darmsatat 2008, S. 77ff; für eine vertiefende Lektüre in der Geschichte und Kultur der Mamluken empfiehlt sich das Buch von Stefan Conermann (Hg.): Die Mamluken – Studien zu ihrer Gechichte und Kultur. Zum Gedenken an Ulrich Haarmann (1942 – 1999), Schenefeld 2003 (Bd. 7).

920 Vgl. Muḥammad, Suhail Ṭaqūš: Tārīḫ al-mamālīk fī Miṣr wa-bilād aš-Šām. Beirut 1997, S. 29.

921 Vgl. Ibid., S. 31.

922 Vgl. Aṭīya, Ǧamāluddīn: Naḥwa taf'īl maqāṣid aš-šarī'a. Damaskus 2001, S. 46.

Muḥammad ʿAmāra (geb.1931)[923], ein zeitgenössischer ägyptischer Gelehrte, begründet diese Haltung damit, dass Ibn Taimīya offenbar der Ansicht war, dass einzig die Mamluken den Fortbestand der Umma, die so massiv bedroht wurde, gewährleisten könnten. Bedürfnisse, wie das nach sozialer Gerechtigkeit oder auch der Wunsch nach politischer Partizipation, hätten daher hinter dem Ziel, das Überleben des muslimischen Kollektivs zu sichern, zurücktreten müssen.[924] ʿAmāra sieht hierin ein Exempel für die Dynamik innerhalb der Rangordnung der maqāṣid, die es ermögliche adäquat auf die jeweilige historische Situation zu reagieren. Er ist darüber hinaus der Ansicht, dass es gelte, diese Erfahrung für die Gegenwart fruchtbar zu machen, zumal sich die damalige Epoche nicht von der heutigen Zeit unterscheide, was die Bedrohung der muslimischen Welt betreffe. Auch heute seien Besatzung, wirtschaftliche Unterdrückung, kulturelle Infiltration, militärische Invasion und Globalisierung, die er als Neokolonialismus bezeichnet, die Herausforderungen, denen die muslimische Welt zu begegnen hätte. Als kollektive Zentralziele macht er dementsprechend für die Muslime der Gegenwart Unabhängigkeit, nationale Souveränität und die Implementierung eines autonomen Entwicklungsprojekts aus.[925]

Zu ganz anderer Bewertung der Gesellschaftssituation kommen die Menschen heutzutage in Arabien, vor allem die Jugend. Nicht die bloße Existenz und Einheit der muslimischen Gemeinschaft sind die Sehnsüchte der heutigen arabischen Jugend, sondern Demokratie, Würde, Gleichheit und sozialer Gerechtigkeit: Werte, die offenkundig für die heutige Generation existentielle Qualität für die Entfaltung des Menschseins und für jegliche Entwicklung haben.[926] Sie sehen aber, dass die Verwirklichung dieser Bedürfnisse die Freiheit zur Voraussetzung hat. Die Freiheit besteht nun in erster Linie in der politischen Freiheit, das heißt im Freisein von Tyrannei. Da es unter einer Gewaltherrschaft zugleich eine große Verantwortung und eine existentielle Entscheidung ist, an Freiheit, Demokratie und Menschenwürde zu glauben und sich für diese Werte einzusetzen, haben diese Jugendlichen eine friedli-

923 Vgl. Muḥammad, ʿAmāra: aš-Šaiḫ Muḥammad al-Ġazālī – al-mawqiʿ al-fikrī wal-maʿārik al-fikrīya. Kairo 2009, S. 149.

924 Vgl. Aṭīya, Ǧamāluddīn: Naḥwa tafʿīl maqāṣid aš-šarīʿa, S. 46.

925 Vgl. Ibid; siehe hierzu auch Muḥammad, ʿAmāra: L'Islam et les Droits de L'Homme – Nécessités absolues plutôt que simples droits. Rabat 1995, S. 73.

926 Vgl. Der lange Weg der Demokratie. Url:http://www.dradio.de/dkultur/sendungen/politischesfeuilleton. Stand: 29.03.11.

che Revolution begonnen und waren dabei sogar bereit, das eigene Leben einzusetzen, um zu betonen, dass die Freiheit das erste der Rechte des Menschen und dass sie kostbarer als jegliches Opfer sei.[927]

Es sei an dieser Stelle wichtig, darauf hinzuweisen, dass die Revolution von einem frommen Glauben an die Freiheit getragen wurde. Es handelte sich in diesem Sinne nicht um eine Brotrevolte, angezettelt von den Verzweifelten einer Unterschicht, in der der Wunsch nach Freiheit lediglich die materiellen Forderungen verdeckt hätte. Der unbedingte Glaube an die Freiheit als Elementarbedürfnis und unabdingbare Bedingung der Menschenwürde war vielmehr hauptsächlich in der Mittelschicht, sowohl unter den jungen Mitgliedern der so genannten Facebook-Generation, als auch in der klassischen arabischen Bourgeoisie verwurzelt.[928]

Diese Tatsache bringt das konventionelle maqāṣid-Konzept und vor allem sein statisches Strukturverständnis ins Wanken. Denn viele Gelehrte haben Werte wie Freiheit, Partizipation und Würde, wenn überhaupt, nur als komplementäre Bedürfnisse in der Rangordnung der maqāṣid berücksichtigt.[929] Doch die Menschen in Ägypten und vorher in Tunesien und jetzt in Libyen, im Jemen und in Syrien und mit ihnen auch zahlreiche zeitgenössische Gelehrte betonen mit ihren Taten,[930] dass nur in der Freiheit und der sozialen Gerechtigkeit der Geist jedes menschenwürdigen Lebens steckt, sodass das Leben jenseits dieser Werte keinen Sinn hat und jede Ästhetik und Faszination verliert, ganz im Sinne der Aussage Jesus: „Der Mensch lebt nicht nur von Brot“.[931]

So gilt also in einem Kontext die höchste Priorität der Existenz und der Unabhängigkeit der islamischen Nation, in einem anderen gilt sie der politischen und wirtschaftlichen Emanzipation der islamischen Welt, in einem dritten Kontext der Demokratie und Freiheit usw. Diese historische Tatsache verträgt sich nicht mit dem statischen Strukturverständnis der maqāṣid-Ordnung und leitet daher einen neuen Strukturansatz ein, der den dynamischen Charakter der maqāṣid und der menschlichen Bedürfnisse hervorhebt.

---

927 Vgl. Ibid.

928 Vgl. Ibid.

929 Vgl. Yūsuf, al-Qaraḍāwī: Dirāsa fī fiqh maqāṣid aš-šarīʿa. Kairo 2006, S. 28.

930 Diese Arbeit wurde in einer Zeit geschrieben (2010–2012), in der die meisten arabischen Revolutionen stattfanden.

931 Knobloch, Stefan: Worte ins Leben – Predigten zu Evangelien des Lesejahres A. Münster 2001, S. 61.

Die zweite historische Phase, die es zu betrachten lohnt, stellt die Gegenwart in den westlichen Industriegesellschaften dar. Die Menschen in diesen Ländern bewegen hauptsächlich zwei Probleme, zum einen die Umweltverschmutzung mit ihren unabsehbaren, aber wohl katastrophalen Konsequenzen, die als Folge der Industrialisierung wahrgenommen wird, und zum anderen ein Gefühl der fundamentalen Verunsicherung.[932] Allerdings steht das Gefühl der Unsicherheit der westlichen Gesellschaften heutzutage nicht in Zusammenhang mit einer konkret fassbaren Bedrohung, wie es in der Geschichte immer wieder der Fall war, etwa im Falle von Kriegen, Hungersnöten oder Katastrophen, sondern sie ist vielmehr Ausdruck eines höchst wechselbaren, unverbindlichen und schnelllebigen Wirtschaft- und Soziallebens.[933] In den heutigen kapitalistischen Gesellschaften unterliegen die Menschen einem stetigen Optimierungszwang. Sie werden als Konsumenten oder Arbeitskräfte zu einem Wirtschaftsfaktor, dem absolute Flexibilität und Risikobereitschaft abverlangt wird. Hinzu kommt ein Prozess der Entgrenzung von Arbeit und Entrechtung von Arbeitsverhältnissen, der ein hohes Maß an Unsicherheit schafft, Richard Sennett, ein amerikanischer Soziologe, hat die Folgen dieser Veränderungen untersucht und kommt zu dem Schluss, dass es eine logische Konsequenz sei, dass „diese Flexibilität Ungewissheit erzeugt. Niemand ist sich sicher, wie man mit dieser Flexibilität umgehen soll, welche Risiken vertretbar sind und welchem Pfad man folgen muss."[934]

Ein solches System desorientiert auf lange Sicht jedes Handeln, löst Verpflichtungen auf und schwächt das Vertrauen und die sozialen Werte, und damit auch die Gesellschaft als Gemeinschaft, denn, so Sennett, das „Fehlen der sozialen Bindungen bedroht die Funktion jedes Kollektivs".[935] Dabei durchläuft der Mensch ständig neue psychische, soziale, politische und wirtschaftliche Prozesse als Stadien der steten Anpassung an ein schnell wechselndes System. Daher steigt sein subjektives Gefährdungs- und Unsicher-

932 Die Wahrnehmung dieses Problems wird noch verstärkt durch die Katastrophen, die sich im Inland oder im Ausland ereignen: Wie zum Beispiel die globale Klimaerwärmung, die verheerenden Überschwemmungen in Australien und Pakistan in 2010 und die erschreckenden Folgen des Erdbebens in Japan (vor allem die Folgen der Havarie der Atomkraftwerke) in 2011.

933 Vgl. Sennett, Richard: The Corrosion of Character – The Personal Consequences of Work in the New Capitalism. New York 1998, S. 38.

934 Ibid. S. 10.

935 Ibid., S. 31.

heitsgefühl, da sich der Mensch ständig neuen Herausforderungen ausgesetzt sieht. Richard Sennett befand bereits 1998: „Diese Welt bietet weder ökonomisch noch sozial viel Narratives. Unternehmen zerfallen oder fusionieren, neue Stellen und Bedürfnisse entstehen und verschwinden, wie zusammenhanglose Geschehnisse. Kreative Zerstörung, hat Schumpeter gesagt, erfordert Menschen, Unternehmer, die sich um die Folgen der Veränderung keine Gedanken machen, die nicht wissen wollen, was als nächstes kommt. Aber die meisten Menschen nehmen Veränderung nicht so gleich gültig auf."[936] Für manche bedeutet Veränderung Ungewissheit und somit als deren Folge Angst.

Die Ungewissheit und das Unsicherheitsgefühl werden noch verstärkt durch die Unberechenbarkeit und das Abhandenkommen der Verlässlichkeit der bis dahin vertrauten Muster und alten Institutionen. Dies erscheint als zusätzliches Charakteristikum unserer Zeit. Im Zuge der Globalisierung wird alles neu formuliert und neu definiert. So gewinnt die Sicherheit eine neue Bedeutung und die individuelle Betroffenheit wird in einer neuen Dimension und Tragweite wahrgenommen.[937] Man ist nicht unbedingt nur von den Geschehnissen betroffen, die sich in unmittelbarer Nähe abspielen, sondern auch von jenen in weiter Ferne. Dieses Phänomen verdeutlicht plakativ die zum Zitatenklassiker avancierte Äußerung von Peter Struck, dem damaligen Bundesminister der Verteidigung (2002 bis 2005), zum Einsatz deutscher Soldaten in Afghanistan, nach der die Sicherheit Deutschlands auch am Hindukusch verteidigt werde.[938] So gewinnen Ereignisse, die sich irgendwo auf der Welt ereignen, Relevanz. Auch die Weltwirtschaftskrise der letzten Jahre war anfangs nur eine amerikanische Immobilienkrise, also ein Problem in einem begrenzten Wirtschaftssektor eines einzigen Landes, die aber später in Staaten- und Firmenpleiten und Familientragödien mündete; das Erdbeben und der Tsunami in Japan im Jahre 2011 bedeutet auf einmal für viele die Gefahr radioaktiver Strahlung , wie bereits 1986 die Katastrophe in Tschernobyl; die Freiheitsmärsche in den arabischen Ländern erscheinen durch

---

936 Sennett, Richard: The Corrosion of Character – The Personal Consequences of Work in the New Capitalism. New York 1998, S. 30.

937 Vgl. Sennett, Richard: The Corrosion of Character – The Personal Consequences of Work in the New Capitalism. New York 1998, S. 192ff.

938 Lutz, Karl-Heinz / Rink, Martin / Von Salisch Marcus: Reform, Reorganisation, Transformation: zum Wandel in deutschen Streitkräften von den preußischen Heeresreformen bis zur Transformation der Bundeswehr. München 2010, S. 433.

mediale Fokussierung auf Flüchtlingsboote oder die Gefahr von Ölknappheit in einem bedrohlichen Kontext usw.[939]

Wenn also die gesellschaftlichen Bedingungen keine Sicherheit mehr bieten und dies durch die mediale Präsenz von Katastrophen auf der ganzen Welt verstärkt wird, steigt das Bewusstsein für mögliche Bedrohungen, aber auch das Bedürfnis nach Austausch und gemeinsamer Verarbeitung der individuellen Eindrücke, nach Sicherheit, Geborgenheit, Vertrauen und nach dem Gefühl, sozial und emotional eingebunden zu sein. An diesem entscheidenden Moment versagen aber die vertrauten Bindungssysteme und die sozialen Institutionen aufgrund der zunehmenden Isolation und der anhaltenden Flexibilisierungs- und Individualisierungsprozesse. Denn der Mensch muss systembedingt immer flexibler und individueller sein, wenn er den Anschluss an den Arbeitsmarkt und somit an die gesellschaftliche Teilhabe nicht verlieren will. Daher steigen die Ungewissheit, Verzweiflung und die Resignation und somit auch der Kummer und das Leid der Betroffenen.[940]

Diese Ausführungen sollen zeigen, welche individuelle und kollektive Dramatik in den Wandlungen der Lebensumwelt begründet sein kann. Diese Tragweite muss einen Widerhall in jeder Theologie finden, die auf der Höhe der Zeit bleiben will, und die den Anspruch erhebt, zweckrational und menschenorientiert zu sein.[941] Daher muss sich eine philanthropische Theologie immer wieder neu definieren, Sehnsüchte und Ängste des Menschen aufnehmen, sich seinen Sorgen und Fragen öffnen. Sie muss vor allem die Frage der Bewertung und Ordnung seiner Bedürfnisse stets aus dem Kontext heraus und vor dem jeweiligen kulturellen Hintergrund beantworten, damit sie nicht den Kontakt zur Realität und somit ihre Wirkungsrelevanz verliert. Sie muss also ihre Treue zum Quellentext in jedem gegebenen Kontext demonstrieren.[942]

Hierin liegt übrigens der große Makel, der dem statischen Strukturverständnis der maqāṣid-Ordnung vorgehalten werden kann. Dieser Ansatz

---

939 Vgl. Wieder stranden Hunderte Flüchtlinge auf Lampedusa. URL: http://www.zeit.de/politik/ausland/2011–05/Lampedusa-Fluechtlinge-Italien. Stand: 28.12.11; vgl. hierzu auch Flüchtlinge aus Nordafrika. URL: http://www.sueddeutsche.de/politik/europas-fluechtlingspolitik-ein-schlag-gegen-die-revolution-1.1084252. Stand: 28. 12. 11.

940 Vgl. Sennet, Richard: The Corrosion of Character – The Personal Consequences of Work in the New Capitalism. New York 1998, S. 58 ff.

941 Vgl. ʿAbdulmağīd, an-Nağār: Maqāṣid aš-šarīʿa bi-abʿād ğadīda. Beirut 2006, S. 272.

942 Vgl. Ibid.

klammert bei der Konzeption und Bewertung der menschlichen Bedürfnisse den Kontext gänzlich aus und verletzt somit einen Grundsatz im islamischen Denken. Denn der Islam zählt al-ʿurf (Habitus oder Brauchtum) zu den wichtigen Rechtsquellen in seiner Rechtsphilosophie. Zudem verknüpfen die Gelehrten jede Norm mit ihrem Wirkungsraum bzw. Kontext. Diesen Vorgang nennen sie al-manāṭ.[943] So muss jede Norm entsprechend ihrem Kontext interpretiert und ausgelegt werden. Denn nur aus „der Begegnung von Text und Kontext gewinnt eine relevante Theologie ihre Gestalt."[944]

5.1.4 Systemische Annäherung

Die Diskussion der maqāṣid ist im Kern eine Diskussion über die menschlichen Interessen und elementaren Bedürfnisse. Denn der zweckrationale Geist gründet sich auf die Anerkennung der legitimen Interessen und der Wahrnehmung der menschlichen Bedürfnisse in ihrer Existenz und in ihrer Bedeutung. Daher werden die Bedürfnisse von den muslimischen Gelehrten in notwendige (ḍarūrāt), erforderliche (ḥāǧāt) und in ergänzende (taḥsīnāt) eingeteilt.[945] Diese Tatsache und die bereits thematisierte kontextbezogene Natur der menschlichen Bedürfnisse implizieren, dass das zweckrationale Denken ein systemisches Denken sein muss.

Der Begriff „systemisch" bedeutet im Zusammenhang mit den maqāṣid Folgendes:

1. Das maqāṣid-Konzept soll nicht aus isolierten zu bewahrenden Bedürfnissen bestehen, die unter sich ein holistisches Verhältnis in dem Sinne pflegen, dass die niedere Ebene der übergeordneten zu dienen hat, sondern es soll ein System sein, das aus einer Anzahl von Komponenten besteht, die untereinander eine Menge von Beziehungen unterhalten, die sie zu einem Ganzen zusammenordnen, also ganz im Sinne „der allgemeinsten Hypothese der systemischen Ontologie, dass alles, was exis-

943 Vgl. ʿAdnān, Muḥammad Umāma: At-taǧdīd fīl-fikr al-islāmī. Damaskus 2001, S. 326.
944 Meireis, Torsten: Theologiestudium im Kontext. Berlin 1997, S. 33.
945 Vgl. Aḥmad, ar-Rīsūnī: Naẓarīyat al-maqāṣid ʿindal-imām aš-Šāṭibī. Casablanca 1990, S. 125.

tiert, entweder ein System oder eine Komponente eines Systems ist.“[946] Diesem Verständnis nach begünstigen sich die einzelnen Zwecke bzw. Bedürfnisse gegenseitig und determinieren einander. So ist beispielsweise „die Freiheit, u. a. als freie Meinungsbildung im Rahmen einer Demokratie, Voraussetzung für die Gerechtigkeit und Mitmenschlichkeit als gegenseitige Hilfe. Andererseits sind der Austausch und die Verteilungsgerechtigkeit wiederum Voraussetzungen für menschliche Bedürfnis- und Wunscherfüllung usw.“[947]

2. Die Bedürfnisse sind systemspezifische Konstanten. Dies bedeutet, dass sie in ihrer Form aber auch in ihrer Rangstellung von einem System zum anderen variieren. So variieren zum Beispiel in demselben historischen Kontext die Bedürfnisse des Individuums und die der Gesellschaft. Diese Erkenntnis schwingt latent in den formulierten Ansichten und Aussagen der Gelehrten mit, die allesamt eine systemische Ausprägung aufweisen.[948] Exemplarisch dafür seien die Ausführungen al-Ǧuwaīnīs über die Notwendigkeit des wirtschaftlichen Handels angeführt. Dieser erleichtere den Menschen nicht nur das Leben, sondern sei auch Ausdruck dessen, dass die Menschen aufeinander angewiesen seien. Schließlich könne sich nicht ein Mensch alleine mit allem Lebensnotwendigem versorgen. Dennoch müsse nicht jeder auch Handel treiben. Die Bedeutung des Handels sei also für die Gesellschaft und für das Individuum nicht gleich.[949] Ein weiteres Beispiel liefert die Kontroverse, ob die Familienabstammung zu den maqāṣid gezählt werden soll oder nicht. Die Gegner haben ihre Position damit begründet, dass „es für die muslimische Gemeinschaft keine Notwendigkeit ist, zu wissen, dass Zaid Sohn von ’Amr ist, sondern nur der Fortbestand der Gemeinschaft und der Menschheit ist das, was notwendig ist.“[950] Hingegen sind die Befürworter der Ansicht, dass die

946 Kreft, Dieter / Mielenz, Ingrid: Wörterbuch Soziale Arbeit- Aufgaben, Praxisfelder, Begriffe, und Methoden der Sozialarbeit und Sozialpädagogik. München 2005, S. 957.

947 Kreft, Dieter / Mielenz, Ingrid: Wörterbuch Soziale Arbeit- Aufgaben, Praxisfelder, Begriffe, und Methoden der Sozialarbeit und Sozialpädagogik. München 2005, S. 959.

948 Vgl. al-ʿĀlim, Yūsuf Ḥāmid: al-Maqāṣid al-ʿāma līš-šarīʿa al-islāmīya. Riad 1994, S. 164.

949 Vgl. Ibid.

950 Muḥammad, Ṭāhir IbnʿĀšūr: Maqāṣid aš-šarīʿa al-islāmīya. Amman 2001, S. 81.

Frage der Abstammung für das Individuum selbst sehr existentiell sei, da sie einen wichtigen Aspekt der persönlichen Identitätsbildung darstelle.[951]

Es ist also daraus zu schließen, dass die systemische Annäherung einen evolutionären Ansatz für die Konzeption und Bewertung der maqāṣid einleitet, welcher der isolierten Einzelbetrachtung den Systembegriff entgegensetzt, sich auf ein dynamisches Strukturverständnis gründet, die Sorgen und Fragen der Menschen aufnimmt sowie die Züge des soziokulturellen Kontextes trägt und zugleich die Treue zum Quellentext bewahrt.

5.2 Eine neue Konzeption der *maqāṣid*: Von fünf statischen Notwendigkeiten hin zu systemspezifischen Zwecken

Die philanthropische Haltung des Koran drückt sich an vielen Stellen aus. So heißt es z. B.:

- „Und wahrlich, Wir haben die Kinder Adams geehrt und sie über Land und Meer getragen und sie mit guten Dingen versorgt und sie ausgezeichnet – eine Auszeichnung vor jenen vielen, die Wir erschaffen haben" [Sure al-Isrā' (17), Vers 70].
- „Gott will, dass ihr Erleichterung habt, und will nicht, dass ihr Härte erleidet" [Sure al-Baqara (2), Vers 185].
- „ Allah ist zu den Menschen wahrlich gnädig, barmherzig" [Sure al-Baqara (2), Vers 143].

Diese Koranverse legen einen menschenfreundlichen Geist nahe und stehen im Einklang mit Aussagen und Ansichten bedeutender Gelehrten, die eine humane Theologie zu begründen suchen. Beispielhaft hierfür sind die folgenden Zitate:

- Aš-Šāṭibī (gest. 1388): „Es ist bekannt, dass die Scharia im Interesse der menschlichen Bedürfnisse erlassen wurde. Jede rechtliche Bestimmung, erbringt einen Nutzen oder verhindert einen Schaden. Auf dieser Basis kann, mit aller Gewissheit, die ganze Scharia begründet werden (…) was

951 Vgl. ʿAṭīya, Ǧamāluddīn: Naḥwa tafʿīl maqāṣid aš-šarīʿa. Damaskus 2001, S. 146.

ich mit „al-Maṣāliḥ" (Interessen) meine, ist eben alles, was das menschliche Leben erleichtert und sein Wohlbefinden verstärkt; und was dafür sorgt, seine psychische, körperliche, materielle und emotionale Bedürfnisse zu befriedigen, um Glück, Seligkeit und Freude empfinden zu können."[952]

- Ibn al-Qaiyim (gest. 1350): „Das islamische Recht (Scharia) beruht auf der Weisheit und der Bewahrung der menschlichen Interessen (...) es ist reine Gerechtigkeit, reine Barmherzigkeit, reiner Nutzen und reine Weisheit. Daher ist alles, was vom Recht zum Unrecht, von der Barmherzigkeit zur Qual, vom Nutzen zum Schaden und von der Weisheit zur Torheit verleitet, nicht Teil des islamischen Rechts, selbst wenn es sich um Erkenntnisse handelt, die direkt aus dem Text interpretiert worden sind."[953]
- Al-Qurṭubī (gest. 1273): „Es gibt keinen Dissens zwischen den weisen Gelehrten, dass der Zweck hinter den Gesetzen der Propheten, die wahren Interessen der Menschen zu wahren ist, sowohl die diesseitigen als auch die jenseitigen, die materiellen als auch die geistigen."[954]

Diese Verse des Koran und Aussagen der Gelehrten sind nur ein Beispiel aus einer Fülle von Zeugnissen und Belegen, welche die Zentralstellung des Menschen und seiner Bedürfnisse in der islamischen Rechtsystematik hervorheben. Demnach muss sich die gesellschaftliche Ordnung und ihre Entwicklung dauernd am Wohl der Menschen orientieren, denn die Ordnung der Normen muss der menschlichen Gemeinschaft dienstbar werden und nicht umgekehrt. So ist die Bewahrung des Menschen die Krönung aller Zwecke in der islamischen Ethik. In diesem Kontext erhalten die anderen Zwecke eine funktionale Bedeutung, eben als Mittel auf dem Weg zur Verwirklichung dieses Hauptzwecks.[955]

Allerdings ist das Leben des Menschen facettenreich und vieldimensional. Diese Diversität tritt nicht nur diachron in verschiedenen Lebensabschnitten zutage, sondern auch synchron, da der Mensch gleichzeitig Teil mehrerer Sys-

---

952 Abū-Isḥāq, aš-Šāṭibī: al-Muwāfaqāt. Band 2. Beirut 1995, S. 305 f.

953 Ibn al-Qaiyim, Šamsuddīn Abū'Abdillāh: I'lāmu l-muwaqqi'īn. Band 3. Kairo 1994, S. 3.

954 Abū'Abdillāh, al-Qurṭubī: al-Ǧāmi'u lī aḥkāmi l-Qur'ān. Band 2. Riad 2003, S.64.

955 Vgl. 'Abdurraḥmān, al-Wakīlī: Falsafat at-Tašrī' al-islāmī. In: al-Iǧtihād, Heft 62/2003, S. 115–138.

teme sein kann. Er ist ein Individuum, Mitglied einer Familie, Bürger in einer Gesellschaft und noch vieles mehr. Der Zentralzweck, also die Bewahrung des Menschen, nimmt auf diesen verschiedenen Ebenen auch unterschiedliche Gestalt an.[956] Diese verschiedenen systemabhängigen Manifestationen sind demnach als Teilzwecke zu begreifen, die sich kumulieren und gegenseitig ergänzen, um die Verwirklichung des einen Zentralzwecks zu bewirken.[957]

So entstehen in jedem Sozialsystem und auf jeder Ebene neue Bedürfnisse und besondere Interessen, sodass in Bezug auf verschiedene Sozialsysteme rechtphilosophisch von „systemspezifischen Zwecken" des islamischen Rechts gesprochen werden kann.

5.2.1 Zwecke des islamischen Rechts in Bezug auf das Individuum

Hier tauchen die fünf bekannten maqāṣid bzw. Universalien des islamischen Rechts, allerdings in drei Variationen wieder auf:

1. Der Inhalt des Begriffs Religion wird entsprechend dem Kontext dieser Ebene (Individuum) definiert und daraufhin wird deren Rang unter den anderen Universalien bestimmt.[958]
2. Für die vierte Universalie wurden zwei verschiedene Begriffe verwendet, nämlich „Bewahrung der Nachkommenschaft" und „Bewahrung der Abstammung".[959] Außerdem haben einige Gelehrten, z. B. al-Qarāfī (gest. 1285), aṭ-Ṭūfī (gest. 1316), as-Subkī (gest. 1369) und aš-Šawkānī (gest. 1834), eine sechste Universalie hinzugefügt, nämlich „Bewahrung der Ehre".[960] Es scheint angemessen, den Begriff „Ehre" auf der Ebene des Individuums und die Begriffe „Nachkommenschaft" und „Abstammung" auf der Ebene der Familie zu verwenden, denn Ehre ist primär Inbegriff der Achtungswürdigkeit einer Person, während Begriffe wie

956 Vgl. Ibid., S. 123.

957 Die nächsten Unterpunkte basieren zum Teil auf die Grundüberlegungen von *Ǧamāluddīn ʿAṭīya* in seinem Buch „*Naḥwa taf ʿīl maqāṣid aš-šarīʿa*. Damaskus 2001", die hier systematisiert und weiterentwickelt wurden.

958 Siehe hierzu die Seite 205 in dieser Arbeit.

959 Vgl. ʿAṭīya, Ǧamāluddīn: Naḥwa tafʿīl maqāṣid aš-šarīʿa. Damaskus 2001, S. 142.

960 Vgl. Ibid., S. 141.

Nachkommenschaft oder Abstammung für die familiäre Gebundenheit stehen.[961]

3. Erneuerung der komplementären Bedürfnisse, die sich jeweils auf eine dieser fünf Notwendigkeiten beziehen.

5.2.1.1 Erster Zweck: Bewahrung des menschlichen Selbst

Der Begriff „Bewahrung des menschlichen Selbst" bezieht sich primär auf den präventiven Schutz des menschlichen Lebens vor allen existentiellen Gefahren, sowie auf den Schutz bestimmter Teile des Körpers, deren Beschädigung zur Lähmung und totalen Unfähigkeit des menschlichen Körpers führt, seinen Aufgaben gerecht zu werden.[962] Dies entspricht auch dem Grundrecht des Rechts auf Leben im Grundgesetz der Bundesrepublik Deutschland. Darin heißt es in Art. 2, Abs. 2: „Jeder hat das Recht auf Leben und körperliche Unversehrtheit."[963]

Die Bewahrung des menschlichen Selbst wird außerdem ergänzt durch die Gewährleistung der eigenen Sicherheit durch den Schutz vor Aggressionen und Fremdangriffen und durch das Verbot der Tötungs- und Verletzungshandlungen, an die, zum Zwecke der Abschreckung, strafrechtliche Sanktionsmaßnahmen geknüpft sind. Zudem gehört zur Bewahrung des menschlichen Selbst das Recht auf eine ausreichende Grundversorgung, also an Nahrung und Kleidung, das Recht auf eine würdige Unterkunft, auf eine medizinische und pflegerische Versorgung sowie auch auf den Schutz vor Epidemien, Infektionskrankheiten und allen tödlichen Gefahren.[964] All dies ist unabdingbar für die Erhaltung des menschlichen Selbst, daher nehmen diese Zwecke den Rang der „notwendigen Bedürfnisse" ein.

961 Vgl. ʿAbdulmağīd, an-Nağār: Maqāṣid aš-šarīʿa bi-abʿād ğadīda. Beirut 2006, S. 98.

962 Vgl. ʿAṭīya, Ğamāluddīn: Naḥwa tafʿīl maqāṣid aš-šarīʿa. Damaskus 2001, S. 142 f.

963 Grundgesetz für die Bundesrepublik Deutschland Artikel 2, Absatz 2.

964 Vgl. ʿAṭīya, Ğamāluddīn: Naḥwa tafʿīl maqāṣid aš-šarīʿa, S.143.

5.2.1.2 Zweiter Zweck: Achtung der Freiheit und der menschlichen Würde

Im Grundgesetz für die Bundesrepublik Deutschland steht im Zusammenhang mit der Freiheit und der menschlichen Würde,

- dass „die Würde des Menschen (...) unantastbar" ist. „Sie zu achten und zu schützen ist Verpflichtung aller staatlichen Gewalt." (Art. 1, Abs.1);
- dass „jeder (...) das Recht auf die freie Entfaltung seiner Persönlichkeit" hat, „soweit er nicht die Rechte anderer verletzt und nicht gegen die verfassungsmäßige Ordnung oder das Sittengesetz verstößt." (Art. 2, Abs.1); und
- dass „jeder (...) das Recht auf Leben und körperliche Unversehrtheit" hat. „Die Freiheit der Person ist unverletzlich. In diese Rechte darf nur auf Grund eines Gesetzes eingegriffen werden." (Art. 2, Abs.2).

Im Kontext dieses klaren Bekenntnisses zur Freiheit und zur menschlichen Würde stellt sich natürlich die Frage, wie der Islam zur Freiheit und Würde des Menschen steht?

Es ist zunächst zu konstatieren, dass sich Symbole und Begriffe der Freiheit und der menschlichen Würde bereits früh in den Schriften der alten Gelehrten finden lassen,[965] zwar nicht als Notwendigkeiten, aber immerhin als wichtige komplementäre Bedürfnisse und elementarer Bestandteil der Bewahrung des menschlichen Selbst.[966]

In unserer Zeit melden jedoch diese beiden Werte immer deutlicher Forderungen an und rücken daher auch den zeitgenössischen Gelehrten immer stärker ins Bewusstsein,[967] sodass Theologen, die laut und stetig zum Überdenken der maqāṣid anhalten, der Ansicht sind, dass der politische Sektor in den meisten arabischen und islamischen Ländern besonders defizitär sei, und dass der Freiheit, der menschlichen Würde und überhaupt den Men-

---

965 Vgl. Abūzuhra, Muḥammad: Tārīḫ al-maḏāhib al-islāmīya fī as-syāsa wa l-ʿaqāʾid wa tārīḫ al-maḏāhib al-fiqhīya. Kairo 1977, S. 308 f.

966 Vgl. Ibid.

967 Darunter zum Beispiel: *Yūsūf al-Qaraḍāwī* (Ägypter), *Aḥmad ar-Rīsūnī* (Marokkaner), *Salīm al-ʿAwwa* (Ägypter), *ʿAbdulmaǧīd an-Naǧār* (Tunesier), *Mustafa Benḥamza* (Marokkaner), *Muḥammad al-Ġazālī* (Ägypter), *Ṭaha Ǧābir al-ʿAlwānī* (Iraker) usw. (Vgl. Hierzu Nūruddīn, al-Ḫādimī: ʿIlm maqāṣid aš-šarīʿa. Riad 2001, S. 104.)

schenrechten unangemessen wenig Bedeutung beigemessen und niedrigen Wert zugeteilt werde.[968] Denn demgegenüber gibt es in der Tat eine Fülle von Texten und Beweisen, die diesen beiden Werten an sich die Qualität eines Grundprinzips und die Stellung einer Notwendigkeit verleihen. Zum Beispiel:

- „Es gibt keinen Zwang im Glauben. (Der Weg der) Besonnenheit ist nunmehr klar unterschieden von (dem der) Verirrung".[969] Nach diesem Koranvers sollen also kein Zwang und keine Gewalt im Zusammenhang mit dem Glauben ausgeübt werden. Denn der für jede Religion so wichtige Glaube kann sich nur frei und ohne Zwang richtig entwickeln und damit – gleich dem Herzen im menschlichen Körper – zum Garant für den Fortbestand jeder Religiosität werden. In der Sure Yūnus heißt es: „Und wenn dein Herr wollte, würden fürwahr alle auf der Erde zusammen gläubig werden. Willst du etwa die Menschen dazu zwingen, gläubig zu werden?"[970] Das Ethos dieser Verse, die exemplarisch für viele andere im Koran stehen, bildet die geistige Grundlage der Freiheit und Selbstbestimmung, die jedem Menschen zugesichert werden. Diese Selbstbestimmung bzw. Unabhängigkeit wird definiert als Freiheit von jedem Zwang seitens jeglicher Autorität, selbst wenn es der Prophet ist, so dass in religiösen und erst recht allen anderen Angelegenheiten niemand daran gehindert werden darf, nach seinem Gewissen zu handeln.[971]
- Die Hochachtung der menschlichen Würde durch den Propheten des Islam offenbart sich exemplarisch in dieser Überlieferung: ʿAbdurraḥmān Ibn Abī Lailā berichtet, dass Sahl Ibn Hanif und Qais Ibn Saʿd an einem Ort in al-Qādisīya (im jetzigen Irak) saßen, als ein Trauerzug an ihnen vorbeizog. Beide standen daraufhin auf, um dem Toten ihren Respekt zu zollen. Als ihnen mitgeteilt wurde, dass dies das Begräbnis eines Nicht-Muslim sei, antworteten sie: „Einmal zog ein Trauerzug an dem Heiligen Propheten vorüber, der sich aus Respekt erhob. Man erzählte ihm, dass

968 Aḥmad, ar-Rifāyʿa: Ahammīyat maqāṣid aš-šarīʿa fī l-iǧtihād. Amman 1992, S. 85.

969 Sure al-Baqara (2), Vers 255.

970 Sure Yūnus (10), Vers 99.

971 Vgl. Yūsuf, Aḥmad Muḥammad al-Badawī: maqāṣid aš-šarīʿaʿinda Ibn Taīmīya. Riad 2009, S. 465.

dies doch das Begräbnis eines Juden[972] sei. Der Prophet antwortete: Ist

---

972 Diese Geschichte zeigt, dass verschiedene Religionen im Prophetenstaat, also dem Prototyp des islamischen Staates, neben dem Islam existierten, und dass der „Andersgläubige“ nicht nur Raum sondern auch Respekt fand. Diese historische Tatsache muss gerade von jenen Muslimen beherzigt werden, die sich dem Andersdenken und Andersglauben verschließen; aber auch von manchen selbsternannten Islamexperten, die dem Islam jegliche Fähigkeit zu Pluralismus und interreligiösem Dialog absprechen. Dabei werden, offenbar aus ideologischer Motivation, solche Beweise und historische Beispiele verleugnet, die belegen, dass gerade Pluralismus, Interreligiosität und Toleranz natürliche Eigenschaften und Geburtsmerkmale des islamischen Staates sind. In diesem Zusammenhang will ich neben dem bekannten Beispiel von Andalusien, das als Exempel für Pluralismus, Toleranz und fruchtbare Koexistenz verschiedener Glaubensinhalte in der menschlichen Geschichte steht, noch auf zwei weitere historische Beispiele verweisen:
Eine Weile nach seiner Ankunft in Medina, hatte der Prophet *Muḥammad* angefangen, offizielle Briefe an verschiedene Länder und Stämme zu verschicken. Zwei dieser Briefe richteten sich an die Christen von *Naǧrān*. Als Reaktion darauf beschlossen sie, eine eigene Delegation zum Propheten zu entsenden. Diese Delegation bestand aus gut 60 gebildeten Christen: ein Bischof, seine 45 Schüler und 15 andere Männer. Ihr Ziel war es, Genaueres über die Offenbarungen des Propheten herauszufinden. Der Prophet *Muḥammad* hieß die Delegation aus *Naǧrān* herzlich willkommen und stellte ihr einen sicheren und zentralen Platz in der Nähe der Moschee zur Verfügung, auf dem sie ihr Lager aufschlagen konnte. Seinen Anhängern befahl er außerdem, das Zelt der Gäste aufzubauen. Die Mitglieder der Delegation diskutierten zwei oder drei Tage lang in der Moschee in Medina (*Masǧid an-Nabawi*) mit dem Propheten. Außerdem wurde ihnen gestattet, dort auch zu beten. Hier kam es zum ersten friedlichen Dialog zwischen Christen und Muslimen in der Geschichte. Und zum ersten Mal beteten Christen in einer Moschee. Am Ende schloss der Prophet mit ihnen einen Vertrag, in dem eines der besten Beispiele von Toleranz und Gerechtigkeit gegeben wurde. Der Vertrag enthielt u. a. den folgenden Artikel: *„Das Leben der Menschen von Naǧrān und Umgebung, ihre Religion, ihr Land, Besitz und Vieh, sowohl derer die anwesend sind, als auch derer, die abwesend sind, ihre Botschafter und Andachtsstätten stehen unter dem Schutz Allahs und der Bewachung Seines Propheten“*. (Abūǧa'far, Muḥammad Ibn Ǧarīr aṭ-Ṭabarī: Ǧāmi'u l-bayān 'an ta'wīl āyi l-Qur'ān. Band 6. Kairo 2000, S. 92ff)
Als weiteres Beispiel sei folgende Überlieferung angeführt: Als *Ibn Taimīya* (gest. 1328 in Damaskus) mit den Mongolen über die Freilassung der Gefangenen verhandelte, wollten sie anfangs nur die Muslime freilassen und die anderen versklaven mit der Begründung, dass diese keine Muslime seien. Aber *Ibn Taimīya* lehnte dieses Angebot ab und sagte, dass die Christen und Juden unsere Brüder und die Empfehlung (arab. *waṣiyat*) unseres Propheten seien und beharrte demnach auf ihrer Freilas-

er denn kein Mensch?"[973] Dieser humane Geist wird gespeist von zahlreichen Versen im Koran, die jedem Menschen eine unantastbare Würde zusprechen. In einem bereits erwähnten Vers heißt es: „Und wahrlich, Wir haben die Kinder Adams geehrt und sie über Land und Meer getragen und sie mit guten Dingen versorgt."[974]

- Im Lichte der aktuellen politischen Umwälzungen im arabischen Raum wurde im Rahmen einer Tagung in Katar die Frage gestellt: Was ist vorrangig, die Freiheit oder Scharia? Die meisten bekannten Gelehrten waren der Meinungen, dass die Freiheit vorrangiger sei.[975] Das belegt etwa folgendes Zitat von al-Qaraḍāwī (geb. 1926): „Die rasante Verbreitung der Korruption in der arabischen Ländern ist zunächst auf Tyrannei und Autokratie zurückzuführen. Denn der politische Despotismus ist freilich ein großes Übel, er infiziert alle Bereiche des öffentlichen Lebens. Daher wird es keine Lösung für alle diese Probleme geben ohne Freiheit, deren Etablierung für mich vorrangiger ist als die Etablierung der Scharia."[976] Auf der anderen Seite hat der kuwaitische Theologe Ḥakīm al-Maṭīrī aus einer ausführlichen Beschreibung der politischen, ökonomischen und sozialen Lage der arabischen Gesellschaften seine Lösung, die zugleich die Überschrift des daraus entstandenen Buches ist, so postuliert: „Die Freiheit oder die Sintflut" (arab. al-Ḥurrīya aw aṭ-ṭūfān).[977] Diese Zeugnisse stehen im Einklang mit dem Geist der islamischen Tradition, die durch den zweiten Kalifen ʿUmar Ibn al-Ḫaṭṭāb in seinem bereits erwähnten legendären Aufruf für Freiheit zum Ausdruck gebracht wurde:„Wann habt ihr die Leute versklavt, wo sie doch frei geboren wurden."[978]

---

sung. In dieser Situatoin soll er seinen berühmten Ausspruch: *„ahl ad-dimma qabla ahl al-milla"* (Nicht-Muslime vor den Muslimen) getan haben. (Aḥmad, Ibn ʿAli Ibn ʿAbdilqādir al-ʿUbaidī al-Maqrizī: as-Sulūk li-maʿrifat al-Mulūk. Band 1. Beirut 1997, S. 311)

973 Berichtet von al-Buḫārī, Kitāb al-ǧanāʾiz, Bāb man qāma li ǧanāzat yahūdī (Ḥadīṯ-Nr.: 1312).

974 Sure al-Isrāʾ (17), Vers 70.

975 Vgl. Mūsa, al-Aswad: al-Ḥurriya – asāsun taqumu ʿalaihi maqāṣid aš-šarīʿa. In: al-Qabas (13933) 20.05.2011.

976 Ibid.

977 Ḥākim, al-Maṭīrī: al-Ḥurrīya aw aṭ-ṭūfān. Kuwait 2003.

978 Muḥammad, Ṭāhir IbnʿĀšūr: Maqāṣid aš-šarīʿa al-islāmīya, S. 395.

So folgt aus der zentralen Bedeutung der Person im ethischen Sinne und aus der Menschwürde ein Anspruch auf Achtung durch den Anderen, also auf Schutz der Ehre. Semantisch können Würde und Ehre im täglichen Sprachgebrauch nahe aneinander rücken. Sie sind beide in dem arabischen Wort al-Karāma enthalten. Dennoch ist ihre Bedeutung nicht identisch. Ehre kann man als den sozialen Achtungsanspruch des Einzelnen gegenüber Anderen verstehen,[979] der aus der Menschenwürde resultiert. Sie bedeutet also eine objektive Wertschätzung des Einzelnen durch Andere. Ein Mensch wird dann geehrt, wenn die Gesellschaft ihm Ansehen zuerkennt. Daher wird Ehre oft synonym für Ruf verwendet. „Die Würde des Menschen besteht dagegen in dem, was den Menschen als Menschen – untheologisch gesprochen – schon von Natur aus auszeichnet“[980] und ist somit die Grundlage des menschlichen Zusammenlebens, denn sie impliziert den Gedanken der Gleichheit aller Menschen.

Die Bedeutung der Ehre als integraler Bestandteil des islamisch allgemeinen Persönlichkeitsrechts kommt noch deutlicher zum Tragen durch die Strafmaßnahmen, die das islamische Recht gegen Diskreditierungen und Verleumdungen bestimmt hat. Diesbezüglich sagt der Koran: „Wahrlich, was jene angeht, die üble Nachrede[981] gegen (einen) jener, die Glaube erlangt haben, (hören) wollen – schmerzliches Leiden erwartet sie in dieser Welt[982] und im kommenden Leben“[983]; und: „O die ihr glaubt, meidet viel von den Mutmaßungen; gewiss, manche Mutmaßung[984] ist Sünde. Und sucht nicht (andere) auszukundschaften und führt nicht üble Nachrede übereinander. Möchte denn einer von euch gern das Fleisch seines Bruders, wenn er tot sei, essen? Es wäre euch doch zuwider. Fürchtet Allah. Gewiss, Allah ist

979 Vgl. Seelmann, Kurt: Menschenwürde als Rechtsbegriff. München 2004, S. 77.

980 Vgl. Gestrich, Christof: Die Wiederkehr des Glanzes in der Welt: die christliche Lehre von der Sünde und ihrer Vergebung in gegenwärtiger Verantwortung. Tübingen 1996, 227.

981 Der Begriff *fāḥiša* bezeichnet alles, was moralisch abstoßend ist: daher „unmoralisches Verhalten“ im weitesten Sinn dieses Ausdrucks. Im obigen Zusammenhang bezieht er sich auf unbegründete oder unbewiesene Anschuldigungen unmoralischen Verhaltens, also auf „üble Nachrede“. (Die Botschaft des Koran, S. 673).

982 D. h.: die gesetzliche Strafe wie in Vers 4 dieser Sure festgesetzt.

983 Sure an-Nūr (24), Vers 19.

984 D. h.: Mutmaßung, die zu unbegründeter Verdächtigung der Motive einer anderen Person führen kann. (Die Botschaft des Koran, S. 979)

Reue-Annehmend und Barmherzig."[985] Mit diesen Versen, die hier exemplarisch für viele Korantexte, zahlreiche Ḥadīṯe und prophetische Handlungen stehen, wird nämlich auf den unantastbaren Charakter der menschlichen Ehre und Würde aber auch auf die Pflicht und Verantwortung der zuständigen staatlichen Autoritäten, die gesellschaftliche Stellung jedes Menschen zu achten und zu schützen, hingewiesen.[986] Da alle Freiheitsrechte in sich nicht nur die Abwehr gegenüber dem Staat, sondern auch den Schutz des Einzelnen in seinem privatrechtlichen Verhältnis erfassen, will das islamische Recht, laut dem Inhalt dieser Verse, die Unantastbarkeit der persönlichen Ehre nicht nur vor dem Staat, sonder mehr noch vor der Gesellschaft, nämlich vor anderen Dritten schützen.[987]

5.2.1.3 Dritter Zweck: Bewahrung des menschlichen Geistes

Es sei zunächst darauf hingewiesen, dass mit Geist kein Organismus[988] bezeichnet wird, sondern „die kognitive Fähigkeit, Dinge bewusst wahrzunehmen, ein Ich-Bewusstsein und Emotionen zu entwickeln, wie Hass, Liebe oder Angst, aber auch den Willen zu haben, etwas zu tun."[989] Demnach ist der Geist mit physikalischen Methoden nicht nachweisbar, er ist nicht Teil der physikalischen Welt; er vermittelt aber jedem von uns Erleben, über das wir anderen berichten können.[990]

Geist und Gehirn sind also nicht als identisch wahrzunehmen, aber sie sind auch nicht, wie bei Descartes etwa rescogitans und resextensa, als zwei streng voneinander getrennte Phänomene zu verstehen, vielmehr besteht nach islamischem Verständnis keine dualistische Trennung von Geist und Materie. Denn der Islam unterteilt „die Einheit des Menschen nicht in einen unversöhnlichen Dualismus von Geist und Materie. Im Islam sind Gott und das Universum, Geist und Materie eine organische Einheit. Der Mensch ist kein

985 Sure al- Ḥuǧurāt (49), Vers 12.

986 Vgl. ʿAbdulmaǧīd, an-Naǧār: Maqāṣid aš-šarīʿa bi-abʿād ǧadīda. Beirut 2006, S. 98.

987 Vgl. Ibid., S. 99 f.

988 Es soll hiermit insbesondere auf die verbreitete Verwechselung zwischen Geist (Fähigkeit) und Gehirn (Organ) hingewiesen werden.

989 Baumann, Urs: Was bedeutet Leben? Beiträge aus den Geisteswissenschaften. Frankfurt am Main 2008, S. 244 f.

990 Vgl. ʿAṭīya, Ǧamāluddīn: Naḥwa tafʿīl maqāṣid aš-šarīʿa. Damaskus 2001, S. 143.

Bewohner einer profanen Welt, der er zu Gunsten einer anderswo gelegenen Welt des Geistes entsagen muss."[991]

Außerdem gibt es, naturwissenschaftlich betrachtet, keine kognitiv-geistigen Leistungen ohne spezifische neuronale Strukturen und Funktionen. Demnach wird der Geist vom Gehirn determiniert und das Gehirn vom Geist programmiert.[992] Daher bedeutet die Bewahrung des menschlichen Geistes zunächst die Erhaltung der Unversehrtheit des Gehirns und der Sinnesorgane sowie den Schutz des Nervensystems vor jeglichem Schaden.[993] Dies ist nur ein Aspekt der Bewahrung des Geistes, der die materiellen Anlagen des menschlichen Intellekts betrifft. Ein weiterer Aspekt besteht in der Entwicklung der menschlichen Vernunft durch Aneignung verschiedener Kenntnisse, Fähigkeiten und Fertigkeiten, die dem Geist Kompetenzen verleihen, um seine Aufgaben zu bewerkstelligen. Diese Aufgaben beschränken sich nicht nur auf den religiösen Bereich, sondern erstrecken sich über alle Lebensfelder des menschlichen Daseins.[994]

In vielen Stellen im Koran ermahnt Gott deshalb den Menschen zur stärkeren Aktivierung der sinnlich-geistigen Kräfte, um Lehren zu ziehen und um Weisheit zu erlangen. Er sagt zum Beispiel: „Sind sie denn niemals auf der Erde umhergereist, woraufhin sie Herzen[995] haben würden, mit denen sie begreifen könnten, oder Ohren, mit denen sie hören könnten? Doch wahrlich, es sind ja nicht die Augen, die blind sind, sondern blind sind die Herzen, die in den Brüsten sind"[996]; an einer anderen Stelle heißt es: „Wahrlich, in der Schöpfung der Himmel und der Erde und in der Aufeinanderfolge von Nacht und Tag; und in den Schiffen, die durch das Meer eilen mit dem, was für den Menschen nützlich ist; und im Wasser, das Gott vom Himmel hernieder sendet, und damit der Erde Leben gibt, nachdem sie leblos gewesen war, und allerlei lebende Geschöpfe sich darauf vermehren lässt; und in dem Wechsel der Winde und Wolken,

991 Mohammad, Iqbal: Die Wiederbelebung des religiösen Denkens im Islam. Übers. von Axel Monte und Thomas Stemmer. Berlin 2006, S. 10.

992 Vgl. Habermars, Jürgen: Zwischen Naturalismus und Religion. Frankfurt am Main 2005, S. 156 f.

993 Vgl. ʿAṭīya, Ǧamāluddīn: Naḥwa tafʿīl maqāṣid aš-šarīʿa. Damaskus 2001, S. 144.

994 Vgl. Ibid.

995 Herz wird hier im Sinne eines Erkenntnisorgans verwendet, also als Inbegriff für den Geist. (Vgl. Massignon: La passion de Husayn Ibn Mansur Hallaj. Paris 1975, S. 481 f.)

996 Sure *al-Ḥaǧ* (22), Vers 46.

die ihre festgesetzten Bahnen zwischen Himmel und Erde ziehen: (in all diesem) sind fürwahr Botschaften für Leute, die ihren Verstand[997] gebrauchen."[998] Dementsprechend sagt ar-Rīsūnī (geb. 1953): „Somit wird die Erhaltung dieser Notwendigkeit (Vernunft) nicht nur auf äußere Maßnahmen wie das Verbot von Rauschmitteln eingeschränkt, sondern primär durch deren Aktivierung und Einsatz in verschiedenen Lebensfeldern. Denn wie viele Geister sind durch Unwissenheit, Lethargie, Untätigkeit und blinde Nachahmung, ohne jemals ein Rauschmittel berührt zu haben, tatsächlich berauscht und funktionslos."[999]

5.2.1.4 Vierter Zweck: Bewahrung der Religiosität

Hierbei geht es um die Erhaltung der persönlichen Religiosität und nicht um die der Religion selbst. Diese Unterscheidung rechtfertigt die Nachrangigkeit der Erhaltung der Religiosität bzw. Frömmigkeit einer Person gegenüber der Bewahrung ihres Selbst, ihrer Würde und ihres Geistes.[1000] Denn diese Reihenfolge ergibt sich aus der Logik, nach der es zunächst notwendig ist, das menschliche Selbst zu schützen, das immerhin der Ursprung aller menschlichen Werke ist; dann die Menschenwürde, die nicht nur ein unantastbares passives Recht darstellt, sondern auch eine psychische innere Voraussetzung für ethisches Handeln darstellt;[1001] und

997 Diese Passage ist eine von vielen, in denen der Koran sich an jene richtet, die „ihren Verstand gebrauchen", um die alltäglichen Wunder der Natur zu beobachten, den Beweis der dem Menschen eigenen Erfindungsgabe eingeschlossen („die Schiffe, die durch das Meer eilen"), als so zahlreiche Anzeichen für eine bewusste, schöpferische Macht, die das Universum durchzieht. (Vgl. die Botschaft des Koran, S. 65).

998 Sure al-Baqara (2), Vers 164.

999 Aḥmad, ar-Rīsūnī: Naẓarīyat al-maqāṣid ʿindal-imām aš-Šāṭibī, S. 240.

1000 Vgl. ʿAṭīya, Ǧamāluddīn: Naḥwa tafʿīl maqāṣid aš-šarīʿa. Damaskus 2001, S. 145.

1001 Nur wer sich berufen fühlt, ein würdiges Wesen zu sein, wird diesem Geist entsprechend auch würdig und edel handeln. Der Mensch, wie bereits Kant pointiert hingewiesen hat (Vgl. Ricken, Norbert: Subjektivität und Kontingenz: Markierungen im pädagogischen Diskurs. Würzburg 1999, S. 86.), sei eine Person, die Pflichten auf sich habe, die ihm seine eigene Vernunft und seine Würde auferlege. Theologisch bedeutet das, dass die Menschenwürde gute Werke impliziert. Wenn man nun von einer Zweckgebundenheit der islamischen Texte und Normen ausgeht, heißt dies, dass hierin auch die Zweckorientierung der Texte liegt, die explizit die Bedeu-

dann den Geist, der nach islamischem Recht die Grundlage der rechtlichen Mündigkeit bildet.[1002]

Die Bewahrung der persönlichen Frömmigkeit besteht in der Einrichtung einer authentischen und rechten Glaubenslehre, deren Grundelemente durch wissenschaftliche Reflexion, kritische Annäherung, zweckrationale Auslegungsmethode und durch den Bezug auf die authentischen Quellen entstehen.[1003] Eine Glaubenslehre, die etabliert und verstärkt wird durch verschiedene Komponenten, die wie folgt benannt werden können:

- die Implikation der geistig wissenschaftlichen und humanen Errungenschaften des menschlichen Denkens;[1004]
- den interreligiösen Dialog und die positive Öffnung gegenüber anderen Religionen und Glaubensrichtungen (gegenseitige positive Befruchtung);[1005]
- Vermeidung der großen Sünden, die den Glauben verderben wie zum Beispiel: Götzendienst, Heuchelei, Scheinheiligkeit, Arroganz usw.[1006] und
- durch Durchführung der islamischen Riten und Verrichtung der religiösen Pflichten sowie Einhaltung der ethischen Grundregeln und Moralprinzipien des Islam, wie zum Beispiel: Ehrlichkeit, Aufrichtigkeit, Treue, Integrität, Verpflichtung zum gerechten Handeln usw.[1007]

---

tung der Menschenwürde betonen. Dies bestätigend sagt zum Beispiel der Prophet *Muḥammad* über Frauen: „Die Frauen sind wahrlich die Geschwister der Männer, nur ein Edler wird sie würdigen, und nur ein Unanständiger wird sie erniedrigen" [ʿAbdurraḥman, Ǧalāluddīn Assiyūṭī: Ǧāmiʿ al-aḥadith. Band 12. Beirut 1994, S. 398 (Ḥadīṯ-Nr.: 12171)].

1002 Vgl. Yūsuf, Ḥāmid Al-ʿĀlim: al-Maqāṣid al-ʿāma līš-šarīʿa al-islāmīya. Riad 1994, S. 326.

1003 Vgl. Nūruddīn, al-Ḫādimī: ʿIlm maqāṣid aš-šarīʿa. Riad 2001, S. 81.

1004 Vgl. Ibid.

1005 Vgl. Ibid.

1006 Vgl. Yūsuf, al-Qaraḍāwī: Kaīfa nataʿāmal maʿa l-Qurʾān al-ʿaẓīm. Kairo 1999, S. 68.

1007 Vgl. Ibid., S. 84.

5.2.1.5 Fünfter Zweck: Bewahrung des eigenen Besitztums

Mit dem Begriff Besitztum wird hier zunächst das Eigentum des Individuums gemeint. Das Besitztum in Bezug auf die Familie und die muslimische Gemeinschaft wird noch an anderer Stelle diskutiert. Die islamische Perspektive in diesem Zusammenhang entsteht aus dem Grundsatz, dass Gott letztendlicher und eigentlicher Besitzer aller Dinge sei. So sei der Mensch nur Treuhänder (Wakīl) des ihm anvertrauten Besitzes.[1008] Demgemäß steht im Koran: „Und gebt ihnen (etwas) vom Besitz Allahs, den Er euch gegeben hat".[1009] Taqīuddīn Annabahānī (gest. 1978)[1010] leitet aus diesem Vers die Erkenntnis ab, dass der Islam den Rechtsanspruch auf Besitz (ḥaq al-milkīya) anerkenne und schütze, allerdings stelle er moralische Auflagen und ethische Bedingungen, damit keiner über seinen Besitz uneingeschränkt herrsche. Diese Bedingungen müssen beim Handel schon bei dem Erwerb eines Besitzes erfüllt werden, der ja mit legitimen Mitteln und aus erlaubten Quellen erfolgen soll.[1011]

Grundsätzlich ist Erwerb von Besitz dann rechtmäßig, wenn er entweder durch eigene Anstrengung (Ǧuhd) wie Lohnarbeit, Handwerk, Handel, Jagd usw. oder durch eine Rechtsbestimmung ohne eigene Anstrengung wie im Fall der Erbschaft, des Rechtsanspruches der Frau auf Unterhaltsleistungen oder des Rechtsanspruches der Armen auf zakāt (Almosen) zustande kommt.[1012] Hier spielt das Gerechtigkeitsprinzip eine entscheidende Rolle bei der Legitimierung der einen oder anderen Erwerbsart von Besitz. Denn alles, was das Gerechtigkeitsprinzip verletzt, wie Diebstahl, Bestechung, Korruption usw., ist verboten und soll per Gesetz bekämpft werden. Somit hat die Gerechtigkeit neben der Legitimierungsaufgabe auch noch Schutzfunktion für den einmal rechtmäßig erworbenen Besitz.[1013]

1008 Vgl. ʿAṭīya, Ǧamāluddīn: Naḥwa tafʿīl maqāṣid aš-šarīʿa. Damaskus 2001, S. 147.

1009 Sure an-Nūr (24), Vers 33.

1010 Vgl. Muḥammad, Ramadān Yūsuf: Tatimmat al-Aʿlām li az-Zirkilī. Beirut 2002, S. 92 f.

1011 Vgl. ʿAlī Ǧumʿa, Nūruddīn: al-Madḫal ilā Dirāsāt al-maḏāhib al-fiqhīya. Kairo 2004, S. 162.

1012 Vgl. ʿAbdullāh, Ibn Baya: Amālī al-dalālāt wa-maǧālī al-iḫtilāfāt. Jeddah 1998, S. 113.

1013 Vgl. Ibid., S. 115.

Besitztum wird außerdem vor dem Hintergrund der theologischen Prämisse gesehen, dass die Erde, wie der Koran mehrfach besagt, dem Menschen in Dienst gestellt sei,[1014] und dass der Mensch Statthalter Gottes auf Erden sei; so heißt es im Koran, dass Gott zu den Engeln gesprochen habe: „Ich bin dabei, auf der Erde einen Statthalter einzusetzen". Auf ihren Einwand, dass ein solcher Vertreter Unheil über die Erde bringen würde, soll Gott geantwortet haben: „Ich weiß, was ihr nicht wisst".[1015] Damit der Mensch als Träger und Initiator aller historisch weltlichen Prozesse und in der Gesamtheit seines Seins und seiner Beziehung für die Menschheit und Natur positiv wirken kann, gelten für die Verwendung von Besitz die Grundsätze,

- dass der Mensch nicht egoistisch, extravagant und verschwenderisch mit den Ressourcen umgehen darf, die ihm zur Verfügung gestellt wurden, denn der Koran sagt: „Und gib seinen gebührenden Anteil dem nahen Verwandten wie auch dem Bedürftigen und dem Reisenden, aber verschwende (dein Vermögen) nicht sinnlos. Siehe die Verschwender sind fürwahr von der Art der Satane"[1016];
- dass der Islam den Gedanken, der nur die Befriedigung der eigenen materiellen Bedürfnisse und das Streben nach Gewinnmaximierung zum Ziel hat, verurteilt. Das Ziel sei hingegen – als Statthalter Gottes[1017] – die Erde mit allen Kräften zu erhalten, zu bevölkern und auf ihr das Leben zu

---

1014 Der Koran sagt beispielsweise in der Sure al- Ǧāṯiya (45), Vers 12–13: „Allah ist es, Der euch das Meer dienstbar gemacht hat, auf dass die Schiffe darauf nach Seinem Geheiß fahren und auf dass ihr nach Seiner Gnadenfülle trachten und dankbar sein möget. Und Er hat das für euch dienstbar gemacht, was in den Himmeln und auf Erden ist; alles ist von Ihm. Hierin liegen wahrlich Zeichen für Leute, die nachdenken". In der Sure Luqmān (31), Vers 20 heißt es auch: „Habt ihr denn nicht gesehen, dass Allah euch alles dienstbar gemacht hat, was in den Himmeln und was auf der Erde ist, und (dass Er) Seine Wohltaten reichlich über euch ergossen hat – in sichtbarer und unsichtbarer Weise? Und doch gibt es unter den Menschen so manchen, der ohne Kenntnis und ohne Führung und ohne ein erleuchtendes Buch (zu besitzen) über Allah streitet."

1015 Sure al-Baqara (2), Vers 30.

1016 Sure al-Isrā' (17), Vers 26.

1017 „Wir haben das anvertraute Gut den Himmeln und der Erde und den Bergen angeboten, aber sie weigerten sich, es zu tragen, sie scheuten sich davor. Der Mensch trug es." (Sure al-Aḥzāb (33), Vers 72)

entwickeln und blühen zu lassen. Demgemäß heißt es im Koran: „Wenn irgendeiner ein Leben[1018] rettet, es sein soll, als ob er aller Menschheit das Leben gerettet hätte“[1019]; und: „Sprich: Wirkt! Allah wird euer Wirken sehen, und so (auch) Sein Gesandter und die Gläubigen“[1020] und

- dass die Schaffung einer solidarischen harmonischen Gesellschaft das Ziel islamischer Sozialethik ist. Dies zeigt sich vor allem am Konzept der gegenseitigen sozialen Verantwortung und in vielen moralischen Verpflichtungen, die den sozialen Geist der Gesellschaft zu stärken suchen.[1021] So beschreiben zahlreiche Texte den wahren Muslim als denjenigen, der an seinem Wohlstand und Reichtum teilhaben lässt. In diesem Sinne sagt der Koran: „Wahrlich, die Gottesfürchtigen werden inmitten von Gärten und Quellen sein, (und das) empfangen, was ihr Herr ihnen gegeben hat, weil sie vordem Gutes zu tun pflegten. Sie schliefen nur einen kleinen Teil der Nacht, und vor Tagesanbruch pflegten sie um Vergebung zu bitten, und von ihrem Vermögen war ein Anteil für den Bittenden und den Unbemittelten bestimmt.“[1022]

Daraus ist also zu schließen, dass die Eigentumsgarantie in der islamischen Rechtsphilosophie ein elementares Grundrecht darstellt.[1023] So dient sie vor allem dazu, dem Einzelnen einen individuellen Gestaltungsraum in vermögensrechtlicher Hinsicht zu sichern, wie es auch im staatsrechtlichen Kontext definiert wird.[1024] Diese Eigentumsgarantie erfährt jedoch Modi-

---

1018 Im Korantext steht wortwörtlich *„wa man aḥyāhā“*, d. h. wer Leben schenkt. Hiermit ist aber jede Art von Leben, also im eigentlichen oder allegorischen Sinne gemeint: Wer demnach etwas für die Menschheit erfindet, wer die Wissenschaft vorantreibt, wer Krankheiten medizinisch bekämpft, wer Lösungen für das Problem der Umweltverschmutzung schafft, wer Konzepte für saubere Technologien entwickelt, wer sich für eine gerechte und humane soziopolitische Ordnung einsetzt und allgemein formuliert, wer Gutes tut, der schenkt der ganzen Menschheit neues Leben.

1019 Sure al-Mā'ida (5), Vers 32.

1020 Sure at-Tauba (9), Vers 105.

1021 Vgl. Yūsuf, Ḥāmid Al-'Ālim: al-Maqāṣid al-'āma līš-šarī'a al-islāmīya. Riad 1994, S. 542.

1022 Sure ad-Dariyāt (51), Vers 15–18.

1023 Vgl. Yūsuf, Ḥāmid Al-'Ālim: al-Maqāṣid al-'āma līš-šarī'a al-islāmīya. Riad 1994, S. 479.

1024 Vgl. Katz, Alfred: Staatsrecht – Grundkurs im öffentlichen Recht. Heidelberg 2010, S. 421.

fikationen und Ergänzungen, die den Nutzen des Eigentums für die Allgemeinheit sichern. Demnach wird das Besitztum bzw. der Reichtum durch Bestimmungen über seinen rechtmäßigen Erwerb (Kasb) und seine Verwendung (infāq) an das Allgemeinwohl gebunden.[1025] Mit anderen Worten: der Reichtum hat nach islamischem Verständnis eine sozialethische Aufgabe und gerade aus dieser sozialen Funktion gewinnt er seine Bedeutung. Denn der Islam kämpft für das Wohl der ganzen Gesellschaft und sucht die soziale Harmonie durch gerechte Verteilung der Ressourcen zu etablieren und durch verschiedene Institutionen die Kluft zwischen Arm und Reich zu überwinden.[1026]

So ist eine gewisse Parallelität zwischen dem islamischen Konzept des Besitztums und dem des modernen Sozialstaats festzustellen, denn auch hier heißt es, dass Reichtum dazu verpflichtet, einen Beitrag zum Wohle aller zu leisten.[1027] Dieser Verfassungsauftrag zur Sozialstaatlichkeit bindet die öffentlichen Institutionen daran, zwischen der Privatnützigkeit, die grundsätzlich zu garantieren sei, und der sozialen Verpflichtung einen Ausgleich zu schaffen, um gerade auf die am wenigsten Begünstigten der Gesellschaft Rücksicht zu nehmen.

5.2.2 Zwecke des islamischen Rechts in Bezug auf die Familie

In allen islamischen Lehräußerungen wird immer wieder betont, dass die Familie Fundament und Kern jedweder Gesellschaft sei.[1028] Dies ist übrigens kein Spezifikum der islamischen Religion, sondern ein gemeinsamer Nenner nahezu aller Religionslehren. Exemplarisch sei hier die katholische Kirche genannt, die der Institution Familie eine zentrale Rolle zuweist. So ist die Familie etwa für Johannes Paul II. der Nukleus der menschlichen Gemeinschaft, denn in ihr entstehe und wachse der Mensch als Teil der

---

1025 Vgl. Yūsuf, Ḥāmid Al-ʿĀlim: al-Maqāṣid al-ʿāma līš-šarīʿa al-islāmīya. Riad 1994, S. 500 f.

1026 Vgl. Ibid., S. 525.

1027 Art. 14 II GG lautet: „Eigentum verpflichtet. Sein Gebrauch soll zugleich dem Wohle der Allgemeinheit dienen."

1028 Vgl. ʿAṭīya, Ǧamāluddīn: Naḥwa tafʿīl maqāṣid aš-šarīʿa. Damaskus 2001, S. 148.

Gesellschaft und dort werde er in die tragenden Werte eingeführt.[1029] In seiner Schrift „Familiaris consortieo", in der er die Aufgaben der christlichen Familie beschreibt, führt Johannes Paul weiter aus, dass sich die Familie dieser Rolle bewusst sein solle, denn sie trage somit auch eine gesellschaftliche Verantwortung.[1030]

Daher steht die Familie als Basiskategorie der Gesellschaft unter dem besonderen Schutz des islamischen Rechts.[1031] In seinem Werk Iḥyāʾ ʿulūm ad-dīn spricht Imām al-Ġazālī (gest. 1111) von den allgemeinen Zwecken der Ehe und von den Bestimmungen und Regelungen, die darauf ausgerichtet seien, das Wohlergehen der Familie zu fördern, um die ihr zufallende Verantwortung wahrzunehmen.[1032] Bei seiner Thematisierung der Ehe stellt Ṭāhir Ibn ʿĀšūr (gest. 1973) zwei Punkte heraus, die den wesentlichen Unterschied zwischen der islamischen Ehe und der der vorislamischen Zeit ausmachen: Der erste Unterschied bestehe in der Philosophie der Ehe im Islam und der zweite Unterschied in den eherechtlichen Bestimmungen und den damit verbundenen Zeremonien.[1033] Die islamische Ehe, die im Koran als ein fester Bund bezeichnet wird,[1034] wird als eine emotionale, spirituelle und physische Bindung angesehen, die auf ewig geschlossen wird. Diesbezüglich sagt der Koran: „Und unter Seinen Wundern ist dies: Er erschafft für euch Partnerwesen aus eurer eigenen Art[1035], auf dass ihr ihnen zuneigen möget, und er ruft Liebe

---

1029 Vgl. Putz, Gertraud: Kleiner sozialethischer Ratgeber für die Praxis in Kirche, Politik Wirtschaft und Gesellschaft. Berlin 2008, S. 171.

1030 Vgl. Ibid.

1031 Vgl. ʿAṭīya, Ǧamāluddīn: Naḥwa tafʿīl maqāṣid aš-šarīʿa. Damaskus 2001, S.148.

1032 Vgl. Ibid.

1033 Vgl. Ibid., S. 149.

1034 „Und wie könntet ihr es wegnehmen, nachdem ihr euch einander gegeben habt und sie mit euch einen festen Bund schlossen." (Sure an-Nisāʾ (4), Vers 21)

1035 Im Korantext steht wörtlich: „*min anfusikum*" d. h. „von euch selbst". Was den Ausdruck *azwāǧan* (Partnerwesen) betrifft, so ist anzumerken, dass sich der Begriff *Zawǧ*, also Paar, Teil eines Paares oder Partnerwesen, in Verbindung mit belebten Wesen sowohl auf den männlichen als auch den weiblichen Teil eines Paares bezieht: Auf Menschen bezogen bezeichnet er daher den Partner einer Frau (Ehemann) wie auch die Partnerin eines Mannes (Ehefrau). Abū Muslim interpretiert – wie von ar-Razi zitiert – Die Wendung „Er erschuf aus ihr (*minha*) ihr Partnerwesen" wie folgt: „Er erschuf ihr Partnerwesen (d. h. ihr geschlechtliches Gegenstück) aus ihrer eigenen Art (*min ǧinsiha*)" (...) Die wörtliche Übersetzung von *minha* mit „aus ihr" spielt klar, in Übereinstimmung mit dem Text, auf die biologische Tatsache an, dass beide

und Zärtlichkeit zwischen euch hervor: hierin, siehe, sind fürwahr Botschaften für Leute, die denken!"[1036] Die sogenannte zawāǧ al-mutʿa, also Zeitehe oder auch Genussehe, die in der vorislamischen Phase sehr verbreitet war, lässt sich nicht in diesen spirituellen und philosophischen Rahmen einfügen und kann zudem die Aufgaben und Zwecke der islamischen Ehe nicht erfüllen. Daher wird derartige Ehe der Prostitution gleichgesetzt und deshalb abgelehnt.[1037] Der zweite Unterschied liegt in den eherechtlichen Bestimmungen, denn anders als in der vorislamischen Phase gilt die Ehe im Islam als eine geregelte und institutionalisierte Praxis. Dazu sei angemerkt, dass die Ehe nach islamischem Verständnis ein zivilrechtlicher Akt ist, der, wenn auch religiöse Zeremonien Beachtung finden, nicht als Sakrament sondern durch einen zivilrechtlichen Vertrag zustande kommt, dessen Gültigkeit auf dem Einverständnis der beiden vertragsschließenden Parteien beruht, eine eheliche Beziehung einzugehen.[1038] Dieses wird im Beisein von Zeugen vollzogen und amtlich eingetragen. Außerdem wird die Gültigkeit des islamischen Ehevertrages an zwei Bedingungen geknüpft, nämlich an die Leistung der Brautgabe, da im Koran steht: „Und gebt den Frauen ihre Brautgabe als Schenkung[1039]. Und wenn sie euch gern etwas davon erlassen, so könnt ihr dies unbedenklich zum Wohlsein verbrauchen"[1040]; und an die öffentliche Bekanntmachung der Ehe gemäß der Aussage

---

Geschlechter ihren Ursprung in „einer einzigen Wesenheit" haben. (Leopold, Weiss: Die Botschaft des Koran. Düsseldorf 2009, S. 147).

1036 Sure ar-Rūm (30), Vers 21.

1037 Nur die Schiiten bilden hier einen Sonderfall, denn sie sehen, obwohl sie mit dem Vorwurf einer legalisierten Prostitution hadern, in der Zeitehe einen islamisch legitimierten Akt. Daher ist diese Praxis unter den Schiiten immer noch verbreitet, wenn auch mit sinkender Tendenz, da sich immer mehr Stimmen von bedeutenden Geistlichen erheben, die ihren Unmut gegen die Zeitehe ausdrücken. (Siehe: Mūsa, al-Mūsawī: Aš-šīʿa wa taṣḥīḥ aṣ-ṣirāʿ baina aš-šīʿa wa-t-tašaiyuʿ. Los Angeles 1987).

1038 Vgl. ʿAṭīya, Ǧamāluddīn: Naḥwa tafʿīl maqāṣid aš-šarīʿa. Damaskus 2001, S. 148.

1039 Der originale Ausdruck *niḥla* bedeutet, etwas bereitwillig, aus eigenem Antrieb zu geben, ohne dafür eine Gegenleistung zu erwarten (*Zamakhschari*). Man beachte, dass die Höhe der Ehe- bzw. Brautgabe, die der Bräutigam der Braut zu geben hat, vom Gesetz nicht vorgeschrieben ist: sie hängt allein von der Übereinkunft der beiden Parteien ab und kann sogar lediglich aus einem bloßen Zeichen bestehen. Nach mehreren authentischen Überlieferungen, die in den meisten Sammlungen festgehalten sind, erklärte der Prophet, dass „selbst ein eiserner Ring" genügen kann, wenn die Braut bereit ist, ihn anzunehmen, oder in Ermangelung dessen sogar „deine Braut einen Vers aus dem Koran zu lehren." (Die Botschaft des Koran, S. 149)

1040 Sure an-Nisāʾ(4), Vers 4.

des Propheten: „macht die Ehe öffentlich bekannt",[1041] denn die Ehe ist offenbar, gerade in einer Religion, die nicht nur den Einzelnen sieht, sondern auch die Gemeinschaft im Blick hat, ein Ereignis von gesellschaftlicher Tragweite, das nicht nur zwei Personen verbindet, sondern auch zwei Familien und deren Anverwandte.[1042]

Die klassische islamische Sicht pflegt die Tradition, die Ehe und somit die Familie stets mit Bezug auf ihre soziale Funktion als Voraussetzung für die Bewahrung der Nachkommenschaft zu diskutieren.[1043] Hier vollzieht die Thematisierung der Familie einen Paradigmenwechsel: Sie geht von der Familie als System aus, in dem die entsprechenden Allgemeinzwecke des islamischen Rechts bestimmt werden sollen.

5.2.2.1 Erster Zweck: Regulierung der Beziehungen zwischen den Geschlechtern

Genauso wie andere Religionen und viele Zivilgesetze überlässt der Islam die Beziehungen zwischen den Geschlechtern nicht dem Zufall, sondern er hat diese Verhältnisse in einer klar organisierten Form im Rahmen der Ehe geregelt. Dafür wurden detaillierte Bestimmungen erlassen, um die Rechte und Pflichten der beiden Ehepartner aufzuzeigen.[1044]

Um die Bedeutung der Ehe in dem islamischen Gesellschaftskonzept hervorzuheben, wurde eine Reihe von Normen und Bestimmungen erlassen, sowie zahlreiche Texte offenbart, welche die Eheschließung fördern und loben. So sagt der Koran: „Und (ihr solltet) die Alleinstehenden unter euch verheiraten[1045] wie auch solche eurer männlichen und weiblichen Sklaven, die

1041 Aḥmad, Ibn Muḥammad Ibn Ḥanbal: Musnad Imām Aḥmad. Band 26. Kairo 1999, S. 53. (Ḥadīṯ-Nr.: 16130).

1042 Vgl. ʿAṭīya, Ǧamāluddīn: Naḥwa tafʿīl maqāṣid aš-šarīʿa. Damaskus 2001, S. 148.

1043 Vgl. Ibid.

1044 Vgl. Ṭāhir, IbnʿĀšūr: Maqāṣid aš-šarīʿa al-islāmīya. Amman 2001, S. 431; vgl. hierzu auch ʿAṭīya, Ǧamāluddīn: Naḥwa tafʿīl maqāṣid aš-šarīʿa. Damaskus 2001, S. 149.

1045 Wie die meisten klassischen Kommentatoren aufzeigen, ist dies keine Anweisung, sondern eine Empfehlung an die Gemeinschaft als Ganzes: daher die Übersetzung mit »ihr solltet«. Der Begriff *ayyim* – von dem *ayama* die Mehrzahl ist – bezeichnet eine Person beiderlei Geschlechts, die keinen Ehepartner hat, gleich ob er oder sie noch nie verheiratet war oder geschieden oder verwitwet ist. So drückt der obige Vers den Gedanken aus – der in vielen authentischen Worten des Propheten wiederkehrt -,

(zum Heiraten) geeignet sind[1046]. Wenn sie (die ihr zu verheiraten beabsichtigt) arm sind, (soll dies euch nicht abhalten;) Gott wird ihnen aus Seiner Huld hinreichendes Auskommen gewähren – denn Gott ist unendlich (in seiner Barmherzigkeit), allwissend."[1047] Der Prophet sagt dazu: „Wer immer heiratet, um seine Keuschheit zu bewahren, dem ist Allahs Hilfe gewiss"[1048] und in einer weiteren Überlieferung heißt es: „Es gibt vier Dinge, die zur Tradition der Propheten gehören: die Schamhaftigkeit (arab. ḥayā'), das Nutzen schöner Düfte, das Benutzen des siwāk[1049] und die Vermählung."[1050]

Aus diesen Quellen ist zu entnehmen, dass die Ehe eine Instanz ist, die vor unmoralischem Verlangen und ethischem Fehlverhalten bewahrt, daher sagt der weit geehrte und anerkannte islamische Gelehrte al-Ġazālī (gest. 1111): „der Vorteil der Ehe besteht darin, dass sie die Begierde dämpft, die Gefahren der unmoralischen Triebe beseitigt, die unlauteren Blicke und die körperliche Ausschweifung abhält. Dadurch ist sie eine wichtiges Moment für das Seelenheil."[1051] Die Ehe ist zudem ein besonderer Hort der Geborgenheit, Herzlichkeit, Liebe, Eintracht und inneren Ruhe. In diesem Zusammenhang sagt der Koran: „Sie (eure Frauen) sind wie ein Gewand für euch

---

dass sowohl aus ethischer wie auch aus gesellschaftlicher Sicht der Ehestand der Ehelosigkeit gegenüber unbedingt vorzuziehen sei. (Weiss: Botschaft des Koran S. 678).

1046 Der Begriff *Aṣṣaliḥin* bedeutet hier sowohl die moralische wie physische Eignung zur Heirat: d. h. die Erlangung körperlicher und geistiger Reife, er impliziert aber auch die Notwendigkeit der gegenseitigen Zuneigung zwischen den Partnern. Wie in der Sure an-Nisā'(4), Vers 25 schließt der obige Vers jede Art des Konkubinats aus und fordert die Ehe als die einzige legitime Grundlage der Geschlechtsbeziehungen zwischen einem Mann und seiner Sklavin. (Weiss: Botschaft des Koran, S. 678).

1047 Sure an-Nūr (24), Vers 32.

1048 Berichtet von al-Baihaqī, Kitāb al-makātib, Bāb mā ǧā'a fi qaulihi ʿazza wa ǧalla (in ʿalimtum fīhim ḫairan) (Ḥadīṯ-Nr.: 22135).

1049 Der *siwāk* oder *miswāk* bezeichnet einen Zweig (ugf. 10 cm lang und 1 cm Durchmesser) des Zahnbürstenbaumes (*Salvadora persica*, auch Arak-Baum), der zur Reinigung der Zähne verwendet wurde und noch wird. Der *siwāk* ist somit eine traditionelle arabische Form der Zahnbürste. Diesbezüglich sagt der Prophet *Muḥammad*: „Wenn es meine Gemeinschaft nicht überfordert hätte, hätte ich ihr befohlen, den *siwāk* vor jedem Gebet (d. h. fünfmal am Tag) zu benutzen." [berichtet von al-Buḫārī, Kitāb al-ǧumuʿa, Bāb as-siwāk yaum al-ǧumuʿa (Ḥadīṯ-Nr.: 887)].

1050 Berichtet von at-Tirmiḏī, Kitāb an-nikāḥ, Bāb faḍl at-tazwīǧ wa l-ḥaṯṯu ʿalaih (Ḥadīṯ-Nr.: 1080).

1051 Zitiert bei: ʿAbdulmaǧīd, an-Naǧār: Maqāṣid aš-šarīʿa bi-abʿādin ǧadīda. Beirut 2006, S. 131.

und ihr seid (wie) ein Gewand für sie"[1052]. Trotzdem wird in manchen Fällen die Scheidung als notwendiges Übel angesehen,[1053] aber niemals als Sakrileg, da die Ehe im Islam kein Sakrament sondern ein Zivilakt ist. Doch auch in solch emotional belastenden Momenten lenkt der Koran den Fokus auf die gemeinsam verbrachten guten Zeiten und mahnt daher zu gutem und höflichem Umgang miteinander: „Und vergesst nicht, einander Güte zu erweisen. Wahrlich, Allah sieht wohl, was ihr tut."[1054]

5.2.2.2 Zweiter Zweck: Bewahrung der Nachkommenschaft

Neben der angesprochenen ethischen und sozialen Ordnungs- und Schutzfunktion, leistet die Ehe bzw. die Familie noch einen vitalen Beitrag in der Gesellschaft, sie ermöglicht die Zeugung und die Bewahrung der Nachkommenschaft als Voraussetzung des Daseins.[1055]

Daher ist die Bewahrung der Nachkommenschaft bei Muslimen von zentraler Bedeutung. Sowohl der Mann wie auch die Frau haben in der Ehe ein Recht auf Kinder, die ja der Garant für die Erhaltung der menschlichen Gattung sind.[1056] Diese Wertschätzung spiegelt sich in vielen Korantexten sowie in zahlreichen islamischen Normen und Bestimmungen wieder. So ist die Erwähnung der Kinder im Koran immer ausnehmend positiv konnotiert, z. B. wie folgt: „Kinder sind Schmuck des Lebens dieser Welt."[1057] Zudem hat der Islam das Wohlergehen des Kindes bereits im Mutterleib im Blick. Der Koran beschreibt an verschiedenen Stellen die embryonale Entwicklung des Menschen im Mutterleib und spricht von einem Einhauchen der Seele: „Und Er begann die Schöpfung des Menschen aus Ton. Hierauf machte Er seine Nachkommenschaft aus einem Auszug aus verächtlichem Wasser (Sperma). Dann formte Er ihn und hauchte ihm von Seinem Geist ein. Und Er hat euch Gehör und Augenlicht und Herzen gegeben. Wie wenig ihr dank-

---

1052 Sure al-Baqara (2), Vers 187.

1053 Nach dem Wort des Propheten, sei Allah von allen rechtlich erlaubten Dingen nichts so sehr verhasst wie die Scheidung. Berichtet von Abū Dāwūd, Bāb fī Karāhiyat at-Talāq (Ḥadīṯ-Nr.: 2178).

1054 Sure al-Baqara (2), Vers 237.

1055 Vgl. Ṭāhir, Ibn'Āšūr: Maqāṣid aš-šarī'a al-islāmīya. Amman 2001, S. 430.

1056 Vgl. 'Aṭīya, Ǧamāluddīn: Naḥwa taf'īl maqāṣid aš-šarī'a. Damaskus 2001, S. 150.

1057 Sure al-Kahf (18), Vers 46.

bar seid!“[1058] Der Prophet Muḥammad sagt in einem Ḥadīṯ: „Wahrlich, die Schöpfung eines jeden von euch wird im Leibe seiner Mutter in vierzig Tagen als nuṭfa (Samentropfen) zusammengebracht; danach ist er ebenso lang ein ʿalaqa (Blutklumpen), danach ist er ebenso lang ein muḍġa (kleiner Fleischklumpen). (...) Dann wird ihm die Seele eingehaucht.“[1059]

In der islamischen Ethik ist die Beseelung des Embryos von zentraler Bedeutung, sie stellt die geistige und juristische Grundlage für die Schutzpflicht und die Unversehrtheit des Embryos dar. Daher wird in zahlreichen Koranversen die Schutzwürdigkeit des Embryos verankert und jede Form der Beendigung einer Schwangerschaft, insbesondere die Tötung von Embryonen aus Angst vor Armut, geächtet, außer im Falle einer die Gesundheit der Frau gefährdenden Schwangerschaft.[1060] Diesbezüglich sagt der Koran: „Und tötet nicht eure Kinder aus Angst vor Armut. Ihnen und euch bescheren wir doch den Lebensunterhalt. Sie zu töten ist ein großes Vergehen.“[1061] Dieser Vers kann als historische Bezugnahme auf den vorislamischen Brauch mancher arabischen Stämme betrachtet werden, unerwünschte weibliche Kinder lebendig zu begraben,[1062] wenn dies auch eher aus Angst vor gesellschaftlicher Ächtung als aus Angst vor Armut geschah. Denn in der vorislamischen Epoche, die ja einerseits als Zeit der Knappheit und schweren landschaftlichen Arbeit und anderseits als eine Zeit der Anomie, Rache und Selbstjustiz galt, wurde dem physisch starken Geschlecht, also den Söhnen, hoher Wert beigemessen. Die, diesen Femiziden zugrunde liegende diskriminierende Haltung wurde durch die Furcht verstärkt, dass Mädchen von feindlichen Stämmen leicht

---

1058 Sure as-Saǧda (32), Vers 7- 9.

1059 Berichtet von al-Buḫārī, Kitāb badʿu l-ḫalq, Bāb ḏikr al-malāʾika (Ḥadīṯ-Nr.: 3208). In diesem Ḥadīṯ findet sich eine Anspielung auf die Koranverse 23/ 12–14, in denen es heißt: „(...) alsdann setzten Wir ihn als Samentropfen an eine sichere Ruhestätte. Dann bildeten Wir den Tropfen zu einem Blutklumpen; dann bildeten Wir den Blutklumpen zu einem Fleischklumpen; dann bildeten Wir aus dem Fleischklumpen Knochen; dann bekleideten Wir die Knochen mit Fleisch; dann entwickelten Wir es zu einer anderen Schöpfung.“

1060 Vgl. Yūsuf, Aḥmad Muḥammad al-Badawī: maqāṣid aš-šarīʿaʿinda Ibn Taīmīya. Riad 2009, S. 65; siehe auch ʿAbdulmaǧīd, an-Naǧār: Maqāṣid aš-šarīʿa bi-abʿād ǧadīda. Beirut 2006, S. 150.

1061 Sure al-Isrāʾ(17), Vers 31.

1062 Vgl. Leopold, Weiss: Die Botschaft des Koran. Düsseldorf 2009, S. 535.

erbeutet und versklavt werden könnten.[1063] In einer Gesellschaft, in der die Reputation des Einzelnen oder des Stammes wichtiger waren als das Leben selbst, spielte außerdem die Angst vor möglichem unzüchtigem Verhalten der Töchter eine Rolle.[1064]

In diesem historischen und gesellschaftlichen Kontext wurden die Mädchen in den Familien vielfach als Schmach und die Söhne hingegen als Schatz angesehen. Dazu steht im Koran: „Lass Mich allein (verfahren) mit dem, den ich allein erschaffen habe, und dem Ich weitreichende Mittel gewährt habe und Söhne, die immer zugegen waren und dessen Leben ich eine so große Reichweite gab: und doch wünscht er gierig, dass ich noch mehr gebe! Nein, wahrlich, es sind Unsere Botschaften, gegen die er sich wissentlich, starrköpfig stellt."[1065] Es sei an dieser Stelle angemerkt, dass der Korandiskurs, um seine Botschaften vermitteln zu können, im Einklang mit dem Geist der damaligen Zeit argumentiert. Deswegen zählt Gott im Kontext dieses Tadels die Söhne zu den Schätzen und weitreichenden Mitteln, die Er diesem „undankbaren Knecht" gewährt hat.[1066]

Dieser Ungerechtigkeit tritt der Islam jedoch entschieden entgegen, so werden diese Denkweise und Handlungsmuster an verschiedenen Stellen im Koran geächtet und scharf verurteilt: „Und wenn einem von ihnen die Nachricht von (der Geburt) einer Tochter überbracht wird, so verfinstert sich sein Gesicht, und er unterdrückt den inneren Schmerz. Er verbirgt sich vor den Leuten aufgrund der schlimmen Nachricht, die er erhalten hat: Soll er sie behalten trotz der Schande, oder (soll er sie) in der Erde verscharren? Wahrlich, übel ist, wie sie urteilen!"[1067] In der Sure at-Takwīr heißt es: „Und wenn das Mädchen, das lebendig begraben wurde, veranlasst wird zu fragen, für welches Verbrechen es getötet wurde!"[1068] Diese klare Positionierung stellt qualitativ einen wichtigen Aspekt hinsichtlich der Bewahrung der Nachkommenschaft dar.

1063 Vgl. ʿAbdulkabīr, al-ʿAlawī al-Mdaġarī: al-Marʿā bayna aḥkām al-fiqh wad-daʿwa ilā at-taġīyr. Almuḥammadiya 1999, S. 139.

1064 Vgl. Ibid., S. 141.

1065 Sure al-Mudaṯṯir (74), Vers 12- 17.

1066 Vgl. ʿAbdulkabīr, al-ʿAlawī al-Mdaġarī: al-Marʿā bayna aḥkām al-fiqh wad-daʿwa ilā at-taġīyr, S. 140.

1067 Sure *an-Naḥl* (16), Vers 58–59.

1068 Sure at-Takwīr (81), Vers 8–9.

Ein weiterer Aspekt der Bewahrung der Nachkommenschaft besteht in den Normen und Bestimmungen, welche die Wege der Versuchung und Verführung sowie die außerehelichen Geschlechtsbeziehungen ächten und verbieten. Denn neben allen moralethischen Abwägungen und gesundheitlichen Gefahren, stellt jede Form der Unzucht (arab. az-zinā) bzw. des Ehebruchs in der islamischen Ethik vor allem eine Gefährdung des natürlichen Bedürfnisses des Kindes nach einer intakten Familie und eine Verletzung seines Rechts auf deren Schutz dar.[1069] Bemerkenswert ist nun hier die Tatsache, dass dem bereits zitierten Tötungsverbot und der Betonung der Schutzwürdigkeit des Embryos im nächsten Vers eine Verurteilung der Unzucht folgt. Es heißt im Koran: „Und kommt der Unzucht nicht nahe; seht, das ist eine Schändlichkeit und ein übler Weg.“[1070] Daraus ergibt sich die Erkenntnis, dass die Bewahrung der Nachkommenschaft in einer intakten Familie dem islamischen Logos genauso wichtig ist wie das Recht auf Leben.[1071] Hierin steht die islamische Ethik übrigens nicht allein, denn viele zivile Rechtsordnungen verschiedener Länder reflektieren dieselbe Rechtsauffassung. Basierend auf Art. 6 GG sieht zum Beispiel das Bundesverfassungsgericht in der ehebasierten Familie die vollständigste Familienform, in der das Kindeswohl am besten berücksichtigt wird.[1072]

5.2.2.3 Dritter Zweck: Familienbildung im Zeichen der Zuneigung und Harmonie

Die islamischen Quellentexte über Ehe und Familie formulieren ein Familienverständnis, das über die biologische Bindung hinausgeht. Darin wird die Ehe als emotionaler und geistig seelischer Bund angesehen, der nach Liebe, Barmherzigkeit und innerer Ausgeglichenheit trachtet.[1073] Entspricht dies aber immer der Realität in den muslimischen Familien? Die Antwort darauf muss ehrlicherweise eindeutig „Nein“ lauten. Dennoch hat ein reli-

1069 Vgl. Ṭāhir, Ibn'Āšūr: Maqāṣid aš-šarī'a al-islāmīya. Amman 2001, S. 434.

1070 Sure al-Isrā'(17), Vers 32.

1071 Vgl. 'Abdulkabīr, al-'Alawī al-Mdaġarī: al-Mar'ā bayna aḥkām al-fiqh wad-da'wa ilā at-taġīyr, S. 185.

1072 Vgl. Schlüter, Julia: Schutzkonzepte für menschliche Keimbahnzellen in der Fortpflanzungsmedizin. Berlin 2008, S. 128.

1073 Vgl. 'Aṭīya, Ǧamāluddīn: Naḥwa taf'īl maqāṣid aš-šarī'a. Damaskus 2001, S. 150.

giöser Glaube „dasselbe Recht wie jede andere ideelle Bewegung, nach dem beurteilt zu werden, was er wirklich will, und nicht danach, wie menschliche Schwäche und Erbärmlichkeit das Ideal verfälscht haben."[1074] Im Gegenteil zu der Realität in manchen muslimischen Familien, sprechen die islamischen Texte und Werte in der Tat eine klare Sprache, sie skizzieren ein Familienbild im Zeichen der Liebe, Eintracht und Harmonie: Werte, die nur auf Grundlage der emotionalen Zuneigung, geistigen Nähe und des gegenseitigen Respekts zu erreichen sind. So zählt der Koran zu den Zeichen der wahren Gläubigen, dass sie ständig das folgende Gebet wiederholen: „O unser Erhalter! Gewähre, dass unsere Ehepartner und unsere Nachkommen eine Freude für unsere Augen sind."[1075] Dafür werden sie gelobt mit den Worten: „(Solche wie) diese werden für ihre Nachsicht (im Leben) mit einer hohen Stellung (im Paradies) belohnt werden und werden dort mit einem Gruß des Willkommens und Friedens empfangen werden."[1076] In dem sogenannten „Vers der Ehe" spricht der Koran von der einen Wesenheit[1077] der beiden Geschlechter und sieht den Zweck und die Grundlage der Ehe und Familienbildung in der Liebe und Barmherzigkeit.[1078] So seien die Partnerwesen für Mann und Frau dazu geschaffen, Liebe und Zärtlichkeit hervorzurufen.[1079] Diese Tugenden zwischen Mann und Frau sollen, nach Gottes Willen, auch in Konfliktzeiten gelten, daher heißt es im Koran: „O ihr, die ihr glaubt! Wenn ihr gläubige Frauen heiratet und euch dann von ihnen scheiden lasst, ehe ihr sie berührt habt, habt ihr keinen Grund, irgendeine Wartezeit[1080] ihrerseits zu erwarten

---

1074 Annemarie, Schimmel: Die Zeichen Gottes – Die religiöse Welt des Islam. München 1995, S. 10.

1075 Sure al-Furqān (25), Vers 74.

1076 Sure al-Furqān (25), Vers 75.

1077 Viele Verse im Koran betonen die biologische Tatsache, dass beide Geschlechter ihren Ursprung in einer einzigen Wesenheit haben, zum Bespiel: „O Menschheit. Seid euch eures Erhalters bewusst, der euch aus einer einzigen lebenden Wesenheit erschaffen hat und aus ihr Partnerwesen erschuf und aus beiden eine Vielzahl von Männern und Frauen verbreitete." [Sure an-Nisā'(4), Vers 1]

1078 Vgl. 'Aṭīya, Ǧamāluddīn: Naḥwa taf'īl maqāṣid aš-šarī'a. Damaskus 2001, S. 147.

1079 Sure ar-Rūm (30), Vers 21.

1080 Nach der Scheidung muss nach islamischem Recht eine Wartezeit von drei Perioden oder drei Monaten eingehalten werden, ehe wiedergeheiratet werden darf, um eine eventuelle Schwangerschaft festzustellen und die Vaterschaft sicherzustellen; und um dem Paar Gelegenheit zu geben, seine Entscheidung zu überdenken, um eine

und zu berechnen. Darum trefft (sogleich) Vorsorge für sie und entlasst sie auf geziemende Weise."[1081]

5.2.2.4 Vierter Zweck: Bewahrung der Familienabstammung

Die Bewahrung der Familienabstammung ist ein wichtiger Zweck des islamischen Rechts, der unabhängig vom Zweck der Bewahrung der Nachkommenschaft zu betrachten ist.[1082] Denn es ist im Interesse der Bewahrung der Familienabstammung, dass sowohl Unzucht bzw. Ehebruch als auch Adoption nach islamischem Recht verboten wurden.[1083] Dieser Zweck ist ebenfalls die Grundlage für die Erlassung zahlreicher Gesetzesregelungen, wie z. B. für die Bestimmungen der Wartezeit nach der Scheidung, das Verbot der Verheimlichung der Schwangerschaft und die Bestimmungen der Bestätigung oder Ausschließung der Vaterschaft, sowie alle anderen Bestimmungen, die schon Ṭāhir Ibn ʿĀšūr (gest. 1973) in seiner Monographie „maqāṣid aš-šarīʿa" benannt hat.[1084] Er zeigt sich zutiefst davon überzeugt, dass all diese Regelungen, die dazu verhelfen würden, die wahre Ab- und Nachkommenschaft zu kennen, das Zusammenleben fördern würden, da die Kenntnis um die Blutsverwandtschaft es den Menschen erleichtere, gütig miteinander umzugehen. Diese Tatsache habe eine verstärkende Wirkung auf die Institution „Familie".[1085] Hingegen sei die Unsicherheit in Fragen der Abstammung der Ursprung vieler Streitigkeiten und familiären Zwiste.[1086]

Daher zählt eine Reihe von uṣūl-Gelehrten die Bewahrung der Abstammung zu den Notwendigkeiten und Universalien des islamischen Rechts.

---

möglicherweise übereilte Handlung zu verhindern. Wenn aber die Ehe, wie es der Vers darstellt, noch nicht vollzogen worden ist, entfällt auch die Notwendigkeit der Wartezeit, da eine Schwangerschaft ausgeschlossen werden kann. (Vgl. Yūsuf, al-Qaraḍāwī: al-Ḥalāl wal-ḥarām fī l-islām. Beirut 1985, S.199 f.)

1081 Sure al-Aḥzāb (33), Vers 49.

1082 Vgl. ʿAṭīya, Ǧamāluddīn: Naḥwa tafʿīl maqāṣid aš-šarīʿa. Damaskus 2001, S. 151.

1083 Vgl. ʿAbdulkabīr, al-ʿAlawī al-Mdaġarī: al-Marʿā bayna aḥkām al-fiqh wad-daʿwa ilā at-taġīyr, S. 184.

1084 Vgl. Ṭāhir, Ibnʿ Āšūr: Maqāṣid aš-šarīʿa al-islāmīya. Amman 2001, S. 442.

1085 Vgl. Ibid.

1086 Vgl. Muḥammad, Ṭāhir Ibnʿ Āšūr: Maqāṣid aš-šarīʿa al-islāmīya. Amman 2001, S. 442 ff.

Denn entsteht einmal Zweifel an der Blutsverwandtschaft zwischen Eltern und Kindern, schwächt dies die Beziehungen untereinander und somit auch die Familie.[1087] Allerdings erheben einige Gelehrte kritische Einwände gegen die Betrachtung der Bewahrung der Abstammung als Notwendigkeit. In einer kritischen Anmerkung gibt ar-Rīsūnī (geb. 1953) zu bedenken, dass eine Erweiterung der maqāṣid um den Schutz der Ehre und der Abstammung einen Rückschritt hinter die Präzisierung und Systematisierung darstelle, die al-Ġazālī (gest. 1111) einst vorgenommen habe.[1088] Schließlich seien beide Werte bereits in den fünf kanonisierten maqāṣid enthalten, so seien sie bereits im Schutz der Nachkommenschaft mit bedacht. Es hafte einer solchen breiten Auffassung außerdem der Makel der Beliebigkeit an, denn einerseits sei die Ehre als Wert kaum genau zu fassen und andererseits sei nicht präzise zu begründen, warum dann nicht auch andere Aspekte des Lebens, etwa der Glaube, der Gottesdient, der Lebensunterhalt und die Nahrung in den Rang eines schützenswerten Zieles gehoben kommen könnten.[1089]

Ebenfalls lehnt Ibn ʿĀšūr die Betrachtung der Abstammung als Notwendigkeit ab. Er sagt, dass es für die Gesellschaft nicht von Bedeutung sei, die Abstammung nachverfolgen zu können, für den Fortbestand der muslimischen Gemeinschaft sei es nämlich nicht notwendig „zu wissen, dass Zaid von ʿAmr stamme"[1090]. Allerdings gewänne diese Frage auf der Ebene des Individuums an Bedeutung, wenn nämlich der Mann aus Zweifel an der Blutsverwandtschaft nicht mehr seiner natürlichen Prädisposition nachkäme, die Kinder zu beschützen und in jeglicher Hinsicht für sie zu sorgen.[1091] Da aber andererseits die materne Abstammung ohne Zweifel sei, und es die natürliche Bestimmung der Mutter sei, die Betreuungs- und Erziehungsaufgaben zu übernehmen, würde ein möglicher Schaden durch sie begrenzt. Dieses geringe Risiko eines Nachteils für die Gemeinschaft rechtfertige nicht die Einordnung des Schutzes der Abstammung unter die zentralen Notwendigkeiten.[1092]

Die systemische Annährung kann in der Frage, ob die Bewahrung der Abstammung zu den rechtlichen Notwendigkeiten gehört, eine differen-

1087 Vgl. ʿAṭīya, Ǧamāluddīn: Naḥwa tafʿīl maqāṣid aš-šarīʿa, S. 152.

1088 Vgl. Aḥmad, ar-Rīsūnī: Naẓarīyat al-maqāṣid ʿindal-imām aš-Šāṭibī. Casablanca 1990, S. 48.

1089 Vgl. Ibid.

1090 Muḥammad, Ṭāhir IbnʿĀšūr: Maqāṣid aš-šarīʿa al-islāmīya. Amman 2001, S. 81 f.

1091 Vgl. Ibid.

1092 Vgl. Ibid., S. 82.

zierte Antwort geben. Der Argumentation Ibn ʿĀšūrs zufolge ist es zwar richtig, dass es für die Gesellschaft nicht zwingend notwendig ist, zu wissen, ob Zaid wirklich von ʿAmr stammt oder auch nicht. Dennoch ist die Frage der Abstammung auf der familiären und der individuellen Ebene von existentieller Bedeutung. Denn der Zweifel an der eigenen Abstammung kann gravierende Folgen für die psychische Entwicklung und die seelische Verfassung eines Kindes haben und sie kann im schlimmsten Fall die Identitätsfindung erschweren oder sogar zu Persönlichkeitsstörungen führen.[1093] Da sich die Zugehörigkeit zu einer Familie allein auf die Blutsverwandtschaft gründet, nimmt der Zweifel an der Abstammung auf der Familienebene die Bedeutung einer existentiellen Bedrohung ein, die Familien vor große Herausforderungen stellt, denen nicht alle gewachsen sind. Solche Probleme können Familien zerstören und schaden somit der Familie auch als Institution. Da die Familie aber der Grundpfeiler der Gesellschaft ist, stellt ihre Bedrohung eine Gefahr für die gesamte Gesellschaftsordnung dar. Angesichts dieser Tragweite zählen viele Gelehrten die Bewahrung der Abstammung, um derentwillen Bestimmungen die Ehe und die Familienbildung betreffend, erlassen wurden, zu den Notwendigkeiten in der islamischen Rechtslehre.[1094]

5.2.2.5 Fünfter Zweck: Bewahrung der Werte und Spiritualität in der Familie

Nach der islamischen Morallehre soll jeder Mensch nicht nur sein materielles sondern auch sein geistiges Gut mit anderen teilen, denn es heißt: „Wer die Wahrheit[1095] verschweigt, ist ein stummer Satan."[1096] Dieser meta-

1093 Vgl. Muḥammad, Aḥmad al-Qiātī Muḥammad: maqāṣid aš-šarīʿa ʿindal-imām Mālik bayna an-naẓariya wa at-taṭbīq. Kairo 2009, S. 392.

1094 Vgl. ʿAṭīya, Ǧamāluddīn: Naḥwa tafʿīl maqāṣid aš-šarīʿa. Damaskus 2001, S. 152.

1095 Das Wort Wahrheit wird hier mit dem bestimmten Artikel verwendet, also *al-ḥaqīqa*. Im Arabischen impliziert diese grammatische Form einen allgemeinen Begriff. Mit anderen Worten: hiermit ist jede Art von Wahrheit gemeint, also sowohl die religiöse als auch die kosmologische, naturwissenschaftliche, juristische, pädagogische, usf.

1096 Dieser Spruch wird irrtümlicherweise in vielen Artikeln und Einträgen als Ḥadīṯ bezeichnet und somit dem Propheten *Muḥammad* zugeschrieben. Richtig ist aber, dass er kein Ḥadīṯ ist, sondern lediglich ein von den Gelehrten viel zitierter Spruch, zum Beispiel wurde er von *Ibn Taimīya*, *Ibn al-Qaiyim*, *Ibn Muḥammad al-ʿAmmād*

phorische Ausdruck „stummer Satan“ will darauf hindeuten, dass das Verschweigen der Wahrheit der satanischen Irreführung gleichgesetzt ist.

Daher ist jeder Gläubige moralisch verpflichtet, die Wahrheit zu verbreiten und seinen Glauben allen zu verkünden.[1097] Damit soll er zunächst im Umkreis der Familie beginnen. Der Koran sagt: „Und verwarne (wen immer du erreichen kannst, angefangen mit) deiner Verwandtschaft.“[1098] Denn die Familie ist der erste Kommunikations- und Sozialisationsraum, in dem ethische Werte, soziale Normen und kulturelle Rituale vermittelt werden, sowie die wichtigste Gemeinschaft für die Weitergabe des Glaubens an die Nachkommenschaft. Auf diese Verantwortung verweist ein überlieferter Ḥadīṯ, in dem es heißt, dass der Gesandte Gottes gesagt habe: „Jeder von euch ist ein Hüter, und verantwortlich für das, was er zu behüten hat. So ist der Machthaber (arab. Amīr) ein Hüter und verantwortlich für jene, die unter seiner Herrschaft stehen; ebenso ist der Mann ein Hüter hinsichtlich der Familienmitglieder seines Haushalts; die Frau ist Hüterin hinsichtlich des Hauses und der Kinder ihres Ehemannes. So ist also jeder von euch ein Hüter und jeder ist verantwortlich für das, was er zu behüten hat.“[1099]

Die Familie als Raum für Wertevermittlungen und religiöse Erfahrungen zu begreifen, steht zudem in der Tradition der Propheten, deren göttliche Mission in ihren Familien und dem engsten verwandtschaftlichen Kreis begann. Als der Prophet Muḥammad aufgefordert wurde, die Botschaft Gottes allen Menschen vorzutragen, stieg er, den Überlieferungen nach,[1100] auf den Berg Ṣafā herauf und rief seinen Stamm zu sich und sprach zu allen Zweigen der Familie: „O ihr Nachfahren von Kaʿb Ibn Lūʾaiy, rettet eure Seelen vor dem Feuer! (…) O ihr Nachfahren von Hāšim, rettet eure Seelen vor dem Feuer! O ihr Nachfahren von ʿAbdulmuṭṭalib, rettet eure Seelen vor dem Feuer! O Fāṭima[1101], rette deine Seele vor dem Feuer! Denn ich kann euch (nur der Blut-

al-Ḥanbali, AbūL Qāsim Al-Qušairi, an-Nawawī usw. in ihren Werken zitiert. Der Urheber dieses Spruchs ist wohl *Abū ʿAli Addaqqāq aš-Šāfiʿī* (gest. 1026). (Vgl. ʿAmru ʿAbdallaṭīf, Muḥammad: Tabyiḍ aṣ-ṣaḥīfa bī uṣūl al-aḥādīṯ aḍ-ḍaʿīfa. Riad 1996, S. 71).

1097 Vgl. Leopold, Weiss: Die Botschaft des Koran. Düsseldorf 2009, S. 719.

1098 Sure aš-Šuʿaraʾ (26), Vers 214.

1099 Berichtet von al-Buḫārī, Kitāb al-aḥkām, Bāb aṭīʿū Allāh wa aṭīʿū ar-Rasūl (Ḥadīṯ-Nr.: 7138).

1100 Berichtet von Muslim, Bāb wa anḏir ʿašīrataka l-aqrabīn (Ḥadīṯ-Nr.: 204).

1101 *Fāṭima az-Zahraʾ* ist die Tochter des Propheten *Muḥammad* und die Ehefrau des vierten Kalifen der Muslime *ʿAlī Ibn Abīṭālib*. Dass sie neben anderen Frauen dabei sein

verwandtschaft wegen) vor Allah nicht helfen.[1102] Meine verwandtschaftliche Beziehung zu euch werde ich (im Diesseits) aber immer bewahren und pflegen."[1103]

Auch andere Propheten trugen ihre Botschaften zunächst in ihren Familien und Verwandtschaftskreisen vor, ehe sie das Spektrum der Adressaten nach und nach ausweiteten. So versuchte Noah bis zum letzten Moment, seinen Sohn, der stets die Wahrheit leugnete, zum Einlenken zu bewegen, was ihm jedoch bis zuletzt nicht glückte.[1104] Der Koran hält die Worte des letzten Gesprächs zwischen dem Vater und seinem Sohn und mit ihm das Bild des Schmerzes und des endgültigen Abschieds vor unseren Augen fest: „Und es (das Schiff) fuhr mit ihnen dahin inmitten von Wogen wie Berge. Noah rief seinem Sohn zu, der sich abseits hielt: «O mein lieber Sohn, steig mit uns ein und sei nicht mit den Ungläubigen!» Er sagte: «Ich werde mich zu einem Berg begeben, der mich vor dem Wasser schützt.» Er sagte (Noah): «Es gibt heute nichts, das vor dem Befehl Allahs schützen könnte, außer für den, dessen Er

---

konnte und durfte, ist ein Zeichen dafür, dass der Prophet *Muḥammad* seine Botschaft von Anfang an gleichberechtigt an Mann und Frau gerichtet hat. Eine Tatsache, die sich in der Zusammensetzung der ersten muslimischen Glaubensgemeinschaft widerspiegelt, was die Präsenz der Frau als Geschlecht und als Rolle zeigt. Denn ‚der erste Muslim' war eine Frau, nämlich die Ehefrau des Propheten *Ḫadīğa bintu Ḫuwailid*, und ‚der erste Märtyrer' im Islam war ebenso eine Frau, *Sumaiya bintu al-Ḫaiyat*. Auch unter den ersten 73 Muslimen aus *Yaṯrib* (später al-Madina), die dem Propheten den sogenannten *al-ʿAqaba* Treueid gleistet haben, waren Frauen anwesend. (Siehe: Ibn Hišām, ʿAbdulmalik Abū Muḥammad: as-Sīra an-nabawīya (li-Ibn Hišām). Band 1. Beirut 1990, S. 442)

1102 Wörtlich heißt es: „denn ich besitze für euch von Gott nichts". Dieser Aussage können wir entnehmen, dass selbst die Blutverwandtschaft zu einem Propheten am jüngsten Tag nicht hilft. Das einzige, was helfe, seien der richtige Glaube und das entsprechende Handeln. Im Einklang dazu sagt der Koran: „Wer das Gewicht eines Atoms an Gutem getan haben wird, der wird es erblicken; und wer das Gewicht eines Atoms an Übel getan haben wird, der wird es erblicken." Sure az-Zalzala (99), Vers 7–8.

1103 Berichtet von Muslim, Bāb wa anḏir ʿašīrataka l-aqrabīn (Ḥadīṯ-Nr.: 204). In einem anderen, ebenso von Imām Muslim berichteten Ḥadīṯ, rief der Gesandte Gottes: „O *Fāṭima* Bintu *Muḥammad* (seine Tochter), O *Ṣafiya Bintu ʿAbdulmuṭṭalib* (seine Tante), O Nachfahren von *ʿAbdulmuṭṭalib* (*ʿAbdulmuṭṭalib* war sein Großvater) fragt mich von meinem Besitz was ihr wollt, aber vor Allah kann ich euch (nur der Blutverwandtschaft wegen) nicht retten!". (Muslim, Bāb wa anḏir ʿašīrataka l-aqrabīn (Ḥadīṯ-Nr.: 206))

1104 Vgl. Leopold, Weiss: Die Botschaft des Koran. Düsseldorf 2009, S. 412.

Sich erbarmt.» Und die Wogen brachen zwischen den beiden herein, (und) so war er unter denen, die ertranken.“[1105]

Als Ibrāhīm Gottes Worte offenbart wurden, sprach er zu seinem Vater: „O mein Vater! Warum betest du etwas an (Götzen), was weder hört noch sieht und dir von keinerlei Nutzen sein kann? O mein Vater! Siehe, zu mir ist fürwahr (ein Strahl) von Wissen gekommen, so wie es noch nie zu dir gekommen ist: folge denn mir; ich werde dich auf einen vollkommenen Weg leiten. O mein Vater! Bete nicht Satan an – denn, wahrlich, Satan ist ein Auflehner gegen den Allergnädigsten! O mein Vater! Ich fürchte, dass dich eine Strafe vom Allergnädigsten trifft, und dann wirst du (gewahr werden, dass du) Satan nahe (gewesen bist)!“[1106] An einer anderen Koranstelle wird berichtet, wie der Prophet Ibrāhīm und sein Enkel, der Prophet Jakob, ihren Kindern zu gebieten pflegten, sich Gott zu ergeben und den reinen Glauben anzunehmen, ehe sie sterben: „Als sein Herr zu ihm (Ibrāhīm) sagte: Ergib dich mir! – Antwortete er: Ich habe mich (dir) ergeben, dem Erhalter aller Welten. Und ebendies vermachte Ibrāhīm seinen Kindern, und (ebenso) Jakob: O meine Kinder! Seht, Gott hat euch den reinsten Glauben gewährt; so erlaubt nicht dem Tod, euch zu ereilen, ehe ihr euch Ihm ergeben habt. Oder wart ihr etwa Zeugen, als Jakob der Tod nahte? Als er zu seinen Söhnen sagte: «Wem werdet ihr nach mir dienen?» Sie sagten: «Wir werden deinem Gott und dem Gott deiner Vorväter Ibrāhīm, Ismā'īl und Ishak dienen, als dem Einen Gott, und Ihm sind wir ergeben.»“[1107]

Außerdem erinnert der Koran in der Sure Maryam an Ismā'īl[1108] als jemanden, der immer seinem Versprechen treu blieb und als Prophet seinen eigenen Leuten Gebet und Mildtätigkeit zu gebieten pflegte.[1109]

Aus allen diesen Beispielen und Quellen geht schließlich die Erkenntnis hervor, dass die Eltern nicht nur für die körperliche sondern auch für die geistige und seelische Unversehrtheit ihrer Kinder zu sorgen haben; und dass die Familie den Boden bereitet, in dem Glaube und Ethik wurzeln, gedeihen und

---

1105 Sure *Hūd* (11), Vers 42–43.

1106 Sure Maryam (19), Vers 42–45.

1107 Sure al-Baqara (2), Vers 131–133.

1108 *Ismā'īl, Ibrahīms* erstgeborener Sohn, ist nach der islamischen Lehre ein Prophet. Er ist auch der Vorfahre der nördlichen Gruppe der arabischen Stämme. (Vgl. Botschaft des Koran, S. 584).

1109 Vgl. Sure Maryam (19), Vers 54–55.

wo diese reflektiert werden.[1110] Auch die Familie als Institution wird dabei gestärkt, denn durch die gemeinsame Ausübung gottesdienstlicher Pflichten, Auseinandersetzung mit religiösen Inhalten, offene Diskussion über moral-ethische Werte und durch den Austausch über Fragen der Identität, werden innerhalb der Familie Prozesse angestoßen und Impulse angeregt, die sich positiv auf Stabilität, Zusammenhalt und Vitalität der Familie auswirken.[1111]

Die Bedeutung der Familie als Erziehungsraum rührt außerdem aus der Tatsache her, dass im Schoß der Familie, als Urform der menschlichen Gemeinschaft, die Zukunft jeder Nation sich entscheidet. Jede Erneuerung und Entwicklung einer Gemeinschaft wie auch jeder Niedergang und Zerfall eines Volkes entfalten sich zunächst in der Seele des Individuums zusammen und im Kern der Familie, der Keimzelle der Gesellschaft, bevor deren Wirkung auf die ganze Gesellschaft und die ganze Außenwelt ausstrahlt. In der Illustration dieser Tatsache sagt der Koran: „Wahrlich, Gott ändert die Lage der Menschen nicht, bis sie ihr inneres Selbst ändern."[1112] An einer weiteren Stelle heißt es: „Dies (ist so), weil Allah niemals eine Gunst ändern würde, die er einem Volk erwiesen hat, bis sie ihr inneres Selbst[1113] ändern: und (wisst), dass Gott Allhörend, Allsehend ist."[1114]

5.2.2.6 Sechster Zweck: Förderung des institutionellen Aspekts der Familie

Die Familie ist als eine Gemeinschaft besonderer Art sowie als soziale Institution zu verstehen, deren Binnendynamik auf ein Gleichgewicht von

1110 Vgl. ʿAṭīya, Ǧamāluddīn: Naḥwa tafʿīl maqāṣid aš-šarīʿa. Damaskus 2001, S. 153.

1111 Vgl. Ṭāhir, IbnʿĀšūr: Maqāṣid aš-šarīʿa al-islāmīya. Amman 2001, S. 430.

1112 Sure ar-Raʿd (13), Vers 11.

1113 Wörtl.: „das, was in ihnen Selbst ist". Diese Aussage hat sowohl eine positive als auch eine negative Bedeutung: d. h. Gott entzieht den Menschen nicht seine Segnungen, außer ihr inneres Selbst wird verderbt, geradeso wie er auch seine Segnungen nicht willentlichen Sündern erteilt, bis sie ihre innere Einstellung ändern und seiner Gnade würdig werden. Im weiteren Sinn ist dies eine Illustration des göttlichen Gesetzes von Ursache und Wirkung (*Sunnat Allah*), das das Leben sowohl von Individuen als auch Gemeinschaften beherrscht und Aufstieg und Niedergang von Zivilisationen von den moralischen Eigenschaften und dem Wandel ihres „inneren Selbst" abhängig macht. (Botschaft des Koran, S. 460)

1114 Sure al-Anfāl (8), Vers 53.

gegenseitigen Rechten und Pflichten ausgelegt ist.[1115] Allerdings hat in der islamischen Lehre die soziale Bindung innerhalb der Familie nicht nur einen formellen institutionellen Aspekt sondern auch einen emotionellen und ethischen Charakter. Damit die Bewahrung der verwandtschaftlichen Beziehungen und die Erfüllung der familiären Pflichten ein Zeugnis der Gütigkeit und ein Akt der inneren Überzeugung sein kann, um aus der Familie einen Hort der Sicherheit, Harmonie und Selbstentfaltung zu gestalten, werden die gegenseitigen Rechte der verschiedenen Angehörigen und Generationen der Familie auf eine emotionale Basis und ethische Grundlage gestellt und nicht nur qua Dekret geregelt und gewährleistet.[1116]

Da die Kinder faktisch das schwächste Glied der Familie sind, gründet die islamische Ethik die Pflichten der Eltern gegenüber ihren Kindern auf die Tugend der Barmherzigkeit. So wird in einem Ḥadīṯ überliefert, dass der Prophet Muḥammad seinem Enkelkind al-Ḥasan Ibn ʿAli in Gegenwart von al-Aqraʿ Ibn Ḥābis at-Tamīmī einen Kuss gab. Dieser sagte daraufhin: Ich habe zehn Kinder, und nie habe ich eines von ihnen geküsst! Der Gesandte Gottes schaute ihn an und sagte: «Wer nicht barmherzig ist, der findet auch kein Erbarmen.»"[1117] In einer weiteren Überlieferung berichtete Usāma Ibn Zaid: „Der Gesandte Gottes pflegte mich (als Kind) auf einen seiner Oberschenkel und al-Ḥasan Ibn ʿAli auf den anderen zu setzen, dann uns beide zusammenzudrücken und zu sagen: «O mein Gott, erbarme dich beider denn ich erbarme mich ihrer.»[1118] In seiner Predigt ermahnt der Prophet oft dazu, die Älteren zu respektieren und Kindern und Armen gegenüber barmherzig zu sein. So sagte er in einer langen Predigt anlässlich des Monats Ramadan: „Erinnert euch durch euren Hunger und Durst in diesem (Monat) an den Hunger und den Durst am Tage der Auferstehung. Spendet euren Armen und Bedürftigen, ehrt eure Älteren und erbarmt euch eurer Kinder, bewahrt die Verbindung zu euren Verwandten, hütet eure Zungen, schlagt eure Blicke nieder vor dem, was anzusehen euch nicht erlaubt ist ."[1119] In einem anderen Ḥadīṯ heißt es: „Derjenige, der sich unserer Jüngeren nicht erbarmt und

1115 Vgl. ʿAbdulmağīd, an-Nağār: Maqāṣid aš-šarīʿa bi-abʿād ğadīda. Beirut 2006, S. 161 f.

1116 Vgl. Ibid., S. 162–163.

1117 Berichtet von al-Buḫārī, Kitāb al-adab, Bāb raḥmat al-walad wa taqbīlih (Ḥadīṯ-Nr.: 5997).

1118 Aḥmad, Ibn Muḥammad Ibn Ḥanbal: Musnad Imām Aḥmad. Band 36. Kairo 1999, S. 122. (Ḥadīṯ-Nr.: 21787).

1119 Berichtet von al-Baihaqī, Kitāb šuʿab al-ʾīmān, Bāb ādāb aṣ-ṣaum (Ḥadīṯ-Nr.: 3532).

unsere Älteren nicht ehrt, ist nicht von uns"[1120]; und „wer sich nicht der Kleinen erbarmt, den Alten keine Achtung schenkt, nicht zum Guten auffordert und nicht das Übel verwehrt, gehört nicht zu uns."[1121]

Entgegen der Tradition seines Volkes, das die Stärke und deren Symbole verehrte, und die Tränen, selbst in Trauermomenten, als Zeichen der Schwäche ächtete, offenbarte der Prophet Muḥammad seine Trauer, als sein Sohn Ibrāhīm im Kindesalter starb: Er ließ seine Tränen fließen und bezeichnete es als Ausdruck der Barmherzigkeit. So berichtete Anas Ibn Mālik (gest. 711)[1122]: „Als Ibrāhīm im Sterben lag, nahm ihn der Gesandte Gottes zu sich, küsste ihn und atmete seinen Geruch ein. Als er seine letzten Atemzüge aufgab, rollten die Tränen des Gesandten herunter. Daraufhin fragte ihn ʿAbdurraḥmān Ibn ʿAuf: «Weinst du, o Gesandter Allahs?» Er sagte: «O Ibn ʿAuf, es ist eine Barmherzigkeit.» Dann fügte er hinzu: «Wahrlich, das Auge tränt, das Herz trauert und wir sprechen nur Worte, die unserem Herrn wohlgefällig sind. O Ibrāhīm, wir sind wahrlich bei deinem Abschied von Traurigkeit erfüllt.»"[1123]

Allgemein begründen der Koran und der Prophet in verschiedenen Aussagen eine menschliche und barmherzige Haltung gegenüber den Kindern und Schwachen der Gemeinschaft, so heißt es im Koran: „Und in Anbetracht der Barmherzigkeit Allahs warst du (o Muhammad) mild zu ihnen."[1124] Der Prophet sagt: „Gott wird nicht jenen Barmherzigkeit gewähren, die anderen keine Güte und Barmherzigkeit erweisen"[1125] und „erbarmt euch derer, die auf der Erde sind, und Der, Welcher im Himmel ist, wird sich euer erbarmen."[1126]

Hingegen begründen sich die Pflichten der Kinder gegenüber ihren Eltern aus dem Geist der Dankbarkeit als eines Wertes, der die gesamte islamische Lehre durchzieht.[1127] Selbst der Glaube begründet sich im Islam aus dem

---

1120 Aḥmad, Ibn Muḥammad Ibn Ḥanbal: Musnad Imām Aḥmad. Band 11. Kairo 1999, S. 644. (Ḥadīṯ-Nr.: 7073).

1121 Abū Muḥammad, Ibn Ḥamīd Ibn Naṣr al-kassī: al-Muntaḫab min Musand ʿabd Ibn Ḥamīd. Band 1. Damaskus 1988, S. 202.

1122 Vgl. Šamsuddīn, Muḥammad Ibn Aḥmad Ibn ʿUṯmān aḏ-Ḏahabī: Tahḏīb sīyar aʿlām an-nubalāʾ. Band 1. Beirut 1991, S. 105.

1123 Berichtet von al-Buḫārī, Kitāb al- ǧanāʾiz (Ḥadīṯ-Nr.: 1204).

1124 Sure Āl-i-ʿImrān (3), Vers 158.

1125 Aḥmad, Ibn Muḥammad Ibn Ḥanbal: Musnad Imām Aḥmad. Band 11. Kairo 1999, S. 33 (Ḥadīṯ-Nr.: 6494).

1126 Berichtet von at-Tirmiḏī, Kitāb al-birr waṣ-ṣila, Bāb raḥmat al-muslimin (Ḥadīṯ-Nr.: 1925).

1127 Vgl. Yūsuf, al-Qaraḍāwī: al-Ḥalāl wal-ḥarām fī l-islām. Beirut 1985, S. 222.

Ethos der Dankbarkeit gegenüber dem gütigen Schöpfergott, die das Leben des Muslims kennzeichnen soll.[1128] In diesem Sinne sagt der Koran: „O ihr Menschen! Betet euren Erhalter an, der euch erschaffen hat und jene, die vor euch lebten, auf dass ihr euch Seiner bewusst bleiben möget, Der die Erde zu einer Ruhestatt für euch gemacht hat und den Himmel zu einem Dach, und vom Himmel Wasser herabgesandt und damit Früchte für eure Versorgung hervorgebracht hat: behauptet folglich nicht, dass es irgendeine Macht gibt, die Gott gleichkommen könnte, wo ihr doch wisst (dass er einzig ist)."[1129] Zudem wird die Bedeutung der Dankbarkeit im islamischen Verständnis durch die Tatsache betont, dass das Wort Unglaube (Kufr) auch Undankbarkeit konnotiert. Daher wird die Dankbarkeit als Gegenakt des Unglaubens an verschiedenen Stellen im Koran erwähnt. Es heißt zum Beispiel: „Wenn ihr ungläubig seid, so ist Allah eurer nicht bedürftig, obgleich Er Unglauben bei seinen Dienern nicht gutheißt. Während, wenn ihr Dankbarkeit zeigt, Er es bei euch gutheißt."[1130]

Das Dankbarkeitsgebot wird in der islamischen Ethik nicht nur gegenüber Gott betont, sondern allgemein als Grundhaltung gegenüber allen Mitmenschen gepredigt. „Wer seinen Mitmenschen gegenüber nicht dankbar sein kann, ist auch Gott gegenüber nicht dankbar"[1131] so ein Ḥadīṯ des Propheten. Am stärksten soll das Gefühl der Dankbarkeit gegenüber den eigenen Eltern zum Ausdruck gebracht werden. Denn auch wenn Gott die eigentliche Ursache des Eintritts des Menschen ins Leben ist, sind doch die Eltern seine äußere, unmittelbare Ursache,[1132] oder mit anderen Worten: Wenn der Eintritt des Menschen in die Existenzwelt ein Schicksal ist, das von Gottbestimmt wird, dann sind die Eltern das Mittel dieses Schicksals. Daraus folgt das Gebot, die eigenen Eltern zu ehren und aus Dankbarkeit für sie zu sorgen, wenn sie schwach werden.[1133] Im Koran heißt es: „Und dein Erhalter hat verordnet, dass ihr keinen außer ihm anbeten sollt. Und tue (deinen) Eltern gutes. Wenn nun einer von ihnen oder beide in deiner Fürsorge ein hohes Alter erreichen, so

1128 Vgl. Lähnemann, Johannes: Weltreligionen im Unterricht II. Islam.: Eine theologische Didaktik für Schule, Hochschule und Gemeinde. Göttingen 1996, S. 70.

1129 Sure al-Baqara (2), Vers 21–22.

1130 Sure az-Zumar (39), Vers 7.

1131 Aḥmad, Ibn Muḥammad Ibn Ḥanbal: Musnad Imām Aḥmad. Band 12. Kairo 1999, S. 472. (Ḥadīṯ-Nr.: 7504).

1132 Vgl. Leopold, Weiss: Botschaft des Koran, S. 534.

1133 Vgl. Yūsuf, al-Qaraḍāwī: al-Ḥalāl wal-ḥarām fī l-islām. Beirut 1985, S. 222–223.

sag niemals ‚Uff‘[1134] zu ihnen oder schelte sie, sondern sprich (immer) mit ehrerbietiger Rede zu ihnen. Und breite demütig die Flügel deiner Zärtlichkeit über sie und sag: O Mein Erhalter! Erteile ihnen deine Gnade, ebenso wie sie für mich sorgten und mich aufzogen, als ich ein Kind war.“[1135] In einem weiteren Vers wird die Güte zu den Eltern als Voraussetzung für den richtigen Glauben deklariert: „Und betet Gott (allein) an und gesellt ihm nichts bei. Und zu den Eltern sollt ihr gütig sein.“[1136]

Den Eltern verdanken wir, „dass wir auf der Erde sind und dass wir dasjenige wurden, was wir sind. Sicherlich erarbeitet sich der Mensch im Leben vieles selbst“,[1137] doch die Bausteine für ein erfolgreiches Leben werden schon in der frühesten Kindheit gelegt. Dabei kommt der Mutter die entscheidende Rolle zu: Sie ist diejenige, die den Kindern zunächst das Leben geschenkt hat sowie diejenige, die die entscheidende Rolle in der Erziehung und Entwicklung der Kinder spielt. „Sie ist meist diejenige, die die Familie zusammenhält und eine wesentlich engere Bindung an die Kinder als der Vater hat.“[1138] Daher wird in der islamischen Kultur die Rolle der Mutter sehr hoch bewertet und deren Status an verschiedenen Stellen im Koran hervorgehoben. So heißt es im Koran: „Wir haben dem Menschen Güte gegen seine Eltern aufgetragen: seine Mutter trug ihn, indem sie Anstrengung über Anstrengung ertrug, und seine völlige Abhängigkeit von ihr dauerte zwei Jahre[1139]: (darum, o Mensch,) sei mir und deinen Eltern dankbar, (und gedenke, dass) bei mir aller Reisen Ende ist“[1140] und „Wir haben dem Menschen anbefohlen, gegen seine Eltern gütig zu sein. Mit Schmerzen hat ihn seine Mutter getragen, und mit Schmerzen hat sie ihn geboren.“[1141] Die besondere Stellung der Mutter im islamischen

1134 Im Arabischen ist „*Uff*“ ein Laut, der Unmut, Ärger, Misslaune oder Abscheu ausdrückt.

1135 Sure al-Isrā' (17), Vers 22–23.

1136 Sure an-Nisā'(4), Vers 36

1137 Grözinger, Karl: Religionen und Weltanschauungen – Werte, Normen, Fragen in Judentum, Christentum, Islam, Hinduismus/ Buddhismus, Esoterik und Atheismus. Band 3 (Islam). Berlin 2009, S. 109.

1138 Ibid.

1139 Wörtl.: „Seine Entwöhnung ist (oder findet statt) innerhalb von zwei Jahren“. Nach einigen Philologen umfasst der Begriff *fisal* die gesamte Zeitdauer der Empfängnis, Reifung, Geburt und frühesten Kindheit, also die Zeit der völligen Abhängigkeit eines Kindes von seiner Mutter. (Botschaft des Koran, S. 785.)

1140 Sure Luqmān (31), Vers14.

1141 Sure al-Aḥqāf (46), Vers 15.

Gesellschaftsbild wird auch in einem Ḥadīṯ deutlich, der davon spricht, dass der Prophet gefragt wurde, wem man zuerst Güte erweisen solle. Der Prophet antwortet, dass der Mutter die größte Güte zustehe. Als er gefragt wird, wem danach Güte zu erweisen sei, antwortet der Prophet erneut, dass diese der Mutter zuzukommen habe. Dies wiederholt sich drei weitere Male, erst dann erwähnt der Prophet auch den Vater und nach ihm die Nächststehenden.[1142]

Es sei an dieser Stelle allerdings angemerkt, dass der Islam die Bewahrung und das Wohlergehen der Familie nicht nur allgemeinen ethischen Überlegungen und der emotionalen Verfassung des Einzelnen überlassen hat, sondern dass er die Institution Familie mit zahlreichen Bestimmungen und juristischen Regelungen bedenkt, die das Innenleben der Familie koordinieren, die Beziehungen organisieren und die gegenseitigen Rechte und Pflichten verteilen.[1143] „Gott bewirkt mit dem Gesetz, was mit dem Koran[1144] nicht zu bewirken sei“[1145] so eine Aussage des großen Gelehrten Taqīuddīn Ibn Taimīya. Zudem wird der institutionelle Aspekt der Familie durch Strukturen und Konzepte betont, welche die Gerechtigkeit innerhalb der Familie fördern, Konflikte lösen, Rechtansprüche regeln sowie Harmonie und Konsens in der Familie bewahren.[1146]

So wurden Strukturen des Austausches und Anlässe der Kommunikation geschaffen, auch wird zum Dialog und zu gegenseitiger Beratung innerhalb der Familie oder auch jeder anderen sozialen Gemeinschaft aufgerufen, damit deren Mitglieder vereint bleiben und das innere Klima nicht durch Dissens, Meinungs-verschiedenheiten und Streitigkeiten beherrscht wird.[1147] Außerdem wird in einigen Koranversen der Meinungsaustausch im Sinne der gemeinsamen demokratischen Entscheidungsfindung gelobt und zu den Qua-

---

1142 Vgl. Aḥmad, Ibn Muḥammad Ibn Ḥanbal: Musnad Imām Aḥmad. Band 33. Kairo 1999, S. 230. (Ḥadīṯ-Nr.: 20028).

1143 Vgl. 'Aṭīya, Ǧamāluddīn: Naḥwa taf'īl maqāṣid aš-šarī'a. Damaskus 2001, S. 154.

1144 Durch diese Aussage weist Ibn Taimīya daraufhin, dass der Staat eine Notwendigkeit des menschlichen Zusammenlebens ist, denn nicht alle Angelegenheiten und Aufgaben der Gesellschaft, wie fromm sie auch sein mag, lassen sich durch Ethik und Moral regeln. Es entstehen im Leben Probleme und Fallkonstellationen, bei denen man auf das Gewaltmonopol des Staates und die Abschreckungskraft des Gesetzes angewiesen ist.

1145 Taqīuddīn, Ibn Taimīya: Maǧmū' fatāwā Ibn Taīmīya. Band 28. Rabat 1986, S. 63.

1146 Vgl. 'Aṭīya, Ǧamāluddīn: Naḥwa taf'īl maqāṣid aš-šarī'a, S. 154.

1147 Vgl. Yūsuf, Aḥmad Muḥammad al-Badawī: maqāṣid aš-šarī'a'inda Ibn Taīmīya. Riad 2009, S. 473.

lifikationen der wahren Gläubigen gezählt: „Und die (dem Ruf von) ihrem Erhalter folgen und beständig das Gebet verrichten; und deren Regel (in allen Angelegenheiten) Beratung untereinander ist; und die für andere von dem ausgeben, was wir ihnen als Versorgung bereiten.“[1148] Ein anderer Vers befasst sich mit der Funktion und Zusammensetzung der Institution der Schlichtung, die im Falle einer schwierigen Konfliktsituation innerhalb der Familie einberufen werden könnte, um die Beziehungen vor dem Bruch zu bewahren.[1149] Der Koran sagt dazu: „Und wenn ihr Grund habt, zu fürchten, dass zwischen einem (verheirateten) Paar ein Bruch entstehen könnte, bestimmt einen Schiedsrichter von seinen Angehörigen und einen Schiedsrichter von ihren Angehörigen; wenn sie sich aussöhnen wollen, wird Allah Frieden zwischen ihnen stiften. Wahrlich, Allah ist allwissend, allkundig.“[1150]

Der institutionelle Charakter der Familie kommt außerdem durch die Funktionen zum Tragen, die sie als soziale Einrichtung innerhalb der Gesellschaft übernimmt, aber auch durch die sichtbaren Beiträge, die sie als Verantwortungsgemeinschaft zum Allgemeinwohl leistet.[1151] Zum Beispiel übernimmt die Familie eine unmittelbar dem Selbsterhalt des Gemeinwesens dienende Funktion, indem sie die nächste Generation hervorbringt und damit den Fortbestand der Gesellschaft sichert, somit auch den Fortgang der wirtschaftlichen Entwicklung ermöglicht und so gleichzeitig eine entscheidende Bedingung künftigen Wohlstandes setzt.[1152] Sie ist ebenso der wichtigste Träger und Übermittler jener sozialen Werte, ethischen Normen und kulturellen Bedingungen, unter denen ein friedliches und fruchtbares Gemeinschafsleben gelingen kann. Dieser grundlegenden Bedeutung der Familie begegnet der Islam mit einer angemessenen Achtung und gebührenden Aufmerksamkeit, indem das islamische Familienrecht juristische, soziale und finanzielle Einrichtungen hervorgebracht hat, die den institutionellen Aspekt der Familie forcieren und deren Erhaltung garantieren.[1153]

1148 Sure aš-Šūrā (42), Vers 38.

1149 Vgl. Yūsuf, al-Qaraḍāwī: al-Ḥalāl wal-ḥarām fī l-islām. Beirut 1985, S. 198.

1150 Sure an-Nisā'(4), Vers 35.

1151 Vgl. 'Abdulmaǧīd, an-Naǧār: Maqāṣid aš-šarī'a bi-ab'ād ǧadīda. Beirut 2006, S. 163.

1152 Vgl. Ibid., S. 164.

1153 Vgl. 'Abdulmaǧīd, an-Naǧār: Maqāṣid aš-šarī'a bi-ab'ād ǧadīda. Beirut 2006, S. 164.

5.2.3 Zwecke des islamischen Rechts in Bezug auf die muslimische Gemeinschaft (*Umma*)

Ṭāhir Ibn ʿĀšūr (gest. 1973) hat als erster Gelehrter ausdrücklich darauf hingewiesen, dass die fünf Zentralzwecke des islamischen Rechts (arab. al-maqāṣid al-ḫamsa) sowohl zur Achtung der Interessen der Einzelnen als auch zur Erhaltung der Interessen der Gemeinschaft beitragen und dass sich dies auf allen Ebenen der Bedürfnisse beobachten lasse.[1154]

Dem Konzept dieser Arbeit folgend, wonach die maqāṣid jedes Bereiches zunächst auf diesen bezogen und unabhängig von denen anderer Themenfelder betrachtet werden, auch wenn die Bedingtheiten und Verweise dank der systemischen Perspektive nicht aus dem Blick geraten, werden im Folgenden die Zwecke des islamischen Rechts diskutiert, die in Bezug auf die Umma Relevanz erhalten.

5.2.3.1 Erster Zweck: Bewahrung der institutionellen Ordnung der Gemeinschaft (*Umma*)

Die Umma wird in den politischen Schriften des aktuellen muslimischen Diskurses als Organisationsform mit besonderen Merkmalen, charakteristischen Bestandteilen und spezifischen Institutionen beschrieben.[1155] Das islamische Recht thematisiert nur die objektiven Hauptaspekte und die Eckpfeiler der Gesellschaftsordnung, ohne jedoch die formalen Eigenschaften und Prozesse überzubetonen, da diese orts- und zeitgebunden sind und die spezifischen Fragestellungen des jeweiligen Alltags reflektieren. Es ist diese Eigenschaft der Wandelbarkeit, die es dem Konzept der Umma trotz gewaltiger politischer Umwälzungen und nachhaltiger struktureller Wandlungen, die mit dem Verlust der territorialen Einheit einhergingen und zur Entstehung von Nationalstaaten geführt haben, eine ungebrochene Aktualität ermöglicht.[1156]

Es ist auch darauf hinzuweisen, dass das islamische Recht die Idee der juristischen Person (šaḫṣīya maʿnawīya) nicht in absoluter Weise vertritt.

1154 Vgl. ʿAṭīya, Ǧamāluddīn: Naḥwa tafʿīl maqāṣid aš-šarīʿa. Damaskus 2001, S. 154.

1155 Vgl. Yūsuf, al-Qaraḍāwī: Kaīfa nataʿāmalu maʿa l-Qurʾāni l-ʿaẓīm. Kairo 1999, S. 108.

1156 Vgl. ʿAṭīya, Ǧamāluddīn: Naḥwa tafʿīl maqāṣid aš-šarīʿa, S. 155.

Denn diese Idee – die im Übrigen auch eine juristische Fiktion ist – hat offenkundig zur Ausdehnung der Machtstrukturen des modernen Staates geführt und damit zum Rückgang der Rechte und der Freiheiten der Individuen und der Wirksamkeit der Zivilgesellschaft beigetragen.[1157]

Allgemein hat sich das islamische Recht im Zusammenhang mit der institutionellen Ordnung der muslimischen Gemeinschaft auf spezifische Aspekte konzentriert, von denen einige im Folgenden erläutert werden:

1. Die Förderung der Einheit der muslimischen Gemeinschaft (Umma) ist in der Einheit der Glaubenslehre, Jurisprudenz und der Sprache verankert. Die Betonung der Einheit schließt jedoch nicht den Gedanken des Pluralismus aus, sondern strebt das Ziel an, durch Vielfalt zur Einheit zu gelangen. Denn die Einheit der Glaubenslehre negiert nicht die Möglichkeit der Existenz verschiedener Gruppen und Gemeinden mit unterschiedlichen Glaubensinhalten.[1158] Ebenso steht die Einheit der Jurisprudenz nicht der Existenz mehrerer juristischer Schulen oder verschiedener politischer Parteien mit sogar kontrastierenden Programmen entgegen, wenn diese nicht den Rahmen der allgemeinverbindlichen Grundprinzipien sprengen. Auch die Einheit der Sprache auf der Ebene der muslimischen Gemeinschaft steht nicht im Kontrast zur Verwendung verschiedener nationaler oder lokaler Sprachen und Dialekte neben der einheitlichen Sprache des Koran.[1159] Diese Art von Pluralismus lässt sich unter dem Begriff der Zivilgesellschaft fassen und realisiert sich durch Parteien, Vereine und andere Organisationen. Allerdings braucht der Pluralismus, damit er auf Dauer überlebensfähig sein kann, integrative Werte, allgemeinverbindliche Normen und Regeln des Zusammenlebens, die von einem übergreifenden Konsens getragen werden müssen.[1160]
2. Die Voraussetzungen für den Pluralismus sind die Souveränität des Gesetzes gegenüber allen Gewohnheiten, Traditionen oder Personen sowie das Neutralitätsgebot der Staatsinstitutionen gegenüber allen Bürgern. Dies bedingt die „Gleichheit vor dem Gesetz als rechtliche Gleichheit aller vor jeder Gesetzgebung, als Grundlage und Bedingung der

1157 Vgl. Ibid.

1158 Vgl. Ibid., S. 162 f.

1159 Vgl. Ibid.

1160 Vgl. ʿAṭīya, Ǧamāluddīn: Naḥwa tafʿīl maqāṣid aš-šarīʿa, S. 163.

Ausübung von Volkssouveränität mittels Gesetzgebung und als rechtlicher Anspruch auf gleiche Anwendung des Gesetzes und auf Gleichbehandlung in der Gesetzanwendung durch die vollziehende und rechtsprechende Gewalt."[1161]

3. Die Notwendigkeit zur Ordnung und damit auch zur Organisation in verschiedenen gesellschaftlichen Bereichen wird in zahlreichen Texten betont. Im Koran steht: „Wahrlich, Gott liebt jene, die für Seine Sache in (festen) Reihen kämpfen, als ob sie ein fester und zusammengefügter Bau wären."[1162] Zudem rät der Prophet dazu, sich bei jeder gemeinsamen Unternehmung zu organisieren, er sagt: „Wenn drei Leute eine Reise unternehmen, sollen sie einen Führer auswählen."[1163] Diese Herausstellung der Bedeutung der Ordnung und der Organisation lässt sich u. a. dadurch erklären, dass sich die Autoritäts- und Referenzfragen, die dem menschlichen Handeln Aktionsfähigkeit, Orientierung und Sinn verleihen, nur in einer organisierten Struktur entscheiden lassen. Daher ermahnt der Koran dazu, die legitimen Autoritäten zu achten und sich deren Verordnungen zu fügen: „O ihr, die ihr Glauben erlangt habt! Gebt acht auf Gott und gebt acht auf den Gesandten und auf jene von euch, die mit Autorität betraut worden sind."[1164] Außerdem offenbart sich der Ordnungsgeist im Islam in vielen religiösen Handlungen, wie zum Beispiel in den organisierten Reihen beim Gebet, bei der Einhaltung der Anfangs- und Endzeiten beim Fasten, bei den aufeinander folgenden Pflichtetappen bei der Pilgerfahrt usw.[1165] Dieser Geist soll sich auch in den sozialen und politischen Strukturen der Gesellschaft manifestieren.
4. Die Beratung in der Šūra oder die Konsultation anderer in wichtigen Fragen bei der Führung öffentlicher Ämter und staatlicher Institutionen ist verpflichtend, sodass derartige Entscheidungen der Kontrolle aller Mitglieder der Gemeinschaft unterworfen werden, die als einander gleich

1161 Vgl. Grimmer, Klaus: Demokratie und Grundrechte: Elemente zu einer Theorie des Grundgesetzes. Berlin 1980, S. 250

1162 Sure aṣ-Ṣaff (61), Vers 4.

1163 ʿAbdurraḥman, Ǧalāluddīn Assiyūṭī: Ǧāmiʿ al-aḥadith. Band 4. Beirut 1994, S. 47 (Ḥadīṯ-Nr.: 2747).

1164 Sure an-Nisāʾ (4), Vers 59.

1165 Vgl. Yūsuf, al-Qaraḍāwī: Awlawiyāt al-ḥaraka al-islāmiya fi al-marhalati al-qādima. Amman 1992, S. 16.

anerkannt sind.[1166] Der Koran sagt: „(...) die auf ihren Herrn hören und das Gebet verrichten und deren Regel (in allen Angelegenheiten von allgemeinem Interesse) Beratung untereinander ist."[1167]

5. Die Volkssouveränität soll durch Einrichtungen und Verfahren verwirklicht werden, die ihre kontrollierte Macht auf einer Vertrauensbasis für eine begrenzte Zeit ausüben.[1168] Diese Kontrolle der Staatsgewalt ist ein konstitutives Element jeder an der Idee der Menschenwürde und dem Geist der Freiheit orientierten Staatsordnung und geschieht kontinuierlich durch die Öffentlichkeit des politischen Prozesses, die freie Meinungsbildung und durch die Garantie der dazu erforderlichen Freiheitsrechte sowie das Recht auf Information. Daher predigen viele Koranstellen zu einer emanzipierten Bürgerschaft und kritischen Öffentlichkeit, wie zum Beispiel: „Und es soll aus euch eine Gemeinschaft (von Leuten) werden, die zu allem einladen, was gut ist, und das Tun dessen gebieten, was recht ist, und das Tun verbieten, was unrecht ist: und es sind sie, die einen glückseligen Zustand erlangen werden"[1169]; und „die gläubigen Männer und Frauen sind einer des anderen Beschützer. Sie gebieten das Gute und verbieten das Böse, verrichten beständig das Gebet und entrichten die reinigende Abgabe (zakāt) und gehorchen Allah und seinem Gesandten. Es sind sie, derer Allah sich erbarmen wird."[1170]

5.2.3.2 Zweiter Zweck: Bewahrung der Sicherheit

Sicherheit ist ein Schlüsselbegriff des öffentlichen Diskurses der Gegenwart. Auch in den theologischen Debatten hat der Begriff Sicherheit seit Jahren Konjunktur, denn der Ruf nach ihr „wird umso lauter, je mehr man hat und je weniger man der Zukunft traut",[1171] Genau so stellt sich aber die

---

1166 Vgl. Johann, Braun: Einführung in die Rechtswissenschaft. Tübingen 2007, S. 73.

1167 Sure aš-Šūrā (42), Vers 38.

1168 Vgl. Stefan Kraut : Das Mehrheitsprinzip – Der Kern des politischen Entscheidungsprozesses im demokratischen Staat. URL: http://socio.ch/demo/t_skraut1.htm#Heading41. Stand 05. 07. 2011.

1169 Sure Āl-i-ʻImrān (3), Vers 104.

1170 Sure at-Tauba (9), Vers 71.

1171 Pelizäus-Hoffmeister, Helga: Biographische Sicherheit im Wandel. Wiesbaden 2006, S. 2.

Situation für viele Menschen heute auch oder besonders in den westlichen Industriestaaten dar. Die Wirtschaftskrise war eine Zäsur für die Prosperität gewohnte westliche Welt. Die Frage nach den Grenzen des Wachstums leitet einen Wandlungsprozess ein, dessen Ausgang noch gänzlich ungewiss ist. Es stellt sich also zunächst die allgemeine Frage: Was meint der Begriff Sicherheit?

Sicherheit hat für den Einzelnen und die Gesellschaft eine existentielle Bedeutung und eine elementare Funktion. Ohne Sicherheit, so Wilhelm von Humboldt, „vermag der Mensch weder Kräfte auszubilden noch die Früchte derselben zu genießen; denn ohne Sicherheit ist keine Freiheit."[1172] Dennoch kann der Begriff Sicherheit nicht exakt definiert werden, er verweist auf verschiedene Elemente und Phänomene sozialer, ökonomischer, psychischer, affektiver und kognitiver Natur. Aber allgemein betrachtet, verkörpert Sicherheit einen angestrebten Zustand, den wir auch als Gefahrlosigkeit bezeichnen können.[1173] Sie korreliert mit der Wahrscheinlichkeit des Eintritts eines positiv bewerteten Ereignisses bzw. mit der Wahrscheinlichkeit des Nicht-Eintritts eines negativ bewerteten Ereignisses. Sicherheit lässt sich also als Tatbestand der Risikolosigkeit herausstellen und als Ziel beinhaltet sie das Streben, Risiken und Gefahren vom Einzelnen und von der Gemeinschaft abzuwenden.[1174]

In Bezug auf die Gesellschaft und den Staat definiert sich Sicherheit durch die „Wahrscheinlichkeit des Ausreichens von Vorkehrungen, die eine ebenfalls wahrscheinlich betrachtete Bedrohung abzuwenden geeignet sind."[1175] Diese Vorkehrungen sind entweder nach innen gerichtet, um die innere Sicherheit, also den Schutz vom Leib und Leben, den Schutz der Würde und Freiheit sowie den Schutz der Gesundheit und des eigenen Besitzes gegen kriminelle oder unzulässige Eingriffe zu gewährleisten. Diese Gewährleistung der inneren Sicherheit bedarf Gesetzvorschriften, Ordnungsregeln, Präventionsmaßnahmen, aber auch Institutionen und Einrichtungen, die legitimiert sind, Autorität und Recht im öffentlichen Raum exekutiv auszuüben.[1176] Im Koran werden diese Maßnahmen als Mittel oder Voraussetzungen des würdigen Lebens bezeichnet, dort heißt es: „Und wer

1172 Von Arnauld, Andreas / Staack, Michael: Sicherheit versus Freiheit. Berlin 2009, S. 9.

1173 Vgl. Forster, Edgar: Ökonomische Sicherungspolitik. Berlin 1983, S. 16.

1174 Vgl. Ibid.

1175 Ibid., S. 16.

1176 Vgl. ʿAṭīya, Ǧamāluddīn: Naḥwa tafʿīl maqāṣid aš-šarīʿa. Damaskus 2001, S. 157.

dennoch willentlich die Grenzen dessen überschreitet, was recht ist, dem steht schmerzhafte Strafe bevor. Denn in (dem Gesetz von) der gerechten Vergeltung, o ihr, die ihr mit Einsicht versehen seid, ist Leben für euch,[1177] auf dass ihr euch Gottes bewusst bleiben möget".[1178] Maßnahmen können aber auch nach außen gerichtet sein, um den eigenen Staat und die eigene Gesellschaft gegen Aggressionen und Gefahren von außen zu schützen. Die äußere Sicherheit wird durch Bildung militärischer und ziviler übernationaler Bündnisse gewährleistet, durch die Errichtung internationaler Institutionen, die Schließung bilateraler Verträge, die Vereinbarung multilateraler Konventionen sowie durch Unterhaltung einer bewaffneten Macht und eine auf Abschreckung angelegte Verteidigungspolitik, die das Gleichgewicht zwischen den internationalen Kräften, die Herstellung des Weltfriedens und damit die Errichtung kollektiver Sicherheit ermöglichen.[1179] Auch der Koran ermahnt zur Aufrechterhaltung der militärischen Verteidigungsbereitschaft und zur Unterhaltung militärischer Abschreckungsmittel, um letztlich den Frieden zu sichern. Es heißt: „Darum bereitet gegen sie vor, was immer an Kraft und Streitrossen ihr aufbieten könnt, auf dass ihr dadurch die Feinde Gottes abschrecken möget, die auch eure Feinde sind, und andere neben ihnen, derer Gott gewahr ist; (…). Aber wenn sie dem Frieden zuneigen, neige auch du (o Prophet) ihm zu und setze dein Vertrauen auf Gott: wahrlich, Er allein ist allhörend, allwissend! Und sollten sie suchen, dich (durch ihre angebliche Friedensbereitschaft) zu betrügen, dann

---

1177 D. h.: Es gibt einen Schutz für euch, als eine Gemeinschaft, so dass ihr fähig sein möget, in Sicherheit zu leben, wie Gott will, dass ihr lebt. Das bedeutet also, dass ein Schutz für die Gemeinschaft besteht, wodurch den Gläubigen ermöglicht wird, im Sinne Gottes in Sicherheit zu leben. Demnach ist also das Ziel von *Qiṣaṣ* (Gesetz der gerechten Vergeltung) der Schutz der Gesellschaft und nicht Rache. (Vgl. Botschaft des Koran, S. 70).

1178 Sure al-Baqara (2), Vers 178–177.

1179 Vgl. ʿAṭīya, Ǧamāluddīn: Naḥwa tafʿīl maqāṣid aš-šarīʿa, S. 157 f.

ist deine Genüge Allah.[1180] Er ist es, Der dich mit Seiner Hilfe und mit den Gläubigen gestärkt hat."[1181]

5.2.3.3 Dritter Zweck: Herstellung der Gerechtigkeit

Die Gerechtigkeit nimmt eine zentrale Stellung im islamischen Denken ein. Sie ist ein Legitimations- und Begründungsprinzip und zugleich ein oberstes Ziel in der islamischen Philosophie. Daher kann eine Überlegung bzw. Handlung, islamisch gesehen, dann als legitim bezeichnet werden, wenn sie aus der Gerechtigkeitsmaxime entsteht und wenn ihr Ziel auch wieder Gerechtigkeit ist.[1182]

Somit ist die Gerechtigkeit ein Grundwert, der alle Bereiche des Lebens durchdringt. Man muss daher sowohl gegenüber Gott, als auch gegenüber sich selbst, gegenüber seiner Familie, gegenüber den Mitmenschen und gewiss auch gegenüber den Tieren und der Umwelt rechts- und gerechtigkeitskonform handeln.[1183] Dementsprechend wird die Gerechtigkeit im Koran zum Hauptzweck der Offenbarungen deklariert: „Und gebt volles Maß und Gewicht in Gerechtigkeit (...) und wenn ihr eine Aussage macht, so übt Gerechtigkeit, auch wenn es einen nahen Verwandten (betrifft); und haltet den Bund Allahs ein. Das ist es, was Er euch gebietet, auf dass ihr ermahnt sein möget."[1184] Auch zahlreiche Koranverse artikulieren die grundlegende Position der Gerechtigkeit in der islamischen Anschauung, so wird wiederholt dargelegt, dass Gerechtigkeit Gottes Wille sei: „Sprich: Mein Erhalter hat Gerechtigkeit geboten"[1185]; und „siehe, Gott gebietet Gerechtigkeit und das Tun des Guten und Großzügigkeit gegenüber (den) Mitmenschen"[1186]; und „Gott gebietet euch alles, was euch anvertraut worden ist, denjenigen auszu-

1180 Die Implikation ist hier, dass, selbst wenn sie den Frieden nur mit der Absicht anbieten, zu betrügen, dieser (angebotene) Frieden angenommen werden soll, da alle Beurteilung (ihrer Absichten) nur auf äußerlichem Beweis beruhen darf. Ein bloßer Verdacht, dass das Friedensangebot nicht lauter sei, kann also nicht dessen Ablehnung begründen. (Vgl. Botschaft des Koran, S. 326.).

1181 Sure al-Anfāl (8), Vers 60–61.

1182 Vgl. ʿAbdulmaǧīd, an-Naǧār: Maqāṣid aš-šarīʿa bi-abʿād ǧadīda. Beirut 2006, S. 174.

1183 Vgl. Ibid, S. 175.

1184 Sure al-Anʿām (6), Vers 152.

1185 Sure al-Aʿraf (7), Vers 29.

1186 Sure an-Naḥl (16), Vers 90.

händigen, die darauf Anspruch haben, und immer, wenn ihr zwischen Leuten richtet, nach Gerechtigkeit zu richten“[1187]; und „folge nicht ihren Vorlieben und Abneigungen, sondern sage: ich glaube an jede Offenbarung, die Gott von droben erteilt hat; und mir ist geboten, Gerechtigkeit in eure gegenseitigen Ansichten zu bringen.“[1188]

Außerdem betont der Korandiskurs ausdrücklich die Einhaltung der Gerechtigkeit gerade in jenen Fällen, in denen es Grund gibt zu glauben, dass sie übergangen werden könnte. Als mögliche Gründe für ein solches Verhalten werden die folgenden Aspekte angeführt:

- persönliche Interessen und Ansichten: Der Koran sagt: „Ob der eine reich oder arm ist, so ist Allah beiden näher; darum folgt nicht der persönlichen Neigung, auf dass ihr gerecht handeln könnt“.[1189] Hier wird eindeutig formuliert, dass die wirtschaftliche Situation eines Menschen keinen Einfluss darauf haben darf, wie er von seinen Mitmenschen behandelt wird. Weder dürften die Menschen sich vom Reichtum eines anderen beeinflussen lassen, noch dürfe etwa falsches Mitgefühl einem Armen gegenüber zu Entscheidungen führen, die nicht gerecht seien, da grundsätzlich alle Menschen immer gleich und gerecht zu behandeln seien.[1190]
- verwandtschaftliche Beziehungen: Der Koran weist ausdrücklich darauf hin, dass die verwandtschaftlichen Beziehungen nicht höher zu bewerten seien als die Gerechtigkeit: „O ihr, die ihr Glauben erlangt habt! Seid immer standhaft im Wahren der Gerechtigkeit, Zeugnis gebend von der Wahrheit um Gottes Willen, selbst wenn es gegen euch selbst oder eure Eltern und Verwandten sei.“[1191]
- Antipathien und persönliche Voreingenommenheiten: Ablehnung eines Menschen aufgrund seiner Zugehörigkeit zu einer Gruppe dürfen die Menschen nicht zu Ungerechtigkeiten verleiten: „O ihr, die ihr glaubt! Setzt euch für Allah ein und seid Zeugen der Gerechtigkeit. Und der Hass gegen eine Gruppe soll euch nicht (dazu) verleiten, anders als gerecht zu handeln. Seid gerecht: dies ist dem am nächsten, gottesbewusst zu sein.

1187 Sure an-Nisā'(4), Vers 58.
1188 Sure aš-Šūrā (42), Vers 15.
1189 Sure an-Nisā'(4), Vers 135.
1190 Vgl. Botschaft des Koran, S. 184.
1191 Sure an-Nisā'(4), Vers 135.

Und bleibt euch Gottes bewusst: wahrlich, Gott ist all dessen gewahr, was ihr tut“[1192]; und „Allah verbietet euch nicht, gegenüber denjenigen, die nicht gegen euch des Glaubens wegen gekämpft und euch nicht aus euren Wohnstätten vertrieben haben, gütig zu sein und sie gerecht zu behandeln. Gewiss, Allah liebt die Gerechten“.[1193] Wobei der Ausdruck „Gott verbietet euch nicht“ in diesem Zusammenhang eine Aufforderung impliziert, mit anderen Glaubensgemeinschaften freundliche Beziehungen zu unterhalten und sich ihnen gegenüber gütig und gerecht zu verhalten.[1194]

Diese zentrale Bedeutung der Gerechtigkeit, die in zahlreichen Quellentexten artikuliert wird, spiegelt sich auch in verschiedenen Gelehrtenaussagen wieder. So sah der klassische muslimische Gelehrte Ibn Taimīya (gest. 1328) in der Gerechtigkeit die Grundlage für die Existenz der Nationen und den Fortbestand der Staaten und stellt sie sogar über den Erhalt der Religion, wenn er sagt: „Gott stützt den gerechten Staat, auch wenn er «ungläubig» ist; und erhält nicht den ungerechten Staat, selbst wenn er «islamisch» ist. Und die Welt kann mit Gerechtigkeit und Unglauben fortwähren, aber nicht mit Ungerechtigkeit und Islam.“[1195]

Ibn al-Qaiyim (gest. 1350), auch ein renommierter klassischer Gelehrte und Schüler Ibn Taimīyas, fügte hinzu, dass das gesamte Regelwerk dazu diene, Gerechtigkeit zu fördern und die Ungerechtigkeit zu verbannen. Diese Werte seien zudem das Maß, an dem sich die Rechtmäßigkeit einer Norm ablesen lasse. Er präzisiert, dass Ungerechtigkeit nicht Teil der Scharia sein könne, selbst „wenn es sich um Erkenntnisse handelt, die direkt aus dem Text interpretiert worden sind (...). Wenn also die Zeichen der Gerechtigkeit sich offenbaren, wenn die Wahrheit in irgendeiner Weise zu Tage tritt (...), dann ist da das Recht und Gottes Wohlgefallen.“[1196] Zu diesem Zweck, dass der Mensch Gerechtigkeit herstelle, habe Gott seinen Gesandten geschickt. Denn „alle Erkenntnisse sprechen dafür, dass das Zweck Gottes aus den offenbar-

1192 Sure al-Mā'ida (5), Vers 8.

1193 Sure al-Mumtaḥina (60), Vers 8.

1194 Vgl. ʿAbdulmaǧīd, an-Naǧār: Maqāṣid aš-šarīʿa bi-abʿād ǧadīda. Beirut 2006, S. 175.

1195 Taqīuddīn, Ibn Taīmīya: Maǧmūʿ fatāwā Ibn Taīmīya. Band 28. Rabat 1986, S. 146.

1196 Ibn al-Qaiyim, Šamsuddīn AbūʿAbdillāh: Iʿlāmu l-muwaqqiʿīn. Band 3. Kairo 1994, S. 3.

ten Religionen ist, Recht und Gerechtigkeit herzustellen, und Gleichheit und Fairness zu verwirklichen."[1197]

Auch al-Qaraḍāwī (geb. 1926) hat die Frage der Gerechtigkeit genauer analysiert und dabei drei Kategorien aufgestellt. So sprach er von der juristischen Gerechtigkeit, von der sozialen Gerechtigkeit und von der Völkergerechtigkeit.[1198] Diese drei Aspekte der Gerechtigkeit zählte er anschließend zu den grundlegenden Voraussetzungen eines würdigen Lebens und zu den Idealen einer jeden integeren Gemeinschaft.[1199]

5.2.3.4 Vierter Zweck: Förderung der Zusammenarbeit und der gesellschaftlichen Solidarität

Zusammenarbeit, gemeinsame Verantwortung und Solidarität sind Begriffe, welche die Bedeutung der wechselseitigen Abhängigkeit von Mensch und Gesellschaft betonen und somit die individuelle und soziale Natur der menschlichen Gattung akzentuieren. Entsprechend seiner individuellen Natur soll dem Menschen ein rechtlich geschützter Freiraum gewährt werden, also eine moralische, politische und ökonomische Autonomie, um zu handeln und sich frei zu entfalten. Denn die Gesellschaft vermag nichts aus sich selbst, sie wird nur lebendig, insoweit ihre Mitglieder an der Freiheit teilnehmen und sich frei entwickeln.[1200]

Der Mensch ist darüber hinaus auch ein soziales Wesen, da er auf seine Mitmenschen angewiesen ist, weil er nur im Zusammenwirken mit anderen fortschreiten, seine Ziele erreichen und Kultur und Geschichte gestalten kann.[1201]

In diesem Kontext kommt der gesellschaftlichen Solidarität eine gewichtige Bedeutung zu, denn sie setzt die Menschen in ein Verhältnis der gesellschaftlichen Zusammenarbeit und stellt somit die nötige Voraussetzung bereit, um das zu bewirken, was allen nutzt: das Gemeinwohl. In diesem Sinne ist die gesellschaftliche Solidarität einer der wichtigen Grundwerte der menschli-

---

1197 Ibid., S.3 f.

1198 Vgl. ʿAṭīya, Ǧamāluddīn: Naḥwa tafʿīl maqāṣid aš-šarīʿa, S. 159.

1199 Vgl. Ibid.

1200 Vgl. Bermes, Christian / Henckmann, Wolfhart / Leonardy, Heinz: Solidarität – Person & soziale Welt. Würzburg 2006, S. 57

1201 Vgl. Ibid.

chen Zivilisation, in denen sich die Selbstbesinnung des Menschen auf sein Wesen und auf die seinem Wesen entsprechenden Ideale und Aufgaben manifestiert.[1202]

Im ständigen Wechsel des situativen Kontextes müssen diese Werte immer wieder bewusst gemacht und lebendig gehalten werden. Daher wird im Koran beständig an die solidarischen Pflichten des Einzelnen als verpflichtende, raum- und zeitüberdauernde Sinngehalte erinnert. In der Sure al-Mā'ida heißt es: „Und helft einander bei der Förderung von Tugend und Gottesbewusstsein“[1203]; und in der Sure Āl-i-ʿImrān steht geschrieben: „haltet fest, alle zusammen, an der Verbundenheit mit Gott und entfernt euch nicht voneinander“.[1204] Außerdem werden im Koran die „wahren Gläubigen“ dafür gelobt, dass sie, sowohl Männer als auch Frauen, einander nahe und einer des anderen Beschützer sind: „Und die gläubigen Männer und die gläubigen Frauen sind einer des anderen Beschützer: Sie gebieten das Gute und verbieten das Böse und verrichten das Gebet und entrichten die zakāt (Almosen) und gehorchen Allah und Seinem Gesandten. Sie sind es, derer Allah Sich erbarmen wird“.[1205]

Diese Werte und Tugenden sind allerdings nicht durch die Kraft des Gesetzes oder den Zwang der Staatsautorität durchzusetzen. Sie fußen auf den Geboten der islamischen Sozialethik, auf den Sinninhalten des Glaubens und auf dem geistigen Band, das die Menschen nicht Einzelne sein lässt, sondern zu einer Einheit verbindet.[1206] So werden in verschiedenen islamischen Quellen mehrfach die Werte der Brüderlichkeit und Zusammengehörigkeit hervorgehoben und es wird an den Geist der Solidarität und sozialen Verantwortung appelliert.[1207] Über die Verbundenheit und Zusammengehörigkeit der Gläubigen heißt es zum Beispiel im Koran: „Alle Gläubigen sind doch Brüder. So stiftet Frieden zwischen euren Brüdern und fürchtet Allah“[1208]; und der Prophet sagt: „Ihr alle seid Kinder von Adam“.[1209]

1202 Vgl. Ibid., S. 58.

1203 Sure al-Mā'ida (5), Vers 2.

1204 Sure Āl-i-ʿImrān (3), Vers 103.

1205 Sure at-Tauba, Vers 71.

1206 Vgl. ʿAṭīya, Ǧamāluddīn: Naḥwa tafʿīl maqāṣid aš-šarīʿa, S. 161.

1207 Vgl. Ibid.

1208 Sure al- Ḥuǧurāt, Vers 10.

1209 Berichtet von at-Tirmiḏī, Kitāb at-tafsīr, Bāb sūrat al-Ḥuǧurat (Ḥadīṯ-Nr.: 3269 u.3270).

Die Bedeutung der Solidarität und der sozialen Verantwortung sowie die Verpflichtung zum Helfen und Teilen wird an vielen Stellen in Koran und Sunna zum Ausdruck gebracht, so lobt der Koran in der Sure al-Baqara besonders jene, die Gutes nicht nur in der Öffentlichkeit, sondern auch im Verborgenen tun, weil Gott auch solche Taten nicht entgingen und er sie besonders belohne.[1210] Daher seien alle guten Handlungen nicht nur dem bedürftigen zunutze, sondern auch dem Mildtätigen selbst:[1211] „Und was immer Gutes ihr für andere ausgeben mögt, ist zu eurem eigenen Wohl, vorausgesetzt, dass ihr nur aus einem Verlangen nach Gottes Antlitz ausgebt: denn was immer Gutes ihr ausgeben mögt, wird euch voll zurückgezahlt, und euch wird kein Unrecht geschehen."[1212] Der Vers gibt außerdem zu bedenken, dass man die Gottesfürchtigen, die sich des Bittens enthielten nicht von den Gaben ausschließen dürfe, weil man irrtümlicherweise annehme, sie bräuchten keine Unterstützung.[1213] In einem Aufruf zum Teilen sagt der Prophet: „Oh Sohn Adams! Wenn du deinen überflüssigen Reichtum spendest, wäre es besser für dich, und wenn du ihn zurückhältst, wird es übel für dich sein. Es wird dir nicht zum Vorwurf gemacht werden, wenn du über Besitz verfügst. Doch

---

1210 Vgl. Sure al-Baqara (2), Vers 271.

1211 Angesichts der großen Armut, die in der muslimischen Gemeinschaft in Medina nach der Massenauswanderung aus Mekka vorherrschte, richtete sich Mildtätigkeit der (ohnehin) wenigen wohlhabenden Muslime vorrangig an ihre Glaubensbrüder und -schwestern. Damit diese Tendenz nicht verstärkt und daraus ein tradierter Brauch würde, wiesen der Koran und der Prophet die Muslime ausdrücklich daraufhin an, die Gaben allen zukommen zu lassen, die ihrer bedürften, ungeachtet des Glaubens der betreffenden Person. Daher stimmen alle Kommentatoren völlig darin überein, dass der obige Koranvers eine für alle Muslime bindende Verpflichtung formuliert, allen bedürftigen Menschen zu helfen und sich ihnen gegenüber gütig zu verhalten. Ar-Razī insbesondere zieht daraus den weitergehenden Schluss, dass Mildtätigkeit – oder die Androhung, sie zurückzuhalten – niemals ein Mittel werden darf, um Ungläubige für den Islam zu gewinnen, denn der Glaube müsse innerer Überzeugung und freier Wahl entspringen. Dies steht in Übereinstimmung mit dem Vers 256 der Sure al-Baqara: „Es soll keinen Zwang geben in Sachen des Glaubens" (Vgl. Botschaft des Koran, S. 99). Dieses Verständnis kann einen wichtigen Beitrag zur Förderung der Integration, des sozialen Friedens und des harmonischen Zusammenlebens in einer pluralistischen Gesellschaft leisten.

1212 Sure al-Baqara (2), Vers 271–274.

1213 Sure al-Baqara (2), Vers 272.

nutze ihn zur Versorgung derer, die von dir abhängig sind".[1214] In einem weiteren Ḥadīṯ ermahnt er: „Kein Tagesanbruch vergeht, ohne dass zwei Engel herabsteigen, und der eine ruft: Oh Allah, vergelte dem Spendenden (seiner Spende) entsprechend! Und der andere ruft: Oh Allah! Füge dem Geizigen (den entsprechenden) Schaden zu!"[1215]

Nach den Worten des Propheten Muḥammad ist die Gemeinschaft der Gläubigen gleich einem Körper. Werde einem Körperteil Leid zugefügt, so sei dieser Schmerz im ganzen Körper zu spüren: „Das Gleichnis der Gläubigen in ihrer gegenseitigen Verbundenheit und Barmherzigkeit sowie ihrem Mitgefühl füreinander ist wie der Körper eines Menschen: Wenn ein Glied leidet, so leidet der ganze Körper an Schlaflosigkeit und Fieber."[1216] In einem anderen Ḥadīṯ heißt es: „Der wahre Gläubige steht dem anderen Gläubigen bei, als wären sie ein fest gefügter Bau: jeder Teil hält und verstärkt den anderen. (Um dies zu verdeutlichen verschlang der Prophet die Finger einer Hand mit denen der anderen)".[1217]

Der Geist der Solidarität und der sozialen Mitverantwortung wird in der islamischen Ethiklehre durch verschiedene Gebote und rechtliche Bestimmungen betont, wie zum Beispiel durch das Verbot von ribā (Wucher). Denn der Wucher (ribā) verkörpert das Gegenteil der Solidarität und der Mildtätigkeit.[1218] Während der Wucher (ribā) dem ökonomischen Konzept der Profitmaximierung entspricht, ist die Solidarität darauf gerichtet, dem Bedürftigen zu helfen, seine Aufrufe und Ausklagen zu hören, sich für seine Rechte verantwortlich zu fühlen und so zu ermöglichen, dass ihm Gerechtigkeit widerfährt, und zwar ohne einen materiellen Gewinn zu erwarten.[1219] Solidarität ist die moralische Verpflichtung der sozial Stärkeren gegenüber den sozial Schwächeren, ein humaner Akt, der in sich selbst begründet ist. Diese karitative selbstlose Einstellung wird im Koran an vielen Stellen gepredigt. In der Sure al-Insān (der Mensch) heißt es beispielsweise: „und

1214 Aḥmad, Ibn Muḥammad Ibn Ḥanbal: Musnad Imām Aḥmad. Band 11. Kairo 1999, S. 639. (Ḥadīṯ-Nr.: 7037).

1215 Berichtet von al-Buḫārī, Kitāb az-zakāt, Bāb fa ammā man aʿṭā wat-taqā wa ṣaddaqa bi l-ḥusnā (Ḥadīṯ-Nr.: 1442).

1216 Berichtet von Muslim, Bāb tarāḥum al-muʾminīn wa taʿaṭufihim (Ḥadīṯ-Nr.: 2585).

1217 Berichtet von al-Buḫārī, Kitāb al-maḍālim, Bāb naṣru l-maḍlūm (Ḥadīṯ-Nr.: 2446).

1218 Vgl. Zahruddin, ʿAbdurraḥmān: maqāṣid aš-šarīʿa fi aḥkām al-Buyūʿ. Beirut 2009, S. 174.

1219 Vgl. Ibid.

die Speise geben – wie groß auch immer ihrer Bedarf daran sein mag[1220] – dem Bedürftigen und der Waise und dem Gefangenen, (und in ihren Herzen sagen:) Wir speisen euch allein um Gottes Willen: wir begehren von euch weder Lohn noch Dank“.[1221]

5.2.3.5 Fünfter Zweck: Bewahrung des Kollektivgeistes der Gemeinschaft

Ibn ʿĀšūr (gest. 1973) weist darauf hin, dass die Bewahrung des Kollektivgeistes der Gemeinschaft noch wichtiger sei als die Bewahrung des Geistes des Einzelnen.[1222] Er begründet seine Ansicht damit, dass jede Beeinträchtigung des Kollektivgeistes folgenschwere Konsequenzen für die Kultur und Struktur der ganzen Gesellschaft habe. Daher „muss sich die Umma, also die muslimische Gemeinschaft, verpflichten, die Verbreitung von Trunkenheit und die Ausbreitung von Rauschmitteln und Drogen (…) zu verhindern.“[1223]

Die Bewahrung des Kollektivgeistes der Gesellschaft ist aber nicht nur auf das Verbot dieser Rauschmittel beschränkt, sondern sie umfasst vielmehr. Da ist zum Beispiel der Schutz vor Beeinflussung durch Massenmedien, wie es etwa durch massive Werbepräsenz oder aber auch durch eine tendenziöse Berichterstattung geschehen kann. Jegliche Kontrolle der öffentlichen Meinung steht nicht nur dem Recht auf Information entgegen,[1224] sondern sie widerspricht auch dem Schutz des Kollektivgeistes. Dementsprechend fallen auch gewaltverherrlichende Inhalte oder die Überhöhung der menschlichen Macht unter das Verbot.[1225] Die ablehnende Haltung des Islam gegenüber dem Meinungsmonopol der Herrschenden kommt in einer koranischen Erzählung

1220 Oder, „wie sehr sie selbst es auch wertschätzen (d. h. benötigen) mögen.“ Man beachte, dass in diesem Zusammenhang das Konzept von „Speise-Geben“ jede Art von Hilfe und Fürsorge einschließt, materielle wie moralische. (Vgl. Botschaft des Koran, S. 1123).

1221 Sure al-Insān (76), Vers 8.

1222 Vgl. ʿAṭīya, Ǧamāluddīn: Naḥwa tafʿīl maqāṣid aš-šarīʿa. Damaskus 2001, S. 161.

1223 Muḥammad, Ṭāhir IbnʿĀšūr: Maqāṣid aš-šarīʿa al-islāmīya. Amman 2001, S. 80; vgl. auch ʿAṭīya, Ǧamāluddīn: Naḥwa tafʿīl maqāṣid aš-šarīʿa, S. 161.

1224 Wie bereits gezeigt ist das Recht auf Information Gegenstand des Zweckes zum Schutz der institutionellen Ordnung.

1225 Vgl. ʿAṭīya, Ǧamāluddīn: Naḥwa tafʿīl maqāṣid aš-šarīʿa. Damaskus 2001, S. 161.

zum Ausdruck, in der es heißt, der Pharao habe gesagt: „Ich will euch nur sehen lassen, was ich selbst sehe, und ich würde euch nur den Weg der Redlichkeit folgen lassen!“[1226] Weil diese Haltung keinen Widerspruch unter den Ägyptern hervorrief, machte Gott sie mitverantwortlich für die Missetaten ihres Herrschers: „So verleitete er sein Volk zur Narrheit, und sie gehorchten ihm. Sie waren wahrlich ein frevelhaftes Volk“[1227]; und „denn Pharao und Haman und ihre Scharen waren Missetäter.“[1228]

Die kritische und emanzipatorische Mentalität, die die islamische Lehre durch die Vermittlung von Wissen und ethischen Normen zu bilden sucht, ist allein dem Gebot der Objektivität verpflichtet und fordert für jede Hypothese einen überprüfbaren und überzeugenden Beweis.[1229] Im Koran heißt es: „Sprich: (Wenn ihr das denkt), bringt euren Beweis vor – wenn ihr wahrhaft an eure Behauptung glaubt!“[1230] Der Tenor dieses Verses lässt sich im Koran an zahlreichen Stellen in verschiedenen Kontexten und unterschiedlichen Formulierungen wiederfinden. Der Hinweis auf die Notwendigkeit, einerseits die Dinge kritisch zu hinterfragen und andererseits die eigenen Positionen mit Belegen zu untermauern, durchzieht den gesamten Text.[1231] Illustriert wird dieser Anspruch auch in der Diskussion mit den anderen Schriftreligionen um die Lehren Ibrāhīms. In diesem Kontext heißt es, Christen und Juden hätten, wenn sie sich auf das bezögen, was ihnen bekannt sei, durchaus Recht in ihrer Argumentation, aber sie sollten sich in den Dingen zurückhalten, in denen sie keine Kenntnis hätten: „O Leute der Schrift, warum streitet ihr über Ibrāhīm, wo die Thora und das Evangelium erst (lange) nach ihm (als Offenbarung) herab gesandt worden sind? Begreift ihr denn nicht? Seht doch, ihr habt da über etwas gestritten, wovon ihr Wissen habt; weshalb aber streitet ihr über das, wovon ihr kein Wissen habt? Doch Gott weiß (es), wohingegen ihr nicht wisst“.[1232]

1226 Sure Ġāfir (40), Vers 29.

1227 Sure az-Zuḫruf (43), Vers 54.

1228 Sure al-Qaṣaṣ (28), Ves 8.

1229 Vgl. Aḥmad, ar-Rīsūnī: al-Fikr al-maqāṣidī qawāʿiduhu wa-fawāʾiduhu. Beirut 2003, S. 81 f.

1230 Sure an-Naml (27), Vers 64.

1231 In der Sure al-Baqara (2), wie bereits zitiert, heißt es: „Sprich: Bringt euren Beweis her, wenn ihr wahrhaftig seid!“ (Vers 111)

1232 Sure Āl-i-ʿImrān (3), Vers 65–66.

Die Bedeutung des kritischen Denkens und der logischen Folgerung bei der Herausbildung von Überzeugungen und Haltungen wird auch an den Stellen deutlich, an denen zahlreiche Koranverse blinde Gehorsamkeit, Nachahmung und die unreflektierte Tradierung von Bräuchen und Vorstellungen anprangern, etwa wenn die Götzendiener dafür gerügt werden, auf ihren Traditionen zu beharren, anstatt von ihren tradierten und überkommenen Denkgewohnheiten Abstand zu nehmen und sich der Offenbarung zu öffnen und auf einen argumentativen Austausch mit dem Islam einzulassen.[1233] Das Argument, dass sie damit nur dem Glauben ihrer Väter folgten, wird ausdrücklich abgelehnt „Und wenn ihnen gesagt wird: »Folgt dem, was Gott herab gesandt hat«, so sagen sie: »Nein! Wir folgen dem, bei dem wir unsere Väter vorgefunden haben«, auch, wenn ihre Väter nichts begriffen hätten und nicht rechtgeleitet gewesen wären?“[1234] Diese Fragestellung wird auch in der Sure Luqmān (31) wieder aufgenommen, in der es heißt: „Und doch gibt es unter den Menschen manchen, der über Gott streitet, ohne irgendwelches Wissen (von Ihm) zu haben, ohne irgendwelche Rechtleitung und ohne irgendwelche lichtgebende Offenbarung; und wenn solchen (Leuten) gesagt wird, dem zu folgen, was Gott von droben erteilt hat, antworten sie: Nein, wir werden dem folgen, was wir unsere Vorväter glauben und tun fanden! Wie – (würdet ihr euren Vorvätern folgen,) selbst wenn Satan sie zu dem Leiden der lodernden Flamme eingeladen hätte?“[1235] In dem gleichen Konflikt stand auch Ibrāhīm selbst,[1236] als er nämlich von seinem Vater und seinem Volk den Grund erfragte, warum sie nach wie vor Götzen anbeteten, statt ihm und seinem Glauben zu folgen, obwohl diese ihnen weder sagen könnten, ob sie erhört würden, noch ob sie ihnen Schaden oder Nutzen brächten.[1237] Das Volk Ibrāhīms konnte ihm zunächst seine Frage nicht beantworten, erwiderten sie aber dann, dass sie nur täten, was ihr Väter vor ihnen getan hätten. Doch vergaßen sie dabei, dass „alter Brauch und zeitliches Vorhergehen kein Beweis für die Richtigkeit einer Vorstellung ist.“[1238]

In dieser Art unmoralischen Verhaltens durch unhinterfragte Übernahme von Traditionen und religiösen Vorstellungen liegt, wie der Koran deutlich

1233 Vgl. ʿAṭīya, Ǧamāluddīn: Naḥwa tafʿīl maqāṣid aš-šarīʿa. Damaskus 2001, S. 162.

1234 Sure al-Baqara (2), Vers 170.

1235 Sure Luqmān (31), Vers 20–21.

1236 Vgl. Sure aš-Šuʿaraʾ (26), Vers 69–76

1237 Vgl. Sure aš-Šuʿaraʾ (26), Vers 73.

1238 Leopold, Weiss: die Botschaft des Koran, S. 708.

macht, die Leugnung der Wahrheit und damit auch der Lehre Gottes.[1239] So heißt es im Koran: „Und wann immer Wir vor deiner Zeit einen Warner zu irgendeiner Gemeinschaft sandten, pflegten jene ihrer Leute, die üppig lebten, zu sagen: »Wir fanden unsere Vorfahren auf einem Weg, und wir treten in ihre Fußstapfen.« (Woraufhin jeder Prophet) zu sagen pflegte: »Wie? Auch wenn ich euch eine bessere Rechtleitung bringe als die, an die ihr eure Vorfahren glauben fandet?« – (Worauf) die anderen zu erwidern pflegten: »Siehe, wir leugnen das, womit ihr gesandt worden seid«".[1240]

An dieser Stelle ist es wichtig darauf hinzuweisen, dass, wenn es im Vers 3/66 heißt: „weshalb aber streitet ihr über das, wovon ihr kein Wissen habt?", nicht die Auseinandersetzung mit unterschiedlichen Meinungen und verschiedenen Glaubensinhalten abgelehnt wird, sondern vielmehr angemahnt wird, nicht ohne Kenntnisse der Sache zu diskutieren.[1241] Das kritische Hinterfragen hingegen wird immer wieder als positiv hervorgehoben und ist eine Eigenschaft, die auch den Propheten zugesprochen wird. Der Zweifel, so al-Ġazālī (gest. 1111), sei der einzige Weg, der zur Wahrheit führt.[1242] In diesem Kontext beschreibt der Koran Ibrāhīms „allmähliches Begreifen der Wahrheit, symbolisiert durch sein intuitives Fortschreiten von einer kurzen Verehrung von Himmelskörpern – Sterne, Mond und Sonne- zu einer vollen Erkenntnis von Gottes transzendentaler, allumfassender Existenz."[1243] Der Koran sagt: „Da zeigten Wir Ibrāhīm das Reich der Himmel und der Erde, auf dass er zu den Festen im Glauben zählen möge. Als ihn nun die Nacht überschattete, da erblickte er einen Stern; (und) er rief aus: »Das ist mein Herr.« Doch da er unterging, sagte er: »Ich liebe nicht die Untergehenden.« Dann, als er den Mond aufgehen sah, sagte er: »Das ist mein Herr.« Doch da er unterging, sagte er: »Wenn mein Herr mich nicht rechtleitet, werde ich gewiss unter den Verirrten sein.« Dann, als er die Sonne aufgehen sah, sagte er: »Das ist mein Herr, das ist noch größer.« Aber als (auch) sie unterging, rief er aus: »O mein Volk! Siehe, Ihm, der die Himmel und die Erde ins Dasein brachte, habe ich mein Gesicht zugewandt, indem ich mich von allem, was

1239 Vgl. Ibid.

1240 Sure az-Zuḫruf (43), Vers 23–24.

1241 Vgl. ʿAfīf, ʿAbdulfattāḥ Ṭabāra: Rūḥ ad-dīn al-islāmī. Beirut 1980, S. 184.

1242 Vgl. Ibid. 189.

1243 Leopold, Weiss: die Botschaft des Koran, S. 247.

falsch ist, abwandte; und ich bin nicht einer jener, die etwas anderem neben Ihm Göttlichkeit zuschreiben«".[1244]

Neugier und innere Fragen waren es auch, die Ibrāhīm auf dem Weg des Glaubens bestärkten, so sucht er rationale Beweise und scheut auch nicht davor, auf seiner Suche nach Wahrheit Gott zu befragen und um Beweise seiner Macht zu bitten: „»O mein Erhalter! Zeige mir, wie Du die Toten wieder zum Leben bringst.« Er sprach: »Glaubst du denn nicht?« Er sagte: »Doch! Aber (ich frage,) um mein Herz zu beruhigen[1245].« Er sagte: »Nimm dir vier Vögel und zerstückle sie, dann setze auf jeden Berg einige Teile davon. Hierauf rufe sie. Sie werden eilends zu dir kommen. Und wisse, dass Allah Allmächtig und Allweise ist".[1246]

Die Bedeutung, die der Islam dem Wissen beimisst, ist sicherlich Wert in einer eigenen Studie untersucht zu werden. Damit aber der Rahmen dieser Arbeit nicht gesprengt wird, soll an dieser Stelle die Valenz des Wissens im islamischen Denken anhand der folgenden Aspekte verdeutlicht:

1. Die Offenbarung des Koran begann mit einem Aufruf zum Lesen, dass nicht ein bloßes Rezitieren sein sollte, sondern eines, dass die Botschaft des Koran in bewusster Reflexion aufnimmt. Denn es gibt keinen Zweifel, dass die ersten fünf Verse der Sure al-ʿAlaq (Die Keimzelle), die sogenannten Verse des Wissens, den Beginn der Offenbarung des Koran darstellen.[1247] Darin heißt es: „Lies im Namen deines Erhalters, Der erschaffen hat – den Menschen erschaffen hat aus einer Keimzelle. Lies; denn dein Erhalter ist der Huldreichste, der mit der Schreibfeder gelehrt hat – den Menschen gelehrt hat, was er nicht wusste!"[1248]
2. Die Frage des Wissens ist eng mit der Entstehungsgeschichte des Menschen, wie der Koran sie deutet, verknüpft. Der Überlieferung nach waren

1244 Sure al-Anʿām (6), Vers 76–79.

1245 Das Wort Herz meint hier ein geistiges Herz, also den Träger der Gottesschau, der visiobeatifica; und kommt in dieser Verwendung als Metonymie für den „rationalen Geist", der einen dingfesten rationalen Beweis sucht, um sich von der „Qual der Frage", Glaubensfrage versteht sich, zu erholen: „Um mein Herz zu beruhigen", wie Ibrāhīm selber sagte.

1246 Sure al-Baqara (2), Vers 260.

1247 Vgl. Leopold, Weiss: die Botschaft des Koran, S. 1174.

1248 Sure al-ʿAlaq (96), Vers 1–5.

die Engel über den Entschluss Gottes, den Menschen als Vertreter[1249] auf Erden einzusetzen, erstaunt, da doch der Mensch zu schlechten Taten – sogar zum Blutvergießen- fähig sein würde:[1250] „Willst Du auf ihr jemanden einsetzen, der auf ihr Unheil anrichtet und Blut vergießt, wo wir doch Dein Lob preisen und Deine Herrlichkeit rühmen?“[1251] Gott entgegnete ihnen, dass der Mensch durch seine Lern- und Artikulationsfähigkeit und durch seine Fähigkeit zu begrifflichem Denken durchaus die Eignung besitze, die Erde zu bevölkern und das Leben zu entwickeln.[1252] In dieser Hinsicht sei er selbst den Engeln überlegen, und der Koran betont dies durch den Niederwurf der Engel vor Adam: „Und sobald (Adam) ihnen die Namen der Dinge mitgeteilt hatte, sagte (Gott): »Sagte ich euch nicht: Wahrlich, ich allein kenne die verborgene Wirklichkeit der Himmel und der Erde und weiß alles, was ihr offen legt, und alles, was ihr verbergen möchtet?« Und als Wir den Engeln sagten: »Werft euch nieder vor Adam!« – Warfen sich alle nieder, außer Iblis[1253], der sich weigerte und seinem Hochmut schwelgte: und also wurde er einer von jenen, welche die Wahrheit leugnen“.[1254]

1249 Der arabische Begriff *ḫalīfa* bedeutet „Nachfolger und Vertreter“. Allerdings bezieht sich das Wort *ḫalīfa* nicht auf Gott, da er niemals abwesend ist und daher keinen Vertreter braucht. Der Mensch kann nur Nachfolger und Vertreter früherer Geschöpfen sein. *Ḫalīfa* kann auch als Anspielung auf die Tatsache, dass Menschen sich beerben, einander nachfolgen und vertreten, verstanden werden. (Leopold, Weiss: die Botschaft des Koran, S.34)

1250 Die Gelehrten sind darin uneinig, weshalb die Engel befürchteten, dass der Mensch auf Erden Unheil anrichten und Blut vergießen wird. Manche mutmaßen, dass Gott ihnen das Verhalten des Menschen offenbart hatte, und darin auch, dass er auch Unheil stiften und Blut vergießen würde. Andere stützen ihre Meinungen auf Ḥadīṯe, die darauf hindeuten, dass die Engel dies gesagt haben, weil die *Ǧinn* (für Menschen unsichtbare aus Feuer erschaffene Geschöpfe), die lang vor dem Menschen erschaffen wurden, auf der Erde Krieg geführt und Blut vergossen haben. (Vgl. al-Qawl fi Tafsīr as-sūra allati yuḏkaru fihā al-Baqara. URL: http://www.islamweb.net/hadith/display_hbook.php?bk_no=338&pid=566186&hid=561: Stand 20.06.2011)

1251 Sure al-Baqara (2), Vers 30.

1252 Vgl. Ibid.

1253 Iblis ist der Eigenname des Satans (arab. *Scheitan*), der sich weigerte, sich vor Adam zu verneigen, woraufhin er von Gott zum Anführer der Kräfte des Bösen bestimmt wurde.

1254 Sure al-Baqara (2), Vers 33–34.

3. In allen islamischen Strömungen ist es unstrittig, dass Wissen dem Handeln vorrangig sein muss,[1255] da das Wissen als Grundlage und Bedingung für die Richtigkeit und Akzeptanz jeder gottesdienstlichen Handlung gilt. In Entsprechung dazu sagt der Koran: „Wisse nun, dass kein Gott außer Allah ist, dann bitte um Vergebung für deine Sünde".[1256]

Wissen hat zudem im islamischen Denken eine gesellschaftliche Relevanz und hat auch auf dieser Ebene einen hohen Stellenwert. Zunächst ist festzuhalten, dass Wissen der Grund sozialer Anerkennung ist. So haben die Gelehrten eine hohe Stellung in der Gesellschaft, da sie in die Fußstapfen der Propheten treten und dementsprechend auch eine Vorbildfunktion haben.[1257] Wissen als Basis gesellschaftlicher Geltung macht etwa der folgende Koranvers deutlich: „Gott wird jene von euch um (viele) Stufen erhöhen, die Glauben erlangt haben, und (vor allem) solche, denen (wahres) Wissen gewährt worden ist: Denn Gott ist all dessen völlig gewahr, was ihr tut."[1258] An anderer Stelle wird die Frage aufgeworfen, ob der Wissende und der Unwissende für gleich erachtet werden könnten.[1259] Diese soziale Anerkennung der Gelehrsamkeit, wird auch durch das Wort des Propheten betont, in dem er sagt: „Die Vortrefflichkeit eines gelehrten Menschen (arab. ʿālim) über einen bloßen Anbetenden (arab. ʿābid) ist wie die Vortrefflichkeit des Mondes in der Vollmondnacht über alle anderen Sterne. Und die Gelehrten sind die Erben der Propheten, denn die Propheten haben kein Erbe an Reichtümern hinterlassen, sondern an Wissen. Wer also daran teilhat, zieht einen reichhaltigen Nutzen daraus."[1260]

Zudem ist Wissen in der islamischen Überlieferung ein Schlüssel zum Erfolg und eine wichtige Ressource für gesellschaftliche Autorität und politische Führungskraft. Als Gott Saul (arab. Ṭālūt) auserwählte, um sein Volk im Kampf gegen Goliath zu führen, rechtfertigte Gott diese Wahl mit Sauls

1255 Vgl. Yūsuf, al-Qaraḍāwī: al-ʿIbāda fī l-islām. Beirut 1981, S.166.

1256 Sure Muḥammad (47), Vers 19.

1257 Vgl. ʿAbdulmağīd, an-Nağār: Maqāṣid aš-šarīʿa bi-abʿād ğadīda. Beirut 2006, S. 134.

1258 Sure al-Muğādala (58), Vers 11.

1259 „Sprich: Können diejenigen, die wissen, und diejenigen, die nicht wissen, für gleich erachtet werden?", Sure az-Zumar (39), Vers 9.

1260 Berichtet von Abū Dāwūd, Kitāb al-ʿilm, Bāb al-ḥaṯ ʾalā ṭalabi l-ʿilm (Ḥadīṯ-Nr.: 3643).

Kenntnissen und seinem körperlichen Vermögen.[1261] Es zählt also nicht sein Vermögen, auch wird er nicht allein wegen seiner Stärke oder seines strategischen Geschicks zum Heerführer bestimmt, sondern sein über Einzelkenntnisse hinausgehendes Wissen, prädestiniert ihn für diese Aufgabe. Der Koran sagt dazu: „Und ihr Prophet sagte zu ihnen: »Wahrlich, Allah hat euch Saul als König geschickt.« Da fragten sie: »Wie kann ihm die Herrschaft über uns zustehen, wo wir doch größeres Anrecht auf die Herrschaft haben als er und er nicht (einmal) mit Reichtum in Fülle versehen wurde.« Er sagte: »Wahrlich, Allah hat ihn vor euch auserwählt und hat ihm reichlich Wissen und körperliche Vorzüge verliehen. Und Allah gibt Seine Herrschaft, wem Er will: Denn Allah ist allumfassend, allwissend«."[1262]

Auch der Prophet Joseph wurde, dank seines Wissens, zu den Vertrauten des Königs von Ägypten, ernannt. Nachdem Joseph seinen Traum deuten konnte, sagte der König zu ihm: „Siehe (von) diesem Tag an sollst du bei uns von hoher Stellung sein, mit allem Vertrauen ausgestattet! (Josef) erwiderte: Übertrage mir die Aufsicht über die Vorratskammern des Landes; ich bin ein ehrlicher und wissender Hüter".[1263]

Diese Bedeutung des Wissens artikulierte sich auch in verschiedenen Aussagen des Propheten Muḥammad, der in einem Ḥadīṯ ausrief: „euch soll der Meist-Wissende führen" (arab. ya'ummukum aqra'ukum).[1264] Damit formulierte er einen Grundsatz, der in allen Bereichen gelten und wirken soll, trotz mancher Deutungen, die ohne Beweis diesen Ḥadīṯ lediglich auf das Gebet eingeschränkt sehen und somit das methodologische Prinzip verletzen, dass sich die Auslegung an der allgemeinen Wortbedeutung des Textes orientieren und sich nicht bloß auf den besonderen Offenbarungsvorfall beschränken muss.[1265]

Ebenso schreiben die islamischen Texte vor, dass sich die Vergabe der öffentlichen Stellen und die Übertragung solcher Ämter allein an der Kompetenz und dem Wissen des Bewerbers orientieren müssen. Wer aber anders handelt, verletze das Gerechtigkeitsprinzip, schade der Allgemeinheit und

---

1261 Sure al-Baqara (2), Vers 246–247.

1262 Sure al-Baqara (2), Vers 247.

1263 Sure Yūsuf (12), Vers 54, 55.

1264 Berichtet von Abū Dāwūd, Kitāb aṣ-ṣalāt, Bāb man aḥaqqu bil imāma (Ḥadīṯ-Nr.: 585).

1265 Vgl. al-Qaṭān, Mannā': Mabāḥiṯ fī 'ulūm al-Qur'ān. Kairo 1993, S. 78.

missbrauche sein Amt.[1266] Daher wird im Koran davor gewarnt: „O ihr, die ihr glaubt (...) fehlt nicht wissentlich gegen das Vertrauen, das in euch gesetzt worden ist.“[1267] Ebenfalls ermahnt der Prophet: „Wer einem ein Amt überträgt, wohlwissend, dass es unter den Muslimen jemanden gibt, der dafür besser geeignet ist und mehr Wissen hat, der hat Gott, den Propheten und alle Muslime verraten.“[1268]

Wissen gilt zudem als Voraussetzung, um Urteile, ethische wie auch rechtliche, zu fällen, weil die Würde eines jeden Menschen unantastbar ist und in jeder zivilisierten Gesellschaft die Unschuldsvermutung gelten muss. Daher müssen die ethischen und rechtlichen Urteile auf Gewissheit und nicht auf Argwohn, und die Beziehungen zwischen den Menschen auf Wahrheit und nicht auf Mutmaßungen gegründet werden.[1269]

So ermahnt der koranische Diskurs in seinem moralischen Imperativ dazu, Einschätzungen und Urteile auf sicheres Wissen zu stützen, Gewissheit anzustreben und die Wahrheit festzustellen, bevor man solchen Berichten oder Gerüchten Glauben schenkt,[1270] die den Ruf und die Würde des Menschen beeinträchtigen könnten. Im Koran steht: „O ihr, die ihr glaubt, wenn ein Frevler[1271] euch eine Kunde bringt, so vergewissert euch (dessen), damit ihr nicht anderen Leuten in Unwissenheit ein Unrecht zufügt und hernach mit Reue erfüllt seid über dass, was ihr getan habt“.[1272] An einer weiteren Stelle heißt es: „O die ihr glaubt, meidet viel von den Mutmaßungen; gewiss, manche Mutmaßung[1273] ist Sünde“.[1274]

Und schließlich ist das Streben nach Wissen ein Akt des Strebens nach Erkenntnis, ein Art Gebet und eine spirituelle Erfahrung, die zur geistlichen

1266 Vgl. Aḥmad, ar-Rīsūnī: Naẓarīyat al-maqāṣid ʿindal-imām aš-Šātibī. Casablanca 1990, S. 54.

1267 Sure al-Anfāl (8), Vers 27.

1268 Berichtet von al-Baihaqī, Kitāb ādāb al-qāḍī, Bāb lā yuwalli al-wāli imraʾatan walā fāsiqan walā ǧāhilan (Ḥadīṯ-Nr.: 20861).

1269 Vgl. Yūsuf, al-Qaraḍāwī: al-Ḥalāl wal-ḥarām fī l-islām. Beirut 1985, S. 302–303.

1270 Vgl. Leopold, Weiss: die Botschaft des Koran, S. 978.

1271 Der Zuträger dieser Nachrichten wird als „Frevler“ bezeichnet, weil schon das Verbreiten von Gerüchten, die den Ruf anderer Personen beeinträchtigen, ein spirituelles Vergehen darstellt. (Die Botschaft des Koran, S. 978).

1272 Sure al- Ḥuǧurāt (49), Vers 6.

1273 D. h.: Mutmaßung, die zu unbegründeter Verdächtigung der Motive einer anderen Person führen kann. (Die Botschaft des Koran, S. 979)

1274 Sure al- Ḥuǧurāt (49), Vers 12.

Aufklärung und inneren Läuterung bzw. zu einer tiefen Vision führt. Denn „Die wissenschaftliche Beobachtung der Natur hält uns in engem Kontakt mit Verhalten der Realität und formt so unsere Wahrnehmung für eine tiefe Vision von ihr. (...) die Wahrheit ist, dass alles Streben nach Erkenntnis seinem Wesen nach eine Form des Gebets ist. (...). Ein Wissenschaftler, der in der Beobachtung der Natur versunken ist, ist ein Mystiker – ein Mystiker, der unablässig fortschreitet, um die göttliche Schönheit zu enthüllen, die hinter den Schleiern der Natur verborgen ist."[1275] Solch eine genaue Beobachtung der Natur ist eine Suche im Akt des Gebets und tatsächlich eine Ausweitung ritualisierter Meditation.[1276]

5.2.4 Die Zwecke des islamischen Rechts in Bezug auf die ganze Menschheit

Der Islam stellt seine Lehre als Botschaft an alle Menschen und als eine Fortführung aller göttlichen Offenbarungen, der Thora, der Psalmen und des Evangeliums, dar. Er betont somit den einheitlichen Ursprung aller monotheistischen Religionen.[1277] Neben dem Glauben an den einen Gott, liegt eine weitere signifikante Gemeinsamkeit in der Vorstellung von der Erschaffung des Menschen, sowie darin, dass alle Menschen von Adam und Eva abstammen.[1278] Dieser Gedanke ist die Basis für die Überzeugung von der Gleichheit aller Menschen, aus dem auch die Bedeutung der menschlichen Würde resultiert. Der Gleichheitsgedanke als zentraler Bestandteil der islamischen Ethik, spiegelt sich auch in einem Sozialsystem wieder, dessen erklärtes Ziel es ist „alle Unterscheidungen von Kaste, Rang und Rasse zu beseitigen; und das bei sorgfältiger Betrachtung der Angelegenheiten dieser

1275 Mohammad, Iqbal: Die Wiederbelebung des religiösen Denkens im Islam. Übers. von Axel Monte und Thomas Stemmer. Berlin 2006, S. 10.

1276 Vgl. Ibid.

1277 Vgl. ʿAfīf, ʿAbdulfattāḥ Ṭabāra: Rūḥ ad-dīn al-islāmī. Beirut 1980, S. 144 f.

1278 „O Menschen! Siehe, Wir haben euch alle aus einem Männlichen und einem Weiblichen erschaffen". Sure al- Ḥuǧurāt (49), Vers 13.

Welt doch einen Geist der Nicht-Weltlichkeit befördert, der so absolut wichtig für den Menschen in seinen Beziehungen mit seinen Nachbarn ist.“[1279]

So lässt sich generell feststellen, dass die islamischen Quellen stark vom Gedanken der Gleichheit aller Menschen und von deren Einheit inspiriert sind. Dieser Einheitsgedanke wird dabei von der Universalität der Lehre des Islam unterstützt.[1280] Beide Aspekte finden sich etwa in der Erinnerung an die Traditionslinie der Propheten, von denen Muḥammad der letzte Gesandte war, wie in Vers 92 der Sure al-anbiyā' (21): „Diese eure Gemeinschaft ist eine einheitliche Gemeinschaft; und Ich bin euer Erhalter, darum betet mich an.“[1281]

Auch im berühmten Prophetenwort, das durch Abū Dāwūd überliefert wurde, wird betont, dass die Menschen als eine Gemeinschaft gesehen werden sollen.[1282] Der Prophet kritisiert darin deutlich die Absicht, sich aufgrund der Zugehörigkeit zu einer bestimmten gesellschaftlichen Gruppe Vorteile zu verschaffen: „Der gehört nicht zu uns, der die Sache der Stammesparteilichkeit (arab. ʿaṣabīya) vertritt; und der gehört nicht zu uns, der für die Sache der Stammesparteilichkeit kämpft; und der gehört nicht zu uns, der für die Sache der Stammesparteilichkeit stirbt.“[1283]

Aus dieser universalen Humanität, die der islamischen Lehre eigen ist, muss doch ein effektives Ideal im tatsächlichen Leben ausgearbeitet werden, indem der Handel und die Zusammenarbeit der Völkergemeinschaft an Ziele und Arbeitsfelder gebunden werden, welche die Einheit und Gleichheit aller Menschen erfahrbar werden lassen.[1284]

5.2.4.1 Erster Zweck: Förderung der gegenseitigen Verständigung und der kooperativen Zusammenarbeit innerhalb der Völkergemeinschaft

„O Menschen! Siehe, Wir haben euch alle aus einem Männlichen und einem Weiblichen erschaffen, und haben euch zu Völkern und Stäm-

1279 Mohammad, Iqbal: Die Wiederbelebung des religiösen Denkens im Islam. Übers. von Axel Monte und Thomas Stemmer. Berlin 2006, S. 19.

1280 Vgl. ʿAfīf, ʿAbdulfattāḥ Ṭabāra: Rūḥ ad-dīn al-islāmī, S. 280 f.

1281 Sure al-anbiyā'(21), Vers 92.

1282 Vgl. Abū Dāwūd, Kitāb al-adab, Bāb fī l-ʿaṣabīya (Ḥadīṯ-Nr.: 5123).

1283 Berichtet von Abū Dāwūd, Kitāb al-adab, Bāb fī l-ʿaṣabīya (Ḥadīṯ-Nr.: 5123).

1284 Vgl. Yūsuf, al-Qaraḍāwī: Kaīfa nataʿāmal maʿa l-Qurʾān al-ʿaẓīm. Kairo 1999, S. 115 f.

men gemacht, auf dass ihr einander kennen lernen möget. Wahrlich, der Edelste von euch in der Sicht Gottes ist der, der sich Seiner am tiefsten bewusst ist. Siehe, Gott ist allwissend und allkundig".[1285] Dieser Vers lehrt die Gleichheit der Menschheit, die in der einen Wesenheit und ihrem gleichen Ursprung begründet ist. Dieser Geist der Gleichheit trachtet nach einer menschlichen Einheit, die über jegliche äußerliche Unterscheidung erhaben ist, so dass diese Entwicklung zu Nationen und Stämmen den gemeinsamen Wunsch der Menschen nach Einheit und Gemeinsamkeit stärkt und nicht abschwächt.[1286] Dementsprechend wird im Koran jede rassistische, nationale oder tribalistische Gesinnung (arab. ʿaṣabīya) missbilligt. Die wirkliche Unterscheidung zwischen den Menschen ergibt sich, nach dem Vers 21/92, einzig und allein durch den Maßstab der Integrität und Sittlichkeit.[1287] Ähnlich verurteilt der Prophet jedwede Verherrlichung nationaler Angehörigkeit oder einer Stammeszugehörigkeit, er sagt: „Siehe, Gott hat den Hochmut der heidnischen Unwissenheit (al-ǧāhilīya) mit ihrer Prahlerei mit dem Ruhm der Vorfahren von euch hinweg genommen. Der Mensch ist nur ein gottesbewusster gläubiger Mensch oder ein unglücklicher Sünder. Alle Menschen sind Kinder Adams, und Adam wurde aus Staub erschaffen."[1288]

Zudem enthält der obige Vers, im Einklang mit dem Allgemeingeist des Koran, eine normative Aussage, nach der Annäherung und Verständigung durch gegenseitiges Kennenlernen (arab. at-taʿāruf) Ziel und Zweck der menschlichen Vielfalt seien. In diesem Kontext kommt der Zusammenarbeit der verschiedenen Nationen und der Kooperation der Völker eine entscheidende Bedeutung zu.[1289] Die gegenseitige Abhängigkeit der Menschen und auch der Völker voneinander ist demnach nicht als bloße Notwendigkeit der Natur zu verstehen, sondern hierin liegt eine Absicht der Schöpfung. Denn diese Vielfalt und Verschiedenartigkeit finden sich in verschiedenen Bereichen dieser Welt. Auch sind die natürlichen Ressourcen, von denen alle Menschen abhängig sind, dergestalt auf der Erde verteilt, dass eine Kooperation der Menschen untereinander notwendig ist. In dieser Tatsache sind im Übri-

---

1285 Sure al- Ḥuǧurāt (49), Vers 13.

1286 Vgl. Leopold, Weiss: Die Botschaft des Koran, S. 980.

1287 Vgl. Yūsuf, al-Qaraḍāwī: Kaīfa nataʿāmal maʿa l-Qurʾān al-ʿaẓīm, S. 107f.

1288 Berichtet von at-Tirmiḏī, Kitāb at-tafsīr, Bāb sūrat al-Ḥuǧurat (Ḥadīṯ-Nr.: 3270).

1289 Vgl. ʿAṭīya, Ǧamāluddīn: Naḥwa tafʿīl maqāṣid aš-šarīʿa. Damaskus 2001, S. 166.

gen auch die Spezialisierung und Arbeitsteilung, die ja als Grundprinzipien der modernen Wirtschaftsordnung gelten, begründet.[1290]

Diese Gegebenheiten befördern etliche Interaktionsprozesse durch den Austausch von Informationen, Waren und Dienstleistungen zwischen Nationen, die auch einen kulturellen Austausch mit sich bringen, was eine Bereicherung jedweder Kultur darstellt. Das wachsende Verständnis der Menschen füreinander trotz unterschiedlicher Herkunft und Zugehörigkeit trägt unmittelbar zu einer dauerhaften Befriedung des Globus bei.[1291]

Es sei an dieser Stelle allerdings bemerkt, dass der Koran die Zwecke der menschlichen Vielfalt und der Diversität der Völker nur allgemein umreißt, ohne jedoch detailliert die Möglichkeiten zu benennen, mit denen diese Zwecke zu erfüllen seien. Auf dieser Weise steckt er den Handlungsrahmen ab, ohne auf die Flexibilität zu verzichten, die nötig ist, um Belange in einer Welt mit geographischer Weite und historischer Tiefe zu berücksichtigen.[1292] Zugleich betont der Koran die Bedeutung der Gerechtigkeit als wichtigen moralischen Standard, den die Gläubigen stets zu erfüllen versuchen, da selbst unter Menschen, die gewillt sind zu kooperieren, aufgrund divergierender Interessen und menschlicher Unzulänglichkeit, Konkurrenzgefühle, Streit oder sogar Feindseligkeiten entstehen könnten.[1293] Der Koran sagt: „O ihr, die ihr glaubt! (...) Der Hass gegen eine Gruppe soll euch nicht (dazu) verleiten, anders als gerecht zu handeln. Seid gerecht: dies ist dem am nächsten, gottesbewusst zu sein."[1294]

5.2.4.2 Zweiter Zweck: Die menschliche Gemeinverantwortung versus das Konzept des Gottesvolkes

Die einzigartige Stellung des Menschen unter den Geschöpfen Gottes wird im Koran an vielen Stellen betont. Sie erklärt sich daraus, dass der Mensch als Statthalter Gottes angesehen wird.[1295] Gott hat den Menschen

---

1290 Vgl. Ibid.

1291 Vgl. Yūsuf, al-Qaraḍāwī: Kaīfa nataʿāmal maʿa l-Qurʾān al-ʿaẓīm. Kairo 1999, S. 121.

1292 Vgl. ʿAṭīya, Ǧamāluddīn: Naḥwa tafʿīl maqāṣid aš-šarīʿa, S. 166.

1293 Vgl. Yūsuf, al-Qaraḍāwī: Kaīfa nataʿāmal maʿa l-Qurʾān al-ʿaẓīm. Kairo 1999, S. 119.

1294 Sure al-Māʾida (5), Vers 8.

1295 „Und als dein Erhalter zu den Engeln sprach: Wahrlich, Ich bin dabei, auf der Erde einen Statthalter einzusetzen." Sure al-Baqara (2), Vers 30; und: „Er ist es, Der euch

die Erde anvertraut und ihnen das hohe Gut der Vernunft und des Willens vermacht.[1296] Daraus ergibt sich die Verantwortung der Menschen für die Schöpfung, was der arabische Begriff ẖilāfa abbildet. Durch die Fähigkeit des Menschen zur Unterscheidung zwischen Gut und Böse und zur freien Wahl seiner Handlungen ergibt sich die Verpflichtung zu moralischem Handeln.[1297] Im Koran heißt es dazu: „Und daraufhin machten Wir euch zu ihren Nachfolgern auf Erden, auf dass Wir sehen mögen, wie ihr handelt."[1298]

Auch wenn über die genaue Ausgestaltung der Verantwortung des Menschen in den verschiedenen theologischen Strömungen Uneinigkeit herrscht, stellt dieses Konzept für die Gläubigen eine tragfähige Deutung der kosmologischen Gesamtheit der Wirklichkeit des Universums und der Stellung des Menschen in ihm dar. Solch ein Verständnis impliziert keine Abwertung des Menschen, im Gegenteil, es gewährt ihm Ehre und Würde.[1299] Außerdem wird ihm die Fähigkeit prädiziert seine Handlungen sowohl im Guten als auch im Schlechten selbst zu bestimmen: „Im tiefsten Sinn ist die Fähigkeit des Menschen, unrecht zu handeln, eine Begleiterscheinung seiner Fähigkeit, recht handeln zu können: Mit anderen Worten, es ist diese innewohnende Polarität von Neigungen, die jeder „rechten" Entscheidung einen Wert verleiht und damit den Menschen mit einem moralischen freien Willen versieht."[1300] Im Koran heißt es über diesen Dualismus, der den menschlichen Handlungsoptionen innewohnt: „Und bei einer (jeden menschlichen) Seele und bei dem, der sie gebildet; und ihr den Sinn für ihre Sündhaftigkeit und für ihre Gottesfurcht eingegeben hat! Wahrlich, erfolgreich ist derjenige, der sie rein hält; und wahrlich, versagt hat derjenige, der sie verkommen lässt"[1301]. Gott selbst, so überliefert der Koran, weist immer wieder darauf hin, etwa wenn er fragt:

---

zu Statthaltern auf Erden gemacht hat. Wer nun un-gläubig ist, dessen Unglaube lastet auf ihm." Sure Fāṭir (35), Vers 39.

1296 „Wahrlich, Wir hatten das anvertraute Gut (Vernunft und Wille) den Himmeln und der Erde und den Bergen dargeboten, aber sie weigerten sich, es zu tragen, sie scheuten sich davor. Doch der Mensch trug es" Sure al-Aḥzāb (33), Vers 72.

1297 Vgl. ʿAṭīya, Ǧamāluddīn: Naḥwa tafʿīl maqāṣid aš-šarīʿa, S. 167.

1298 Sure Yūnus (10), Vers 14.

1299 Vgl. ʿAṭīya, Ǧamāluddīn: Naḥwa tafʿīl maqāṣid aš-šarīʿa, S. 167.

1300 Vgl. Leopold, Weiss: die Botschaft des Koran, S. 1166.

1301 Sure aš-Šams (91), Vers 7–10.

„Haben wir ihm nicht zwei Augen gegeben, und eine Zunge und zwei Lippen? Und ihm haben wir die beiden Höhenwege (von Gut und Übel) gezeigt.“[1302]

Mit dem Konzept der Statthalterschaft auf Erden (arab. ḫilāfa), postulieren einige Gelehrte, biete der Islam allen Menschen, gleich welcher religiösen Überzeugung oder Gesinnung, eine gemeinsame Grundlage für die Zusammenarbeit und die Realisierung der gemeinsamen Verantwortung in dieser Welt.[1303] Er biete somit ein Korrektiv zum theologischen Konstrukt eines „auserwählten Gottesvolkes“, das in zahlreichen religiösen Lehren und Anschauungen verbreitet ist, und stelle somit eine humane Alternative dar.[1304]

Die Wirksamkeit und die Möglichkeiten des völkerübergreifenden Miteinanders stellen Tag für Tag solche Unternehmen, Regierungs- und auch Nichtregierungsorganisationen unter Beweis, die Einigungen über gemeinsame Ziele und Aktionsprogramme erzielen und damit eine übernationale Kooperation erleben.[1305]

Schließlich gibt es bestimmte natürliche Interessen und Bedürfnisse, die allen Menschen gemeinsam sind.[1306] Daher bietet die Forschung im Bereich der maqāṣid eine unerlässliche Referenz bei der Ausarbeitung einer friedlichen und weltoffenen Politik insbesondere von islamischen Staaten und eine unverzichtbare Orientierungshilfe für die islamischen Regierungs- und Nichtregierungsorganisationen.[1307]

Zu den Bereichen der Zusammenarbeit zwischen den Menschen, die zur Erfüllung ihrer Aufgabe der kosmischen Statthalterschaft (ḫilāfa) beitragen, gehören die fruchtbare Besiedlung der Erde und eine dementsprechende nachhaltige Zivilisation.[1308] Im Koran heißt es: „Er hat euch aus der Erde hervorgebracht und ließ euch darauf gedeihen“.[1309] Die Tatsache, dass Gott in diesem und vielen anderen Koranversen die Menschen als Kollektiv anspricht, zeigt,

1302 Sure Al-Balad (90), Vers 8–10.

1303 Vgl. Aḥmad, ar-Rifāy'a: Ahammīyat maqāṣid aš-šarī'a fī l-iğtihād. Amman 1992, S. 74.

1304 Vgl. Ibid.

1305 Vgl. 'Aṭīya, Ğamāluddīn: Naḥwa taf'īl maqāṣid aš-šarī'a. Damaskus 2001, S. 168.

1306 Vgl. Ibn 'Abdissalām, al-'Izz: Qawā'id al-aḥkām fī maṣāliḥ al-anām. Band 1. Kairo 1988, S. 5 ff.

1307 Vgl. 'Aṭīya, Ğamāluddīn: Naḥwa taf'īl maqāṣid aš-šarī'a, S. 168.

1308 Vgl. Yūsuf, al-Qaraḍāwī: Kaīfa nata'āmal ma'a l-Qur'ān al-'aẓīm. Kairo 1999, S. 128.

1309 Sure Hūd (11), Vers 61.

dass die meisten Aufgaben und Lasten des Lebens nur in der Gemeinschaft zu bewältigen sind. Daher müssen die gemeinschaftliche Übernahme von Verantwortung und die Zusammenarbeit zwischen den Völkern die Antwort auf die voranschreitende Gefährdung der Lebenszusammenhänge dieser Welt sein. Sie sind die einzig angemessene Reaktion auf Phänomene und globale Probleme, die unsere Existenz bedrohen und daher unser kollektives Handeln herausfordern.[1310]

In einer defizitären Welt wie unsere, die in vielerlei Hinsicht nicht mehr im Gleichgewicht steht, muss der Mensch nach der islamischen Lehre der Schöpfung mit Liebe begegnen und durch sie einen Geist der Verantwortung erwecken, der sich in einer Verpflichtung zu gemeinsamem lebenserhaltendem Handeln und einer liebenden Sorge für eine gerechte, menschenwürdige und lebensfähige Mitwelt äußert.[1311]

1310 Vgl. ʿAbdulmaǧīd, an-Naǧār: Maqāṣid aš-šarīʿa bi-abʿād ǧadīda. Beirut 2006, S. 117.

1311 Der Prophet Muḥammad sagt: „Kein Muslim sät etwas aus oder pflanzt etwas an, wovon Mensch oder Tier zehren, ohne dass es ihm als *Sadaqa* (Wohltätigkeit) gutgeschrieben wird." Berichtet von al-Buḫārī, Kitāb al-ḥarṯ wa l-muzāraʿa, Bāb iʿṭāʾ al-Fayʾ ʿala ad-diwān (Ḥadīṯ-Nr.: 2320); und „Wer einen Vogel oder irgendetwas anderes ohne Recht tötet, der wird im jüngsten Tag darüber befragt werden." [Berichtet von an-Nasāʾī, Bāb man qatala ʿuṣfūran biġairi ḥaqqihā (Ḥadīṯ-Nr.: 4457); Aḥmad, Ibn Muḥammad Ibn Ḥanbal: Musnad Imām Aḥmad. Band 32. Kairo 1999, S. 220 (Ḥadīṯ-Nr.: 19470)]. Im Koran steht: „Es gibt kein Getier auf Erden und keinen Vogel, der auf seinen zwei Schwingen dahinfliegt, die nicht Gottes Geschöpf sind wie ihr selbst: Nichts haben Wir in dem Buch ausgelassen." Sure al-Anʿām (6), Vers 38. An einer weiteren Stelle heißt es: „Er ist es, Der Wasser aus den Wolken herniedersendet; davon habt ihr zu trinken, und davon wachsen die Gebüsche, an denen ihr (euer Vieh) weiden lasst. Damit lässt Er für euch Korn sprießen und den Ölbaum und die Dattelpalme und die Trauben und Früchte aller Art. Wahrlich, darin liegt ein Zeichen für nachdenkende Leute. (...) Und was Er auf der Erde für euch erschaffen hat, ist mannigfach an Farben. Wahrlich, darin liegt ein Zeichen für Leute, die sich mahnen lassen. Und Er ist es, Der (euch) das Meer dienstbar gemacht hat, auf dass ihr zartes Fleisch daraus esst und Schmuck daraus gewinnt, um ihn euch anzulegen. Und du siehst, wie die Schiffe es durchfahren, auf dass ihr Seine Huld suchet und auf dass ihr dankbar sein möget." [Sure *an-Naḥl* (16), Vers 10–14]

5.2.4.3 Dritter Zweck: Verwirklichung einer gerechten und friedlichen Weltordnung

Eine ganze Reihe von traditionellen juristischen Schriften befördert das Verständnis, dass die Beziehung zwischen Muslimen und Nichtmuslimen grundsätzlich eine der ewigen Feindseligkeit und der Aggression sei. Um diese Auffassung zu bekräftigen, werden mehrere Kornaverse zitiert, die jedoch aus dem Kontext genommen sinnentstellt sind. Einer davon ist der sogenannte „Vers des Schwertes" ('ayat as-saif), der mehr als zweihundert Koranverse, die Frieden, Freiheit und Gerechtigkeit betonen, abrogiert haben solle.[1312]

Nach diesem Verständnis sei der bloße Unglaube, auch ohne dass ein Angriff auf Gläubige erfolgt, ein ausreichender Grund und eine legitime Rechtfertigung für den Krieg gegen die, die als Ungläubige bezeichnet werden![1313] Der Kontext vieler Verse macht jedoch klar, dass die Rechtfertigung des Krieges ausschließlich in der Notwehr gegen einen Angriff besteht. Hingegen bleibt die Frage des Glaubens eine exklusive Angelegenheit des religiösen Aufklärungsdiskurses.[1314] In diesem Sinne sagt der Koran: „So (o Prophet) ermahne sie; denn du bist wahrlich nur ein Ermahner, du kannst sie aber nicht zwingen (zu glauben)"[1315] sowie „und wenn dein Herr wollte, würden fürwahr alle auf der Erde zusammen gläubig werden. Willst du etwa die Menschen dazu zwingen, gläubig zu werden?"[1316]; und „Es gibt keinen Zwang im Glauben. (Der Weg der) Besonnenheit ist nunmehr klar unterschieden von (dem der) Verirrung".[1317]

Aus dem kategorischen Verbot von Zwang in allen Glaubensfragen leiten die islamischen Juristen (fuqahā') ausnahmslos ab, dass sogar eine etwaige Konversion, wenn sie denn aufgrund von Zwang erfolgte, ungültig sei.[1318] Muḥammad Asad (Leopold Weiss) etwa sieht darin einen Beleg dafür, dass

1312 Vgl. Muḥammad, Sa'īd Ramaḍān al-Būṭī: al-Ǧihādu fi l-islām – kaifa nafhamuhu wa kaifa numārisuhu. Damaskus 1993, S. 53 ; vgl. hierzu auch 'Aṭīya, Ǧamāluddīn: Naḥwa taf'īl maqāṣid aš-šarī'a. Damaskus 2001, S. 168.

1313 Vgl. 'Aṭīya, Ǧamāluddīn: Naḥwa taf'īl maqāṣid aš-šarī'a, S. 168.

1314 Vgl. Ibid. 169.

1315 Sure al-Ġāšiya (88), Vers 21–22.

1316 Sure Yūnus (10), Vers 99.

1317 Sure al-Baqara (2), Vers 255.

1318 Vgl. Leopold, Weiss: Die Botschaft des Koran, S. 95.

das verbreitete Vorurteil gegenüber dem Islam, er lasse keinen anderen Glauben gelten jeder Grundlage entbehre. So schreibt er über die Entscheidung der Gelehrten: „Ein Urteil, das mit dem weit verbreiteten Trugschluss aufräumt, der Islam stelle „die Ungläubigen“ vor die Alternative von Konversion oder das Schwert.“[1319]

Diese Ansicht und die historische Realität, die Existenz und das Aufblühen von nichtmuslimischen Glaubensgemeinschaften auf islamischem Boden, belegen den Grundsatz, dass die Beziehung zwischen Muslimen und Nicht-Muslimen Respekt und Frieden ist -„wenn sie dem Frieden zuneigen, neige auch du ihm zu“[1320]- und dass der Krieg nur eine Ausnahme als Akt der Selbstverteidigung gegen eine Aggression ist.[1321] Hierin stellt der Islam keine Ausnahme dar, er agiert vielmehr im Einklang mit den zeitgenössischen Rechtslehren, die Gewalt nur in der Situation äußerster Notwehr legitimieren. So verbot etwa das Völkerrecht 1928 im Briand-Kellog-Pakt allgemeinverbindlich den Angriffskrieg und legitimierte hingegen die Selbstverteidigung zur Erhaltung eines Staates.[1322]

Damit aber der Frieden doch eine Realität werden kann und nicht nur ein frommer Wunsch bleibt, bedarf es der Errichtung einer Weltordnung, einschließlich der Schaffung internationaler Organisationen, um die kollektive Sicherheit zu gewährleisten, die Zusammenarbeit in einer Vielzahl von Bereichen zu organisieren und die Umsetzung der zwischenstaatlichen Verträge zu überwachen.[1323]

Allerdings subsumiert der islamische Begriff von Frieden unabdingbar auch den der Gerechtigkeit. Denn nach seinem Verständnis gibt es keinen echten Frieden ohne Gerechtigkeit und keine Gerechtigkeit ohne Frieden.[1324] Gerechtigkeit ist die „unzertrennliche Gefährtin des Friedens; wenn sie weicht, so flieht alsbald der Frieden und mit ihm Zufriedenheit und Glück.“[1325] Sie ist

---

1319 Vgl. Ibid.

1320 Sure al-Anfāl (8), Vers 61.

1321 Vgl. Yūsuf, al-Qaraḍāwī: Kaīfa nataʿāmal maʿa l-Qurʾān al-ʿaẓīm. Kairo 1999, S. 121 f.

1322 Vgl. Ryu, Yeo-Hae: Die Verfolgung völkerstrafrechtlicher Verbrechen nach deutschem und südkoreanischem Strafrecht. Göttingen 2007, S. 12 ff.

1323 Vgl. ʿAṭīya, Ǧamāluddīn: Naḥwa tafʿīl maqāṣid aš-šarīʿa, S. 169.

1324 Vgl. Ibid.

1325 Zollner, Johann: Das katholische Christenthum in seinem Glauben, seinen Geboten und Gnadenmitteln. Regensburg 1862, S. 439. Abrufbar im Internet. Url: http://books.google.de/books?id=3Vg_AAAAcAAJ&pg= PA439&dq=Frieden+und+Gerechtigkeit+unzertrennlich+zollner&hl=de&ei=snYbTsGcKY_4sgaczNChBw&sa=X&oi=b

ein fundamentaler Wert, denn alle gesellschaftlichen Unruhen haben ihren Ursprung in einer Verletzung der Gerechtigkeit.[1326] Daher war die Gerechtigkeit im Laufe der Geschichte das grundlegende Ziel der menschlichen Beziehungen und sie ist der innerste Zweck der göttlichen Offenbarungen.[1327] Auch in anderen Religionen wird der Zusammenhang von Frieden und Gerechtigkeit auf vielfältige Art und Weise betont.[1328] Unter den Leitsatz „Aus der Gerechtigkeit des einzelnen erwächst der Frieden für alle" hat Papst Johannes Paul II. seine Botschaft zum Weltfriedenstag am 1. Januar 1998 gestellt.[1329]

Ebenso stellte der Prophet Muḥammad die Bedeutung der Gerechtigkeit als Saat des Friedens heraus, in dem er, wie bereits erwähnt, u. a. ḥilf al-Fuḍūl (Bündnis der Tugendhaften) als Bündnis für die Gerechtigkeit auch Jahrzehnte danach lobte und somit den Grundsatz bekräftigte, dass nur in der Ausübung der Gerechtigkeit Frieden werden kann.[1330]

Daraus ist zu schließen, dass der Islam völkerrechtliche Konventionen anerkennt, die darauf abzielen, Gerechtigkeit zu fördern und Weltfrieden zu sichern. Daher mahnt der Koran die Gläubigen dazu, getreu ihre Verträge zu erfüllen und Bündnisse einzuhalten: „O ihr, die ihr glaubt, seid euren Verträgen treu!"[1331]; und „haltet die Verpflichtung ein; denn über die Verpflichtung muss Rechenschaft abgelegt werden."[1332]

---

ook_result&ct=result&resnum=1&ved=0CC4Q6AEwAA#v=onepage&q&f=false. Stand: 02. 07. 2011.

1326 Vgl. Ibid.

1327 „Wahrlich, Wir schickten Unsere Gesandten mit klaren Beweisen und sandten mit ihnen das Buch und die Waagewerte herab, auf dass die Menschen Gerechtigkeit üben mögen" Sure al-Ḥadīd (57), Vers 25.

1328 Vgl. Rolf Kramer: Soziale Gerechtigkeit – Inhalt und Grenzen. Berlin 1992, S. 58.

1329 Vgl. Aus der Gerechtigkeit des einzelnen erwächst der Frieden für alle. URL: http://www.vatican.va/ holyfather / johnpaulii/messages/peace/documents/hf_jp-ii_mes_08121997_xxxi-world-day-for-peace_ge.html. Stand: 10.07.2011.

1330 Vgl. al-Baihaqī, Kitāb l-fay' wa l-ġanīma, Bāb i'ṭā' al-fay' 'ala ad-diwān (Ḥadīṯ-Nr.: 13461).

1331 Sure al-Mā'ida (5), Vers 1.

1332 Sure al-Isrā' (17), Vers 34.

5.2.4.4 Vierter Zweck: Internationaler Schutz der Menschenrechte

Die islamische Lehre betont, dass die Völker dieser Erde insgesamt eine Gemeinschaft bilden – „ihr alle seid Kinder von Adam“[1333] – mit gemeinsamen Zielen und Aufgaben. Um diese Einheit zu bekräftigen, betont der Korandiskurs oftmals den gemeinsamen Ursprung der Menschheit und die Bruderschaft des Menschengeschlechts: „O Menschheit! Seid euch eures Erhalters bewusst, der euch aus einer einzigen lebenden Wesenheit erschaffen hat und aus ihr Partnerwesen erschuf und aus den beiden eine Vielzahl von Männern und Frauen verbreitet“.[1334] In der Sure al-anbiyā' wird zunächst an einige Propheten erinnert, die alle die Einheit und Einzigkeit Gottes predigten. Dann kehrt der Diskurs zur Maxime der Einheit aller Menschen zurück, die sich in der einen einzigen Gemeinschaft und dem einen einzigen Gott manifestiert.[1335] Daraus leitet sich im islamischen Denken das Prinzip der Unverletzlichkeit und vor allem der Unteilbarkeit der menschlichen Würde ab, sodass „wer ein menschliches Wesen tötet, ohne (dass es) einen Mord (begangen) oder auf der Erde Unheil gestiftet (hat), so ist es, als ob er alle Menschen getötet hätte. Und wer es am Leben erhält, so ist es, als ob er alle Menschen am Leben erhält“.[1336]

Angeregt von diesem Geist, sieht der berühmte pakistanische Denker und Dichter Muḥammad Iqbal die wichtigste Aufgabe der Völkergemeinschaft in der Emanzipation der Menschheit und im Schutz der Menschrechte. In seiner Neujahrsansprache am 1. Januar 1938 sagte er: „In jeder Ecke der Welt wird auf dem Geist der Freiheit und der Würde des Menschen auf eine Weise herumgetrampelt, zu der es nicht einmal in der dunkelsten Periode der menschlichen Geschichte eine Parallele gibt.“[1337] Daraufhin formulierte er seine Botschaft, dass nur die brüderliche Einheit der Menschen verlässlich sei, die über Rasse, Nationalität, Hautfarbe und Sprache stehe. Solange die Menschen „nicht durch ihre Handlungen aufzeigen, dass sie daran glauben,

1333 at-Tirmiḏī, Kitāb at-tafsīr, Bāb sūrat al-Ḥuǧurat (Ḥadīṯ-Nr.: 3269 u.3270).

1334 Sure an-Nisā'(4), Vers (1).

1335 Vgl. Sure al-anbiyā'(21), Vers 92.

1336 Sure al-Mā'ida (5), Vers 32.

1337 Mohammad, Iqbal: Die Wiederbelebung des religiösen Denkens im Islam. Übers. von Axel Monte und Thomas Stemmer. Berlin 2006, S. 20f.

dass die ganze Welt die Familie Gottes ist, werden sie nicht in der Lage sein, ein glückliches und zufriedenes Leben zu führen; und die schönen Ideale der Freiheit, Gleichheit und Brüderlichkeit werden sich nie verwirklichen."[1338]

Wenn der Grundsatz also stimmt, dass die Würde und Grundrechte des Menschen als „grundlegende Rechte so unverletzlich sind, dass gegen sie keine Staatsraison, kein Vorwand des Gemeinwohls in die Waagschale geworfen werden kann",[1339] dann folgt selbstverständlich daraus die Notwendigkeit und die Befugnis sich zum Schutze dieser Grundrechte, die ja unangetastet bestehen müssen, zu organisieren. Daher besteht die wichtigste Aufgabe der Staatsgemeinschaft eben darin, eine Rechtsordnung zu schaffen, die jeden Einzelstaat einbettet und einen universalen Geltungsanspruch erhebt, um die Gerechtigkeit zu fördern und die Menschenrechte zu schützen sowie den Kontakt und die Zusammenarbeit zwischen den Völkern voranzutreiben und somit letztendlich den Weltfrieden zu sichern.[1340]

Daher müssen sich die souveränen Staaten zu einer Rechtsgemeinschaft zusammenschließen, um weltweit eine Rechtswirklichkeit zu schaffen, die in den Menschenrechten eine unüberschreitbare Schranke und den Ausgangspunkt jeder Gesetzgebung und jeder Rechts- und Gesellschaftsordnung sieht.[1341] Also eine Rechtsgemeinschaft, die eine internationale Rechtsräson etablieren kann, welche die Frage der Menschenrechte nicht nur als innerstaatliche Angelegenheit betrachtet, sondern auch als Anliegen der internationalen Gemeinschaft, die sich bereit erklärt, notfalls gegen Regime und Staaten militärisch vorzugehen, die unter dem Schutz der Staatssouveränität systematische Verbrechen gegen die Menschlichkeit begehen. Dies darf aber nur als wahre humanitäre Intervention geschehen und diese Ziele dürfen nicht als Vorwand strategischer und wirtschaftlicher Interessen missbraucht werden. Denn ein solcher Missbrauch stellt für sich ein Verbrechen gegen die Menschheit dar.[1342]

1338 Ibid.

1339 Justenhoven, Heinz-Gerhard: Internationale Schiedsgerichtsbarkeit- ethische Norm und Rechtswirklichkeit. Stuttgart 2006, S. 47.

1340 Vgl. Yūsuf, al-Qaraḍāwī: Dirāsa fī fiqh maqāṣid aš-šarī'a. Kairo 2006, S. 152.

1341 Vgl. Muḥammad, 'Uṯmān Šubayr/ Aḥmad, ar-Rīsūnī/ Muḥammad, az-Zuḥaylī: Ḥuqūq al-insān miḥwar maqāṣid aš-šarī'a. Doha 2002, S. 22–24.

1342 Vgl. Ibid.; vgl. hierzu auch 'Aṭīya, Ǧamāluddīn: Naḥwa taf'īl maqāṣid aš-šarī'a, S. 170.

Ein solches Bekenntnis zur Würde und Freiheit des Menschen ergibt sich aus zahlreichen Koranversen und Worten des Propheten, die in ihrer Gesamtheit eine moralische Verpflichtung gegenüber dem Menschen und seinen Grundrechten ausdrücken.[1343] Der Prophet sagt: „Wer von euch (wo und an wem auch immer) Unrecht sieht, der soll es mit der (Tat) seiner Hand verändern, und wenn er das nicht vermag, dann mit den (Worten) seiner Zunge, und wenn er (auch) das nicht vermag, dann mit dem Wunsch seines Herzens, und das ist das Mindeste am Glauben"[1344]. Die grundsätzliche Ausrichtung des Islam zur Erfüllung der Gerechtigkeit findet sich auch in zahlreichen anderen Aussagen des Propheten, wie etwa: „Bei Allah, ihr werdet das Gute gebieten und das Übel verbieten und die Übertreter[1345] zur Gerechtigkeit anhalten, oder wird Allah auf euch seine Strafe herab senden, und ihr werdet zu Ihm flehen und das wird von euch nicht erhört."[1346]

Diese ethische Maxime hat den Propheten und seine Gefährte stets angetrieben. Als Quraiš und ihre Verbündeten banī Bakr in Mekka den Stamm von banī Ḫuzāʿa ungerechtfertigt angegriffen und vertrieben, erklärten die Muslime aus Medina den Aggressoren den Krieg und verteidigten banī Ḫuzāʿa, obwohl diese bekanntlich keine Muslime waren.[1347] Dieser Vorfall und der allgemeine Tenor der Texte, die hier angeführt wurden, betonen stellvertretend für zahlreiche Koranverse und Ḥadīṯe die Universalität der Frage der Menschenrechte aus der islamischen Sicht und formulieren die ethische Verpflichtung, aus dem moralischen Anspruch eine weltweite Rechtsverbindlichkeit als eine positive rechtliche Tatsache zu schaffen, die für alle Staaten verpflichtend und überall wirksam und gültig ist.

1343 Vgl. Muḥammad, ʿUṯmān Šubayr/ Aḥmad, ar-Rīsūnī/ Muḥammad, az-Zuḥaylī: Ḥuqūq al-insān miḥwar maqāṣid aš-šarīʿa, S. 40 ff.

1344 Berichtet von at-Tirmiḏī, Kitāb al-fitan, Bāb taġyīr al-munkar bi-l-yadi wal-lisān wal-qalb (Ḥadīṯ-Nr.: 2172).

1345 Übertreter können theoretisch einzelne Menschen, Volksgruppen oder Staaten sein.

1346 Berichtet von at-Tirmiḏī, Kitāb al-fitan, Bāb al-amr bi l-maʿrūf wan-nahy ʿani l-munkar (Ḥadīṯ-Nr.: 2169).

1347 Vgl. Ṣāliḥ, Ibn Ḥamīd / ʿAbdurraḥmān Ibn Mulawiḥ: Mausūʿat naḍrat an-naʿīm fi aḫlāq ar-Rasūl al-karīm. Band 1. Jeddah 1998, S. 417.

6 Zusammenfassung und Ausblick

Die Bedeutung der Theorie der maqāṣid – sei es als zweckrationale Methodologie im Umgang mit dem normativen Text oder als Reform- und Erneuerungskonzept in der islamischen Theologie – beschränkt sich nicht nur auf die Jurisprudenz und die Methoden der Rechtsfindung, sondern sie erstreckt sich auch auf das ganze islamische Denken und bildet einen intentionalen, maqāṣid-bezogenen Geist, der auf alle Aspekte des Lebens positiv ausstrahlt und einen nachhaltigen Beitrag bei der Entwicklung einer kollektiven Dynamik leistet.[1348] Ein Geist, der eine Vision für die Zukunft im Lichte der Erfahrungen der Vergangenheit zeichnet und Eintracht im Inneren der Individuen und Frieden im Zentrum der Gesellschaft schafft, indem er eine Balance zwischen den Bedürfnissen des Menschen und den Anforderungen des Glaubens herstellt, sowie Harmonie zwischen den Gesetzen der Schöpfung (Natur) und den Prinzipien der Offenbarung (Schrift) stiftet.[1349]

So bildet der Ansatz der maqāṣid mit seinen Fundamenten und Zwecken, Universalien und Einzelheiten, und mit seinen Regeln und Mechanismen eine besondere Betrachtungsmethodik, welche die menschlichen Bedürfnisse und Lebensangelegenheiten, die ja unter der Voraussetzung der islamischen Normen zu subsumieren sind, zu einem interaktiven und strukturierten Ganzen systematisiert und somit ein dialektisches und synthetisches Verstehen fördert.[1350] Daher ist das moderne islamische Denken aufgefordert, sich sowohl jetzt als auch in der Zukunft am Paradigma der maqāṣid

1348 Vgl. ʿAllāl al-Fāsī: Maqāṣid aš-šarīʿa al-islāmīya wa-makārimuhā. Casablanca 1991, S. 55f; vgl. hierzu auch ʿAbdulmağīd, an-Nağār: Maqāṣid aš-šarīʿa bi-abʿād ğadīda. Beirut 2006, S. 7.

1349 Vgl. Nūruddīn, al-Ḫādimī: al-Iğtihād al-maqāṣidī – ḥağīyatuhu ḍawābiṭuhu wa-mağālātuhu. Doha 1998, S.18 f.

1350 Vgl. Aḥmad, ar-Rīsūnī: al-Fikr al-maqāṣidī qawāʿiduhu wa-fawāʾiduhu. Beirut 2003, S. 83 f.

zu orientieren und mit der wachsenden Zahl von Schriften und Studien in diesem Bereich methodologisch und inhaltlich auseinanderzusetzen.

Nun möchte ich an dieser Stelle rückblickend zwei zentrale Erkenntnisse aus dieser Arbeit besonders herausstellen und anschließend mit einem Ausblick über die Zukunft der Forschung in diesem Thema abschließen.

6.1 Zweckrationalität der islamischen Normen und Texte

Aus der induktiven Lesung (istiqrā') der Quellentexte aus dem Koran und der Sunna ergibt sich, wie wir im vierten Kapitel gesehen haben, dass die islamischen Normen und Texte Ziele und Zwecke intendieren, die in der Bewahrung dessen zusammengefasst werden, was für die menschliche Gattung gut und nützlich ist.[1351] Daher ist es notwendig, die islamischen Texte und Normen im Kontext der in ihnen ruhenden Zwecke auszulegen und stets in Verbindung mit den legitimen Interessen der Individuen und dem Gemeinwohl der Gesellschaft zu verstehen.[1352]

Zudem ergibt sich aus den Erkenntnissen der Schöpfung und Lehren der Offenbarung die Maxime, dass alles, was Gott als der Allweise erschaffen hat, einen Sinn und Zweck hat, da er, nach den Worten von ar-Rāzī (gest. 1209), nie eine Handlung veranlassen würde, die nicht im Interesse eines gewissen Nutzens steht. Ansonsten würde ein derartiges Verhaltensmuster der Unvernunft gleichkommen,[1353] wohingegen der Korandiskurs die Weisheit und Sinnhaftigkeit der Schöpfung immer wieder hervorhebt, wie etwa in der Sure ar-Ra'd: „Denn bei Ihm ist alles (erschaffen) in Übereinstimmung mit seinem Bereich und Zweck"[1354]; oder auch in der Sure ad-Duḫān, in der

1351 Vgl. Muḥammad, Ṭāhir Ibn'Āšūr: Maqāṣid aš-šarī'a al-islāmīya. Amman 2001, S. 180.

1352 Vgl. Nūruddīn, al-Ḫādimī: al-Iǧtihād al-maqāṣidī – ḥaǧīyatuhu ḍawābiṭuhu wa-maǧālātuhu, S.48 f.

1353 Ar-Rāzī, Faḫruddīn: al-Maḥṣūl fī 'ilm al-uṣūl. Band 2. Riad 1981, S. 213.

1354 Sure ar-Ra'd (13), Vers 8. Wörtlich bedeutet das arabische Wort *bi-miqdar* „nach einem Maß" – d. h. in Übereinstimmung mit dem besonderen Zweck, für den es erschaffen wurde, den Erfordernissen seiner Existenz und der Rolle, die es in Gottes Schöpfungsplan zu spielen bestimmt ist. (Leopold, Weiss: die Botschaft des Koran. Düsseldorf 2009, S. 459)

eindrücklich darauf hingewiesen wird, dass nichts ohne „eine innere Wahrheit“ erschaffen worden sei.[1355]

Darüber hinaus gibt es noch zahlreiche Texte aus dem Koran und der Sunna, die den Grundsatz betonen, dass die Herbeiführung des Nutzens und die Abwendung des Schadens das Kernziel der islamischen Religionslehre ist. So sagt der Koran in der Sure al-Baqara: „Er ist es, der für euch alles auf der Erde erschuf“[1356]. In der Sure Ibrāhīm werden Gottes Taten benannt, so habe er die Himmel und die Erde erschaffen und Wasser aus den Wolken niederregnen lassen; und er habe den Menschen Tag und Nacht, Sonne und Mond, die Flüsse und Meere, aber auch die Schiffe dienstbar gemacht, dass sie ihnen zu Nutzen seien und noch Vieles mehr, das aufzuzählen nicht möglich sei. Weil die Menschen diese Gaben Gottes nicht erfassten, seien sie undankbar.[1357] Diese humane Haltung der islamischen Theologie wird auch durch den Grundsatz akzentuiert, dass die Härte, selbst wenn es um religiöse Gebote geht, zu vermeiden gilt. Im Koran heißt es dazu explizit, dass Gott keine Härte in irgendetwas bezüglich der Religion auferlegt habe.[1358] Deutlich wird diese Haltung auch im, dem Propheten zugesprochenen Wort: „Es darf kein Schaden zugefügt werden, weder dem Selbst noch den Anderen.“[1359]

Die Maxime, dass die islamischen Texte und Normen Ziele und Zwecke implizieren, findet sich auch in den Aussagen und Einstellungen einer Reihe von Gelehrten wieder, die an der Entwicklung der islamischen Rechtslehre und deren Methodologie maßgeblich beteiligt waren. So unterstreicht aš-Šāṭibī (gest. 1388), dass die Scharia im Interesse der menschlichen Bedürfnisse erlassen worden sei. Jede rechtliche Verpflichtung, erbringe einen Nutzen oder verhindere einen Schaden.[1360] „Auf dieser Basis kann, mit aller Gewissheit, die Scharia begründet werden.“[1361] Ebenso betont al-Qurṭubī (gest. 1273), dass es keinen Dissens zwischen den weisen Gelehrten darü-

1355 „Wir haben nicht die Himmel und die Erde und alles, was zwischen ihnen ist, in bloß müßigem Spiel erschaffen. Nichts davon haben wir ohne (eine innere) Wahrheit erschaffen.“ Sure ad-Duḫān (44), Vers 38.

1356 Sure al-Baqara (2), Vers 29.

1357 Vgl. Sure Ibrāhīm (14), Vers 32–34.

1358 Sure *al-Ḥaǧ* (22), Vers 78.

1359 Berichtet von Ibn Māǧa, Kitāb al-aḥkām, Bāb man banā fi ḥaqqihi ma yaḍurru biǧārihi (Ḥadīṯ-Nr.: 2340).

1360 Vgl. Abū-Isḥāq, aš-Šāṭibī: al-Muwāfaqāt. Band 2. Beirut 1995, S. 305 f.

1361 Vgl. Ibid., S. 304.

ber gebe, dass der Zweck hinter den Gesetzen der Propheten sei, die wahren Interessen der Menschen zu schützen, sowohl die diesseitigen als auch die jenseitigen, die materiellen wie die geistigen.[1362] Auch Ibn al-Qaiyim (gest. 1350) konstatiert in seinen weithin bekannten Ausführungen, dass die islamische Normordnung auf der Weisheit und der Bewahrung der menschlichen Interessen beruhe und dass sie reine Gerechtigkeit, reine Barmherzigkeit und reiner Nutzen sei. Daher sei alles, was vom Recht zum Unrecht, von der Barmherzigkeit zur Qual, vom Nutzen zum Schaden und von der Weisheit zur Torheit verleite, nicht Teil des islamischen Rechts, selbst wenn es sich um Erkenntnisse handele, die direkt aus dem Text interpretiert worden seien.[1363]

Das Bekenntnis zur maqāṣid blieb jedoch nicht nur eine intellektuelle Gesinnung, sondern gewann auch in der praktischen Rechtsanwendung Gestalt und floss so in die theologischen Präferenzen und juristischen Schlüsse der meisten Gelehrten ein, ausgenommen die der Ẓāhirīten (Literalisten), die in dieser Hinsicht eine Ausnahme in der Geschichte der islamischen Theologie darstellen.[1364] Über die pflichtmäßige Almosengabe des Fastenbrechens (zakāt al-fiṭr) am Ende des Monats Ramadan, bezüglich der kontrovers diskutiert wurde, ob sie genau nach dem Wortlaut des Propheten, aus einem Sa'[1365] von Datteln oder einem Sa' von Gerste für jeden Einzelnen zu bestehen habe oder ob es genüge, andere gleichwertige Mittel oder einfach den Wert auszugeben, sagt Ibn al-Qaiyim: „Diese Mittel wurden vom Propheten aus dem einfachen Grund erwähnt, weil sie jener Zeit die Hauptnahrungsmittel von Medina waren."[1366] Was andere Regionen anbetreffe, in denen andere Lebensmittel verbreitet wären, so sollten sie dort die Almosengabe von diesen Nahrungsmitteln entrichten, schließlich sei der

---

1362 Vgl. Abū'Abdillāh, al-Qurṭubī: al-Ǧāmi'u lī aḥkāmi l-Qur'ān. Band 2. Riad 2003, S. 64.

1363 Vgl. Ibn al-Qaiyim, Šamsuddīn Abū'Abdillāh: I'lāmu l-muwaqqi'īn. Band 3. Kairo 1994, S. 3.

1364 Vgl. Aḥmad, ar-Rīsūnī: Naẓarīyat al-maqāṣid 'indal-imām aš-Šāṭibī. Casablanca 1990, S. 335.

1365 Ein altes arabisches Hohlmaß, entspricht ung. 2,04 kg. (Vgl. Abū Muḥammad, 'Abdalġanī Ibn 'Abdulwāḥid al-Maqdisī: Tanbīh al-afhām lišarḥ'umdat al-aḥkām. Band 1. Kairo 2005, S. 408)

1366 Ibn al-Qaiyim, Šamsuddīn Abū'Abdillāh: I'lāmu l-muwaqqi'īn. Band 3. Kairo 1994, S. 12; siehe auch Aḥmad, ar-Rīsūnī: Naẓarīyat al-maqāṣid 'indal-imām aš-Šātibī. Casablanca 1990, S. 336.

Zweck dieses religiösen Aktes, den Bedarf der Armen mindestens am Festtag (yaum al-ʿīd) zu decken.[1367]

Bei der Thematisierung der Ḥadīṯe, nach deren Wortlaut den Frauen strikt verboten wird, Reisen über große Distanzen ohne Begleitung eines maḥram[1368] zu unternehmen,[1369] offenbart sich die zweckrationale Orientierung von Imām Abū Bakr Ibn al-ʿArabī (gest. 1148), der in einer maqāṣid-bezogenen Auslegung zeigt, dass der Zweck und die ratio legis dieser Texte darin bestehen, die Frau vor Lebensgefahren und Verletzungen ihrer Würde zu schützen. Daraus schließt er, dass es der Frau erlaubt sein müsse, in einer sicheren Begleitung einer Gruppe von einer großen Anzahl tugendhafter und vertrauenswürdiger Menschen ohne maḥram zu reisen.[1370] Dieser Ansicht schloss sich eine Reihe von Gelehrten in der heutigen Zeit an, mit der Begründung, dass die Sicherheit der Frau beim Reisen im Zeitalter der modernen Verkehrs- und Telekommunikationsmittel und im Rahmen des heutigen allgemeinen Sicherheitsstandards sich auch ohne ein derartiges einschränkendes Verbot zu gewährleisten lasse.[1371]

Diese Beispiele stehen stellvertretend für eine Fülle von Belegen dafür, dass die islamischen Normen Zwecke und Ziele intendieren und dass die Implikation der Intentionalität der Texte eine Bedingung für eine richtige Lesung und konfliktfreie Auslegung der Quellen ist. Natürlich muss sich jede Lesung an den Worten und Begriffen des Quellentexts orientieren, allerdings unter Berücksichtigung seines medialen Charakters, d. h., dass auch der Kommunikationsabsicht des Textes Rechnung getragen werden muss. In

---

1367 Vgl. Ibid.

1368 *Maḥram* ist ein islamischer Begriff, der auf den Ehemann sowie einen für die Frau nicht heiratbaren nahen männlichen Verwandten, z. B. Bruder, Vater, Großvater, Onkel usw., bezogen wird. (Vgl. Al-Ḥusain, Ibn Masʿūd al-Baġawī: Šarḥ as-sunna. Band 7. Beirut 1983, S. 20)

1369 Im Prophetenwort heißt es: „Eine Frau darf nicht die Strecke einer Tages- und Nachtreise ohne *maḥram* zurücklegen." Al-Buḫārī, Kitāb Al-ǧumuʿa (Ḥadīṯ-Nr.: 1088); Muslim, Kitāb *al-Ḥaǧ* (Ḥadīṯ-Nr.: 1338)

1370 Abūbakr, Ibn al-ʿArabī: ʿĀrīḍat al-Ahudī fī šarḥ ṣaḥīḥ at-Tirmiḏī. Band 5, Beirut 1994, S. 118; vgl. hierzu auch siehe auch Aḥmad, ar-Rīsūnī: Naẓarīyat al-maqāṣid ʿindal-imām aš-Šātibī. Casablanca 1990, S. 341.

1371 Vgl. Yūsuf, al-Qaraḍāwī:aṣ-Ṣaḥwa al-islāmīya bayna al-ǧuḥūdi wat-taṭaruf. Kairo 1994, S. 67 ff.

diesem Sinne sagt Ibn al-Qaiyim: „Der Gelehrte sagt: »Was beabsichtigte er?« und der Formalist fragt: »Was sagte er?«“[1372]

6.2 Relationalistische Struktur der islamischen Normen im maqāṣid-orientierten Denken

Neben der Tatsache, dass das maqāṣid-orientierte Denken ein strukturiertes Denken ist, das auf Prioritätsgedanken und Ordnung der menschlichen Bedürfnisse angelegt ist, ist es auch ein synthetisches und relationalistisches Denken, das auf Induktion (istiqrā') und Synthese (tarkīb) basiert und ein methodisches Vorgehen formuliert, das den Zusammenhang und die innersystemischen Beziehungen bei der Auslegung der Bestimmungen hervorhebt.[1373]

Demnach induziert der Umgang mit der maqāṣid eine synthetische Denkweise ('aqlīya tarkībīya), die in einer induktiven Lesung die einzelnen Normen aus den Quellen ableitet und zu einem universalen Korpus systematisiert. Nichts hat Bedeutung für sich allein, sondern nur in Relation zu anderen Elementen des ganzen Normsystems.[1374] Somit ist das maqāṣid-orientierte Denken eine umfassende Methodologie, die das Wissen der Einzelheiten mit dem Wissen der Universalien kombiniert und die einzelnen Normen im Licht der holistischen Werte und universalen Prinzipien interpretiert. Es ist eine systematische Mentalität, die zunächst mit einer gründlichen Erforschung auf der Ebene der Einzelheiten beginnt und dann mit dem Prozess der Verbindung und Synthese fortsetzt, um letztlich aus einzelnen Fakten und Beobachtungen allgemeine Erkenntnisse zu schließen sowie universale Prinzipien und Grundaussagen zu formulieren.[1375]

Der maqāṣid-bezogene iǧtihād formuliert also eine methodologische Umsetzung, welche die einzelnen Normen in Relation zueinander versteht und im Kontext der Universalien der Scharia und deren allgemeinen Zwecke

1372 Ibn al-Qaiyim, Šamsuddīn Abū'Abdillāh: I'lāmu l-muwaqqi'īn. Band 1. Kairo 1994, S. 119.

1373 Vgl. 'Aṭīya, Ǧamāluddīn: Naḥwa taf'īl maqāṣid aš-šarī'a. Damaskus 2001, S.230.

1374 Vgl. Aḥmad, ar-Rīsūnī: al-Fikr al-maqāṣidī qawā'iduhu wa-fawā'iduhu. Beirut 2003, S. 83 f.

1375 Vgl. Ibid., S. 84.

und holistischen Grundsätze interpretiert und anwendet. Auf diesen hermeneutischen Grundsatz verweist aš-Šāṭibī (gest. 1388), der wohl bedeutendste Theoretiker der maqāṣid, indem er hervorhebt, dass die gesamte Scharia auf die Absicht gegründet sei, die drei Kategorien der islamischen Normordnung, also die Notwendigkeiten (ḍarūrāt), die Bedürfnisse (ḥāǧāt) und die Ergänzungen (taḥsīnāt), zu bewahren, und dass diese drei Kategorien die Grundlagen der islamischen Jurisprudenz darstellten, unter denen alle einzelnen Normen und Bestimmungen zu subsumieren seien.[1376] Er setzt dann fort: „Wenn dies der Fall ist, und wenn die einzelnen Normen aus jenen universalen Grundlagen heraus interpretiert worden sind, dann müssen für jede Urteilsfindung die einzelnen Beweismittel, die aus Koran, Sunna, Konsens der Gelehrtenschaft (iǧmā') und aus der Analogie (Qiyās) abgeleitet werden, in Bezug auf die Grundlagen und Fundamente der Scharia herangezogen und ausgelegt werden."[1377] Folglich kommt er zu dem Schluss, dass jede Interpretation einer partikularen Norm oder eines einzelnen Textes, die jenseits der Universalien und Zwecke der Scharia und jenseits des inhaltlichen Zusammenhangs des gesamten Textes vollzogen werde, ein Irrtum sein müsse.[1378]

Das gleiche Grundprinzip betont auch Ṭāhir Ibn 'Āšūr (gest. 1973). Er gründet sein Rechtskonzept und seine Theorie über maqāṣid auf Grundbegriffe der Scharia, wie die menschliche natürliche Veranlagung (fiṭra), Toleranz (tasāmuḥ), Erleichterung (taisīr), Gleichheit (musāwāt), Gerechtigkeit ('adāla) und Freiheit (ḥurrīya), deren Etablierung er zum Kern der Zwecke der islamischen Normordnung zählt und die einen festen Interpretations- und Auslegungsrahmen für die Normen und Texte der islamischen Religionslehre vorschreiben sollen.[1379]

Zudem müssten die muslimischen Rechtsgelehrten die Grundsätze und zentralen Ziele der Scharia als Kriterien für die Annahme der prophetischen Überlieferungen und der tradierten Stellungnahmen und Aussagen der Gefährten und frühen Gelehrten benutzen wie auch als Leitlinie für verschiedene Möglichkeiten der juristischen Argumentation und rechts-

1376 Abū-Isḥāq, aš-Šāṭibī: al-Muwāfaqāt. Band 3. Beirut 1995, S.5 ff.

1377 Ibid., S. 9.

1378 Ibid., S. 13.

1379 Vgl. Muḥammad, Ṭāhir Ibn'Āšūr: Maqāṣid aš-šarī'a al-islāmīya. Amman 2001, S. 266.

theoretischen Beweisführung.[1380] In diesem Zusammenhang sei an der Position von ʿUmar Ibn al-Ḫattāb erinnert, der einen von Fāṭima bintu Qais überlieferten Ḥadīṯ ablehnte, nach dessen Inhalt die Frau in der Wartezeit[1381] nach der Scheidung keinen Anspruch auf Unterkunft und Unterhaltsleistung haben soll.[1382] Er stützte seine Argumentation auf die Sure at-Talāq,[1383] in der detailliert Fürsprache für die Frauen im Scheidungsprozess gehalten wird: „O Prophet! Wenn ihr[1384] euch von Frauen zu scheiden (beabsichtigt), scheidet euch von ihnen mit Blick auf die für sie festgesetzte Wartezeit, und berechnet die Zeitdauer (sorgfältig) und seid euch Gottes bewusst, eures Erhalters. Vertreibt sie nicht aus ihren Heimen;[1385] und sie sollen auch nicht wegzugehen veranlasst werden, außer sie werden offen unmoralischen Verhaltens schuldig. Dies also sind die von Gott gesetzten Grenzen – und wer die von Gott gesetzten Grenzen überschreitet, der sündigt fürwahr gegen sich selbst“[1386]; weiter heißt es: „darum lasst die Frauen (die sich einer Wartezeit unterziehen), auf dieselbe Weise leben, wie ihr selbst lebt, gemäß euren Mitteln; und belästigt sie nicht in der Absicht, ihr Leben zur Qual zu machen. Und für den Fall, dass sie schwanger sind, gebt freizügig für sie aus, bis sie ihre Last ablegen (…).“[1387]

Ähnlich verhielt sich auch ʿĀʾiša (gest. 677)[1388], die Frau des Propheten: Sie stellte die Authentizität eines Ḥadīṯ in Zweifel, in dem der Prophet gesagt haben sollte, dass der Verstorbene wegen des klagenden und demonstrativ

1380 Muḥammad, Ṭāhir IbnʿĀšūr: Maqāṣid aš-šarīʿa al-islāmīya, S. 188

1381 Siehe hierzu die Fußnote 1080 auf der Seite 219 dieser Arbeit.

1382 Aḥmad, Ibn Muḥammad Ibn Ḥanbal: Musnad Imām Aḥmad. Kairo 1999 (Ḥadīṯ-Nr.: 27208 und 27212)

1383 Den islamischen Gelehrten ist allgemein bekannt, dass in der islamischen Erkenntnis- und Rechtstheorie der Koran die erste Quelle darstellt und die Sunna die zweite. Daher ist die Beweiskraft eines Koranverses, als Beleg aus dem Koran, definitionsgemäß stärker als die eines Ḥadīṯ.

1384 Die Mehrzahl „ihr“ zeigt an, dass damit alle Muslime angesprochen sind.

1385 D. h.: während der Wartezeit. Wie in Vers 6 unten gezeigt, ist während dieser Zeit der Ehemann voll für den Unterhalt der Ehefrau, von der er sich scheiden lässt, verantwortlich, gemäß dem Lebensstandard während ihres Ehelebens. (Leopold, Weiss: die Botschaft des Koran. Düsseldorf 2009, S. 1070)

1386 Sure at-Talāq (65), Vers 1.

1387 Sure at-Talāq (65), Vers 6.

1388 Vgl. Šamsuddīn, Muḥammad Ibn Aḥmad Ibn ʿUṯmān aḏ-Ḏahabī: Tahḏīb sīyar aʿlām an-nubalāʾ. Band 1. Beirut 1991, S. 54 f.

lauten Weinens[1389] seiner Angehörigen im Jenseits bestraft wird.[1390] Dabei verweist sie ebenfalls auf einen Koranvers, dessen Bedeutung offensichtlich im Kontrast zum Inhalt des obigen Ḥadīṯ steht und der besagt: „Und was immer (Unrechtes) ein Mensch begeht, liegt auf ihm allein; und kein Träger von Lasten wird die Last eines anderen tragen müssen (...).“[1391]

Daraus ist zu schließen, dass dieses relationalistische Strukturverständnis der islamischen Normordnung, das die einzelnen Normen und Texte in Beziehung zueinander setzt und sie nur im gesamten Zusammenhang und im Kontext der islamischen Grundsätze und universalen Prinzipien ver-

---

1389 In der *al-ǧāhilīya* (vorislamische Phase) waren die Araber dafür bekannt, dass sie ihre Trauer durch verschiedene Riten und Trauergesten – lautes und klagendes Weinen, Schreien, Zerreißen der Kleider, Trauergedichte, Selbstverstümmelung usw. – demonstrativ in die Öffentlichkeit trugen. Mit dieser Trauerform hat der Islam gebrochen, indem er das übersteigerte, nach außen gezeigte Trauern verbot, in dem übermäßig laut und lang geweint und geklagt wurde, wofür sogar professionelle Klagefrauen angemietet wurden. Indessen hat der Islam das stille Trauern als Zeichen der wahren inneren Anteilnahme erlaubt. In diesem Zusammenhang wird ein von *Anas Ibn Mālik* (gest. 711) überlieferter Ḥadīṯ zitiert, der besagt, dass der Prophet seinen Sohn *Ibrāhīm*, als er im Sterben lag, zu sich nahm, ihn küsste und seinen Geruch einatmete. Als er seine letzten Atemzüge getan hatte, sah man Tränen auf dem Gesicht des Gesandten. Daraufhin fragte ihn ʿAbdurraḥman Ibn ʿAuf: „Weinst du, o Gesandter Allahs? Er sagte: O Ibn ʿAuf, es ist eine Barmherzigkeit.“ Dann fügte er hinzu: „Wahrlich, das Auge tränt, das Herz trauert und wir sprechen nur Worte, die unserem Herrn wohlgefällig sind. O *Ibrāhīm*, wir sind wahrlich bei deinem Abschied von Traurigkeit erfüllt.“ [Vgl. al-Buḫārī, Kitāb al-ǧanāʾiz (Ḥadīṯ-Nr.: 1204)]

1390 Al-Buḫārī, Kitāb al-ǧanāʾiz (Ḥadīṯ-Nr.: 1204); Muslim, Kitāb al-ǧanāʾiz (Ḥadīṯ-Nr.: 1537).

1391 Sure al-Anʿām (6), Vers 164. Dieses grundlegende ethische Gesetz kommt im Koran fünfmal vor – in 53:38, 17:15, 35:18, 39:7 sowie im obigen Fall, dem ältesten in der Chronologie der Offenbarung. Seine Implikationen sind dreifach: Erstens druckt es eine kategorische Ablehnung des christlichen Dogmas von der Erbsünde aus, mit der nach christlichem Verständnis jeder Mensch von Geburt an belastet ist; zweitens widerlegt es die Vorstellung, dass die Sünde eines Menschen durch das erlösende Opfer eines Heiligen oder Propheten »gesühnt« werden könnte (wie beispielsweise in der christlichen Vorstellung von der stellvertretenden Sühne Jesu für die Sündhaftigkeit der Menschheit oder im früheren zoroastrischen Dogma von der stellvertretenden Erlösung des Menschen durch Mithras); und drittens betont es den Grundsatz, dass jede Person nur wegen der Sünden belangt wird, die sie selber begangen hat. (Vgl. Leopold, Weiss: die Botschaft des Koran. Düsseldorf 2009, S. 1005)

steht und auslegt, eine klassische Methodologie im islamischen Denken ist, deren historische Wurzeln, wie bereits gesehen, bis in die Ära der Gefährten zurückreichen.[1392]

6.3 Ausblick

Die hier vorgestellten Überlegungen zur Zweckrationalität der islamischen Normen und Bestimmungen leiten zu einem weiteren Forschungsdesiderat, nämlich der Frage des ta'līl bzw. der Begründbarkeit der islamischen Gebote und ethischen Normen. Hiermit ist die zentrale Frage gemeint, ob sich die Suche nach der Bedeutung im Korantext nur an seinem Wortlaut und grammatischen Sinn orientieren darf, oder ob sein normativer Inhalt stets im Kontextrahmen der Zwecke und Absichten erschlossen werden soll, zu denen die Verse und Texteinheiten des Koran in Kommunikationssituation eingesetzt worden sind. Im Rahmen dessen soll der Fokus der Betrachtung auf die Kontroverse gerichtet werden, die die gottesdienstlichen Gebote betreffen. Hierbei ist zu klären, ob diese auch auf einen Zweck hin orientiert sind. Es entscheidet sich somit ob ta'līl ein allgemeingültiges Gesetz ist, das in allen Feldern der Scharia gilt und wirkt, oder ob es sich um eine spezifische Regel handelt, die sich nur auf einen Teilaspekt der Scharia bezieht.[1393]

Die Frage des ta'līl ist von immenser theologischer Bedeutung, denn sie führt die Vernunft in alle Aspekte des religiösen Denkens und Handelns ein und leistet einen Rationalisierungsbeitrag in der islamischen Jurisprudenz, indem sie eine Hermeneutik etabliert, nach der die Normen und Bestimmungen im Hinblick darauf begründet werden, was sie an Nutzen herbeiführen oder an Schaden verhindern.[1394] Allerdings muss wissenschaftlich erörtert werden – und dies ist zweifelsohne auch eine wichtige Aufgabe der islami-

---

1392 Siehe hierzu Aḥmad, ar-Rīsūnī: Naẓarīyat al-maqāṣid ʿindal-imām aš-Šātibī. Casablanca 1990, S. 345–347.

1393 Vgl. Saʿd Ibn Aḥmad Ibn Masʿūd al-Yūbī: maqāṣid aš-šarīʿa al-islāmīya wa ʿalāqatuhā bi al-adilla aš-šarʿiya. Riad 1998, S. 77–105; zu dieser Thematik siehe auch Yūsuf, Aḥmad Muḥammad al-Badawī: maqāṣid aš-šarīʿa ʿinda Ibn Taimīya, S. 139–199.

1394 Vgl. Aḥmad, ar-Rīsūnī: Naẓarīyat al-maqāṣid ʿindal-imām aš-Šātibī. Casablanca 1990, S. 335 ff.

schen Wissenschaft -, welche Kriterien und Voraussetzungen der Vorgang des ta'līl erfüllen muss, damit seine Ergebnisse akzeptiert werden. Schließlich ist ta'līl ein diskursiver und wissenschaftlich genormter Erkenntnisprozess, der spezifische Methoden, eigene Regeln und eindeutige Sätze hat aber auch Grenzen, die nicht überschritten werden dürfen.

In einem breiteren Wissenschaftsrahmen soll auch die Frage diskutiert werden, ob die maqāṣid der Scharia stets aus dem religiösen Text als einziger Quelle hergeleitet werden müssen, oder ob die Vernunft bzw. der sogenannte „Weg der Weisheit" und die menschliche natürliche Veranlagung (fiṭra) besonders in den Fällen, in denen explizite Quellentexte fehlen, bei der Identifizierung der maqāṣid alternative Erkenntnisquellen anbieten könnten. Dabei soll auch Bezug genommen werden auf die Kriterien und Prinzipien, die hierfür eingehalten werden müssen, damit die Herleitung und Induktion der maqāṣid ein konsistenter und nachvollziehbarer Prozess sein kann.

Zudem sollen mehr Aufmerksamkeit und wissenschaftliche Anstrengung dem Ziel gewidmet werden, ein neues maqāṣid-Konzept zu etablieren, das der isolierten Einzeldarstellung der maqāṣid den Systembegriff entgegensetzt und die weitverbreitete individualistische Betrachtungsweise, die sich jenseits jeglicher sozialer Relevanz nur an den Interessen und Bedürfnissen des Individuen orientiert, überwindet, indem es die soziale Dimension und den Gesellschaftsaspekt der maqāṣid betont und daraus ein ethisch-juristisches Fundament für die Errichtung einer gerechten Wirtschafts- und Sozialordnung entwickelt. Den ersten Anstoß in diesem Zusammenhang gab im letzten Jahrhundert Ṭāhir Ibn 'Āšūr,[1395] weitere Beiträge sind schon längst überfällig und warten auf ihre Initiierung.

In diesem Kontext soll noch eine Frage diskutiert werden, die im Zusammenhang mit der Thematik der maqāṣid von Bedeutung ist, nämlich, ob es sich hier um eine eigenständige Wissenschaftsdisziplin handelt oder um einen Zweig der Methodologie der islamischen Jurisprudenz (uṣūl al-fiqh). Es ist eine Problematik, die eine kontroverse Diskussion provoziert hat, in deren Rahmen sich ein breites Meinungsspektrum entfaltete: Einige Gelehrte, allen voran Muḥammad Ṭāhir Ibn 'Āšūr (gest. 1973), haben dazu aufgerufen, mit der uṣūl al-fiqh zu brechen und eine neue Wissenschaftsdisziplin zu Erforschung der Zwecke und Grundprinzipien der islamischen Religionslehre mit dem Namen „Wissenschaft der maqāṣid der Scharia"

1395 Vgl. Siehe vor allem sein Werk *Uṣūl an-niẓām al-iǧtimā'ī fī l-islām* (Damaskus 1983).

(arab. ʿilm maqāṣid aš-šarīʿa) zu begründen.[1396] Andere lehnten diesen Vorstoß ab und verwiesen darauf, dass der Aufbau einer neuen Wissenschaft für die maqāṣid der Scharia jenseits der Methodologie der islamischen Jurisprudenz (uṣūl al-fiqh) Gefahren für beide Disziplinen berge: Es könne einerseits zur Erstarrung der Methodologie der Jurisprudenz (uṣūl al-fiqh) führen, indem ihr der frische Geist der maqāṣid entzogen würde, und andererseits könnte sich die maqāṣid von ihrer jetzigen normativen Funktion und ihrer praktischen Rolle im Bereich der Rechtsfindung entfernen.[1397]

Eine dritte Meinung betont den Wesensunterschied der maqāṣid zur uṣūl al-fiqh, unterstreicht aber zugleich, dass die beiden Wissenschaften einander bedingen und ihre jeweilige Bedeutung nur in einem komplementären Rahmen entfalten könnten. Uṣūl al-fiqh als Methodologie der Rechtslehre und als Wissenschaft für die Ableitung der Normen aus den entsprechenden spezifischen Texten könne, laut ar-Rīsūnī, ihre Aufgabe nur in Bezug auf die maqāṣid der Scharia erfüllen und der funktionale Charakter der maqāṣid als Medium der Herleitung und Induktion der Bestimmungen und Normen komme nur im Rahmen der uṣūl al-fiqh zur Geltung.[1398]

Schließlich bleibt hervorzuheben, dass die Theorie der maqāṣid neben der diskutierten theologischen Tragweite auch eine pädagogische und methodologische Valenz hat, der nachzugehen gilt. Denn die Beschäftigung mit der maqāṣid bildet einen zweckrationalen Geist, der die Begründung der islamischen Normen aus den in ihnen ruhenden Sinnen ableitet und somit auf die Erschließung der Sinne und Zwecke der islamischen Bestimmungen ausgerichtet ist. Zudem formuliert das maqāṣid-orientierte Denken eine hermeneutische Methodologie, die den Korantext nicht als ausschließlich grammatische Satzfolge betrachtet, sondern vielmehr als sprachliche Handlung, bei der die Kommunikationsabsichten des Textproduzenten als entscheidende Indikatoren auf die authentische Bedeutung und als normative Orientierungspunkte bei der Auslegung der religiösen Gebote wirken.

1396 Vgl. Muḥammad, Ṭāhir Ibn'Āšūr: Maqāṣid aš-šarīʿa al-islāmīya. Amman 2001, S. 172.

1397 Vgl. ʿAṭīya, Ǧamāluddīn: Naḥwa tafʿīl maqāṣid aš-šarīʿa. Damaskus 2001, S. 237.

1398 Vgl. Aḥmad, ar-Rīsūnī: Naẓarīyat al-maqāṣid ʿindal-imām aš-Šāṭibī, S. 359 f.

7 Literaturliste

Arabische Literaturquellen

Abūǧaʿfar, Muḥammad Ibn Ǧarīr aṭ-Ṭabarī: Ǧāmiʿu l-bayān ʿan taʾwīl āyi l-Qurʾān. Kairo 2000.

ʿAbdulʿazīz ar-Rabīʿa: as-Sababu ʿinda al-uṣūlīyīn. Riad 1980.

ʿAbdallāh, Ibn Baya: Amālī al-dalālāt wa-maǧālī al-iḫtilāfāt. Jeddah 1998.

ʿAbdallāh, Ibn Baya: Amālī al-dalālāt wa-maǧālī al-iḫtilāfāt. Jeddah 1998.

ʿAbdallāh, Ibn ʿAbdurraḥmān al-Bassām: Tawdiḥ al-aḥkām min buluġ al-marām. Mekka 2003.

ʿAbdalqāhir, al-Ǧurǧānī: Dalāʾil al-iʿǧāz. Sidon 2000.

ʿAbdulkabīr, al-ʿAlawī al-Madġarī: al-Marʿā bayna aḥkām al-fiqh wad-daʿwā ilā ttaġīyr. Muḥammadiya 1999.

ʿAbdulmaǧīd, an-Naǧār: Maqāṣid aš-šarīʿa bi-abʿād ǧadīda. Beirut 2006.

ʿAbdurraḥmān, Ibn Ḫaldūn: Muqaddimat Ibn Ḫaldūn. Beirut 1995.

ʿAbdurraḥmān, Ibrāhīm al-Kīlānī: Qawāʿid al-maqāṣid ʿindal-imām aš-Šāt-ibī – ʿardan wa dirāsatan wa taḥlīlan. Damaskus 2005.

ʿAbdurraḥmān, Ṭaha: al-ʿAmal ad-dīnī wa-taǧdīd al-ʿaql. Casablanca 1997.

Abū Muḥammad, ʿAbdalġanī Ibn ʿAbdalwāḥid al-Maqdisī: Tanbīh al-afhām šarḥ ʿumdat al-aḥkām. Kairo 2005.

Abū Muḥammad, Ibn Ḥazm: al-Iḥkām fī uṣūl al-aḥkām. Beirut 1983.

Abūʿabdallāh, al-Qurṭubī: al-Ǧāmiʿ fī aḥkām al-Qurʾān. Riad 2003.

Abūʿabdallāh, IbnʿUmar al-Baiḍāwī: Minhāǧ al-wūṣūl ilā ʿilm al-uṣūl. Beirut 1984

Abūbakr, aš-Šāšī : Maḥāsin aš-šarīʿa fi-furūʿ aš-Šāfiʿīya. Beirut 2007.

Abūbakr, Ibn al-ʿArabī: ʿArīḍat al-Ahundī fī šarḥ ṣaḥīḥ at-Tirmiḏī. Beirut 1994.

Abūḥāmid, al-Ġazālī: al-Mustaṣfā min ʿilm al-uṣūl. Damaskus 1993.

Abūḥāmid, al-Ġazālī: Šifāʾu l-ġalīl fī bayān aš-šubahi wal-muḫaīyali fi masālik at-taʿlīl. Bagdad 1971.

Abū-Isḥāq , aš-Šātibī: al-Iʿtiṣām. Riad 1992.

Abū-Isḥāq, aš-Šātibī: al-Muwāfaqāt. Beirut 1995.
Abū-Isḥāq, Ibrāhīm Ibn ʿAlī Ibn Farḥūn: ad-Dībāǧ al-muḏahhab fī maʾrifat ʿulamāʾ aʿyān al-maḏāhib. Kairo 1985.
Abūlʿabbās, al-Wanšarīsī: al-Miʿyār al-muʿarrab wal-ǧāmiʿ al-muġrib ʿan fatāwā ahli ifrīqīya wal-Andalus wal-Maġrib. Rabat 1981.
Abūlmaʿālī, al-Ǧuwaīnī: al-Burhān fī uṣūl al-fiqh. Kairo 1980.
ʿAdnān, Muḥammad Umāma: At-taǧdīd fīl-fikr al-islāmī. Damaskus 2001.
ʿAfīf, ʿAbdulfattāḥ Ṭabāra: Rūḥ ad-dīn al-islāmī. Beirut 1980.
Aḥmad , ar-Rīsūnī: Naẓarīyat al-maqāṣid ʿindal-imām aš-Šātibī. Casablanca 1990.
Aḥmad, ar-Rīsūnī: al-Fikr al-maqāṣidī qawāʿiduhu wa-fawāʾiduhu. Beirut 2003.
Aḥmad, ar-Rifāyʿa: Ahammīyat maqāṣid aš-šarīʿa fī l-iǧtihād. Amman 1992.
Aḥmad, As-Sūsī: Qawāʿid al-bayān fī luġat al-ʿarab. Rabat 1997.
Aḥmad, at-Tunbuktī: Naīl al-Ibtihāǧ bi-taṭrīz ad-dībāǧ. Kairo 1992.
ʿAiyād, al-Qāḍī: Tartīb al-madārik wa-taqrīb al-masālik. Rabat 1992.
Al-Āmidī, Saīfuddīn: al-Iḥkām fī uṣūl al-aḥkām. Beirut 1983.
Al-Badḫašī, Muḥammad Ibn al-Ḥasan: Minhāǧu l-ʿuqūl fī šarḥi minhāǧ al-wuṣūl. Beirut 1988.
al-Ḥusaīn, Ibn Masʿūd al-Baġawī: Šarḥ as-sunna. Beirut 1983.
ʿAlī , Ibn Muḥammad al-Ǧurǧānī: Kitāb al-taʿrīfāt. Beirut 1988.
ʿAlī Ǧumʿa, Nūruddīn: al-Madḫal ilā Dirāsāt al-maḏāhib al-fiqhīya. Kairo 2004.
ʿAlī, Ǧumʿa: Vorwort zu: ʿAṭīya, Ǧamāladdīn: Naḥwa tafʿīl maqāṣid aš-šarīʿa. Damaskus 2001.
ʿAllāl al-Fāsī: Maqāṣid aš-šarīʿa al-islāmīya wa-makārimuhā. Casablanca 1991.
Al-Maṭīrī ,Ḥākim: al-Ḥurrīya aw aṭ-ṭūfān. Kuwait 2003.
Al-Qarāfī, Šihābuddīn: Šarḥ tanqīḥ al-fuṣūl. Kairo 1991.
Al-Qaṭān, Manāʿ: Mabāḥiṯ fī ʿulūm al-Qurʾān. Kairo 1993.
ʿAmr ʿAbdallaṭīf, Muḥammad: Tabīyḍ aṣ-ṣaḥīfa bī uṣūl al-aḥādīṯ aḍ-ḍaʿīfa. Riad 1996.
Ar-Rāzī, Faḫruddīn: al-Maḥṣūl fī ʿilm al-uṣūl. Riad 1981.
Ar-Rifāʿī, Aḥmad: Ahammīyat maqāṣid aš-šarīʿa fī l-iǧtihād. Amman 1992.
ʿAṭīya, Ǧamāluddīn: Naḥwa tafʿīl maqāṣid aš-šarīʿa. Damaskus 2001.

Az-Zarkašī, Abū'abdallāh Badruddīn: al-Baḥr al-Muḥīt fī uṣūl al-fiqh. Al-Kuwait 1982.
Badrān Abūl'aīnaīn Badrān: Adillatu at-tašrī' al-muta'āriḍa wa-wuğūh at-tarğīḥi baīnahumā. Alexandria 1997.
Ğāsir, al-'Auda: Fiqh al-Maqāṣid – 'inaṭat al-Aḥkām aš-šar'iya bi maqāṣidihā. Virginia 2006.
Ḫaīruddīn, Azzirkilī: al-A'lām- Qāmūs tarāğim līš-šahrī ar-riğāl wan-nisā' min al-'arabi wal-musta'rabīna wal-mustašriqīn. Beirut 1980.
Ḥammādī, al-'Abīdī: aš-Šātibī wa-maqāṣid aš-šarī'a. Damaskus 1992.
Ibn 'Abdissalām, al-'Izz: Qawā'id al-aḥkām fī maṣāliḥ al-anām. Kairo 1988.
Ibn 'Abdissalām, al-'Izz: al-Fawā'id fī iḫtiṣār al-maqāṣid. Damaskus 1996.
Ibn al-Ḥāğib, Abū'amr: Muntahā l-wuṣūl wal-'amal fī 'ilmī l- uṣūl wal-ğadal. Beirut 1985.
Ibn al-Qaīyim, Šamsuddīn Abū'abdallāh: Miftāḥ dār as-sa'āda wa-manšūr wilayāt al-'ilm wal-irāda. Beirut 1997.
Ibn al-Qaīyim, Šamsuddīn Abū'abdallāh: I'lām al-muwaqqi'īn. Kairo 1994.
Ibn Farḥūn, Burhānuddīn Abūlfidā': Tafsīrāt al-aḥkām fī uṣūl al-'aqīda wa-manāhiğ alaḥkām. Beirut 1984.
Ibn Hišām, 'Abdalmalik Abū Muḥammad: as-Sīra an-nabawīya (lī Ibn Hišām). Beirut 1990.
Mağduddīn, Ibn al-Aṯīr al-Ğazarī: Ğāmi'u l-uṣūl fī aḥādīṯ ar-rasūl. Damaskus 1969.
Muḥammad, 'Abdarra'ūf al-Minnāwī: Faīḍ al-qadīr šarḥ al-ğāmi' al-ṣağīr. Beirut 1972.
Muḥammad, Abūmanṣūr al-Māturīdī: Tā'wīlāt ahl as-sunna. Beirut 2005.
Muḥammad, Abūzuhra: Tārīḫ al-maḏāhib al-islāmīya fī as-syāsa wal-'aqā'id wa-tārīḫ al-maḏāhib al-fiqhīya. Kairo 1977.
Muḥammad, Aḥmad al-Qiātī Muḥammad: maqāṣid aš-šarī'a 'indal-imām Mālik bayna an-naẓariya wa at-taṭbīq. Kairo 2009.
Muḥammad, 'Amāra: aš-Šaiḫ Muḥammad al-Ġazālī – al-mawqi' al-fikrī wa-l-ma'ārik al-fikrīya. Kairo 2009.
Muḥammad, aṭ-Ṭāhir al-Mīsāwī (Hrsg.) in: Muḥammad, Ṭāhir Ibn 'Āšūr: Maqāṣid aš-šarī'a al-islāmīya. Amman 2001.
Muḥammad, Ibn al-Ḥusaīn Sulamī: Ṭabaqāt aṣ-ṣūfīya. Beirut 2003.
Muḥammad, Ibn Idrīs aš-Šāfi'ī: Ar-risāla. Kairo 1973.
Muḥammad, Ruwās: Mawsū'at fiqh 'Umar Ibn al-Ḫattāb. Kuwait 1996.

Muḥammad, Suhaīl Ṭaqūš: Tārīḫ al-mamālīk fī Miṣr wa-bilād aš-Šām. Beirut 1997.
Muḥammad, 'Uṯmān Šubayr/ Aḥmad, ar-Rīsūnī/ Muḥammad, az-Zuḥaylī: Ḥuqūq al-insān miḥwar maqāṣid aš-šarī'a. Doha 2002.
Muṣṭafā, 'Abdarrazāq: Tamhīd lī-tārīḫ al-falsafa al-islāmīya. Kairo 1986.
Muṣṭafā, az-Zarqā: al-Madḫal al-fiqhī al-'ām. Damaskus 2004.
Nūruddīn, al-Ḫādimī: al-Iǧtihād al-maqāṣidī – ḥaǧīyatuhu ḍawābiṭuhu wa-maǧālātuhu. Doha 1998.
Nūruddīn, al-Ḫādimī : 'Ilm maqāṣid aš-šarī'a. Riad 2001.
Rā'id, Naṣrī Ǧamīl: Manhaǧ at-ta'līl bil-ḥikma wa-aṯaruhu fī t-tašrī' alislāmī. Virginia 2007.
Ramaḍān, 'Alī Šarīnī: al-Madḫal li-dirāsat al-fiqh al-islāmī – madārisuhu wamaṣādiruhu. Amman 1998.
Sa'd Ibn Aḥmad Ibn Mas'ūd al-Yūbī: maqāṣid aš-šarī'a al-islāmīya wa 'alāqatuhā bi al-adilla aš-šar'iya. Riad 1998.
Sa'īd, Ḥasan al-Baḥīrī: 'Ilm luġat an-naṣ wal-mafāhīm wal-ittiǧāhāt. Kairo 1997.
Šamsuddīn, Muḥammad Ibn Aḥmad Ibn 'Uṯmān aḏ-Ḏahabī: Tahḏīb sīyar a'lām an-nubalā'. Beirut 1991.
Šamsuddīn, Muḥammad Ibn Aḥmad Ibn 'Uṯmān aḏ-Ḏahabī: Ḏuyul al-'ibar fī ḫabar man ġabar. Auskommentiert von Muḥammad as-Sa'īd Ibn Basyūnī Zaġlūl. Beirut 1985.
Šihābuddīn, az-Zanǧānī: Taḫrīǧ al-furū' 'alā al-uṣūl. Beirut 1982.
Šihābuddīn, Ibn al-'Imād al-Ḥanbalī ad-Dimašqī: Šaḏarāt aḏ-ḏahab fī aḫbār min ḏahab. Damaskus 1986.
Subḥī, Raǧab Maḥmaṣānī: Muqaddima fī Iḥyā' 'ulūm aš-šarī'a. Kairo 1962.
Subḥī, Ṣāliḥ: Ma'ālim aš-šarī'a al-islāmīya. Beirut 1975.
Tāǧuddīn, Ibn 'Alī as-Subkī: Ṭabaqāt aš-Šāfi'īya al-kubrā. Kairo 1992.
Tāǧuddīn, Ibn as-Subkī: Ǧam' al-ǧawāmi'. Beirut 1987.
Ṭāhir, Ibn'Āšūr: Maqāṣid aš-šarī'a al-islāmīya. Amman 2001.
Ṭāhir, Ibn'Āšūr: Uṣūl an-niẓām al-iǧtimā'ī fī l-islām. Damaskus 1983.
Ṭāhir, Ibn'Āšūr: at-Taḥrīr wat-tanwīr. Tunis 1997.
Taqīuddīn, Ibn Taīmīya: Maǧmū'at ar-rasā'il al-kubrā. Beirut 1979.
Taqīuddīn, Ibn Taīmīya: Maǧmū' fatāwā Ibn Taīmīya. Rabat 1986.
Taqīuddīn, Ibn Taīmīya: Rasā'il al-iklīl. Casablanca 1987.

'Umar, Ḥasan al-Qīyām: Adabīyat an-naṣ al-Qur'ānī – baḥṯ fī Naẓarīyat at-tafsīr. Beirut 2011.
Wahbah, Az-Zuḥaīlī: Uṣūl al-fiqh al-islāmī. Damaskus 1986.
Waṣfī, 'Āšūr Abūzaīd: Ǧamāladdīn 'Aṭīya – Riḥlat al-'aṭā' wat-taǧdīd. Kairo 2009.
Waṣfī, 'Āšūr Abūzaīd: Ǧamāladdīn 'Aṭīya – Riḥlat al-'aṭā' wat-taǧdīd. Kairo 2009.
Yūsuf, Aḥmad Muḥammad al-Badawī: maqāṣid aš-šarī'a'inda Ibn Taīmīya. Riad 2009.
Yūsuf, al-Qaraḍāwī: Kaīfa nata'āmal ma'a l-Qur'ān al-'aẓīm. Kairo 1999.
Yūsuf, al-Qaraḍāwī: Madḫal lidirāsat aš-šarī'a al-islāmīya. Beirut 1993.
Yūsuf, al-Qaraḍāwī: Dirāsa fī fiqh maqāṣid aš-šarī'a. Kairo 2006.
Yūsuf, al-Qaraḍāwī: al-'Ibāda fī l-islām. Beirut 1981.
Yūsuf, al-Qaraḍāwī: aṣ-Ṣaḥwa al-islāmīya bayna al-ǧuḥūdi wat-taṭaruf. Kairo 1994.
Yūsuf, al-Qaraḍāwī: al-Ḥalāl wal-ḥarām fī l-islām. Beirut 1985.
Yūsuf, Ḥāmid Al-'Ālim: al-Maqāṣid al-'āma līš-šarī'a al-islāmīya. Riad 1994, S. 164.
Zahruddin, 'Abdurraḥmān: maqāṣid aš-šarī'a fi aḥkām al-Buyū'. Beirut 2009.

Deutsche Literaturquellen

Alfred, Katz: Staatsrecht – Grundkurs im öffentlichen Recht. Heidelberg 2010.
Andreas, Von Arnauld / Michael, Staack: Sicherheit versus Freiheit?. Berlin 2009.
Birgit, Krawietz: Hierarchie der Rechtsquellen im tradierten sunnitischen Islam. Berlin 2002.
Birgit, Krawietz: Gerechtigkeit als Leitidee islamischen Rechts. In Birgit, Krawietz / Helmut, Reifeld (Hrsg.): Islam und Rechtstaat – Zwischen Scharia und Säkularisierung (Publikation der Konrad-Adenauer-Stiftung). Berlin 2008

Birkel, Simone: Zukunft wagen, ökologisch handeln: Grundlagen und Leitbilder kirchlich-ökologischer Bildung im Kontext nachhaltiger Entwicklung. Münster 2002.
Bülent, Ucar: Recht als Mittel zur Reform von Religion und Gesellschaft – Die türkische Debatte um die Scharia und die Rechtsschulen im 20. Jahrhundert. Würzburg 2005.
Carl, Brockelmann: Geschichte der arabischen Literatur. Leipzig 1909.
Christian, Augustin: Religiöser Pluralismus und Toleranz in Europa. Wiesbaden 2006.
Christian, Seiler: Grundzüge eines öffentlichen Familienrechts. Tübingen 2008.
Christoph, Dohmen: Die Bibel und ihre Auslegung. München 1998.
Christof, Gestrich: Die Wiederkehr des Glanzes in der Welt: die christliche Lehre von der Sünde und ihrer Vergebung in gegenwärtiger Verantwortung. Tübingen 1996.
Daniel, Süss: Mediensozialisation von Heranwachsenden: Dimensionen, Konstanten, Wandel. Wiesbaden 2004.
Gerda Ursula, Nützel: Die Kontextualität der Theologinnenarbeit- dargestellt am Beispiel der Entwicklung in den lutherischen Kirchen Bayerns, Mecklenburgs und Brasiliens. Dissertation, Berlin 1996.
Gertraud, Putz: Kleiner sozialethischer Ratgeber für die Praxis in Kirche, Politik Wirtschaft und Gesellschaft. Berlin 2008.
Hanns, Thomä-Venske: Islam und Integration – zur Bedeutung des Islam im Prozess der Integration türkischer Arbeiterfamilien in die Gesellschaft der Bundesrepublik. Hamburg 1981.
Hans-Georg, Nissing: Vernunft und Glaube. Perspektiven gegenwärtiger Philosophie. München 2008.
Heinz-Gerhard, Justenhoven: Internationale Schiedsgerichtsbarkeit- ethische Norm und Rechtswirklichkeit. Stuttgart 2006.
Helga, Pelizäus-Hoffmeister: Biographische Sicherheit im Wandel. Wiesbaden 2006.
Hendrik, Meyer / Klaus, Schubert: Politik und Islam. Wiesbaden 2011.
Johann, Braun: Einführung in die Rechtswissenschaft. Tübingen 2007.
Johann, Wolfgang von Goethe: Goethe Gedichte – kommentiert von Erich Trunz. München 1981.

Johannes, Lähnemann: Weltreligionen im Unterricht II. Islam.: Eine theologische Didaktik für Schule, Hochschule und Gemeinde. Göttingen 1996.

Julia, Schlüter: Schutzkonzepte für menschliche Keimbahnzellen in der Fortpflanzungsmedizin. Berlin 2008.

Jürgen, Habermars: Zwischen Naturalismus und Religion. Frankfurt am Main 2005.

Karl, Grözinger: Religionen und Weltanschauungen – Werte, Normen, Fragen in Judentum, Christentum, Islam, Hinduismus/ Buddhismus, Esoterik und Atheismus. Band 3 (Islam). Berlin 2009.

Karl, Wulff: Bedrohte Wahrheit – der Islam und die Naturwissenschaften. Norderstedt 2010.

Khadija, Katja Wöhler-Khalfallah: Der islamische Fundamentalismus – der Islam und die Demokratie . Wiesbaden 2004.

Klaus, Grimmer: Demokratie und Grundrechte: Elemente zu einer Theorie des Grundgesetzes. Berlin 1980.

Klaus, Hock: Einführung in die Religionswissenschaft, Darmstadt 2002.

Kurt, Seelmann: Menschenwürde als Rechtsbegriff. München 2004.

Mathias, Rohe: Das islamische Recht: Geschichte und Gegenwart. München 2009.

Mohammad, Iqbal: Die Wiederbelebung des religiösen Denkens im Islam. Übers. von Axel Monte und Thomas Stemmer. Berlin 2006.

Navid, Kermani: Gott ist schön – das ästhetische Erleben des Koran. München 1999.

Reinhard, Schulze: Islamischer Internationalismus im 20. Jahrhundert. Leiden 1990.

Richard, Potz / Bernhard, Stillfried: Smail Balić – Vordenker eines europäischen Islam. Wien 2009.

Said, Ramadan: Das islamische Recht – Theorie und Praxis. Wiesbaden 1980.

Sonja, Klinker: Maghrebiner in Frankreich, Türken in Deutschland: eine vergleichende Untersuchung zu Identität. Wiesbaden 2001.

Stefan Conermann (Hg.): Die Mamluken – Studien zu ihrer Gechichte und Kultur. Zum Gedenken an Ulrich Haarmann (1942 – 1999), Schenefeld 2003.

Stefan, Knobloch: Worte ins Leben. [1]. Predigten zu Evangelien des Lesejahres A. Münster 2001.

Tarik, Ramadan: Radikale Reform – die Botschaft des Islam für die moderne Gesellschaft. München 2009.
Thomas, Zoglauer: Einführung in die formale Logik für Philosophen. Göttingen 2008.
Tilman, Nagel: Mohammed – Leben und Legende. München 2008.
Torsten, Meireis: Theologiestudium im Kontext. Berlin 1997.
Urs, Baumann: Was bedeutet Leben? Beiträge aus den Geisteswissenschaften. Frankfurt am Main 2008.
Weiss, Leopold: Die Botschaft des Koran. Düsseldorf 2009.
Werner, Ende / Udo, Steinbach: Der Islam in der Gegenwart – Entwicklung und Ausbreitung; Kultur und Religion; Staat und Politik und Recht. München 2005.

Englische Literaturquellen

Abdurraḥmān, Badawi: The Doctrines of Muslims – Mutazalites, Asharites, Ismailis, Qarmatians and Nosairis. Beirut 1997.
Christoph, Marcinkowski (Hrsg.): The Islamic world and the West – Managing Religious and Cultural Identities in the Age of Globalisation. Berlin 2009.
Jasser, Auda: Maqasid Al-Schariah as Philosophy of Islamic Law – A Systems Approach. London 2008.
Muhammad, Hashim Kamali: An Introduktion to Shari'ah. Kuala Lumpur 2006.
Muhammad, Hashim Kamali: Fredom of Expression in Islam. Cambridge 1997.
Richard, Sennet: The Corrosion of Character – The Personal Consequences of Work in the New Capitalism. New York 1998.
The Oxford Encyclopedia of the Modern Islamic World. Band 2. Oxford 1995.

Französische Literaturquellen

Abdurrazak, Bannour: Rhétorique des attitudes propositionnelles – de la nature du singne au frontiers du sens. Tunis 1991.

Frauke, Bolln / Susanne, Elpers / Sabine, Scheid (Hg.): Mémoires Européens. Göttingen 2008.
François, Burgat: L'islamisme en face. Paris 1996.
Massignon: La passion de Husayn Ibn Mansur Hallaj. Paris 1975.
Muḥammad, 'Amāra: L'Islam et les Droits de L'Homme – Nécessités absolues plutôt que simples droits. Rabat 1995.

Zeitschriften

'Abdurraḥmān, al-Wakīlī: Falsafat at-Tašrī' al-islāmī. In: al-Iǧtihād, Heft 62/ 2003.
Aḥmad, 'Arabi: Muṣṭalaḥ aš-šarī'a bayna al-Qur'an wa as-Sunna. In Manbar al-Ḥiwar Heft 35/ 1995.
Amīn, Dawūd Ḥasan: al-Maqāṣid wa 'Aqlanat at-Tafkīr ad-dīnī. In: al-Furqān, Heft 75/ 2003.
Farīd, aš-Šāwī: 'Ilm al-maqāṣid wa a'lamuhu fi al-'aṣr al-ḥadiṯ. In: al-Mun'aṭaf Heft 31/ 2007.
Ḥasan, al-Manṣūri: al-Maqāṣid fi ktābāt al-ġarbiyīn. In: al-maḥaǧǧa Heft 3/ 2006.
Muḥammad, 'Amāra: al-Manāṭ Manhaǧ fi at-Ta'amul ma'a l-Wāqi'. In: al-Mun'aṭaf, Heft 5/1992
'Abdullah, Zaidūn: Qira'a fi Kitab Naẓarīyat al-maqāṣid 'indal-imām aš-Šāṭibī Li Aḥmad ar-Rīsūnī. In Al-Furqan Heft 78/ 2004.
Muḥammad, Yaḥyā: Naḍariyat al-maqāṣid wa l-waqi'. In: Qaḍāya islāmiya mu'āṣira, Heft 8/1999.
Qāsim, Hasan Qasīr: al-'Awda ila dawr al-'aql fi qirā'at at-Turaṯ al-islāmī: Yaḥyā Muḥammad Namūḏaǧan. In: al-Hudā Heft 64/ 2007.
Rabī', al-Furaisī: Ta'līlu l-aḥkām bayna l-Fiqh wa 'ilm al-Kalām. In: al-Mun'aṭaf, Heft 26/ 2005.
Gudrun, Krämer: Gute Regierungsführung – Neue Stimmen aus der islamischen Welt. In: Verfassung und Recht in Übersee, Heft 38 / 2005.
Norbert, Oberauer: Gottes Recht und menschliche Sinnvermutung: istiṣlāḥ, munāsaba und maqāṣid aš-šar' im rechtstheoretischen Denken Ġazzālīs (st. 1111). In Asiatische Studien / Études Asiatiques, 64(3)/ 2010.

Internetseiten

al-QawlfiTafsīras-sūraallatiyuḏkarufihāal-Baqara. URL: http://www.islam-web.net/hadith/display_hbook.php?bk_no=338&pid=566186&hid=561: Stand 20.06.2011.

Aus der Gerechtigkeit des einzelnen erwächst der Frieden für alle. URL: http://www.vatican.va/holy_father/john_paul_ii/messages/peace/documents/hf_jp-ii_mes_08121997_xxxi-world-day-for-peace_ge.html. Stand: 10.07. 2011.

Lutz, Rogler: Vorstellung des Projekts: Normativität, Ethik, Sozialphilosophie: das Paradigma der maqasid al-scharia als Grundlegung einer „universalen" Rechtsmoral. Zentrum Moderner Orient (ZMO), URL: http:// www.zmo.de/forschung/projekte_ 2006/ scharia.html. Stand 13. 08. 2011.

Maghreb. URL: http://www.bpb.de/popup/popuplemmata.html?guid= SETVI6; und http://www.spiegel.de/lexikon/ 54352 284. html. Stand 11.12.2010.

Der lange Weg der Demokratie. Url:http://www.dradio.de/dkultur/ sendungen/politischesfeuilleton. Stand: 29.03.11.

Stefan Kraut : Das Mehrheitsprinzip – Der Kern des politischen Entscheidungsprozesses im demokratischen Staat. URL: http://socio.ch/demo /t_skraut1.htm#Heading41. Stand 05. 07. 2011.

Zollner, Johann: Das katholische Christenthum in seinem Glauben, seinen Geboten und Gnadenmitteln. Regensburg 1862, S. 439. Abrufbar im Internet. Url: http://books.google.de/books?id=3Vg_AAAAcAAJ&pg=PA439& dq=Frieden+und+Gerechtigkeit+unzertrennlich+zollner&hl=de&ei=snYbTsGcKY_4sgaczNChBw&sa=X&oi=book_result&ct=result&resnum=1&ved=0CC4Q6AEwAA#v=onepage&q&f=false. Stand: 02. 07. 2011.

Reihe für Osnabrücker Islamstudien

Herausgegeben von Bülent Ucar und Rauf Ceylan

Band 1 Bülent Ucar / Ismail H. Yavuzcan (Hg.): Die islamischen Wissenschaften aus Sicht muslimischer Theologen. Quellen, ihre Erfassung und neue Zugänge im Kontext kultureller Differenzen. 2010.

Band 2 Bülent Ucar (Hrsg.): Die Rolle der Religion im Integrationsprozess. Die deutsche Islamdebatte. 2010.

Band 3 Bülent Ucar (Hrsg.): Islamische Religionspädagogik zwischen authentischer Selbstverortung und dialogischer Öffnung. Perspektiven aus der Wissenschaft und dem Schulalltag der Lehrkräfte. 2011.

Band 4 Christiane Paulus (Hrsg.): Amīn al-Ḫūlī: Die Verbindung des Islam mit der christlichen Reformation. Übersetzung und Kommentar. 2011.

Band 5 Amir Dziri: Al-Ǧuwaynīs Position im Disput zwischen Traditionalisten und Rationalisten. 2011.

Band 6 Wolfgang Johann Bauer: Aishas Grundlagen der Islamrechtsgründung und Textinterpretation. Vergleichende Untersuchungen. 2012.

Band 7 Ali Türkmenoglu: Das Strafrecht des klassischen islamischen Rechts. Mit einem Vergleich zwischen der islamischen und der modernen deutschen Strafrechtslehre. 2013.

Band 8 Rauf Ceylan (Hrsg.): Islam und Diaspora. Analysen zum muslimischen Leben in Deutschland aus historischer, rechtlicher sowie migrations- und religionssoziologischer Perspektive. 2012.

Band 9 Bülent Ucar (Hrsg.): Islam im europäischen Kontext. Selbstwahrnehmungen und Außenansichten. 2013.

Band 10 Wolfgang Johann Bauer: Bausteine des Fiqh. Kernbereiche der *'Uṣūl al-Fiqh*. Quellen und Methodik der Ergründung islamischer Beurteilungen. 2013.

Band 11 Lahbib El Mallouki: Zweckrationales Denken in der islamischen Literatur. Al-maqāṣid als systemhermeneutisches Denkparadigma. 2013.

www.peterlang.de

www.ingramcontent.com/pod-product-compliance
Ingram Content Group UK Ltd.
Pitfield, Milton Keynes, MK11 3LW, UK
UKHW041447071026
15587UKWH00010B/540

9 783631 644539